兰大法律评论

LANZHOU UNIVERSITY LAW REVIEW

2025年卷 第一辑

迟方旭 杨雅妮 主 编
白牧蓉 执行主编

法律出版社 LAW PRESS·CHINA
北京

图书在版编目（CIP）数据

兰大法律评论. 2025 年卷. 第一辑 / 迟方旭，杨雅妮主编；白牧蓉执行主编. -- 北京：法律出版社，2025. -- ISBN 978 - 7 - 5244 - 0534 - 4

Ⅰ. D9 - 53

中国国家版本馆 CIP 数据核字第 2025Q751F0 号

兰大法律评论（2025 年卷第一辑）
LANDA FALÜ PINGLUN
（2025 NIAN JUAN DI-YI JI）

迟方旭　杨雅妮 主编
白牧蓉 执行主编

策划编辑 柯　恒
责任编辑 柯　恒
装帧设计 鲍龙卉

出版发行 法律出版社
编辑统筹 学术·对外出版分社
责任校对 郭艳萍
责任印制 胡晓雅　宋万春
经　　销 新华书店

开本 710 毫米×1000 毫米　1/16
印张 23　　**字数** 376 千
版本 2025 年 8 月第 1 版
印次 2025 年 8 月第 1 次印刷
印刷 中煤(北京)印务有限公司

地址:北京市丰台区莲花池西里 7 号(100073)
网址:www.lawpress.com.cn
投稿邮箱:info@lawpress.com.cn
举报盗版邮箱:jbwq@lawpress.com.cn
销售电话:010 - 83938349
客服电话:010 - 83938350
咨询电话:010 - 63939796

书号:ISBN 978 - 7 - 5244 - 0534 - 4　　**定价**:98.00 元

凡购买本社图书,如有印装错误,我社负责退换。电话:010 - 83938349

目　录

【热点聚焦】 生态环境法思考

【学科各论】

【特　稿】

敦煌法学与中华法文化

兰大法律评论(2025 年卷第一辑)
第 3 ~11 页

敦煌法学:一处圣洁的精神文化高原*

李功国**

目　　次

"坚持把马克思主义基本原理同中国具体实际相结合、同中华优秀传统文化相结合,用马克思主义观察时代、把握时代、引领时代,继续发展当代中国马克思主义、21 世纪马克思主义!"这是 2021 年 7 月 1 日习近平总书记在庆祝中国共产党成立 100 周年大会上首次提出的"两个结合"重要论述。此后,"两个结合"先后写入《中共中央关于党的百年奋斗重大成就和历史经验的决议》和党的二十大报告。

---

* 本文以李功国教授 2023 年在首届敦煌法学高端学术论坛上的主题发言为基础,结合部分遗作手稿,经家人整理而成,以兹纪念。

** 李功国(1939—2024),山东淄博人,兰州大学法学院教授,敦煌法学学科创始人。

实践没有止境,理论创新也没有止境。在文化传承发展座谈会上,习近平总书记对“两个结合”进行了深刻系统阐释——“结合”的前提是彼此契合,“结合”的结果是互相成就,“结合”筑牢了道路根基,“结合”打开了创新空间,“结合”巩固了文化主体性。新征程上,要坚持“两个结合”的根本要求,继续推进实践基础上的理论创新,以真理之光照亮奋斗之路,以复兴之志凝聚磅礴之力。

对历史最好的继承就是创造新的历史,对人类文明最大的礼敬就是创造人类文明新形态。而我们对于敦煌法学的研究,恰是“两个结合”的生动体现,也是我们对历史和人类文明的重要诠释和再创造,更是我们身处甘肃的法学工作者们,肩负的一项重要使命和责任。

一、敦煌法学的历史背景

敦煌郡,四面六蕃围。
生灵苦屈青天见,数年路隔失朝仪。
目断望龙墀。
新恩降,草木总光辉。
若不远仗天威力,河湟必恐陷戎夷。
早晚圣人知。

这首敦煌莫高窟出土编号为 P·3911 写卷的《望江南·敦煌郡》,反映了敦煌被吐蕃围困,与中央王朝隔绝的情形,“生灵苦屈”“目断望龙墀”的边塞生活样态以及热爱国家的心境。但是,就是这样一座长期孤悬关外,不被王朝看中,仅有数万人口的小城,却凭借自身之力,凭借“风俗儒流”的中华文明和多元文化交融,创造出了延续两千年震惊世界的中华文化艺术宝库和法律文化范式。这是人类史的奇迹,同时也彰显历史的力量、文化的力量,更彰显中华民族智慧和艰苦奋斗、独树一帜的创造力量。

于是,我们理应以庄敬自豪的态度认识敦煌、研究敦煌,我们理应以法律的专业眼光,解读敦煌法制文献。敦煌学和敦煌法学由此诞生。

敦煌学与敦煌法学研究几乎于 19 世纪初同时产生,敦煌学目前已经成为世界显学。敦煌法制文献研究也吸引了国内外千余名学者参与,如清末民国的罗振玉、王仁俊、王国维、蒋斧、董康、许国霖、王重民、向达、姜亮夫、刘复，日本学者内藤虎次郎、大谷胜真、仁井西醒、那波利贞等人。新中国成立前后，特别是20世纪80年代至今，涌现了一大批著名学者和中青年俊才，如工永兴、唐耕、刘俊文、李正字、沙知、姜伯勤、陈国灿、杨延福等人，他们在前人早期研究的基础上，进一步对敦煌法制文献中国家立法、写本契约、田制税赋、婚姻家庭与继承、诉讼与判例等进行了搜集、注释、研究和出版，发表了大量著述，为敦煌法学的构建奠定了基础。

虽然这些研究收获了不少成果，但总体上却依然停留在个别文献考究以及注释法学阶段，整体观察、综合系统研究、学科构想很少引起关注。政界、学界人士讲到敦煌文化，几乎无人提及法学、法制，而敦煌、吐鲁番等地出土的法制文献数以万计、十万计，是敦煌文化最基本的资料支撑。相当一部分资料如“武威三简”中的“礼仪简”和“王杖十简”，明明是极为珍贵的法治文献，而学界却只字不提“法律”二字，严重降低了文献的法律价值。于是，敦煌法制文献在千年沙封之后，复又遭受劫掠和无视，好像完全失语，真乃学术又一伤心史也！

二、怎样认识“敦煌法学”

依照马克思历史唯物主义基本理论和我国学者陈寅恪、任继愈等前辈对史学的观点以及敦煌学、敦煌法学的蕴涵，我们认为，敦煌法学是研究我国敦煌及其周边地区石窟艺术与出土法律文献及其他资料中所反映出的我国古代敦煌法律现象、法制状况、法律生活、法律关系、法律文化、法律过程与变迁的学问，是敦煌学的一个分支学科，一个相对独立的重要组成部分。

敦煌法学的研究，在敦煌学的影响带动下，伴随出土文物的新发现，早已有了百年历程，凝结着几代学人的心血和汗水，取得了丰硕研究成果和一定成就，为敦煌法学的综合系统研究和学科理论建设开创了条件、奠定了基础。我们正是在前人精神激励和研究成果基础上，尝试初步地构建敦煌法学学科理论体系，弥补敦煌学中敦煌法学的缺失。这将是一项艰巨而很有意义的事业。敦煌法学具有的属性与特征如下：

第一，敦煌法学是敦煌学一个相对独立的分支学科，虽然归属于敦煌学这一文理兼容的综合学科,但它又与人文社会科学、法学、法文化学、法史学、部门法学乃至哲学、美学、社会学、文献学、考古学等有着割舍不断的联系。不过纵观当今时代学术研究的趋向,在牢固基础理论综合研究的同时,应更加注重学科细化和独立归属。总的看来,敦煌法学应是一门有独立归属而又有所归依的跨学科交叉学科。由于它鲜明的地域性,以地为名归依于敦煌学系列,是适宜的。

第二,敦煌法学的调整对象与范围是独特的。敦煌法学的调整对象和调整范围是上述敦煌法学定义所反映出的我国古代敦煌法制状况和法律生活。敦煌法学作为法史学的一个局部,有着历史时段和地域空间的限定。虽然敦煌法律文献与中国法史特别是中古时代法史资料有联系、有交叉,与敦煌周边我国各民族法制,甚至与蒙古国、日本、韩国、中亚、西亚、南亚、东南亚、北非、欧洲等国家、地区法制有联系,使敦煌法制文明成为世界性的多国、多地区、多民族法制文明的荟萃之处,但这不仅不会影响和削弱以地冠名的敦煌法律文献的地域独特性,反而会更加凸显敦煌法律文献的多元性、多样性、丰富性、开放包容性和辐射性。而敦煌法学所面临的敦煌社会,是一个已经淹没在漠漠黄沙中消失了的社会,是一个隐现在彩塑壁画中的虚拟世界。因此,法律研究者只能通过地上尚存的、已经出土的、尚埋在地下未经开掘的历史文物文献,间接地接触和了解敦煌过往法律思想和法律实践。这就决定了敦煌法学对敦煌文献资料真实性、丰富性、关联性、独特性的高度依赖。同时,敦煌法学已经初步形成学科理论体系,敦煌法律文献研究已有百年历史。伴随考古新发现和敦煌学的不断发展,对法律文书进行识读、考究、阐释、整理的专题研究已有不少著述问世,取得了一定成绩。21世纪以来,从法律专业的角度进行系统研究也已开始,初步构建了敦煌法学的基本概念体系、原理体系、知识体系、制度体系、实践体系、方法体系,形成了一定的敦煌法律文化思想、原则、价值观。尤其在部门法和法律制度层面,研究涉及国家正籍典章、行政建制与管理、刑事刑诉、判集案例、所有权、债权与侵权、契约形式、婚姻家庭与继承、经济贸易、民族宗教、民间习俗等,几乎涵盖法制各领域,表现出精湛的法律智慧与理论深度。从一个局部,彰显出强汉盛唐法制的发达态势。有学者说:“敦煌发现了敦煌藏经洞,告诉大家中国有个唐代。”这虽然是形象的说法,但绝非轻言。

第三,敦煌法学已经从一般的知识认知、专业认知、学科认知发展到对敦煌法学的主体性、精神文化高度和战略思想的认知。敦煌法学将彰显历史的力量、文化的力量、中国的力量，正本清源，走出一条与中国民众有亲和力、独树一帜、包容并蓄、真正中国式的现代化法治之路。

第四，敦煌法学离不开敦煌法律人士。敦煌是世界文化艺术珍藏，它的彩塑、壁画精美绝伦。但是，敦煌文化、法律文化的精神高度究竟是什么？它的思想文化代表性人物是谁？人们的认知似乎很茫然。这是敦煌学、敦煌法学研究首先要弄明白的根本性提问。敦煌文化、法文化是敦煌及其周边人民在两千余年生产、生活和文化艺术实践中，所形成的经验、知识、情怀、思想观念和价值体系，是其认知方式、思维方式、行为方式和风俗习惯的历史积淀。它往往是形成集体人格、家庭家族文化、区域文化、民族文化、中国文化、东方文化等的基础性要素。

历史文化首先表现在人物身上，没有人物不成史。要讲好"敦煌法律故事"，首先就要讲"敦煌法律人物故事"，这正是为了寻根敦煌文化、法文化的人物载体。离开张议潮的归义军，郭昕的白头军和西域军团，离开汉武帝、唐太宗等四次经略大西北，张骞、霍去病和班超凿空西域、打通丝绸之路、河西走廊，离开辛武贤父子、念慈、李暑、令狐氏、"河西三儒"、"敦煌三明"、"五龙"等对敦煌的治理，离开乐僔、法显、鸠摩罗什、元荣、于义、玄奘、吴洪辩、唐悟真等对莫高窟的开凿，离开汉唐制定法、礼制、习惯法、自治法的体系化建设，敦煌社会就将无深厚的法制底蕴可言。这些有代表性的法律人物，有着共同的思想精神风貌。一是"风俗儒流"，"人物风化一同内地"。敦煌人以儒学为正宗，名门望族均以崇儒和"耕读传家"为标榜，连佛教高僧吴洪辩、唐悟真也要学习儒学。敦煌培养了一大批诸如"河西三儒""敦煌三明""五龙"等有作为的儒学名士，影响全国。二是坚守本土性、主体性，弘扬敦煌和中华民族优秀传统文化、法文化，形成敦煌语境、风格、智慧、气魄的思想文化体系。敦煌文化、法文化是敦煌人民、中国人民及其代表人物所创造，并应用于生活日常之中，这是敦煌人民、中国人民的根脉、血脉、文脉之所在。三是多元一体、多族一国、开放包容是敦煌和中华民族的心理常态与社会结构、经济结构常态。农耕经济、游牧经济、绿洲经济、工商经济兼具，汉、吐蕃、蒙古各族杂糅，加之敦煌的区位优势，南连印度、西连西亚、欧、非，以至世界四大文明、三大宗教均会集敦煌。其包容之开阔，堪称世界之最。四是爱国爱家、浓郁的家国情怀。敦煌地处边关，又长期在异族的侵掠占领之下，敦煌人民心系中原王朝，坚守大一统国家观。凭一己之力，在张议潮、郭昕等民族英雄带领下，奋起抵御外侮，光复唐土11座州郡共计4000里。郭昕坚守西域43年，直到全部将士壮烈牺牲。其事迹令人泪目，这才是敦煌真精神！大漠西风吹渡，将是对他们的永记！五是敦煌人民艰苦朴实，热爱创造性劳动。农业精耕细作，党河水系水渠密布，工商贸易发达，社会安定和谐，创造出举世瞩目的莫高窟宝藏和藏经洞出土文献。敦煌人民是世界当之无愧的文明骄子，是中华文明不断前行的动力和中华民族的荣耀之光。六是敦煌人民是敦煌法制法文化的创造者、实践者。由于中国古代施行"礼法并施""礼乐刑政，综合为治"，虽然中央王朝实行"三省六部制"，但到了基层，往往行政与执法、司法不分。所以，敦煌法律人物上至皇帝、大臣等立法者、"最高法官"，下至太守、县令等不同审级的地方官员，还有军事首长、部落酋长、寺庙高僧，综合形成了务实高效的法制体系。

第五，敦煌法学具有很强的实践应用性。敦煌法律文献是我国古代特别是中古时代近千年敦煌及周边地区法制状况和法律生活的真实写照，文献所记载的国家正籍典章以及行政、刑事、经济贸易、婚姻家庭与继承、民族宗教、生态科技、车旅屯田等法律制度，条文具体细致，很有探究性。文献中的土地、水利、畜牧、手工、商贸活动，刑民诉讼文书、契约形式、婚姻嫁娶礼仪、风俗规约、碑铭题记等，均系当时当地百姓、官员、豪族、工匠商人、粟特胡羌、寺庙信徒、军旅戍卒等所亲见亲历，当属法律关系的主体和当事人、参加人。法律事务密切联系生活实际，关涉每个人的利益。敦煌法制十分重视实质正义与程序正义，案件审理重证据、重事实，法、理、情并重，办案质量高、效率快，重视立法、执法、司法、守法、调解、监督各环节相衔接，出现了许多清正廉明的法律人物。由此可以看出，敦煌法律文献所反映的敦煌社会，在一定程度上正是一个成熟的法制社会。敦煌法学也必然具有与敦煌社会密切联系的实践性、应用性。

第六，敦煌法学蕴含着浓郁的法律文化色彩。法律文化包括传统法律文化、现代法律文化、中国社会主义法治文化等类型。传统法律文化是一个国家、民族、地域在长期的法律生活中，所凝聚形成的法律观念、思想意识、价值观和行为样式、制度设置的总和，由于法律自身属于思想领域，具有文化属性，因而传统法律文化可以说与人类社会法律生活共始终。但是，法律并不等同于法律文化，法律文化是法律与文化的结合，赋予了法律更多的文化意义。

敦煌是世界的文化艺术宝库,也应是中华传统法律文化的宝库,具有浓郁的法律文化色彩蕴义、含在中华法系、儒学典籍、佛道教义之中,荟萃于农耕文明、游牧文明、工商文明和世界各国各民族文化交融之地,展现在彩塑壁画、公私文书、碑铭简牍、文学样式、习俗景场的画面文本、字里行间。法律文化虽然与法学有着相通、混同之处,但它更具有形上思维和文化性。只有以"法律+文化"的眼光观察审视敦煌法律文献及其所反映的社会法律生活,才能极大地拓展敦煌法学的研究领域,揭示敦煌法制的文化特质。

三、我们为什么要研究敦煌法学?

第一,研究敦煌法学是历史的必然,是历史责任的担当。敦煌及其周边地区包括河西、吐鲁番等地有着数以万计、十万计的法制文献资料,是中国和世界上保存时间最久、数量最多、内容最丰富多样、体系最完整、价值最珍贵的法制、法文化资料和人类历史遗留。这些稀世珍藏所反映的敦煌、西北、中国乃至中亚、西亚、南亚和众多民族、国家的古代社会是真实、全景式的法制社会。百年来,已经有数以千计的专家学者自发投入这些资料的抢救、收集、整理、考释和研究之中,取得了累累成果,为此后的整理、研究工作打下了基础。但是,他们的研究尚且比较分散,整体观察、综合研究方面薄弱,尚未推进到学科研究阶段,在法史学、敦煌学领域,敦煌法学尚处于空白和冷门绝学状态。这与历史实践、时代的需求不符,我们理应承担起改变现状的历史责任。

第二,研究敦煌法学是填补敦煌学和中国法史学两个空白,构建敦煌法学新文科的需要。我们对敦煌法制文献研究,已经走过了长达35年的两个阶段,初步形成了30—50人的学术团队,在甘肃省政法委、甘肃省法学会、兰州大学等单位支持下,先后于2020年6月、11月成立了兰州大学敦煌法学研究中心和甘肃省法学会敦煌法学研究会两个机构,标志着敦煌法学研究已由个人自发分散的研究,步入有一定组织形式、有一定国家支持的学术研究活动。三年多来,我们已承担国家和省部级社科基金项目11项,其他重点课题12项,出版《敦煌法学文稿》《敦煌古代法律制度略论》《敦煌契约文书研究》

等著作8部,发表论文60余篇。初步构建了敦煌法学的史地环境、文献资料组成、概念体系、学理体系、知识体系、法律文化体系、制度体系、实践体系与方法体系的基本框架,特别对敦煌法学的功能、价值、精神文化高度及其传承、转化、创新、发展、中国式现代化做了重点关注,力求在基础理论与精神文化高度两个方面形成新思维、新进路,从而使敦煌法学展现出敦煌风貌、敦煌智慧、敦煌气派。

第三,敦煌法学是寻根问祖、正本清源、寻求历史真相的强有力佐证。应当看到,百年中西文化、法文化之争并未结束,西化、移植、文化殖民主义、中国法制法文化历史虚无主义依然风头很盛,蔡枢衡先生所认为的中国民法脱离了实际、脱离了民众,成了一个不解的"无我""历史情缘"。这一"历史情缘"至今仍未释解。

在这个事关国家兴替、民族存亡、文脉根脉延续的历史性根本问题上,敦煌法学具有看似薄弱、实则强大的话语权。敦煌莫高窟数千年珍贵历史遗存和其他资料及其佐证、证伪功能,提供了一部宏大的历史叙事和世界规模的正义抗辩,确证敦煌及中国古代法制、法文化的真实存在,而且长期领先于世界,是成熟、发达的法制社会。数千万、数亿中国人五千年生产生活史是有法有礼可循的,所谓"中国古代无法制、无民法""不可能走向现代化"的说法,均是违背史实的伪命题。

第四,敦煌法学是探问"路在何方?"如何弘扬具有中华文明真精神和优秀传统法律文化精要的学问?敦煌法学和法制是中国古代法制和优秀传统法律文化的集中展示,是多元一体中原文化与各民族文化,世界四大文明、三大宗教荟萃交融之纽带,是绿洲文化、农耕文化、游牧文化、工商文化、丝路文化杂糅与共同缔造的法律文化成果。敦煌法学既是敦煌的、甘肃的、中国的,也是世界的。这就需要我们在坚守主体性的同时,高层次衡平协调、处理好各种关系,尤其是中西法学法文化关系。做到深挖历史、放眼世界,传承、转化、创新、发展、坚持敦煌和我国优秀传统法律文化的主体地位,为实现中国式法治现代化提供活水、滋养。

第五,敦煌法学当然要立足敦煌,充分发掘敦煌的法制文献优势、百年学术成果优势、史地区位优势、文化优势、历史实践优势、现有组织和基础工作优势,提升思想认识高度,以文化战略眼光,分三步完成学科建设基础工作:步入国内学术前沿,逐步走出国门,产生世界影响。百年来,中国法学界一直在寻找有代表性、有可比性的中国优秀传统法律文化范例，敦煌法制法文化和敦煌法学或可有所作为。我们有信心使敦煌法学独树一帜、成一家之言，自立于法学之林！

兰大法律评论(2025 年卷第一辑)
第 12 ~15 页

敦煌与丝绸之路上的契约精神

——在“敦煌法学学术研讨会”上的发言

郑炳林*

目　　次

尊敬的各位专家学者:

大家好!感谢主办方安排我在“敦煌法学学术研讨会”上发言。我从事敦煌学研究已经四十多年了,对敦煌文献十分熟悉。敦煌文献数量庞大而内容纷杂,其中契约是比较有特色的一类文献。自 1900 年敦煌藏经洞开启,敦煌契约文献因其对中国法制史研究的重要价值而引起学术界的广泛关注,相关整理和研究成果层出不穷,国内学者沙知的《敦煌契约文书辑校》,日本学者仁井田陞的

* 郑炳林(1956—),男,陕西黄陵人,兰州大学敦煌学研究所教授,博士生导师,主要从事敦煌学研究。

《中国法制史研究》是其中的扛鼎之作。我们曾提出，当下的敦煌学研究要“东进西出，南拓北扩”，扩大敦煌学研究范畴，由敦煌扩大到整个丝绸之路，由传统的汉文文献扩大到吐蕃、回鹘文等非汉文文献，由历史学科旁及其他学科。因此，由敦煌法制文献、法制史研究，上升和扩大到“敦煌法学”的学科概念，并形成现代法学视角下完整的分类研究体系，可以说是一个重要的突破。今天我们召开“敦煌法学学术研讨会”，希望能有更多的学者参与进来，推动敦煌法学研究的不断深化。

契约是在国家法律框架下，以严密、规范、简约的文书形式缔结约定，既体现出“立信”“结信”的特点，也表现出订约双方对契约的认可、敬畏、遵守和违约后的惩处安排。契约根植于民间经济生活的方方面面，双方既可以是陌生人、乡亲，也可以是父子、兄弟、亲属，不同民族之间也常有立契活动。中国古代社会中广泛存在着各类契约及其体现的契约精神。尽管古代中国政治和社会结构中存在一定的等级性，但在缔结契约层面却体现着双方共同意愿之下的平等意识。可以说，契约是国家法律在民间日常经济生活实践中的产物，是普通民众对国家法律的自我实践。因此中国古代契约精神首先是一种法律精神，对契约的重约守信，彰显出中国传统文化和道德秩序中强调自愿、公平、诚信的人文主义精神。下面我从这两个层面，简要谈谈敦煌与丝绸之路上的契约精神。

一、“民有私约如律令”：法律精神

自汉代以来，一直有“民有私约如律令”的记载，可见民间视契约与国家法律一样必须遵守。甘肃简牍博物馆收藏的汉简中有一批体现边塞地区经济活动的契约。契约中有不少是债名籍，什么叫债名籍？就是“索求负家偿物的名籍”，内容包括债权人的身份、姓名，债务人的身份、姓名，物品、价钱，双方订立契约的时间，清偿债务的期限，以及担保人的姓名、身份。还规定担保人的酬劳是“沽酒二斗”，其价值为十钱。由此可见，这批汉代简牍契约中，明确了双方的责任、抵押物和对担保人的酬劳，具有规范的契约文书格式和订约流程，体现了对契约的敬畏。

吐鲁番出土的北凉时期契约中，基本都有“民有私要，要行二主”的约定，这一约定强调了民间订立契约时,双方要知晓内容,要遵从约定,并且强调必须是两人签订、两人约定,是彼此之间的法律。唐初沿用北凉时期的“民有私要,要行二主”的文书套语,后来又演变成为“官有政法,民从私契”的套语格式。这里将官方法律与民间契约相对应,无疑彰显着民间契约如官方法律一样,必须具有遵从的属性,一旦出现私自毁约、不履行契约的情况,另一方必然申请国家法律的介入;同时,也暗含民间契约与官方法律并行不悖的一面,民间契约虽然在国家法律框架下,但是它作为民间百姓特别是两个人之间的契约必须得到当事人的遵从,而且通常情况下并不受官方法律消解。

沙知先生的《敦煌契约文书辑校》一书共计收集敦煌文书中的契约资料三百余件,数量之多,种类之丰富,世所罕见。从敦煌契约文书看,契约的签订是一个相当严肃的过程,双方谈妥条件并形成契约,通常有见证人、亲朋家属、保人等。有些契约当事人可能不识文字,在此情况下,通过文字书写、画押、保人见证等程序,“白纸黑字”的契约就被赋予了法律性和公证性,特别在底层百姓或目不识丁的人眼中,还具有了某种“仪式性”和“神圣性”。敦煌出土的大量契约文书,反映了敦煌民众浓厚的契约意识,既展现了敦煌作为丝绸之路贸易之都的繁荣,也展现了古代敦煌地区商业文明和社会文明的发展高度。

二、“事需两合”:自愿、公平与诚信精神

西方古代法律中,有所谓的“合意”“合意成契约”的说法,这与中国古代契约中强调“事需两合”“人从私契”一致。这首先强调的是,订立契约的双方本着自愿的原则,包含公平、诚信的意涵。汉代简牍中,双方依照认可的文本内容缔结契约,与双方的身份、地位关系不大。无论是王侯贵族还是普通百姓,无论是男性还是女性,一般情况下双方在缔结契约时都本着自愿和公平的原则。敦煌契约文书中出现的“合同”一词,意为“共同、合用”之意。唐代地契中,有“两家合同共出人”,指两家协议共同出人。早期订立契约时,契文在同一简牍上写两遍,中间做记号或写字,然后分为两半,“合同”分开时两边字形对称,连起来又有“结合时相同”的意思。因此,敦煌文书中的“合同”就具有了协议、契约的意蕴,与“事需两合”一样,彰显出双方自愿、平等、合意

的契约精神。

诚信是古代契约中的核心所在，也是契约精神的体现，没有诚信则一切无从谈起。“一言既出，驷马难追”“一言九鼎”“小信诚则大信立”“人无信不立”等至理名言，彰显了中国传统儒家道德和社会秩序当中对诚信的重视。古代契约中的“保人”，也十分具有特色。作为契约程序中的必不可少的第三方，保人起到了见证人角色。敦煌文书中有“保人”“见人”“知见人”“口承人”等记载，如敦煌契约文书中规定“如身东西不在，一仰口承人知当”，意思就是如果债务人出现逃跑或去世的情况，债务要由口承人即担保人来承担。这些担保人既起到契约见证人的角色，也起到协助和保证契约顺利、安全履行的作用，为契约的签订增加了法律筹码和诚信分量。

三、敦煌与丝绸之路契约精神的当代价值

“华戎所交一都会”，作为汉唐时期丝绸之路上的国际贸易市场，敦煌的繁荣离不开法制的实践和文明的浸染。这些来自东、西方不同地区、不同民族的商旅在交易商品和从事其他经济活动时，契约精神是沟通彼此、超越语言、促成交易的必要保障和重要基石。民间生活中的日常契约，虽然是一纸“微言”，却彰显着契约精神的“大义”——自愿、公平、诚信。敦煌契约文书反映了古代敦煌地区商品经济的成熟和社会文明的高度，展现了丝绸之路贸易中的万千故事和契约精神。2023 年 6 月 2 日，习近平总书记在文化传承发展座谈会上提出建设中华民族现代文明，指出中华文明的五个突出特性——连续性、创新性、统一性、包容性、和平性，引领中华民族在赓续历史文脉中铸就中华文化新辉煌，为新时代的敦煌学研究提出了全新的使命。敦煌法学作为一个新兴领域，要紧跟时代命题，不断推陈出新，将敦煌法学研究提升到一个更加系统、更加深入的研究层面，使敦煌法学研究能为中国法学的整体研究贡献传统文明的智慧和养分，并在全球法学对话中拥有国际话语权。同时，加强研究成果的创新性转化和创造性发展，使中华文明中的契约精神在社会大众中发挥道德美育功能。

兰大法律评论(2025年卷第一辑)
第16~27页

习近平法治思想指导下中华优秀传统法律文化创造性转化、创新性发展研究

朱乾乾*

目　　次

摘　要　“推动中华优秀传统法律文化创造性转化、创新性发展研究”是一体学思践悟习近平法治思想、习近平文化思想的题中之义。习近平总书记站在中华民族伟大复兴和中华文明永续传承的战略高度,深刻把握人类社会发展大历史观,深刻洞悉中国历史发展大趋势,从

* 朱乾乾,中国法学会法治研究所副研究员,兼任中国法学会法治文化研究会副秘书长。

浩如烟海的文献典籍和博大精深的文化遗产中，高度概括了中华优秀传统法律文化的理论体系和时代精华。传承中华优秀传统法律文化，不仅要深入挖掘中华优秀传统法律文化的丰富内涵和时代价值，更要让中华优秀传统法律文化融入我国法治建设实践。在实践中，必须坚持法治精神和法治原则，坚持问题导向和目标导向，发挥地域特色和地区优势。

关键词 习近平法治思想；中华优秀传统法律文化；中华法系

习近平总书记深刻指出，“法治兴则国兴，法治强则国强”①。“文化关乎国本、国运。”②党的十八大以来，以习近平同志为核心的党中央，把法治建设和文化建设放在党和国家工作大局中来统筹考虑、系统谋划、全面推进，不断深化对法治建设和文化建设的规律性认识，创造性地提出了一系列新理念新思想新战略，先后提出了习近平法治思想和习近平文化思想。习近平法治思想和习近平文化思想是“两个结合”的光辉典范。“推动中华优秀传统法律文化创造性转化、创新性发展研究”是一体学思践悟习近平法治思想、习近平文化思想的题中之义。针对我国法治建设实际，习近平总书记多次围绕传承中华优秀传统法律文化作出了一系列重要论述，深刻阐释了传承中华优秀传统法律文化的重大意义、基本原则和实践要求，为推动中华优秀传统法律文化创造性转化、创新性发展提供了根本遵循和行动指南。

一、推动中华优秀传统法律文化创造性转化、创新性发展的重大意义和基本原则

推动中华优秀传统法律文化创造性转化、创新性发展是坚定不移走中国特色社会主义法治道路的必然要求，是更好地担负起新的文化使命的必然要求，也是推进中国式现代化的必然要求。

（一）重大意义

第一，推动中华优秀传统法律文化创造性转化、创新性发展是坚定不移

① 习近平：《加强党对全面依法治国的领导》，载《求是》2019年第4期。

② 习近平：《在文化传承发展座谈会上的讲话》，载《求是》2023年第17期。

走中国特色社会主义法治道路的必然要求。近代以来,中西方许多著名思想家都指出,每个国家和民族的历史和文化传统、人文习俗、社会基础、社会结构甚至自然地理等不同,都会影响一个国家的政治制度和法治传统。一个国家创立什么样的法治理论体系,建设什么样的法治体系,从根本上说是由一个国家的文化和国情决定和影响的。我国有着悠久的历史文化传统,很早就萌发了法律思想,形成了丰富的法治实践,积淀了深厚的法律文化,形成了在世界法制史上独树一帜的中华法系。近代以来,向西方学习法律一度成为热潮,很多知识分子及政治家试图在中国照搬西方的法治模式,做了很多尝试,但这些努力最终都以失败告终。我国的历史经验和近代以来的法治实践都揭示出,只有传承我国优秀传统法治文化,从我国新民主主义革命以及社会主义革命、建设、改革的实践中探索适合我们国情的法治道路,同时吸收借鉴人类法治文明有益成果,才能为实现法治现代化、以中国式现代化实现中华民族伟大复兴夯实法治基础和文化根基。

第二,推动中华优秀传统法律文化创造性转化、创新性发展是更好地担负起新的文化使命的必然要求。中华文明既需要薪火相传、代代守护,也需要与时俱进、推陈出新。“两个结合”是我们在探索中国特色社会主义道路中得出的规律性的认识,是我们社会主义现代化建设取得历史性成就、发生历史性转变的最大法宝。中华优秀传统法律文化蕴含丰富的法治思想和深邃的政治智慧,是中华文化的瑰宝。推动马克思主义法治理论中国化,推动中华优秀传统法律文化时代化,就要传承中华优秀传统法律文化,让源远流长的中华法系融入与时俱进的中华法治文明。

第三,推动中华优秀传统法律文化创造性转化、创新性发展是推进中国式现代化的必然要求。习近平总书记在党的二十大报告中指出:“中国式现代化,是中国共产党领导的社会主义现代化,既有各国现代化的共同特征,更有基于自己国情的中国特色。”中国式现代化离不开传承和弘扬中华优秀传统法律文化。我们要汲取中华传统法律文化精华,吸收借鉴人类法治文明有益成果,善于从中华优秀传统文化中汲取治国理政的理念和思维,广泛借鉴世界一切优秀文明成果,行法治之力、积法治之势,为党和国家事业发展提供长期性的制度保障,为中国式现代化构筑强大的法治保障和文化支撑。

(二)基本原则

习近平总书记从更好地担负起新的文化使命的高度,就传承中华优秀传统文化，着重从坚定文化自信、秉持开放包容、坚持守正创新三个方面提出了明确要求。

第一，要坚定文化自信。文化自信是更基础、更广泛、更深厚的自信。这三个“更”，凸显了“文化自信”在“四个自信”中的地位。有文化自信的民族，才能立得住、站得稳、行得远。当前，我们统筹推进国内法治与涉外法治，更加需要我们坚定法治自信。新中国成立以来，特别是党的十八大以来，我们形成了一系列具有鲜明中国特色的涉外法治理念和话语体系，提出了许多引起全世界特别是广大发展中国家认同和响应的法治主张，参与了许多维护联合国宗旨的法治实践，我们要从这些丰富的法治主张、理论和实践出发，讲好新时代中国的法治故事，讲好中国维护国际法治秩序的生动故事。

第二，要秉持开放包容。传承和弘扬中华优秀传统文化，并不意味着故步自封，闭上眼睛不看世界。文明因交流而多彩，文明因互鉴而丰富。法治是人类文明的重要结晶，具有普遍的治理意义，给各国的国家治理和社会治理提供了宝贵的经验和指导。我们在汲取世界优秀法治文明成果时，需要保持开放和学习的态度。然而，学习和借鉴并不意味着无条件地接受他国的制度和做法。我们要结合中国的具体国情和文化传统，理性吸收全球法治文明中的精华部分。

第三，要坚持守正创新。习近平总书记指出：“对文化建设来说，守正才能不迷失自我、不迷失方向，创新才能把握时代、引领时代。”①守正，就是要求我们坚定不移走中国特色社会主义法治道路。在坚持党的全面领导、保证人民当家作主等重大问题上做到头脑特别清晰、立场特别坚定，不能被西方错误思潮所误导。创新，就是要在马克思主义法治理论指导下，推动中华优秀传统法律文化创造性转化、创新性发展，成为加快构建中国法学自主知识体系的重要组成部分。

二、中华优秀传统法律文化的基本内涵和时代价值

习近平总书记强调：“治理国家和社会，今天遇到的很多事情都可以在历

---

① 习近平：《在文化传承发展座谈会上的讲话》，载《求是》2023年第17期。

史上找到影子,历史上发生过的很多事情也都可以作为今天的镜鉴。”①习近平总书记站在中华民族伟大复兴和中华文明永续传承的战略高度,深刻把握人类社会发展大历史观,深刻洞悉中国历史发展大趋势,从浩如烟海的文献典籍和博大精深的文化遗产中,高度概括了中华优秀传统法律文化的理论体系和时代精华。这些优秀的思想和理念彰显了中华优秀传统法律文化的精华,同时也赋予了中华法治文明新的时代内涵。

(一)出礼入刑、隆礼重法的治国策略

“出礼入刑、隆礼重法”,指在治理国家时,应当将礼仪和法律结合起来,既注重礼仪教化,又重视法律制度。荀子提出“治之经,礼与刑”,正是强调了治理国家的两种基本规范类型。“出礼入刑”并不是机械地要求礼和法在适用上完全对应,而是强调礼和法是有差异的统一。“隆礼重法”最早是荀子在综合孔孟礼乐思想和法家法学思想的基础上提出的,荀子强调礼的功能在于积极规范,法的作用在于消极刑禁,将礼和法统一起来,形成了“隆礼重法”思想。出礼入刑、隆礼重法的思想对我国秦汉以后的政治制度、伦理道德、思想观念都产生了深远影响。

在推进全面依法治国的伟大实践中,习近平总书记强调,要把社会主义核心价值观融入法治建设,努力形成良好的社会风尚和社会秩序。比如 2021 年是中国共产党百年华诞,党和国家隆重举行了系列庆祝活动,这些庆祝活动盛大庄严、气势恢宏、礼序乾坤、乐和天地,充分展现了中华民族源远流长的礼仪文化和博大精深的文明传统,是历史与现代相融合的典范之作,展现了中国风格、中国气派、中国形象,对全社会起到了统一思想、鼓舞人心,增进人民群众法治自信、文化自信的重要积极作用。近年来,全国人大及其常委会在有关法律制定修改的过程中,更加重视在立法中弘扬社会主义核心价值观。比如,制定出台了《爱国主义教育法》《英雄烈士保护法》《反食品浪费法》等多部旨在弘扬中华民族传统美德、提高全社会道德水平的法律。这些文化和法治领域的举措都传承和彰显了“出礼入刑、隆礼重法”的治国策略。

(二)民惟邦本、本固邦宁的民本理念

“民惟邦本、本固邦宁”,指百姓才是国家的根本,根本稳固了,国家才能

① 习近平:《牢记历史经验历史教训历史警示 为国家治理能力现代化提供有益借鉴》,载《人民日报》2014 年 10 月 14 日,第 1 版。

安宁。《尚书·五子之歌》根据夏王失德失民亡国的教训提出，“民惟邦本，本固邦宁”。从西周统治者关于“敬天保民”思想的提出，到孔孟关于“德治”“仁政”理论的形成，汉唐明清政治家、思想家都注重民心所向。中华法系在法律指导思想与具体制度实施方面，也全面体现“民为邦本”的民本主义原则。

人民立场始终是中国共产党的根本政治立场，是马克思主义政党区别于其他政党的显著标志，也是民本思想在当代中国的传承和发展。“坚持以人民为中心”是习近平法治思想的核心要义之一。近年来，全国人大常委会法工委设立的基层立法联系点，已经成为让基层声音原汁原味抵达国家立法机关的“直通车”，也是发展全过程人民民主的生动实践。检察机关深入践行“为大局服务，为人民司法”理念，聚焦社区团购、网络营销、直播带货等新业态涉食品安全问题加强公益诉讼，守护老百姓“舌尖上的安全”。用法治保障人民安居乐业，不断增强人民群众获得感、幸福感、安全感，源自中国共产党人的初心使命，也与中华文明的民本思想一脉相承。

（三）天下无讼、以和为贵的价值追求

“无讼”是儒家的理想目标，“以和为贵”是最理想的道德境界。孔子云：“听讼，吾犹人也，必也使无讼乎。”有子说：“礼之用，和为贵，先王之道，斯为美。”我国古代的一些思想家认为，讼争的出现是不明道理、不遵教化的结果，如果每个人都有耻且格，就不会存在讼争。作为治理者，如果能正人心、厚风俗，以德化民，就能达至天下无讼。

习近平总书记指出，“法治建设既要抓末端、治已病，更要抓前端、治未病。我国国情决定了我们不能成为‘诉讼大国’”。现实中，诉讼不可避免，甚至在某些时期和地区，“嚣讼”“健讼”之风不绝，但“无讼”的价值追求在一定程度上会减轻此风。当前，我国政法领域正在坚持和发展新时代“枫桥经验”，积极推动诉源、访源、案源治理，推动矛盾纠纷源头化解。新时代“枫桥经验”就植根于中华优秀传统文化，凝聚了中华民族的精神和智慧，与“未雨绸缪、预防在前”的治理理念、“以和为贵、息诉止讼”的司法理念、“重义轻利、义在利前”的文化基因等相契合，成为传承和弘扬中华优秀传统法律文化的生动法治实践。

（四）德主刑辅、明德慎罚的慎刑思想

“德主刑辅、明德慎罚”，指对待百姓应以爱养教化为本，并在一定程度上认可刑罚的惩戒效用,强调重视道德教化和刑罚适中宽缓。古人很早就认识到德与刑的辩证统一关系,在德与刑的运用上,主辅秩序俨然。为保障教化的推行和道德的实现,刑罚又不可或缺。自西周以来,该理念一直贯穿历代治国实践当中。

"德主刑辅、明德慎罚"的思想在我国法治实践中仍得以传承和发扬。习近平总书记强调:"法律是成文的道德,道德是内心的法律,法律和道德都具有规范社会行为、维护社会秩序的作用。治理国家、治理社会必须一手抓法治、一手抓德治,既重视发挥法律的规范作用,又重视发挥道德的教化作用,实现法律和道德相辅相成、法治和德治相得益彰。"①习近平总书记在纪念中国人民抗日战争暨世界反法西斯战争胜利70周年、中华人民共和国成立70周年之际,两次签署主席特赦令,依法对符合特定条件的服刑罪犯实行特赦,充分彰显中华法治文明中的慎刑恤囚、明刑弼教的优良传统,充分彰显了我国法治大国、文明大国的形象。

(五)援法断罪、罚当其罪的平等观念

"援法断罪、罚当其罪"兼具中国古代立法与司法的实质追求,强调了判断罪情要有法律依据,罚与罪应当均衡。"援法断罪、罚当其罪"的渊源可追溯至先秦,具有朴素的罪刑法定主义意味,体现了法治的平等理念。我国在西周时期,就已经有把成文法律记载在《吕刑》中的先例,这些成文的法律作为掌管国家司法的官员判断罪情以及轻重的主要依据。这一思想不仅延续于古代先贤论述中,更是体现于中华法系的法典条文和司法实践中,体现了中华法治文明的先进性。

在我国当代法治实践中,"援法断罪、罚当其罪"的理念仍然发挥着重要的影响。比如,2018年最高人民法院出台《关于加强和规范裁判文书释法说理的指导意见》,旨在加强法律适用的准确性和规范性。随着电影《第二十条》热映,正当防卫成为热词,"法不能向不法让步"进一步成为全社会的共识。最高人民法院和最高人民检察院2024年工作报告都提到正当防卫典型案例,进一步明确了正当防卫的法律规定和立法精神,切实矫正"谁能闹谁有理""谁死伤谁有理"的错误倾向,确保依法准确适用正当防卫制度,维护社会公平正义。

---

① 习近平:《加快建设社会主义法治国家》,载《求是》2015年第1期。

（六）保护鳏寡孤独、老幼妇残的恤刑原则

中国古代的恤刑思想流传久远。《说文解字》将“恤”解释为“忧也。收也”。恤刑最早见于《尚书·舜典》：“钦哉，钦哉，惟刑之恤哉！”《周礼·秋官》有“三赦之法”，即对年少体弱的人、七八十岁的老人及智力有障碍的人采取宽宥政策。秦汉以后建立了一系列保护鳏寡孤独、老幼妇残的恤刑原则和法律制度。

党的十八大以来，我国的法治建设越发重视恤刑的理念和价值，制定和完善了一系列保护弱势群体的实体与程序制度，在司法实践中也树立了保护老弱妇幼等弱势群体的鲜明的价值导向，成为我国法治建设的突出亮点。比如，在刑事司法实践中探索建立的少年法庭、少年检察厅，以及针对青少年、年长者的量刑从宽政策，都是对恤刑原则的传承。

三、推动中华优秀传统法律文化创造性转化、创新性发展的实践路径

传承中华优秀传统法律文化，不仅要深入挖掘中华优秀传统法律文化的丰富内涵和时代价值，更要让中华优秀传统法律文化融入我国法治建设实践。在实践中，必须坚持法治精神和法治原则、坚持问题导向和目标导向、发挥地域特色和地区优势。

（一）坚持法治精神和法治原则

党的二十届三中全会审议通过的《中共中央关于进一步全面深化改革　推进中国式现代化的决定》（以下简称《进一步全面深化改革决定》）强调，“坚持全面依法治国，在法治轨道上深化改革、推进中国式现代化，做到改革和法治相统一，重大改革于法有据、及时把改革成果上升为法律制度”①。推动中华优秀传统法律文化创造性转化、创新性发展，实际就是法治文化领域的改革创新，这必然要求更好地发挥法治在排除改革阻力、巩固改革成果中的积极作用。我国传统法律文化发展演进跨越两千多年的历程，内容庞杂、体系庞大、领域广泛，涉及国家治理、社会生活方方面面，如何来评估筛选什

---

① 《中共中央关于进一步全面深化改革　推进中国式现代化的决定》，人民出版社2024年版，第6页。

么是优秀的传统法律文化,首先需要有一个标准。笔者认为,是否符合社会主义法治精神和法治原则就是一项最重要的评判标准。我国传统法律文化的内容,应该根据评估和筛选的结果决定传承创新或者批判摒弃。

第一,一些与社会主义法治精神和法治原则相契合的优秀传统法律文化,要积极创造性转化、创新性发展。习近平总书记指出:"中华法系凝聚了中华民族的精神和智慧,有很多优秀的思想和理念值得我们传承。出礼入刑、隆礼重法的治国策略,民惟邦本、本固邦宁的民本理念,天下无讼、以和为贵的价值追求,德主刑辅、明德慎罚的慎刑思想,援法断罪、罚当其罪的平等观念,保护鳏寡孤独、老幼妇残的恤刑原则,都彰显了中华优秀传统法律文化的智慧。"[①]对于这些优秀的传统法律文化理念和内容,要持续推动创造性转化、创新性发展,不断赋予新的时代内涵。

第二,一些在特定历史时期产生的法律文化,如果具有合理的成分,可以批判性继承。比如,北宋神宗熙宁九年(公元1076年),陕西蓝田儒家士大夫吕大防、吕大钧、吕大临、吕大忠兄弟四人制定并实施了我国历史上最早的"村规民约"——《吕氏乡约》。因在蓝田,又称《蓝田吕氏乡约》。《吕氏乡约》的宗旨是"德业相劝、过失相规、礼俗相交、患难相恤"。此后,乡规民约逐渐成为基层社会治理的重要规范,到明清时期,乡约发展到全国90%以上的县以下地区,被中国现代历史学家、国学大师钱穆誉为中国人的"精神宪法"。在完善党组织领导的自治、法治、德治相结合的乡村治理体系,确保让农村既充满活力又稳定有序的实践中,可以在社会主义核心价值观和法治原则的指导下,批判性地吸收和借鉴传统乡规民约中的优秀成分,助力基层善治。

第三,一些与社会主义法治精神和原则相悖的传统法律文化,必须坚决摒弃。比如,起始于周朝时期的连坐制,打击的是与犯罪有一定社会关系的人,就与社会主义法治精神和法治原则相违背。2023年12月26日,全国人大常委会法制工作委员会《关于2023年备案审查工作情况的报告》指出,有的市辖区议事协调机构发布通告,对涉某类犯罪重点人员采取惩戒措施,其中对涉罪重点人员的配偶、子女、父母和其他近亲属在受教育、就业、社保等方面的权利进行限制。有公民对此提出审查建议,认为这样的限制措施实际

---

① 习近平:《坚定不移走中国特色社会主义法治道路 为全面建设社会主义现代化国家提供有力法治保障》,载《求是》2021年第5期。

上属于“连坐”性质,应予停止执行。全国人大常委会法制工作委员会研究认为,任何违法犯罪行为的法律责任都应当由违法犯罪行为人本人承担,而不能株连或者及于他人,这是现代法治的一项基本原则;有关通告对涉罪人员近亲属多项权利进行限制,违背罪责自负原则,不符合《宪法》第二章关于“公民的基本权利和义务”规定的原则和精神,也不符合国家有关教育、就业、社保等法律法规的原则和精神。全国人大常委会法制工作委员会与有关主管部门督促有关机关对通告予以废止,支持有关主管部门在全国范围内部署开展自查自纠,防止、避免出现类似情况,确保执法司法工作在法治轨道上规范推进。这一合宪性审查案例体现了立法机关对与社会主义法治精神和原则相悖的传统法律文化坚决摒弃的态度,具有引导和示范作用。

(二)坚持问题导向和目标导向

习近平总书记强调:“只有坚持从历史走向未来,从延续民族文化血脉中开拓前进,我们才能做好今天的事业。”①传承中华优秀传统法律文化必须扎根中国大地,赓续中华文脉,回答中国之问、时代之问,为中国特色社会主义法治建设中带有根本性、长远性的法治理论问题和重大法治实践问题提供深厚的历史镜鉴,为以中国式现代化全面推进强国建设、民族复兴伟业实践中的重大问题提供丰厚的思想智慧。本文兹列举一二阐释中华优秀传统法律文化对当代法治建设的积极贡献。

第一,深化法治领域改革,完善中国特色社会主义法治体系。党的二十届三中全会审议通过的《进一步全面深化改革决定》,第九部分专门部署“完善中国特色社会主义法治体系”。中国特色社会主义法治体系是推进全面依法治国的总抓手。这一体系包括完备的法律规范体系、高效的法治实施体系、严密的法治监督体系、有力的法治保障体系以及完善的党内法规体系。习近平总书记指出,我们要建设的中国特色社会主义法治体系,必须是扎根中国文化、立足中国国情、解决中国问题的法治体系,不能被西方错误思潮所误导。中华优秀传统法律文化在治理理念、立法、执法、司法、守法等方面的深厚思想智慧,为建设中国特色社会主义法治体系提供了坚实的文化支撑和丰富的实践经验。建设中国特色社会主义法治体系是一个庞大的系统性工

---

① 习近平:《在纪念孔子诞辰2565周年国际学术研讨会暨国际儒学联合会第五届会员大会开幕会上的讲话》(2014年9月24日),载《人民日报》2014年9月25日,第2版。

程,涉及党和国家事业各领域各方面,既需要整体性推进,也需要法治体系各部分相互促进、协同推进,这与中华法系综合为治的系统观念相契合。这就需要将当代中国法治理论的方法论同中华法系的系统观念融通起来,不断赋予我国法治理论鲜明的民族特色。借鉴中华法系律典为主、观俗立法的立法传统及其精湛的立法技术,适时推动条件成熟的立法领域的法典编纂,不断完善中国特色社会主义法律体系。汲取中华法系长期形成的法不阿贵、执法如山、重在调解、礼乐教化等理念,加快形成高效的法治实施体系和有力的法治保障体系。吸收中华法系严以治官的治理策略,加快形成严密的法治监督体系和完善的党内法规体系。

第二,坚持和发展新时代"枫桥经验"。新时代"枫桥经验"的基本内涵是坚持和贯彻党的群众路线,依靠基层组织和广大群众,立足于预防、调解、法治、基层,最大限度避免和减少矛盾纠纷发生。党的二十大报告提出,要在社会基层坚持和发展新时代"枫桥经验",完善正确处理新形势下人民内部矛盾机制,及时把矛盾纠纷化解在基层、化解在萌芽状态。传承中华优秀传统法律文化,就是要进一步深入挖掘和阐释传统法律文化中的优秀因子,不断丰富新时代"枫桥经验"的历史底蕴和时代价值。比如,调解这一新时代"枫桥经验"的核心内容,就是"两个结合"在基层社会治理领域的生动实践,既契合了中国人口众多、地域辽阔、区域差异大的具体实际,又蕴含了中华文明五千多年来一直传承的和平、和睦、和谐、无讼等理念,为此,需要结合时代发展,不断赋予调解制度新的文化内涵和实践经验。

(三)发挥地域特色和地区优势

我国是一个有十四亿多人口的大国,地域辽阔,民族众多,国情复杂。中华文明在长期的发展演进历程中形成了在世界文明史上独树一帜的文明传统和政治秩序。中华文明既有多元一体、团结集中的大一统传统,也有各地的风土人情、风俗习惯各不相同的特色,有许多具有地域特点的文化传统和文化遗产。在传承中华优秀传统法律文化的实践中,应该充分吸收利用当地的宝贵文化资源,注重挖掘和阐释当地的特色文化遗产。

第一,深入挖掘历史文化名城中的优秀传统法律文化。我国历史悠久,朝代更迭,在中华大地上形成了诸多历史名城。仅以古都为例,就广义的古都来说,自三代以下,中国共有古都217处,涉及的王朝或政权277个,这里面包括建立在内地的古都164处,建立在周边各地的古都53处。每一个古都特别是名都,都集中彰显了我国古代特定时期的政治文明。大同(北魏平城)作为十大古都之一,历史上不仅是改革之城,更是民族融合之城。北魏平城时期的法律文化在中国法制历史中占有重要的地位,它集中反映了北魏建都平城近百年间,北魏统治者充分吸收汉律、晋律、江左之律乃至河北、河西、青齐三大文化因子,进行了诸多创造性的探索,特别是在法制方面沿用、改制、首创出许多制度,产生或发展了包括均田制、租调制、三长制、存留养亲、诉讼制度(上诉、直诉)、死刑复奏制度、谪守戍边制度、贵族特权制度等一批法制成果,促进了民族大融合,在其后的朝代中也一直被沿用和发展,对今天的法治改革仍然具有一定的借鉴意义,值得我们持续深入挖掘和阐释。

第二,积极推动地方特色文化遗产焕发生机。近年来,中国法学会法治文化研究会先后在四川眉山举办"三苏"法治文化论坛,在甘肃举办"敦煌法治高端论坛""中华优秀传统法律文化论坛",在安徽桐城举办"六尺巷"和文化论坛,就是旨在充分利用地方特色的历史文化遗产,汲取当地优秀传统法律文化资源,推动社会治理体系和治理能力现代化。以甘肃省为例,甘肃是一座典藏丰富的法学宝库,具有研究我国法律制度发展演变和法治文化建设的重要资源。近年来,甘肃省深入研究阐释敦煌法学、简牍法学等特色法治文化资源,引起学术界和社会的广泛关注。敦煌法学基于敦煌的区位优势,源于敦煌文献中的法律、契约文献,依存于敦煌学而蒸蒸日上。2020 年 6 月,兰州大学敦煌法学研究中心成立,有力推动了敦煌法学的研究进程。兰州大学李功国教授在其《敦煌古代法律制度略论》一书中指出,敦煌法学已成为研究我国敦煌及其周边地区石窟艺术、出土法律文献及其他资料中所反映出的我国古代敦煌法律现象、法制状况、法律生活、法律关系、法律过程与变迁的专门学问。简牍法学旨在将秦汉时期中华优秀传统法律文化复原出来、挖掘出来、总结出来,增加当代中国法学知识谱系中的本土法治资源,为构建中国自主法学知识体系,增强法治自信、文化自信贡献力量。甘肃省法学会已成立全国首家省级简牍法学研究会,充分发挥简牍大省资源丰富这一得天独厚的研究优势,积极促进简牍法治文化的保护传承和创新发展,增强中华法治文明影响力。甘肃省在敦煌法学和简牍法学等领域的开创性贡献,为全国各地传承中华优秀传统法律文化提供了宝贵的经验和启示。

【前沿探索】

人工智能与数字法学

兰大法律评论(2025 年卷第一辑)
第 31 ~50 页

个人信息匿名化处理再识别风险规制研究

肖又贤　孙　锦*

目　次

* 肖又贤,男,深圳大学法学院副教授。孙锦,深圳大学法学院 2023 级国际仲裁法律硕士。

摘　要　匿名化处理作为当代连接个人信息保护与利用的桥梁，在大数据时代具有无可比拟的重要性。大数据分析功能使信息主体对个人信息的控制逐渐弱化，引发对个人信息权益的严峻挑战。以抖音、微信读书侵犯个人信息案为例，我国个人信息匿名化处理制度缺乏统一、清晰的再识别风险规制标准。《个人信息保护法》除外条款将匿名化信息排除在保护范围外，但对“不可复原性”尚未明确判断标准。针对我国目前概念混同导致个人信息匿名化处理再识别的司法裁判差异，重新组合化导致个人信息匿名化处理再识别风险提高，除外条款导致个人信息匿名化处理再识别风险标准模糊以及自动化决策导致个人信息匿名化处理的安全保障措施失效等问题，分别从统一解释匿名化法律概念、适用场景完整性风险理论、建立动态匿名化有效性审查标准和引入个人信息安全风险评估制度四个维度平衡我国个人信息匿名化处理再识别的风险与规范间的冲突。

关键词　个人信息保护；匿名化处理；再识别风险

引　言

近年来随着大数据时代的发展，个人信息的收集、处理和利用为信息主体提供了极大的生活便捷，也为信息处理者带来了巨大的数据红利，改变了经济增长与盈利模式。而匿名化处理作为当代连接个人信息保护与利用的桥梁，具有无可比拟的重要性。但强大的大数据分析功能与专业复杂的算法机密使信息主体对个人信息的控制逐渐弱化，大量匿名化处理后的信息重新拼凑、组合后可利用大数据分析和算法模型间接识别信息主体及群体，引发对个人信息权益的严峻挑战。

当前，我国个人信息匿名化处理制度缺乏统一、清晰的再识别风险规制标准。《个人信息保护法》第4条中明确强调“个人信息”的可识别性，却不包括“匿名化处理后的信息”，这将导致大量匿名化信息不受保护。而匿名化信息区别于去标识化信息最显著的特征——不可复原性尚未明确判断标准。我国现有立法规范及司法实践既未统一解释“匿名化”的法律概念，也未就规制个人信息匿名化处理再识别风险的理论导向、审查标准和评估制度等问题达成一致，因此需要在厘清概念的基础上，架构场景完整性风险理论、动态匿名化有效性审查标准与个人信息安全风险评估制度的“三位一体”，来弥补我国当前个人信息匿名化处理再识别风险立法规制的缺失。

一、我国个人信息匿名化处理再识别司法实践与争议

个人信息可识别性与相关联性的两大典型特征，是司法实践中判定是否构成侵犯个人信息权益的重要衡量标准。在实际收集、处理、利用过程中，信息处理者往往为了减少成本、提升效率，将匿名化处理后的个人信息进行碎片化提取再组合，这导致零散的匿名化信息随着处理过程发生重叠，致使个人信息匿名化处理后仍具有再识别风险。

（一）典型案例：抖音、微信读书侵犯个人信息案

在凌某某与北京微播视界科技有限公司隐私权、个人信息权益网络侵权责任纠纷案①中，原告凌某某注册登录抖音APP时发现被告未征得本人知情同意，将大量未经通讯录授权的微信好友自动推荐为“可能认识的人”，故向法院提起侵权之诉。此案的争议焦点为“社交关系”和“地理位置”是否属于个人信息。被告以通过经其他用户授权访问的通讯录进行推荐为由否认掌握及使用原告的社交关系，且抗辩称通过IP地址所获得的不精确的地理位置信息不具有可识别性。但一审法院指出，原告的社会关系与模糊位置信息均能体现个人特征，应属于个人信息，同时个人信息的可识别性也会随场景变化而不同，因此应当根据具体场景的实际情况审慎分析并判断个人信息。

针对个人信息的相关联性，以微信读书APP侵犯用户个人信息权案为例②，微信读书APP在未经原告黄某有效同意擅自获取其微信好友关系并自动关注，默认开放个人全部读书信息。在该案中，原告与被告就好友关系、书架信息、阅读体会等信息是否属于个人信息产生纠纷。北京互联网法院认定读书信息系个人信息，案涉信息中包含的读物、读书时长、读书想法等，虽不单独隶属于个人信息，但好友昵称、头像和OPEN_ID等信息组合而成的个人信息衍生物未达到匿名化和去识别化程度，结合使用场景，实际上达到了识

① 参见北京互联网法院(2019)京0491民初6694号民事判决书。

② 参见北京互联网法院(2019)京0491民初16142号民事判决书。

别性标准,存在勾勒人格画像的可能,因此具有相关联性。

综上,上述两案经审理后,均认定被告侵害原告个人信息权益。

(二)案件争议:我国个人信息匿名化处理制度缺乏再识别风险规制标准

北京互联网法院将社交关系、读书信息以及模糊地理位置等信息均认定为个人信息,一定程度上扩大了个人信息的范围,此时判定是否属于个人信息的范畴未必取决于“是否可识别”与“是否相关联”。在《民法典》《个人信息保护法》《信息安全技术　个人信息安全规范》(2020 年版)(以下简称《个人信息规范》)等法律和国家标准中,并未涵盖“模糊地理位置”“通讯录”等个人信息类型,北京互联网法院的认定加剧了匿名化处理过程被间接识别的疏漏,降低了处理标准。显然,场景因素并未在列举式个人信息内涵的界定中被考量并加以结合,如此条件下即便个人信息经过了匿名化处理仍不能满足大众对于信息难以被识别和难以相关联的期待可能性。

识别到个人的信息可以是单独信息,也可以是信息组合,需要从信息特征和信息处理者的角度结合具体场景判断可识别性。此前司法判例中也将机场名称和起降时间等信息认定为个人信息,这些信息无法单独识别自然人身份,只有与个人姓名、身份证号码或航班号码等其他信息进行汇聚组合后才能识别到特定自然人。① 因此,不能割裂判断每个单独信息,无论是否已经匿名化处理,凡是能够识别到自然人的信息组合,其中的每个信息都应属于个人信息。然而,值得深思的是,我国当前的个人信息匿名化处理制度缺乏再识别风险规制的相关标准,致使司法裁判截然相反。

在王某诉微视侵犯隐私和个人信息案②中,法院认定微信所收集的头像、性别、好友关系属于个人信息,但不构成对原告个人信息权益的侵害,经深圳市中级人民法院二审改判后方认定被告未满足收集用户信息的必要性原则。又如在佘某某诉查博士隐私权、个人信息保护纠纷案③中,法院未将有效脱敏化处理后的车架号、车辆基本行驶数据、碰撞数据等历史车况信息列为个人信息,认为基于社会公众一般认知与第三方技术水平匿名化处理后的上述信息不具有私密性且不能关联识别到特定自然人。我国司法实践中对个案天差地别的裁判进一步显示了个人信息概念界定的不确定性和场景依附性,尤

---

① 参见北京市第一中级人民法院(2017)京 01 民终 509 号民事判决书。

② 参见广东省深圳市南山区人民法院(2020)粤 0305 民初 825 号民事判决书。

③ 参见广州互联网法院(2021)粤 0192 民初 928 号民事判决书。

其关于个人信息匿名化处理再识别风险也并未划定相应标准,甚至在《汽车数据安全管理若干规定(试行)》中沿用"定义从宽"的原则,极大地造成了立法规范和司法实践上我国针对个人信息匿名化处理制度的不统一、不完善与不清晰。而这直接造成司法裁判差异化、个人信息重新组合化后再识别风险陡增、再识别风险标准模糊而无法可依和现有安全保障措施面对自动化决策时失效等问题。

二、个人信息匿名化处理再识别风险规制的理论基础

(一)个人信息匿名化的概念厘清

匿名化是数据挖掘最主要的隐私保护技术手段之一,《布莱克法律词典》引申解释为不知姓名或未得识别,可认为匿名化切断了个人与个人信息间的可识别性与相关联性,消除映射与标识。[①] 由于《网络安全法》的立法逻辑和《个人信息规范》一脉相承,那么结合其第42条的但书规定与《个人信息规范》第6.1条b款、第6.4条f款、第7.5条c款及第8.5条e、f款有关匿名化的条款理解,个人信息匿名化在应用场景上可视同删除权,[②]即个人信息匿名化处理效果应与删除相同。

对于个人信息匿名化的概念散见于我国各类规范性文件中,如《个人信息保护法》第73条第4项对匿名化的含义解释,强调其不可识别性与不可复原性的特征,与《个人信息规范》第3.14条一致,且都将经过匿名化处理的信息排除在了个人信息的范畴外。换言之,即使满足知情同意等规则或合法性基础,此类信息也无法受到我国个人信息保护规范的保护。值得注意的是,当下我国法律规范只定义了匿名化,但是并未对个人信息匿名化的不可复原性加以细化具体的判定方式,导致个人信息事实上仅满足去标识化标准,却被信息处理者以匿名化标准直接对外提供,更何况是经拼凑组合后具有再识别可能性的个人信息。

---

① 参见《布莱克法律词典》第9版第106页,对 anonymous 定义为 not named or identified。

② 参见孙艳华:《从2020版〈个人信息安全规范〉看匿名化和去标识化的区别与应用场景》,载全国网络安全标准化技术委员会,https://www.tc260.org.cn/front/postDetail.html?id=20200617154145。

匿名化、去标识化及假名化均为能满足处理后单独个人信息无法识别到特定自然人的脱敏要求的重要处理手段。但在我国语境下,假名化一般仅作为个人信息去标识化的常见技术手段,而实践中个人信息匿名化却常常与去标识化混同。

去标识化与匿名化之间有明显区别,尽管二者都强调个人信息主体不能被识别或关联,但匿名化要求同时具备“不可复原性”,去标识化则本身就包含着“还原”标识的可能性。① 我国《个人信息保护法》第73条第3项、第4项分别明确了去标识化和匿名化的定义。个人信息去标识化通常采用假名、加密和哈希函数等技术手段替代个人信息的标识符,②为保证个人信息流通的效益价值,一定程度上保留了个人信息颗粒度,处理行为是可逆的。因此其旨在降低信息对个人的识别程度,相应地,《信息安全技术　个人信息去标识化指南》(以下简称《个人信息指南》)也对个人信息去标识化的效果进行了分级规范。欧盟《通用数据保护条例》(以下简称欧盟GDPR)第4条第5款直接规定的“假名化”,基本等同于我国《个人信息保护法》所界定的“去标识化”概念,强调信息的附加性。

然而,匿名化要求同时排除个人信息的直接识别性和间接识别性,是一种不可逆的且不可链接性远高于去标识化的信息处理方式。从技术与安全层面看,个人信息匿名化和去标识化有着本质差异。去标识化只是对直接标识符做了部分隐匿或移除,当它与额外信息组合时,因数据关联未断,仍有再次定位到个人的可能,具有间接识别性与再识别风险。而匿名化运用更先进复杂的技术,旨在切断个人信息与特定个体的所有潜在关联,不仅处理直接标识符,还深度模糊、碎片化或转换间接身份信息,让常规手段难以拼凑出指向个人的完整信息,最大限度保障信息安全、隐密,为个人信息保护筑牢根基。

(二)个人信息匿名化处理的法律效果与具体规则

包括我国《个人信息保护法》第4条除外条款在内的国内外诸多个人信

① 参见郑佳宁:《数据匿名化的体系规范构建》,载《政法论丛》2022年第4期。

② 参见陆青:《个人信息保护中“同意”规则的规范构造》,载《武汉大学学报(哲学社会科学版)》2019年第5期;《信息安全技术　个人信息安全规范》第3.15条有关去标识化定义的注释:“去标识化建立在个体基础之上,保留了个体颗粒度,采用假名、加密、哈希函数等技术手段替代对个人信息的标识。”

息保护条款,均认定匿名化处理后的信息在法律性质上不再属于个人信息,而去标识化处理后仍归属其保护范围。

1. 个人信息匿名化处理的法律效果

个人信息匿名化处理是指利用技术手段对个人信息进行处理,以达到匿名状态的过程,个人信息经匿名化处理后成为匿名化信息。但对于个人信息匿名化处理的效果存在争议,多数学者秉持不存在绝对的匿名化态度,但也有学者认为根据统计表明,个人信息匿名化处理再识别的风险被错误地高估了,且二次识别通常是琐碎的,仅 0.013% 的识别率属于合理范畴。[①] 出于技术受限,美国《加州消费者隐私法案》(以下简称 CCPA)提出去标识化信息处理者必须承担不得还原信息的四项前置义务,方能达到个人信息匿名化处理的法律效果,可被视为附前提的匿名化。[②] 从个人信息处理的层级和效力来看,去标识化本质上属于一种在难以达成完全匿名化目标情境下所采取的权宜之计,其处理的深度和广度有限,仅仅是对信息进行了较为基础和初步的加工操作,未能像匿名化那样彻底切断个人信息与特定个体之间的潜在关联。故而,去标识化自身并不具备独立达成匿名化所拥有的完整法律效力,这意味着经过去标识化流程的个人信息在法律意义和实际效果上,均不能与经过严谨匿名化程序处理后的信息相提并论,并且其依然牢牢地处于个人信息的界定范围之内,无法超脱个人信息所涵盖的边界和属性,持续受到个人信息相关法律法规的约束和规范。

个人信息匿名化处理具有动态性和场景依附性,匿名化处理不能再识别特定自然人的有效性是相对的。无论是场景自身信息因子的不同,还是依托于高速发展的科技和不断提高的大数据关联分析能力,抑或互联网时代下日益增加的自然人主动公开的个人信息数量,尽管在某一场景中无法依据匿名化处理后的个人信息识别特定自然人,但可以在其他场景中将多个单独零散的匿名化信息作为间接标识符,通过拼凑组合进而还原信息主体的个人信息。所以,个人信息匿名化处理后仍有极大可能在不同信息处理者或更先进的技术条件下与其他信息相结合,使其不可复原性消失殆尽,恢复成具有可识别性的个人信息。

---

① See Jane Bambauer, *Tragedy of the Data Commons*, Harvard Journal of Law and Technology, Vol. 25(2011).

② See *California Consumer Privacy Act of 2018* § 1798.140.(h).

2. 个人信息匿名化处理的具体规则

因个人信息流通与安全孰轻孰重的观点分歧,各国和地区个人信息匿名化处理的应用规则与防范规则均差异较大。

我国关于匿名化处理的应用规则最早被规定在《个人信息规范》第6.1条有关个人信息存储时间最小化的内容中。结合《个人信息规范》第6.4条、第7.5条、第8.5条可知,无论是超出存储期限,还是注销账户,抑或控制者停止运营,处理非必要个人信息应当贯彻最小必要原则。对于处理后再识别风险的防范规则最早见于2016年《网络安全法》第42条的但书条款,该条款已构成我国个人信息流通的法律基础,但也仅限于"去标识化信息"。而我国立法者出于个人信息脱敏后所具有的巨大商业价值与社会价值考虑,认为根据匿名化处理的技术原理,倘若个人信息匿名化后丧失其特定标识,那么该信息将失去被利用的价值,因此目前大多是参照《个人信息规范》等软法和企业自律规则进行协调,《网络安全法》《个人信息保护法》等上位法并未针对匿名化信息再识别风险问题予以明确。

相反,更注重信息安全的欧洲数据保护机构一直尝试对"匿名化"问题提出有效合理的解决方式,但从欧盟第29条数据保护工作组(以下简称"WP29")发布的《第4/2007号意见书》和《第05/2014号意见书》两份意见相左的意见书来看,其以"可重新识别的可能性"再次辨析匿名化和假名化。然而此后诸多研究表明完全匿名化是几乎不可能实现的,这意味着不具有可重新识别的可能性的判定标准并不能证明匿名化的实现。后者也导致欧盟各国对匿名化标准产生了重大混淆,甚至适用绝对主义的语言。由此可知,目前世界范围内无论个人信息匿名化处理的适用规则还是再识别风险的防范规则仍然处于摸索阶段。

(三)具体场景下识别与再识别的风险认定

可识别性是匿名化处理规则的核心,也是判定识别与再识别风险的基础。信息的可识别性取决于信息处理者不同程度的识别能力,其技术水平和适用场景直接影响匿名化处理后的剩余风险。换言之,识别与再识别的风险可能与具体场景密切相关,即考虑多元化的具体社会场景下可能的信息风险制定针对性、差异化的识别与再识别标准。

1. 医疗健康场景

医疗信息不同于其他个人信息,世界各国和地区普遍认定医疗信息为需给予特殊保护的个人敏感信息，严格适用知情同意原则。① 尽管医疗信息的私密性与安全性的保护标准更严苛，各国和地区也均采用立法重视医疗信息的流通与利用，有利于挖掘医疗信息的价值。出于医疗信息的特殊适用场景，医疗信息匿名化处理再识别的剩余风险评估与防范标准也更高。

2. 个性化展示场景

个性化展示是当前各互联网应用程序收集并处理个人信息最为常见的场景，信息处理者通过捕捉与识别信息主体的浏览历史、消费记录等个人信息，分析感兴趣的内容并向其展示。若采用事前同意选择权模式，则根据具体的应用场景和安全要求，要求信息处理者对匿名化处理、去标识化处理或数据汇聚后重新识别的风险进行不同级别的个人信息安全影响评估。而事后退出选择权机制意味着其达成默示同意的法律效果，即除非个人信息主体作出明确声明，否则将被推定同意信息处理者对相关个人信息的使用。

3. 公共利益与学术研究场景

例外的是，《个人信息规范》第 5.6 条与欧盟 GDPR 规定类似，国际层面均认可出于公共利益或学术科学研究，个人信息处理者可享有一定程度个人信息处理的目的限制原则的豁免。因此，个人信息识别与再识别的风险评估和适用标准应基于特定场景和信息处理影响程度变更。

（四）个人信息匿名化处理再识别风险的民事法律救济

个人信息匿名化处理再识别风险的民事法律救济指在个人信息处理过程中，匿名化处理者未依法依约履行义务致使个人信息主体遭受损失，应承担违约、侵权等民事责任，个人信息主体由此采取的维权措施。由于匿名化处理者行为的特殊性，存在《民法典》第 186 条规定的违约责任与侵权责任竞合的情况。

1. 违约救济

作为客体的个人信息具有人格与财产双重属性，即便《个人信息规范》提及不宜将个人信息保护政策视为合同，但实践中信息主体与信息处理者间存在将个人信息以其财产属性作为合同标的的用户服务协议与隐私政策，因此信息主体仍可基于协议中的个人信息保护条款与隐私政策主张违约责任，行

① 参见李润生：《论个人医疗信息的匿名化处理制度——兼评〈个人信息保护法〉相关条款》，载《交大法学》2022 年第 4 期。

使违约损害赔偿请求权。鉴于《民法典》第577条违约责任的构成要件与无过错责任原则,匿名化处理再识别的过程中是否存在匿名化处理者的过错并不会影响违约责任的成立。个人信息匿名化处理的违约行为所造成的损害较为特殊,也不能仅采用传统的支付违约金或赔偿损失等违约救济方式。此外,在用户服务协议与隐私政策等涉及个人信息匿名化处理的合同中不能排除最低限度的再识别风险防范义务,否则将导致信息主体劣势地位越发凸显,陷入未知的个人信息匿名化再识别风险。

2. 侵权救济

根据《个人信息保护法》第69条,倘若信息处理者在个人信息匿名化处理过程中违反再识别风险防范义务,基于其主导地位将导致个人信息主体的合法权益受到严重损害,应适用过错推定原则追究其侵权责任,以期实现二者权责平衡,该原则也是个人信息处理者承担侵权责任的基础归责原则。信息流转过程中不可避免第三方的介入,信息处理者承担后续保护义务,应当将再识别风险控制在信息主体可接受的范围内,谨防第三方因合同相对性而肆意识别匿名化信息。若匿名化处理者未尽法定的安全保障义务①,致使第三方对匿名化信息再识别,并对信息主体的合法权益造成侵害,二者均在客观上构成了共同侵权,均需承担相应连带责任。

个人信息体现人格要素中最基本的自由和尊严,具有鲜明的人身专属性,一旦匿名化信息被重新识别,基于个人信息侵权行为的隐蔽性以及相关损失的非直接性、偶发性和累积性②,匿名化处理将失去效用。当信息主体因匿名化处理而遭受不同程度的侵害时,可要求侵权人消除影响、恢复名誉、赔礼道歉等。此外,根据《民法典》第996条之规定,若个人医疗信息等特定匿名化处理信息遭遇二次识别,致使信息主体生理与精神健康双重受损,情节严重的,可要求侵权人赔偿精神损害。鉴于个人信息匿名化处理再识别可能同时侵犯个人信息主体的财产权与人格权,导致违约责任与侵权责任的竞合,故救济方式应互相吸纳,实现互补。

---

① 参见王思源:《论网络运营者的安全保障义务》,载《当代法学》2017年第1期。

② See Clara Kim, *Granting Standing in Data Breach Cases: The Seventh Circuit Paves the Way Towards a Solution to the Increasingly Pervasive Data Breach Problem*, 2016 Columbia Business Law Review 544(2016).

三、个人信息匿名化处理再识别风险规制域内外立法比较

(一)我国个人信息匿名化处理再识别风险规制

从现行立法看,《网络安全法》第 42 条明确提及将匿名化信息排除在个人信息范畴之外,不适用知情同意原则。《个人信息保护法》第 73 条认为经过处理后不能二次识别且不能复原的匿名化信息因去除特定标识符而丧失被重新利用的价值。然而《网络安全法》对“经过处理无法识别特定个人且不能复原”的表述过于宽泛且模糊,未提及无法识别的标准、结合其他信息识别的程度和不能采取复原再识别技术的主体等问题。同理,《个人信息保护法》立法思路以欧盟 GDPR 为参考,仅定义了匿名化信息,却无任何再识别风险防范规则。

《互联网企业个人信息保护测评标准》将匿名化与去身份化界定为相同概念。类似地,《中国互联网定向广告用户信息保护行业框架标准》虽未提及匿名化,但规定即使经技术手段处理失去特定标识的信息无法关联到个人,转移时也须保证其去身份化状态。而后《个人信息规范》要求信息处理者将经匿名化处理再识别的风险纳入定时定期的评估体系。他们均重视匿名化信息再识别风险的确立、转移及防范,但奈何仅为国家标准和指引,不具有强制性,对规制信息处理者二次识别收效甚微。

匿名化信息再识别及风险规制亦是企业合规的重要内容,但各大互联网企业自律规则也仅停留在强制性法律法规所设立的最低标准,并未正视自身再识别风险防范的义务与责任,更有甚者李代桃僵,以去标识化代替匿名化,置再识别风险于不顾。大数据交易所是除互联网企业外又一强势信息处理者,可当前我国大数据交易所的交易规则涉及该内容的极少。以规则相对较为详细的上海数据交易所为例,去标识化与再识别风险防范规则散见于数据互联互通规则、个人数据保护原则、分布式数据处理指南。上海数据交易所强调了去标识化后的信息有被二次识别的风险并制定措施有效防范,如分开处理去标识化信息以确保流通安全,跟踪控制信息流通全过程以防止风险,限制信息使用者权利以禁止合同规定外重新识别个人信息,评估信息流通的隐私风险以保障隐私安全。虽然上海数据交易所对信息经技术处理二次识

别风险的规制已较为全面,但其忽视了信息匿名化处理效果具有动态性和场景性的特征,易受外部信息、适用场景和识别技术等因素影响。

(二)欧盟个人信息匿名化处理再识别风险规制

欧盟的个人信息保护立法可以追溯到《数据保护指令》(以下简称欧盟“95 指令”),为成员国立法保护个人信息设立了最低标准。其中第 26 条首次规定了匿名化的法律概念,并指出数据保护原则不适用于匿名化信息。随着欧盟 GDPR 的颁布,欧盟全新的个人信息保护框架得以构建,无须各成员国立法确认即生效,个人信息保护效果得到空前推进。

尽管欧盟“95 指令”被替代,但欧盟 GDPR 并未全盘推翻此前关于匿名化信息的规定,而是进一步解释匿名化信息的概念,并强调其不应被认为是个人信息。此外,基于欧盟“95 指令”第 26 条发展出的所有合理可能性标准,也同样在后续欧盟“WP29”的意见报告和欧盟 GDPR 中得以完善。所谓所有合理可能性标准,即“控制者和其他任何人”的主体标准和“所有合理可能性”的识别方式标准。对于识别与再识别问题,欧盟 GDPR 在此基础上,既要求以所有合理可能使用的方式确定自然人是否可识别,也要求考虑包括识别所需的成本和时间、处理时可用的技术手段及其发展等所有客观因素来动态衡量用于识别自然人的手段是否合理。①

此外,欧盟 GDPR 规定在主体层面,对于匿名化处理信息的复原,信息处理者及其他任何主体都应预判其再识别的可能性。由此引入“积极侵权人”概念,认为所有人均具有对匿名化信息进行再识别的意图,在识别能力上,积极侵权人代表着可获取并利用公共外部资源,但不具备再识别的专业知识或技术设备的一般理性公众。信息处理者须预判潜在的积极侵权人可能采用的再识别措施,一旦判定具备成功再识别的可能性就不得认定其达到匿名化标准,仍应受个人信息保护立法的约束。这也衍生出信息处理者在匿名化处理信息后持续性的评估义务,要求其不断识别新风险、评估剩余风险并及时采取必要调整,以保证无论流转结果如何都能将匿名化处理再识别的风险控制在最小限度内。然而看似这一义务对于信息主体的信息安全提供了极大的保障,但实际上给信息处理者造成了严重的合规负担,导致匿名化处理的

---

① See Michèle Finck & Frank Pallas, *They Who Must Not Be Identified—Distinguishing Personal from Non-personal Data under the GDPR*, International Data Privacy Law, Vol. 10, p. 11(2020).

压力与责任远超个人信息保护义务本身，也与立法目的背道而驰。

关于对欧盟 GDPR“所有合理可能使用的方式”的理解，欧盟“WP29”《关于匿名化技术的意见》提出三种匿名处理再识别的判断标准，包括分选、联结和推断。以上三个标准须同时满足，否则将彻底全面地评估匿名化处理再识别的剩余风险。欧盟个人信息保护立法体系中还存在假名化的概念，均规定假名化信息是可被复原的，其并非匿名化的方式之一，强调其概念不同于匿名化信息。而实践中假名化信息与匿名化信息的界定并非泾渭分明，这意味着信息处理者为平衡信息匿名化状态和再识别风险所需付出的成本和精力，退而求其次选择以假名化信息代替匿名化信息，逃避适用欧盟 GDPR。

（三）美国个人信息匿名化处理再识别风险规制

相较于欧盟囊括式立法规制匿名化处理再识别风险，美国的立法较为开放零散。为扶持本国信息产业的发展，秉持着信息流转为重的立法理念，美国采取个人信息限缩主义的界定模式，其中最典型的是 CCPA 和《健康保险流通和责任法》（以下简称 HIPAA）。

CCPA 在个人信息的定义上与欧盟 GDPR 类似，强调可识别性与相关联性，不同的是 CCPA 采用去标识化实现匿名化的法律效果。这点也可从美国《个人信息保护指引》和相关专家的阐述看出，在美国法中去标识化与匿名化概念基本等同。由于 CCPA 仅强调去标识化是合理的，可理解为在此语境下的去标识化比欧盟 GDPR 的匿名化要求更低，意味着前者的再识别风险相应更高。但在个人信息保护制度的设计上，美国法采用了与中国完全相反的事后退出选择权机制。

当前，美国普遍适用 HIPAA 第 164.514 条所规定的健康信息去标识化处理的判断标准，其中该条 b 款第 1 项提出专家标准，第 2 项提出安全港标准。所谓专家标准，即由统计人员或具备合理知识和经验的专家判断信息处理者所采取的去标识化措施是否已达到使个人信息不能被再识别且无合理理由相信可以被用于识别特定个体的程度。而安全港标准则是指信息处理者在确保完全消除姓名、地址、电话号码等 18 种识别符且并不实际知晓该信息可单独或与其他信息相结合用于再识别时，即被视为已达到去标识化的效果。这符合美国个人信息保护制度中信息处理者在采取去标识化措施方面享有较大的自由裁量权的特点，但即便安全港标准对识别符的列举已领先世界，这 18 种识别符也并不能完全覆盖现实中可能识别出信息主体的外部信息来源。经实验证明,交叉比对美国选民登记记录与已去除上述全部标识符的信息,仍存在0.04%[①]的概率重新识别出信息主体,难以想象与更多信息重组后的识别效果。过于宽松的再识别风险规制制度潜藏着较大安全风险,如轰动一时的"AOL 搜索案"和近年多起互联网企业大规模用户信息泄露事件,均暴露出美国当前个人信息去标识化再识别风险规制可能过度放纵的弊端。

四、我国个人信息匿名化处理再识别实践中存在的问题

(一)概念混同导致个人信息匿名化处理再识别的裁判差异

正如前文所述,将我国规范性文件里有关去标识化的规定与欧盟、美国的相应规定进行对照分析时,能够清晰地察觉出,我国所定义的去标识化在概念和操作层面上,与欧盟 GDPR 中提及的假名化呈现出更为贴近的态势,然而与美国所定义的去标识化却存在明显的差异之处。我国对于去标识化的界定着重突出了在缺乏额外信息辅助的前提条件下,个人信息将无法再次被识别这一关键特性,换言之,这种界定方式实际上是将间接标识排除在了可识别信息的范畴之外;反观美国的去标识化定义,则是明确地将直接重识别以及间接重识别这两种可能的情况都予以了排除,从而构建起了一套与我国不相同的去标识化判定标准和操作框架。虽然我国匿名化强调信息的不可复原性,接近于欧盟 GDPR 的标准,但与之不同的是,现行国家标准中并未进一步解释"无法被识别"或"不能被复原",更未明晰判定匿名化处理后信息无法再识别或再复原的职责权属。即使《个人信息规范》作为推荐性国标,被各类法律文件援引参考,是个人信息领域最重要的参照标准,也仅因企业自愿遵守而产生约束力。

在我国法律语境下,匿名化处理是个人信息处理与个人信息利用的衔接点,而去标识化只是信息处理风险管理的其中一环,混淆二者将导致个人信息保护不足。但我国当前个人信息匿名化规则过于笼统,出现对匿名化与去标识化概念认识的重大误解,实践中也常将技术上的匿名化、脱敏加密等术

---

① See Charles Safran et al., *Toward a National Framework for the Secondary Use of Health Data: An American Medical Informatics Association White Paper*, Journal of the American Medical Informatics Association, Vol. 14(2007).

语等同于法律概念上的匿名化，降低了个人信息去除标识符等处理手段的实现标准，且我国尚未明确转向适用“相对匿名化”，这使得匿名化信息随场景变化而相互转化的再识别风险提高。司法裁判很大程度上受立法概念不确定性的影响，对信息处理者信息匿名化处理程度及经处理后的信息类别难以确定，因而对其再识别风险界定模糊，加剧了法律适用上的困难，进而引发同案不同判的情况。

（二）重新组合化导致个人信息匿名化处理再识别风险提高

大数据时代，个人信息强调生命周期保护，因此应重视碎片化信息重组拼合的风险。新的个人信息衍生物增强了个人信息的关联性，信息耦合①提高了原有信息的可识别性，信息类目与范围的增多也导致个人信息主体身份被分析挖掘的可能性随之提高。以一组经匿名化处理的姓名数据集为例，其本身再识别风险被信息处理者控制在最小限度内，但若与经匿名化处理的身份证号码重新组合进行交叉比对，即使同名同姓也可能二次识别到特定自然人。

为避免非必要信息汇聚集合引发再识别的安全隐患，金融领域实名认证采用隐私集合求交（PSI）技术，即公安部门提供姓名与身份证号码，电信服务商提供姓名、身份证号码及手机号码，银行提供姓名、身份证号码和银行卡号，三组独立数据集均存在姓名与身份证号码两组相同的数据集，利用该技术三方仅能获取共有信息却无权查看原本没有的信息，除核验内容外不泄露任何额外信息。PSI技术保护了交集外信息的私密性，降低了重新组合化后匿名信息泄露、滥用及再识别的风险，但仍可能无法达到我国法律匿名化的要求。究其本质，PSI技术是基于安全性和流通性平衡用于处理信息的安全技术措施，注重应对海量信息处理和数据分析的性能，无法实现匿名化所要求的完全且彻底的不可复原，因此即使是从机器语言的角度出发，重新组合化的信息也必然指向重识别可能性，这也决定了其无法充分满足“不可复原性”的匿名化标准。

（三）除外条款导致个人信息匿名化处理再识别风险标准模糊

《个人信息保护法》第1条开宗明义，表明了我国认为个人信息保护优先

---

① 信息耦合，是指一个模块访问另一个模块时，彼此之间是通过简单信息参数（不是控制参数、公共信息结构或外部变量）来交换输入、输出信息的。

于个人信息利用。我国个人信息保护规范设置匿名化要求,凸显了我国希望与兼顾信息保护权益和信息流通价值的去标识化概念并驾齐驱的个人信息保护立场,以满足不同场景下不同程度的个人信息处理要求。然而,《个人信息保护法》第 4 条除外条款对于匿名化的绝对化处理,①在实践中将导致个人信息匿名化处理再识别风险标准模糊,面临巨大困境和不确定性。

理想状态下,除外条款的确既能为个人信息处理者合理流转、合法利用个人信息提供机会,又能防范通过可识别特定信息主体侵犯个人信息权益和隐私权。但现实中个人信息匿名化处理有效性标准符合木桶原理,即最低要求直接决定了经匿名化处理的个人信息能否被再识别与再复原。如前所述,当前信息处理者所遵循的最低标准即《个人信息规范》《个人信息保护法》《网络安全法》中的要求,而我国目前既无不可复原性具体程度的规定,更无任何关于匿名化的法律标准或指南,造成匿名化有效性及再识别风险标准真空。而若无以上标准予以细致规范,信息处理者将在进行匿名化处理和再识别风险预防时优先考虑商业流通价值,为降低信息处理成本而无视不同场景下达到不可识别性与不可复原性要求的具体标准。

(四)自动化决策导致个人信息匿名化处理安全保障措施失效

信息商业化运用中自动化决策是最可能因应用匿名信息而致使个人信息权益受损的特殊情景之一。根据《网络安全法》的规定,自动化决策信息经匿名化处理后便可不经信息主体同意共享给第三方,却未限制第三方借助额外信息及技术手段识别原始信息主体的情况。显然在自动化决策算法下,信息主体明显处于弱势地位。由此《个人信息保护法》对自动化决策专门立法,明确自动化决策本质是分析、评估和决策的过程,适用个人信息处理的一般规则,且应当事前进行个人信息保护影响评估。

自动化决策的技术原理是具有可识别性的原始海量样本经大量复杂的整理分析和匿名化处理后形成类别化的信息集合,其作出前提是对个人信息进行匿名化等去识别性处理,原则上无法识别到个人。但自动化决策是技术上的自动化,算法基础数据错误或程序技术缺陷异常均可能导致信息主体的权益在后续再识别过程中遭受损害,而自动化决策却因先天带有匿名化处理

① 参见沈伟伟:《个人信息匿名化的迷思——以〈个人信息保护法(草案)〉匿名化除外条款为例》,载《上海政法学院学报(法治论丛)》2021 年第 5 期。

的“免死金牌”而使原有安全保障措施失效。此外,作出自动化决策的核心目的是分析信息,所依靠的匿名化处理手段的突飞猛进也意味着去匿名化技术的高速发展,当数据库信息充足时可能实现对信息主体的反向追踪,存在的累加效应更是加速了个人信息匿名化处理的安全保障措施失灵,仅能在产生法律效果或其他重大影响时,信息主体才得以获得救济。因此,一旦信息处理者将去匿名化技术作为信息主体自动化决策等商业化运用的挡箭牌,信息主体的信息安全将饱受侵蚀。

五、我国个人信息匿名化处理再识别风险规制的完善

(一)匿名化法律概念的统一解释

从现行的法律法规、国家标准以及司法实践中可以看出,我国尚未具体规定匿名化的判断标准,亟须统一解释。虽然根据文义解释,我国法律中匿名化的概念更接近于欧盟 GDPR,但后者是欧盟各国个人信息匿名化处理的最低标准,给予各国依据国情制定更高判断标准和再识别风险规制策略的自治权。对比之下,显然我国《个人信息保护法》是唯一标准,而且并无具有强制力的更高标准予以限制,这将导致信息处理者选择无限接近最低标准。一方面,该举措将可能造成匿名化处理的滥用,使其游离于个人信息保护体系之外,信息处理者去标识化处理的实质性合规义务不变,但能套用匿名化处理逃避知情同意原则。① 另一方面,正是由于“无法识别”标准的模糊,信息处理者采取的不同程度的匿名化处理措施还将导致“柠檬市场”②,即有意遵循个人信息保护规则并自行设置更高匿名化处理及再识别风险防范标准意味着需要投入昂贵的合规成本以实现充分的匿名化处理,游走于规则边缘反而无须受此束缚,长期必然引发恶性竞争,信息处理者的趋利性和高昂的处理成本最终将导致越来越多的信息处理者放弃更严苛的匿名化处理标准。因此,若不厘清匿名化的法律概念,而由信息处理者笼统地适用“去标识化”

---

① 参见李奕扉、王协舟、李典诰:《个人信息保护场景化的现实困境、国际经验与改进建议》,载《情报资料工作》2022 年第 5 期。

② 参见齐英程:《我国个人信息匿名化规则的检视与替代选择》,载《环球法律评论》2021 年第 3 期。

标准进行个人信息匿名化处理,将使得在较高再识别风险的场景下经处理的个人信息仍可进入流转,从而对信息主体的个人信息安全造成较大威胁。

此外,如前述案例引入所言,大数据时代下,可识别的个人信息范围不断被扩大,个人可识别信息的可识别度和敏感度同时取决于适用场景和信息混合后产生的复合效果。匿名化法律概念的不统一和混同极易造成司法实践中对个人信息匿名化处理后可识别性的认定和法律适用产生歧见。因而,匿名化法律概念的统一解释有助于指引司法审判对个人信息更清晰的界定,从立法规范上对"匿名化"和"去标识化"进一步区分,利于提高司法裁判中对个人信息匿名化处理的定性和再识别风险的认识,阻止对信息处理者不当处理与义务逃避的放纵。

(二)场景完整性风险理论的适用

个人信息的认定是不稳定的,随着拥有的主体、使用的场景、信息保存的期限和技术的发展等因素而变化。当前计算机科学技术的飞速发展已经表明,从技术角度而言,倘若具备足够的时间和资源,几乎不存在绝对"不能复原"的信息,任何匿名信息都有被"去匿名化"的可能,即可以被再识别到个人信息主体,尤其是在数据挖掘技术渐进和个人信息收集行为日益增加的今天,匿名化信息再识别变得更为简单,去匿名化风险也随之增加。可以理解为,个人可识别信息和非个人可识别信息二者间存在在某一个时刻可以相互转化的风险,所以匿名的状态应当是相对的,只在特定的场景中有效,原则上并不存在绝对的匿名化。①

尼森鲍姆教授所提出的"场景完整性理论"以全新视角审视传统个人信息保护制度来完善个人信息保护路径②。该理论强调从信息所处的特定场景中进行动态的风险控制,包括保护程度应与信息所处的场景相关、信息处理应符合信息主体的预期等。③ 尽管目前我国立法规范中尚未明确体现该理论的引入,但实际上我国司法裁判中,尤其是涉及个人信息保护纠纷时,已有诸如前述等不少典型案例将"场景完整性理论"的思想运用于裁判。这一实践

① 参见齐爱民、张哲:《识别与再识别:个人信息的概念界定与立法选择》,载《重庆大学学报(社会科学版)》2018年第2期。

② See Helen Nissenbaum, *Privacy as Contextual Integrity*, 79 Washington Law Review 119 (2004).

③ 参见孙玉荣、卢润佳:《"场景完整性理论"的应用检视和功能再造——以个人信息保护司法裁判为视角》,载《北京联合大学学报(人文社会科学版)》2022年第3期。

极大地弥补了我国仍处于建立初期、尚不完备的个人信息保护法律体系，该理论的适用推动了相关规范的逐步完善，有助于对有关个人信息的认定、知情同意规则的合理适用和在匿名化与去标识化处理的有效性等问题上发挥效用。裁判者将“场景完整性理论”应用至个人信息保护纠纷案件中，达到弥补制度短板，发挥司法创造性解决个人信息保护纠纷案件中立法尚未回应的实际问题。例如在“微信读书案”中，法院认为笼统地划归用户隐私期待强烈程度不同的信息并非有效保护权益的最优选择，以实际使用场景探讨是否存在侵权行为更为合理。可以看出，在该案中，法院运用“场景完整性理论”定性匿名信息再识别问题，同时考虑到了特定场景下信息主体的隐私期待、信息风险和社会一般认知等因素，摆脱了个人信息“二分法”认定方式造成的个人信息保护的局限性。诚然，场景理论可以在一定程度上有效弥补当前对于个人信息相关联性认定的不足，尤其是面对个人信息匿名化处理再识别问题时，能够巧妙地结合再识别的具体场景判断剩余风险。因此，司法实践中应当结合案件的具体场景，坚持个案认定原则，①全面考量匿名化信息再识别风险。

（三）动态匿名化有效性审查标准的建立

个人信息的定义是动态且高度依赖于具体场景的，而匿名化本身是一种隐私增强技术，所以可以参考欧盟和美国的立法思路，建立动态的匿名化有效性审查标准，实现信息流通和信息安全间的动态平衡。

首先，通过判定信息处理者是否采取了充分的措施保障个人信息权益来认定匿名化措施的有效性，即是否达到了匿名化的法律效果，并持续跟踪再识别风险，保证匿名化处理再识别的风险始终控制在最小限度内。其次，处理后和再识别的风险均应明确信息处理的场景，再根据技术、管理及法律三要素，综合判定技术复原的可能性、付出的技术成本、处理过程的规范性、合同的约定、再识别关联行为的可行性和维权救济的可能性等维度，分析当前采取的匿名化处理措施对个人信息权益产生的影响及安全风险最小化。最后，进一步通过立法解释、司法判例、国家或行业标准等方式归纳指明不同匿名化处理的分类场景下应采取的措施及达到的效果，逐步形成体系化、规范

① 参见韩旭至：《大数据时代下匿名信息的法律规制》，载《大连理工大学学报（社会科学版）》2018年第4期。

化、精准化的动态匿名化有效性审查标准。

(四)个人信息安全风险评估制度的引入

个人信息安全风险本质是个人信息匿名化处理行为对信息主体权益产生的影响,包括但不限于个人信息的不当处理可能危害个人人身和财产安全、损害个人名誉和身心健康、导致歧视性待遇等。而合规的关键在于事前、事中及事后防范,应当引入有效的全方位个人信息安全风险评估制度,为指引信息处理者开展个人信息安全风险评估提供有力支撑。与《个人信息保护法》第56条中"影响评估"为同类别概念的有《个人信息规范》第11.4条b款包含匿名化信息再识别风险控制的"个人信息安全影响评估"和《信息安全技术 数据交易服务安全要求》要求企业定期考察对自身数据匿名化处理程度和数据交易方再识别风险的"风险评估机制"以及《信息安全技术 个人信息安全影响评估指南》的"安全影响评估"。可见,涉及对安全风险评估制度规定的目前仅有《个人信息保护法》一部法律,且规定较抽象概括,其余均为推荐性国家标准,仅能作为司法机关裁判说理的依据,对于信息处理者的约束力有局限性。

全方位引入个人信息匿名化处理再识别的安全风险评估制度,一方面,可以帮助信息处理者通过评估识别出既有匿名化处理规范下可能导致个人信息主体权益受损的风险,并据此及时采用适当必要的安全措施,以保证风险始终降低至信息主体可接受的水平;另一方面,在信息处理者自动化决策等商业化运用过程中,安全风险评估机制可以随时监测现有安全保障措施的有效性,结合内外部因素的变化情况持续修正已采取的安全措施,使信息处理者在个人信息匿名化处理再识别风险规制方面处于动态合规的状态。

兰大法律评论(2025 年卷第一辑)
第 51 ~73 页

算法社会消费者信息权的体系化配置*

赵　龙　张温文**

目　次

摘　要　消费者信息权的权利类型随着技术迭代从工业社会的信息获取权、自主选择权拓展至算法社会的个人信息权,多元化的权利结构获得法律制度的渐次确认。新兴技术在消费领域的大规模部署给消费者带来了全新

* 本文系司法部 2024 年度法治建设与法学理论研究部级科研项目"习近平法治思想对当代中国数字法治建设的原创性贡献研究"(项目编号:24SFB3007)的阶段性成果。

** 赵龙,法学博士,山西大学法学院讲师、山西省纪检监察研究院研究员。张温文,山西大学法学院 2022 级本科生。

的算法挑战,现有规定消费者信息权的法律制度在面对这些挑战时凸显出供给不足的问题。未来应通过法律规则的完善,重点构造阶段化集体诉讼程序以保障消费者的信息获取权,调适自动化决策拒绝权以保障消费者的自主选择权,完善告知同意机制以保障消费者的个人信息权。在体系构建层面,应围绕国家立法模式选择、消费者权义主体制度重塑以及经营者信息信义义务增设等维度展开,以法治引领数字经济的高质量发展。

关键词 消费者信息权;信息获取权;自主选择权;个人信息权

一、前言:算法社会的消费者信息权保护新议题

在算法社会,"经营者—互联网平台—消费者"新型社会组织结构应运而生。其中,经营者是组织者,消费者是被组织者,互联网平台作为连接经营者和消费者的桥梁,利用代码、算法等数字技术,实现数据的快速处理与分析,为经营者和消费者提供便利。经营者充分利用互联网平台的技术优势,按图索骥分析未被满足的商业场景,为消费者带来便捷的智能化体验。近几年,线上消费、直播购物已成为经济新增长点。以需求侧观之,随着数字经济与消费升级交汇发展,经营者突破了"供应商—制造商—零售商"的线性供应关系。以供给侧观之,德国工业4.0战略、日本互联工业战略以及中国制造2025战略等陆续推出,从交互架构层面塑造了消费者与经营者的互动关系,人机协同成为工作新常态。① 凭借技术赋能以及需求侧与供给侧的结构调整,算法社会逐渐呈现出以算法主导、去中心化、人机协同、虚实同构为核心的社会特征。

消费者在获取服务的过程中,注册环节需要提供姓名、籍贯、身份证号、电话号码、人脸图像等个人信息,使用环节将会产生网购足迹、收货地址、交易记录等轨迹信息。这些信息均可归于消费者信息范畴,故消费者信息并非算法社会的特有产物。但消费者信息作为一个经济法问题被频繁提出,却是在计算机技术推动现代社会进入信息社会的"第三次浪潮"中。② 在新产业、

① 参见[美]约翰·马尔科夫:《人工智能简史》(原名《与机器人共舞》),郭雪译,浙江人民出版社2017年版,第208页。

② 参见[美]阿尔文·托夫勒:《第三次浪潮》,黄明坚译,中信出版社2006年版,第20页。

新业态、新模式的发展浪潮下,消费者信息从原始数据转变为生成要素的过程中具有了资产属性,产生了商业价值。信息的自由流动对发展数字经济具有基础性意义,经营者对信息的高效利用、快速流转等商业诉求更显迫切,故工业社会只注重保护消费者人格利益的价值取向已不合时宜。以我国2021年通过的《个人信息保护法》为标志,国内信息权理论开始崛起。在信息权语境下,经营者与消费者均可能对社会性信息享有部分或全部的权能,双方可以共享数字经济带来的经济福利。① 与此同时,经营者利用智能系统侵犯消费者信息权的现象层出不穷,严重扰乱了消费市场秩序。然而,目前缺少对算法社会背景下消费者信息权的研究关切。技术发展与规则迭代之间的异步性困境,既关乎消费者新兴权利的法律保护,也关乎数字经济的健康发展,因此亟须从基本法、经济法、信息法等不同部门法视角对其展开体系化研究。②

二、算法社会消费者信息权面临的挑战与问题

在大数据、人工智能等新兴技术助力企业经营的过程中,虽然信息背后巨大的流转价值得以挖掘与利用,但也给消费者信息权保障带来了诸多算法挑战。消费者信息权保障作为一个时代性的权利命题被提出,既是算法社会技术进步的逻辑展现,也是新型消费者权益保障的法治回应。

(一)消费者主体性迷失与侵权责任主体多重

尽管消费者是经济法中的法律主体,但其主体地位却未得到一致确认,导致消费者在立法文本下的法律图像缺失。消费者的主体性迷失主要体现在两个层面:一是作为买方的消费者,在购销活动中具有经济实力孱弱、保护能力不足等“弱而愚”特征,在面对“强而智”的经营者时无法平等磋商,而在应对小额分散的消费侵权时却又无力抗争;③二是消费者的社会性义务没有随信息权崛起而获得重视,导致无法从法理基础到制度层面实现消费者的权

① 参见齐爱民:《大数据时代个人信息保护法国际比较研究》,法律出版社2015年版,第192页。

② 参见徐绍敏:《信息法框架与体系研究》,浙江大学出版社2007年版,第18页。

③ 参见姚佳:《消费者法理念与技术的重构》,法律出版社2019年版,第217-221页。

义统一。从利益平衡出发,消费者义务性规范的缺失将有损于算法社会的整体利益。

此外,互联网平台所使用的智能系统通常并非自主研发,导致确定消费者信息权的侵权问责难题与卸责逃逸现象。随着机器学习技术谱系的发展,控制信息流通的智能系统逐步具备了一定的判断能力,导致机器侵权行为呈现拟人化趋势。① 因此,算法社会的经营者侵权责任主要表征为智能系统侵权行为的主体多重性、行为分散性。首先,传统侵权责任制度是以人类的权利与行为作为出发点,智能系统的所有者或使用者是当然的侵权责任主体。若智能系统自身具备意志判断力与行为自主性,则仍由拥有或使用智能系统的经营者承担责任的合理性存疑。其次,智能系统在设计、生产、出售等多个环节均可能存在缺陷,若消费者信息权受侵害源自智能系统缺陷,则理应由这些环节的相应主体承担替代责任。

(二)"消费者同意"形式要件存在缺陷

关于"消费者同意"的研究,主要聚焦于"告知同意"的规范面向上。"告知同意"是个人信息收集与使用的基础性规范,因充分保障了信息主体的信息自决权而得到各国及地区立法者的普遍承认。② 但是大量的司法案例表明,消费者信息权的保障没有因告知同意规则的适用而得到普遍遵守。③ 这是因为,告知同意规则建立在"理性人假设"与"私法自治理念"基础之上,但消费者的"行为偏差"证明其并非完全理性且自利的人。④

在消费者信息收集阶段,消费者"以隐私换便利"而随意授权、盲目信赖或被迫勾选隐私政策,导致"消费者同意"异化为"形式同意""强制同意"。⑤ 首先,"形式同意"表现为经营者列出冗长的隐私条款或者淡化隐私条款的访问路径,导致消费者在勾选隐私政策时不会刻意关注具体内容。其决策心理

---

① 参见雷明:《机器学习与应用》,清华大学出版社 2019 年版,第 4 页。

② 参见彭诚信等:《信息的限度:个人信息保护法中的同意规则》,上海人民出版社 2022 年版,第 6-17 页。

③ 参见罗克研:《十大典型案例 "守护消费"暨打击侵害消费者个人信息违法行为专项执法行动》,载《中国质量万里行》2019 年第 12 期。

④ 参见刘金瑞:《个人信息与权利配置:个人信息自决权的反思和出路》,法律出版社 2017 年版,第 52-53 页。

⑤ See Richards N. & Hartzog W. ,*The Pathologies of Digital Consent*,6 Washington University Law Review 1476 (2019).

是“人们告诉自己的故事”,但是这些“故事”很容易被操控与欺骗。[①] 权威调查显示,将近80%的消费者很少或从未阅读隐私政策。[②] 其次,“强制同意”是指经营者将同意与服务相绑定,除非存在可替代的情形,否则消费者只能选择同意。[③] 现实中的多数应用程序是以“阅读并同意隐私政策”作为使用前提,消费者要么点击同意所有隐私条款,要么在点击不同意后被拒绝提供任何服务。[④]

在消费者信息使用阶段,虚化的告知同意机制让恶意经营者可以持续“合法”使用消费者信息,消费者的原始同意范畴面临被突破的可能。恶意经营者在隐私政策中故意隐瞒或告知虚假的信息使用事项:在告知内容上,对信息使用风险避重就轻,对消费者同意撤回权模糊化处理;在告知形式上,将消费者信息使用风险隐藏在其他条款或其他难以发现的位置。多数经营者在获取消费者同意其信息收集行为时会提供“一键同意”方式,尽管《个人信息保护法》第15条规定了同意撤回权,但在消费者行使撤回权时却无法找到“一键撤回”方式。据学者统计,部分应用程序在隐私政策中列明消费者可撤回先前作出的同意,部分应用程序在隐私政策中则未明确提及。[⑤] 整体而言,智能系统基于逻辑自洽与效果最优的数理逻辑,在使商业信息繁荣的同时也削弱了“消费者同意”作为经营者使用消费者信息的形式要件。

(三)新兴技术建构下消费市场的复杂性涌现

在消费市场纳入数字管理体系的过程中,经营者的技术建构能力得到强化。在企业逐利本性的影响下,隐藏在其背后的数字技术和智能技术正逐渐脱离工具特性,引发诸如数字鸿沟、社会歧视以及信息披露不足等复杂的消费问题。

首先,数字鸿沟导致信息不对称,衍生出消费者经验失灵的社会风险。

---

① 参见[美]乔治·阿克洛夫、罗伯特·席勒:《钓愚:操纵与欺骗的经济学》,张军译,中信出版集团股份有限公司2016年版,第247页。

② 参见王井怀、刘惟真:《你没读过的App用户协议有哪些“坑”》,载《新华每日电讯》2022年3月15日,第6版。

③ See Koops B. J., *The Trouble with European Data Protection Law*, 4 International Data Privacy Law 251(2014).

④ 参见[美]欧姆瑞·本·沙哈尔、卡尔·E.施奈德:《过犹不及:强制披露的失败》,陈晓芳译,法律出版社2015年版,第14页。

⑤ 参见朱志峰:《〈个人信息保护法〉同意撤回规则的教义学评析》,载《大连海事大学学报(社会科学版)》2023年第6期。

经营者在商业活动中利用人工智能技术,推动了内容生产智能化与信息推送精准化,但也催生了非多样化的信息呈现。传统上消费者主动的信息获取转变为被动的信息喂养,消费者的自我意识与选择非预期消费信息的机会被剥夺。其次,代码与算法研发过程可能会因“技术作恶”而带来歧视风险。以消费者歧视为例,经营者可以通过代码与算法来记录消费者标签,将消费能力不足或缺乏终端设备的消费群体标记并排除在营销范围之外,而对多次购买的消费者则进行劝导性算法推荐。最后,消费类型正在向着多元化发展,但是信息披露标准仍然较为单一。在商业实践中,经营者自愿披露真实信息的动机严重不足。① 因此,消费细分领域的信息披露要求应进一步细化,经营者的信息信义义务也需进一步明确,如此才能有效保障各细分领域消费者享有的信息权。

三、算法社会消费者信息权保障的制度供给及其缺憾

数字技术和智能技术的商业化应用,既为经营者与消费者提供了不在场行动的数字世界,也为消费者权益保障带来了算法挑战,消费者信息权保障制度必须直面这些挑战。问题在于,成型于工业社会的消费者权益保障制度,在面对信息权保障新课题时是否供给充足,是否可以触达经营者与消费者不在场的大量行动。②

(一)消费者信息权保障的制度供给现状

传统的信息理论认为信息权利与信息行为密切关联。消费者的信息行为主要有三类:一是消费者从经营者处获取商品或服务相关信息的行为;二是消费者按其意愿自主选择商品、服务或经营者的行为;三是消费者向经营者提供其个人背景、购买记录、搜索痕迹等信息的行为。这三种信息行为分别对应消费者的信息获取权、自主选择权以及个人信息权,立法者通过不同

① 参见[英]安东尼·奥格斯:《规制:法律形式与经济学理论》,骆梅英译,中国人民大学出版社2008年版,第151页。

② 参见邱泽奇、王天夫:《技术化社会治理的异步困境》,载《社会发展研究》2018年第4期。

的规范基点已经渐次确立这些权利。[1] 目前,我国尚无保障消费者信息权的专门法律,相关规定散见于《民法典》等基本法领域,《消费者权益保护法》等经济法领域,以及《个人信息保护法》等信息法领域。其中,《个人信息保护法》的诸多法律规定在立法设计上预设的是消费者保护场景,[2]因此该法对消费者信息权的保护尤为重要。

1. 基于信息获取的权利保障机制

在算法社会,数字化和智能化的融合拓展了信息获取权的内涵,既包括《消费者权益保护法》第 8 条、《电子商务法》第 17 条针对商品或服务信息的知情权等传统权利,也包括《个人信息保护法》第 44 条与第 45 条针对个人信息处理的知情权、查阅权、复制权等新兴权利。创设信息获取权表明消费者并非商品或服务信息的当然所有者,只有科以经营者必要的信息披露义务,才能有效释放出商品或服务信息。经营者的信息披露义务与消费者的信息权利属于同一事项的正反面,经营者承担信息披露义务是消费者实现信息获取权的必然选择。消费者信息获取权的权能类型分为被动接收信息的消极权能与主动获取信息的积极权能:消极权能可通过先合同义务或者附随义务实现,积极权能则需通过设置经营者的信息披露义务予以实现。相应地,经营者的信息披露义务包括两个层面的义务:第一个层面是对应信息获取消极权能的询问告知义务,第二个层面是对应信息获取积极权能的信息提供义务。虽然经营者履行询问告知义务与信息提供义务均有助于信息流动,但二者发挥的作用不同。于前者而言,经营者被动告知的信息内容取决于消费者个体针对具体事项的询问,信息受众范围狭小且易导致信息流通不畅。若经营者不能证明已履行告知义务,则易构成销售欺诈、限定交易等违法行为。例如,在最高人民法院知识产权法庭第 17 号典型案例中,法院认为威海水务集团在受理给排水市政业务时没有告知宏福置业公司可以选择其他具有相关资质的企业,因而构成限定交易行为。[3] 于后者而言,经营者应主动向不特定消费者提供信息,并且信息内容已然法定化。例如,《消费者权益保护法》第 8

① 参见[美]乔治·吉尔德:《知识与权力:信息如何影响决策及财富创造》,蒋宗强译,中信出版社 2015 年版,第 7 页。

② 参见王倩:《作为劳动基准的个人信息保护》,载《中外法学》2022 年第 1 期。

③ 参见最高人民法院案例指导工作办公室编:《最高人民法院指导性案例汇编:2011—2021》,人民法院出版社 2022 年版,第 38 页。

条规定,经营者需向消费者提供商品的价格、产地、生产商、主要成分、售货服务等信息,或者服务的内容、规格、费用等信息。消费者信息获取权主要规定在《消费者权益保护法》中,经营者信息披露义务则主要见于《消费者权益保护法》与《电子商务法》中。①

在《消费者权益保护法》与《电子商务法》中,立法者是以已选定某一经营者的商品或服务的消费者个体为保护主体。但是,在双方达成购销合意前,经营者常常为了吸引消费者群体而主动对外提供其商品或服务信息。在此过程中,消费者群体的信息获取权涉及两种竞争关系:一是经营者与其同质竞争者为争夺消费者群体而产生的横向竞争关系,二是经营者在争夺消费者群体过程中产生的经营者与消费者的纵向竞争关系。以《消费者权益保护法》与《电子商务法》所保障的消费者权利观之,消费者在选定某一经营者的商品或服务后即意味着竞争关系的终止,此时的消费者信息获取权是个体性权利。以《反不正当竞争法》《反垄断法》《广告法》所保障的消费者权利观之,面对市场竞争的复杂情势,只有将消费者视为群体时消费市场才可以持续发展,此时的消费者信息获取权是群体性权利。鉴于此,立法者确立了双轨保护机制:一是在具体交易中保障消费者个体,以《消费者权益保护法》《电子商务法》为基础;二是在潜在交易中保障消费者群体,以《反不正当竞争法》《反垄断法》《广告法》为代表。保障消费者群体性的信息获取权,就是在规制经营者的不正当竞争行为,引导经营者在争夺不特定消费者群体的过程中守住公平竞争的底线。

2. 基于自主选择的权利保障机制

自主选择权是民法自愿原则派生出来的一种相对自由权,其与消费者的信息获取权以及经营者的自主经营权关系密切。一方面,消费者获取商品或服务信息后才能行使自主选择的权利。《联合国消费者保护准则》第 5 条(e)项表明了信息获取权与自主选择权之间的关系:消费者应当获得适足信息,以便按其个人意愿做出知情选择。② 另一方面,消费者权利的实现以经营者权利的部分牺牲为代价,消费者的自主选择权与经营者的自主经营权互为权

① 参见郭锋等编著:《中华人民共和国电子商务法法律适用与案例指引》,人民法院出版社 2018 年版,第 345 页。

② 参见联合国大会:《联合国消费者保护准则》,载联合国网站 2015 年 12 月 22 日,https://www.un.org/zh/node/182265。

利边界。但是,以权利位阶观之,自主选择权优于自主经营权。作为《消费者权益保护法》规定的消费者法定权益之一,自主选择权的权利内涵体现为四个方面:一是消费者自由选择经营者而不受非法干涉;二是消费者自由选择商品种类或服务方式而有权拒绝恶意搭售;三是消费者自由决定购买商品或者接受服务而有权拒绝强制交易;四是消费者自由比较、挑选商品或服务。自主选择权的权利内涵超过了民法上的债权相对性,不仅规制交易相对方,而且规制没有交易关联性的第三方。

保护消费者自主选择权的法律规范集中于《消费者权益保护法》《反垄断法》《反不正当竞争法》等经济法中。侵犯自主选择权的行为通常表现为误导、强迫、干扰、妨碍消费者的自主选择。以“美团”平台与“饿了么”平台互诉不正当竞争纠纷为例,金华市中级人民法院认为“美团”平台实施的“二选一”行为构成不正当竞争行为,破坏了网络外卖经营者充分触达消费者的营销机会,直接后果是消费者在不同平台自主选择商品或服务的渠道丧失;[①]温州市中级人民法院则认为“饿了么”平台强迫平台内其他经营者关闭“美团”平台服务,这一强制行为妨害了其他经营者与消费者的自主选择,构成不正当竞争行为。[②] 2021 年,国家市场监督管理总局认定“美团”平台与平台内其他经营者达成的垄断协议违反了《反垄断法》第 18 条与第 19 条关于垄断协议的法律规范,该垄断协议内包含的排他性交易行为压减了消费者的自主选择空间,消费者因被迫接受“美团”平台的交易条件而丧失在其他平台进行比选的机会。此后,在市场监管部门等多部门的指导下,“饿了么”“美团”等 34 家互联网平台均作出合规经营承诺,承诺不强制要求经营者“二选一”并尊重消费者权利。

3. 基于个人信息的权利保障机制

为应对数字技术和智能技术对个人信息的侵蚀,保护个人信息的法律法规相继出台。目前,规范经营者信息行为的法律体系主要涉及经营者与消费者、经营者与竞争者两个方面。当前司法实践中,大量的个人信息侵权纠纷案件发生在经营者与消费者之间,部分案例甚至被法院列为消费者权益保护

---

① 参见浙江省金华市中级人民法院民事判决书,(2019)浙 07 民初 402 号。

② 参见浙江省温州市中级人民法院民事判决书,(2020)浙 03 民初 407 号。

典型案例。例如,手机套餐营销案①、拒绝刷脸入园案②、"微视 APP"案③、"好购 APP"案④、"小宝 e 购"案⑤等。据统计,经营者与消费者之间的个人信息纠纷,主要适用《个人信息保护法》与《民法典》中有关个人信息保护的法律规范。⑥ 因此,经营者与消费者之间关于个人信息的法律架构以《民法典》为基础,统摄《个人信息保护法》《消费者权益保护法》等。其中,《民法典》总体性确立了个人信息在民法体系中的基本定位:先是在第 111 条以宣示性条款完成了个人信息从宪法保护到民法保护的拓展,然后在人格权编中规定了个人信息的系列保护规则。《个人信息保护法》《消费者权益保护法》等则从不同视角将个人信息的民法保护具化。此外,《个人信息保护法》第 5 条、《消费者权益保护法》第 29 条、《网络安全法》第 41 条、《数据安全法》第 32 条构建了以"经营者合法、正当、必要原则"与"消费者同意"为核心的消费者告知同意机制。就适用关系而言,《民法典》是消费者个人信息保护的一般法而具有适用备位性,《个人信息保护法》与《消费者权益保护法》则是专门法而具有适用优先性。在《消费者权益保护法》与《个人信息保护法》的适用关系中,前者综合性保障消费者的各项权利,后者重点保障消费者的个人信息权。

此外,经营者与其同质竞争者之间以个人信息为对象的竞争行为将会影响消费者信息权的实现,主要表现为不当收集、使用或处理消费者个人信息。⑦ 最新的《反不正当竞争法》在关于不正当竞争行为的定义中新增了"消费者"这一保护主体,因而规制经营者的竞争行为与保护消费者个人信息之间关系密切。例如,在新浪微博诉"脉脉"不正当竞争一案中,二审法院认为"脉脉"抓取并使用新浪微博控制的头像、昵称等消费者个人信息的行为构成不正当竞争。⑧ 其中,一审法院在论证经营者之间的竞争行为是否具有合法性和正当性时,提出了两项裁判规则:一是控制消费者个人信息的经营者有

① 参见山东省滨州市中级人民法院民事判决书,(2021)鲁 16 民终 2594 号。

② 参见浙江省杭州市中级人民法院民事判决书,(2020)浙 01 民终 10940 号。

③ 参见广东省深圳市中级人民法院民事判决书,(2021)粤 03 民终 9583 号。

④ 参见广州互联网法院民事判决书,(2020)粤 0192 民初 4664 号。

⑤ 参见江西省南昌市青山湖区人民法院民事判决书,(2022)赣 0111 民初 4656 号。

⑥ 参见杨芳:《合同关系中个人信息处理同意撤回权的限制与展开》,载《法学》2023 年第 12 期。

⑦ 参见焦海涛:《个人信息的反垄断法保护:从附属保护到独立保护》,载《法学》2021 年第 4 期。

⑧ 参见北京知识产权法院民事判决书,(2016)京 73 民终 588 号。

权以其他竞争者侵害消费者个人信息权为由主张权利;二是损害消费者个人信息的事实可以作为经营者之间存在不正当竞争行为的判断依据。

(二)消费者信息权保障的现行制度之不足

当前,我国在保障消费者信息权方面的制度供给尚不足以有效应对算法社会所带来的挑战与问题。具体表现为消费者集体诉讼制度的缺失、自动化决策拒绝权仅具形式性控制,以及告知同意机制中存在内容冲突。这些问题共同削弱了对消费者信息获取权、自主选择权和个人信息权的保障力度。

1. 消费者集体诉讼制度缺失

互联网平台上消费者主体性迷失与侵权责任主体多重表征为多发的群体性信息纠纷。在我国现有法律制度下,消费者可以通过发起个人诉讼、共同诉讼或者代表人诉讼行使损害赔偿请求权。然而,个人诉讼、共同诉讼不适用于群体性信息纠纷,代表人诉讼则因法院在适用时持审慎态度,实践中仍面临功能发挥不足的困境。[①] 消费者集体诉讼机制的长期匮乏,制约了群体性消费纠纷的高效解决。[②] 目前,解决这一制度困境的可能路径主要有二:一是套用行之有效的消费公益诉讼制度,二是利用民事诉讼程序创设具有消费者集体诉讼功能的类似模式。

首先,《民事诉讼法》与《消费者权益保护法》确立的消费公益诉讼制度无法实现集体诉讼制度的预期功能。一方面,消费公益诉讼以维护社会公益为中心,适用范围为公益性诉讼请求,而众多消费者遭受的信息权私益损害不构成公益性财产损害。另一方面,《消费者权益保护法》授权省级以上消费者协会无须消费者同意即可发起公益诉讼,易引发诉讼实施权之争:若省级以上消费者协会发起公益诉讼的行为不能阻却消费者事后另行实施私益诉讼,那么经营者将重复承担赔偿责任;若消费者因省级以上消费者协会发起公益诉讼而不再享有个人诉讼实施权,那么消费者将丧失法定求偿权。

其次,创设具有消费者集体诉讼功能的类似诉讼模式缺乏法律效果的可预见性。在实践中,消费者协会或消费者个人试图在现行法律制度内创设类似的消费者集体诉讼制度,主要包括私益诉讼模式与支持诉讼模式。前者是

---

① 参见范愉编著:《集团诉讼问题研究》,北京大学出版社 2005 年版,第 411 页。

② 参见中国消费者协会:《中国消费者权益保护状况年度报告(2021)》,载中国消费者协会网站 2022 年 4 月 22 日,https://www.cca.org.cn/zxsd/detail/30413.html.

指不享有公益诉讼权的省级以下消费者协会或消费者个人,在其私益诉讼请求中增加公益性诉讼请求,再通过与经营者达成调解等方式在民事诉讼程序内解决群体性信息纠纷。于后者而言,虽然《消费者权益保护法》科以省级以上消费者协会支持消费者提起诉讼的公益性职责,但是省级以上消费者协会在实践中却常常将支持诉讼机制作目的性扩张解释,比如消费者协会直接委派其工作人员作为消费者的诉讼代理人参与信息纠纷处置。① 然而,诉讼代理人是基于消费者享有个人诉讼实施权,意味着消费者随时可以撤销或限制委托代理权限。衍生于司法实践的这两种诉讼模式,本质上是在民事诉讼程序中将消费者私益性个人诉讼实施权与公益性诉讼实施权、消费者协会公益性的支持提起诉讼职责与民事诉讼代理制度进行融合,无法取得可预期的稳定法律效果,更难以替代消费者集体诉讼制度的应有功能。

2. 自动化决策拒绝权仅有形式上的控制权

经营者以平台算法自动化决策的方式隐蔽地分析与评估消费者信息,实质上是以去人性化的方式对消费者人格尊严的智能化贬损。为避免经营者借助平台算法"技术作恶",我国《个人信息保护法》第24条引入了以保护人类主体性为宗旨的自动化决策拒绝权,确保消费者可以自主评估平台算法风险,保障了消费者的自主选择权。然而,立法者引入自动化决策拒绝权时存在立法不完备、可操作性不强等问题。相比于欧盟《通用数据保护条例》(以下简称欧盟GDPR)的规定,②我国仅具有形式意义上的控制权。

第一,立法不完备主要表现为《个人信息保护法》在适用范围与适用方式上存在不足。其一,我国《个人信息保护法》第24条第2款规定的适用范围只限于信息推送与商业营销两类情形。其二,自动化决策分为完全型自动化决策和辅助型自动化决策。③ 个人对完全型自动化决策可以行使拒绝权已有明文规定。在辅助型自动化决策中,虽然人类居于最终决策地位,但是受决策者难以知悉人工智能在决策形成过程中所起的作用大小,因此应保留受决

---

① 参见肖建国、黄忠顺:《消费纠纷解决——理论与实务》,清华大学出版社2012年版,第313页。

② See Lilian Edwards & Michael Veale, *Slave to the Algorithm? Why a 'Right to an Explanation' Is Probably Not the Remedy You Are Looking For*, 18 Duke Law and Technology Review 44(2017).

③ 参见[美]P. W. 辛格:《机器人战争:21世纪机器人技术革命与反思》,逯璐、周亚楠译,华中科技大学出版社2016年版,第119页。

策者拒绝接受辅助型自动化决策结果的可能性。然而,我国《个人信息保护法》第24条只规定"仅通过自动化决策"这一完全型自动化决策方式,而未规定个人是否有权拒绝辅助型自动化决策方式。其三,我国《个人信息保护法》并未引入欧盟GDPR第22条规定的请求人为干预权。请求人为干预权是自动化决策拒绝权的衍生权利。详言之,欧盟GDPR第22条原则上赋予个人自动化决策拒绝权,在允许使用自动化决策的例外情形中则赋予人为干预权,确保人类可以推翻或者修正自动化决策对个人信息产生的不利结果。

第二,可操作性不强则主要体现在《个人信息保护法》中自动化决策对消费者权益产生重大影响的衡量基准不明。在该法草案第一次审议稿中强调"个人认为自动化决策对个人权益产生重大影响"可以行使自动化决策拒绝权,"个人认为"要件是以主观感受为主的判断标准。而在该法草案第二次审议稿中则修改为"通过自动化决策方式作出对个人权益产生重大影响的决定"可以行使自动化决策拒绝权,并被正式法律文本所采纳。"通过自动化决策方式"要件体现了从主观标准到客观事实的转变,无形之中增加了个人举证质证的证明标准。此外,虽然我国《个人信息保护法》第24条将"重大影响"作为个人行使自动化决策拒绝权的构成要件,但该条并未明确重大影响的衡量基准,导致算法操控下消费者自主选择权名存实亡。

3. 告知同意机制存在法律规范与国家标准的内容冲突

经营者对消费者个人信息的收集与处理应当经过消费者的告知同意,这是各国信息领域的立法共识。① 特别同意与概括同意作为目前主流的告知同意模式,并行于我国的法律制度中。现行的消费者告知同意法律制度无法改变消费者被动提供信息的现状,主要体现为法律规范与国家标准之间的内容冲突。

消费者信息在经营者之间的流转肇因于信息背后的商业价值,这也加剧了不同经营者对消费者信息后续处理与二次利用的侵权责任主体多重性。虽然我国《个人信息保护法》第23条规定在向第三方提供个人信息时应取得个人的单独同意,但是该法第21条在允许委托第三方处理个人信息时却未要求取得个人的同意。以流通效率观之,理应允许经营者委托第三方处理消

① See Mantelero A. ,Regulating big data. *The guidelines of the Council of Europe in the context of the European data protection framework*,33 Computer law & security report 584 (2017).

费者个人信息的市场行为,但是将委托行为等同于合同双方当事人的权利义务关系有待商榷。这是因为,虽然消费者不是委托合同的当事人,但是个人信息关乎消费者的人格尊严,消费者与委托处理行为存在直接的利害关系,经营者应当明确告知消费者委托处理合同的具体内容。2013 年 2 月施行的国家标准《信息安全技术　公共及商用服务信息系统个人信息保护指南》第 5.2.2 条规定,收集个人信息前应以个人信息主体易知悉的方式向其明确告知与警示个人信息的使用范围。① 然而,该指南的法律效力仅仅是国家标准,无法从法律层面科以经营者私法意义上告知与警示消费者委托处理合同的义务。

消费者无法知悉其个人信息的具体走向,因而大部分情况下选择默示同意而易导致默示同意的滥用。在信息安全领域的诸多国家标准中,《信息安全技术　公共及商用服务信息系统个人信息保护指南》第 5.2.3 条等列明默示同意可作为获取个人同意的方式之一。然而,《个人信息保护法》第 14 条规定在处理基于个人同意的个人信息时,个人应当明确作出同意的意思表示。相较于明示同意,默示同意的优势在于只要消费者不明确反对即可进行信息处理行为。经营者信息收集远早于信息判断,经营者无法在收集信息阶段判断个人信息是否敏感等后续利用问题。《个人信息保护法》规定的明示同意机制获得了广泛遵守。在商业实践中,大多数经营者仍然会在提供服务前取得消费者明确的同意声明以规避无效授权,这就导致国家标准所允许的默示同意机制不利于维持现有的消费者信息保护水平。

四、消费者信息权保障的路径优化与体系构建

在大数据、人工智能大规模部署的算法社会,技术引发的社会复杂性克减了消费者在信息获取、选择和处理方面的能力,经营者实现了对消费者信

---

① 参见国家标准化管理委员会:《信息安全技术　移动智能终端个人信息保护技术要求》,载全国标准信息公共服务平台 2017 年 11 月 1 日,https://std.samr.gov.cn/gb/search/gbDetailed?id=71F772D8208BD3A7E05397BE0A0AB82A。

息的控制。[①] 经营者与消费者之间主体不对等、信息不对称格局正在固化，但是既有法律制度在保障消费者信息权方面却供给不足。消费者权益的弱势法保护是通过加权措施完成的，因此消费者权利的增加是历史的必然。[②] 例如，我国1993年的《消费者权益保护法》规定了9项消费者权利，而在2013年修正时则增加至11项（增加了消费者的非现场购物反悔权和个人信息保护权）。为了实现我国消费者信息权保障路径与法律体系的智能化转型，未来不仅应优化既有的法律制度，而且应构建符合算法社会消费者信息权保障要求的法律体系。

（一）算法挑战下消费者信息权保障的路径优化

商业信息的智能交互改进了传统的直接贸易，但约束智能技术的规则迭代却滞后甚至缺位，技术迭代与规则迭代之间的发展差速陷入了异步性困境。异步性困境肇因于技术失范，即前沿的智能技术进入制度潜能所无法约束的领域。为此，应当深入分析算法挑战与异步性困境的形成机理，优化与消费者信息权保障有关的法律规范。详言之，应以消费者信息获取权、自主选择权以及个人信息权为取径重点并进行立法调适。

1. 构造阶段化集体诉讼程序以保障消费者信息获取权

我国现行法律制度难以应对消费者权利主体性迷失与侵权主体多重的算法挑战，群体性信息纠纷需要构建新型集体诉讼制度作为集约化解决机制。然而，我国目前尚未为消费者集体诉讼创设必要的制度空间。消费公益诉讼制度以及具有消费者集体诉讼功能的类似模式，均无法替代消费者集体诉讼制度的应有功能。但是，消费者集体诉讼制度具有创设的必要性。国务院办公厅在2022年印发的《关于进一步释放消费潜力促进消费持续恢复的意见》中提出，应当积极探索建立消费者集体诉讼制度。[③]

目前我国消费者集体诉讼制度匮乏，未来可以借鉴现有消费者群体性纠纷解决机制中的传统二阶思维，以及德国、日本推行的阶段化集体诉讼程序等立法动态，分步骤实施诉讼发起权以保障消费者的信息获取权。[④] 具体而

---

① 参见马长山：《智慧社会背景下的“第四代人权”及其保障》，载《中国法学》2019年第5期。

② 参见王兴运：《消费者权益保护法》，北京大学出版社2015年版，第53页。

③ 参见《国务院办公厅关于进一步释放消费潜力促进消费持续恢复的意见》，载中国政府网2022年4月25日，http://www.gov.cn/zhengce/content/2022-04/25/content_5687079.htm。

④ 参见汤维建等：《群体性纠纷诉讼解决机制论》，北京大学出版社2008年版，第290页。

言,在解释论上可以将消费者集体诉讼按照确认“赔偿责任成立与否”以及“赔偿责任具体内容”依次分为不同的诉讼阶段。第一阶段为特定消费者团体提起确认经营者对消费者承担共通性赔偿责任的确认之诉,此阶段的法律依据为《消费者权益保护法》第47条消费公益诉讼条款,但是为了避免集体诉讼被滥用,应当将集体诉讼的适格原告限定为具备资格认定的“特定消费者团体”。[①] 第二阶段为消费者个别化提起确定经营者赔偿金额的给付之诉。质言之,消费者团体在第一阶段取得经营者有责判决或调解并生效后,希望获得损害赔偿的消费者个体可以通过诉讼信托的方式转移诉讼实施权,此阶段可依据《信托法》第61条关于公益信托的原则性规定而采取意定赋权模式。与此同时,应当对《信托法》第11条第4项禁止专以诉讼为目的设立信托的情形进行目的性限缩解释,确保消费者集体诉讼可以得到豁免。[②] 在第三阶段,若消费者团体在第一阶段取得经营者有责判决或调解并生效,且多数消费者怠于行使或者放弃行使损害赔偿请求权,那么为了概括性剥夺经营者因多数消费者放弃追偿而持有的违法所得,消费者团体可以补充性提起剥夺经营者不当利益之诉。第三阶段可以直接依据《消费者权益保护法》第47条而宜采取法定赋权模式。构造阶段化的消费者集体诉讼程序,不仅可以高度融合法定赋权模式与意定赋权模式,而且可以保障消费者的实体处分权与程序选择权。[③]

2. 调适自动化决策拒绝权以保障消费者自主选择权

面对自动化决策拒绝权存在适用范围较窄、衡量基准不明等立法缺憾,我国《个人信息保护法》应当在审慎借鉴欧盟GDPR的基础上进行本土化调适,将自动化决策拒绝权作为消费者与经营者之间的沟通机制,以提升保障消费者自主选择权的质效。

首先,扩展自动化决策拒绝权的适用范围。其一,应当修订《个人信息保护法》第24条第2款仅规定信息推送与商业营销这两类适用情形的列举方式,而以概括性表述进行替换。其二,人工干预可以有效避免自动化决策对消费者人格尊严的减损。我国《个人信息保护法》第24条没有借鉴欧盟

① 参见黄忠顺:《消费者集体性损害赔偿诉讼的二阶构造》,载《环球法律评论》2014年第5期。

② 参见卞耀武主编:《中华人民共和国信托法释义》,法律出版社2002年版,第69页。

③ 参见熊跃敏:《消费者群体性损害赔偿诉讼的类型化分析》,载《中国法学》2014年第1期。

GDPR第22条第3项创设请求人为干预权。事实上,在允许使用自动化决策的例外情形中,通过赋予个人以人为干预权,可以削弱算法操纵、智能推送等经营者算法权力对消费者的支配影响。其三,保障自动化决策拒绝权就是保障消费者自主选择权,那么《消费者权益保护法》规定的自主选择权不应再被视作客体范围边界清晰的传统权利,而应当进行适度扩张,将自动化决策纳入该权利的选择范围,为消费者构建从形式约束到实质控制自动化决策的权利保护屏障。

其次,厘清自动化决策对消费者权益产生重大影响的衡量基准。一方面,在判断是否构成重大影响时,除了考虑客观事实外,还应兼顾消费者自身对重大影响的主观态度,即主客观相结合进行判断。另一方面,虽然欧盟GDPR第22条以及欧盟《第29条数据保护工作组自动化个人决策与识别规则》规定的"产生法律或近似重大影响"标准可能存在循环论证的嫌疑,但值得我国借鉴的是,相应规定中的"重大影响"应当涵盖"法律影响"。[①] 此外,"重大影响"不仅应含括已发生的不利影响,而且应包含潜在的不利影响。对已发生的不利影响,应采取"理性人"标准综合评估是否侵蚀了消费者的自主选择权。

3. 重塑告知同意机制以保障消费者个人信息权

告知同意是处理消费者信息的正当性基础。[②] 在平衡消费者和经营者之间不对等关系的方案中,告知同意机制仍是目前最为理想的解决之道,既可以弱化权利移转的效果,也可以降低信息磋商的难度。为有效化解消费者形式同意与强制同意的异化风险,解决法律规范与国家标准之间的条文冲突,应当以信息自决为核心价值,以保护与利用并重为指导理念,重塑消费场景中的告知同意机制。在重塑过程中,应保持制度设计的合理弹性,原因有二:一是消费者的个人信息具有内容范围广泛、利用场景多样等特征;二是经营者对消费者信息的处理与二次利用需求较为频繁。基于上述原因,实行以分层同意与动态同意为中心的制度改革,是重塑告知同意机制的可行性进路。

以信息内容角度观之,消费者应基于信息分类与风险分级而采取分层同意。一方面,我国《个人信息保护法》根据个人信息与信息主体的相关性,将

---

① 参见程啸:《个人信息保护法理解与适用》,中国法制出版社2021年版,第233页。

② 参见周汉华:《中华人民共和国个人信息保护法(专家建议稿)及立法研究报告》,法律出版社2006年版,第51页。

个人信息分为敏感信息和一般信息。为避免消费者同意的泛化,应按照这一分类给予差异性保护:对消费者私密性的敏感信息实行较严的同意标准,通过适用财产规则强化保护;对消费者社会性的一般信息则实行较宽的同意标准并设置豁免情形,通过适用责任规则允许利用。另一方面,信息利用场景的风险等级是影响消费者个人信息同意标准宽严的重要因素。即使是相同类型的消费者信息,在不同场景中也会引发差异化风险。因此,在设计分层同意机制时,可以包含单独同意、宽泛同意、默示同意等宽严不一的分层同意模式。同时,鉴于告知同意机制的本质是消费者的信息自决,该机制与多数决原则相冲突,因此应在分层同意机制中充分尊重消费者的个人偏好。

以信息利用角度观之,消费者应基于经营者持续更新的信息披露而采取动态同意。传统上的一次性告知同意机制以及单一性信息披露标准,难以满足算法社会信息频繁更新与二次利用的需求。在僵化的告知同意机制与固化的信息披露标准之下,经营者只在商品或者服务首次销售或提供时披露信息的利用方式,消费者对其个人信息的后续利用方式无从知晓,消费者的信息自决在其行使一次后即告用尽。然而,消费者信息的利用价值并非源于信息本身,而是源于经营者的控制行为。① 为有效控制经营者对消费者信息的后续使用,经营者既应承担持续性的信息披露义务,也应向消费者提供实时更新同意、即时撤回同意等做出动态同意的技术通道,以补强消费者的知情与同意能力。持续性的信息披露应当确保披露信息的有效性,避免消费者信息保护虚化问题。例如,2017年惊动国家邮政局的“顺丰”与“菜鸟”“大战”,暴露出快递公司在隐私条款中未明确披露消费者信息的第三方处理范围的弊端。② 针对细分领域的消费者,还应丰富信息披露的内容与方式,统一不同位阶规范之间的条文内容,构建涵盖法律法规、国家标准等在内的多层次信息披露标准体系。

(二)算法社会消费者信息权的保障体系构建

通过对法律制度的点状修补,难以实现对消费者信息权的体系化保障。因应算法社会的发展趋势,为了系统性保护消费者信息权,可以从国家立法模式、消费者权义统一以及经营者信义义务等维度切入,分析所要解决的核

---

① 参见高富平:《信息财产:数字内容产业的法律基础》,法律出版社2009年版,第23页。

② 参见王林:《菜鸟顺丰“掐架”敲响警钟》,载《中国青年报》2017年6月6日,第9版。

心问题,有效构建消费者信息权的保障体系。

1. 国家维度:消费者信息权保障体系的立法模式选择

关于保障消费者信息权的必要性目前已无异议,但是对于构建消费者信息权法律体系的立法模式,主要存在两个层面的争议:一是对消费者信息权采取私法保护模式,还是公法保护模式,抑或其他模式存在争议;二是消费者信息权保障体系采取统一立法保护模式,还是分散立法保护模式,抑或其他模式存在争议。①

就第一个层面而言,鉴于消费者信息权主体性迷失与侵权责任主体多重背后所呈现的主体多元化,单纯以私法保护模式或公法保护模式为中心构建消费者信息权保障体系,难以有效应对消费者信息权保障所面临的算法挑战。消费者信息不仅对消费者具有宪定性的人格利益,对经营者更新商品、升级服务也具有重要的信息利益。消费者信息的多元利益属性,折射出不同立法保障方式背后迥异的法律功能。立法者基于二者信息地位的强弱对比,通过制定《消费者权益保护法》等经济法对消费者赋权、对经营者限权。与此同时,不应忽视行政机关以维护公共利益为由,对消费者信息权进行的不当干预。故应引入行政法等公法,以规制行政机关滥用消费者信息的行政行为。质言之,应采取公法与私法协同保障的立法模式,综合发挥不同部门法的功效,总体实现消费者信息权法律体系的逻辑周延与效力融贯。需要注意的是,《消费者权益保护法》与《个人信息保护法》不能简单归为私法或公法领域,二者具有社会法的综合属性,体现出公法关系在消费者信息权的私法保障中的立法延伸:一是《消费者权益保护法》第30条至第35条规定了国家对消费者权益的立法保护、行政保护以及司法保护等公法职责;二是《个人信息保护法》第60条至第65条规定了相关部门履行个人信息保护职责的内容及处理方式。

就第二个层面争议而言,以美国法为代表的分散立法保护模式体现为对消费者信息权的限缩保护,而以欧盟法为代表的统一立法保护模式则体现为对消费者信息权的扩张保护。② 以我国的立法现状观之,涉及消费者信息权

---

① 参见高志宏:《隐私、个人信息、数据三元分治的法理逻辑与优化路径》,载《法制与社会发展》2022年第2期。

② 参见[德]克里斯托弗·库勒:《欧洲数据保护法:公司遵守与管制》,旷野等译,法律出版社2008年版,第15页。

的立法规范分散在宪法、行政法、经济法等多个部门法领域,包括近两百部法律、法规、司法解释以及部门规章。鉴于消费者信息权兼具人格权与财产权属性,根据《宪法》序言"发展社会主义市场经济"的总体要求,通过在宪法中增加消费者信息权的文本表述,不仅可以发挥消费者在数字经济发展中的主体性作用,而且可以丰富公民在算法社会所享有的基本权利类型。我国正处于大数据、人工智能等新技术快速迭代时期,消费者信息权保障的利益衡量和制度选择亟须进行立法跟进或调整。有鉴于此,若我国的消费者信息权保障体系采取统一立法保护模式,将会带来与现存法律体系融合难度大、法律规范可执行性差以及法律法规清理成本高等诸多后遗症。因此,我国消费者信息权保障体系的立法模式应综合借鉴欧美保护模式的立法技术与模式优势,即"外形类似欧盟立法模式,实质采取美国立法经验"的相对分散立法保护模式。采取相对分散立法保护模式,不仅可以充分利用现有的法律体系,而且可以推进《民法典》与经济立法、信息立法之间关于基本概念、法治原则、规制逻辑等方面的"法法衔接",确保消费者信息权立法之间的相互协调、整体最优。

2. 消费者维度:消费者权义主体的制度重塑

消费者保障体系中权义结构的失衡,导致经济法从法理到规范均难以实现消费者的权义统一。围绕以消费者为中心的信息挖掘与整合渐成趋势,以往难以测度的情感、观念等通过大数据得以显现,新技术的出现使得以人本建构为中心的消费者主体理论得以确立。① 消费者主体理论不能仅以弱者关怀为预设,还应兼顾社会本位观,在保障消费者信息权的基础上,围绕消费者权利与义务的主体性而展开。质言之,消费者权义主体的制度形塑应满足消费者生存与发展的双重需求,以权利理论为经、义务理论为纬,促进消费者从受害者到治理者的角色嬗变。

以消费者权利观之,为满足消费者在算法社会的生存与发展需求,消费者信息权的权利内涵仍在不断丰富。就消费者的生存需求而言,为满足基本生活需要,消费者只能通过知悉商品、服务以及经营者信息而做出消费选择,故交易自由、信息公开是消费者保障体系的重要内容。虽然《消费者权益保护法》通过规定保护性权利,构建了消费者生存需求层面的权利束,但是仅依

① 参见谢晓尧:《消费者:人的法律形塑与制度价值》,载《中国法学》2003年第3期。

靠立法确认权利难以满足消费者的生存需求，国家还应出台配套性的政策支持。同时，在普通消费者的需求通过购销活动得以满足后，国家还应重视农村老年群体、城市低收入群体等被算法社会遗忘的少数群体的深层次需求。就消费者的发展需求而言，消费者在算法社会的发展需求应得到重视，以便消费者更好地发挥主体性，积极参与消费市场的治理活动，享受时代进步所带来的发展利益。

以消费者义务观之，现有法律体系中未明确消费者提供社会性信息的义务。消费者的信息披露义务关乎其主体性的塑造，亟须通过立法予以明确：针对消费者提供社会性信息的一般性信息披露义务，可以在《消费者权益保护法》中以一般性条款予以明确；针对消费者提供不同领域内社会性信息的特定信息披露义务，则可以分别在相关的部门法中作出规定。消费者在购销商品或服务的过程中应当主动承担合理的信息披露义务。例如，消费者提供非敏感、社会性个人信息的信息披露义务，可以在《个人信息保护法》中予以明确。应注意的是，消费者的某些信息权既是权利也是义务，在新增立法时应加以明确。例如，《消费者权益保护法》第 13 条规定消费者获取有关知识既是权利也是义务。

在消费者的主体性通过权义法理而完成人本建构后，消费者理应参与市场治理。市场治理角色的转变，既要围绕消费者主体性的构建，也要调整弱者关怀的假设。事实上，消费者之间因经济实力、知识能力等个体性差异，不乏具有能动性的消费者，因此可以在填平国家与消费者之间传统的鸿沟之后，构建国家与消费者之间的新型协同治理关系。[①] 新型协同治理关系的建构，不仅需要转变国家的职能角色与治理方式，而且需要改革与消费者权益保护相关的经济法体系。

3. 经营者维度：设置以忠实义务与注意义务为核心的信息信义义务

经营者具有组织封闭性与经营自主性，仅仅依赖国家维度或是消费者维度来保护消费者信息权不仅成本较高，而且存在失灵可能。《消费者权益保护法》《个人信息保护法》等专门性立法试图平衡经营者和消费者之间的信息不对等关系，但是实现这些立法目的需具备一定的社会关系前提：一是消费者因为信赖经营者而做出相应的购销行为；二是经营者对消费者信息权的保

---

① 参见[法]热拉尔·卡：《消费者权益保护》，姜依群译，商务印书馆1997年版，第86页。

障存在共识性规范以及由此产生的道德约束。就前者而言,消费者基于对经营者的信赖而购买商品或接受服务,经营者不得违反最初获取消费者信任的邀请条件,否则达成购销合意的信任基础将遭到破坏。① 就后者而言,智能技术的勃兴正在形塑时代变革下的行为规范,目前尚未形成明确共识为经营者制定相应的行为规范。在无明确共识的情形下,以民法诚信原则为法源基础的信息信义义务理论可以进行补位。② 信义义务源自英美法系的信托理念,后广泛引入大陆法系国家。信息信义义务是传统信义义务在算法社会的延伸,是一种新形态的信义义务。信息信义义务的内涵有二:一是忠实义务,即通过禁止非法收集、禁止滥用授权、禁止非法披露等消极义务防止经营者侵害消费者信息权,属于禁止经营者"技术作恶"的底线;二是注意义务,即通过通知义务、自动化决策说明义务等积极义务鼓励经营者保护消费者信息权,督促经营者通过"技术向善"履行应尽义务。③ 信息信义义务既具有灵活的原则性,又具有一定的底线要求。

针对信息信义义务具有的灵活性与原则性,可以通过司法实践进行效力补强与价值填充。关于消费者信息的人格利益与流转价值的取舍,已成为司法实践中长期未解之难题。信息信义义务的原则性,契合于消费者信息权保障体系正在探索构建的现状。在处理算法社会经济领域的法律纠纷时,法院频繁引用《反不正当竞争法》的商业伦理道德条款就是这一现状的现实反映。在设置经营者应承担的信息信义义务时,可以通过比例原则将"技术向善"的要求落实到经营者的积极义务中予以实现。④ 随着技术的不断进步,经营者的经营业态、市场功能也在不断演进中,经营者对消费者信息权的保护义务需做出相应调整。但是算法社会的技术迭代较快,约束智能技术的规则迭代较慢,而信息信义义务可以为司法机关判断经营者的信息收集与利用行为提供自由裁量空间:既可以通过兜底规则规范可能的侵权行为,体现其原则性;也可以根据场景化需求进一步发展出具体的规范要求,体现其灵活性。通过

---

① See Daniel J. Solve, *The Digital Person: Technology and Privacy in the Information Age*, New York University Press, 2004, p. 102.

② 参见吴伟光:《平台组织内网络企业对个人信息保护的信义义务》,载《中国法学》2021年第6期。

③ See L. S. Sealy, *Fiduciary Relationships*, 1 The Cambridge Law Journal 71(1962).

④ 参见徐化耿:《信义义务的一般理论及其在中国法上的展开》,载《中外法学》2020年第6期。

立法规范要求经营者承担原则性的信息信义义务，不仅符合经营者主动承担社会责任与公共义务的初衷，而且是经营者的行为规范走向制度化的有效方法与重要成果。经营者为了提升其社会认可度而承担信息信义义务，不仅可以消除经营者因商业逐利而压力驱动式的“表面合规”，而且可以促使经营者自发性地减少对消费者信息剩余价值的滥用和剥削，有利于实现公共价值以及社会整体福利的累进。

五、结论

经营者与消费者的博弈从工业社会延续到了算法社会。我国现有消费者信息权法律体系的内核是工业社会消费者权益的保障思路，在面对大数据、人工智能等新兴技术时暴露出结构性缺陷，因而无法满足算法社会消费者信息权法治保障的迫切需要。在制度优化方面，随着数字经济的发展与技术迭代的加速，只有进一步拓展消费者信息权的权利类型，构造阶段化集体诉讼程序、调适自动化决策拒绝权、重塑告知同意机制，才能解决智能技术与法律规则之间发展差速所引发的异步性困境，充分保障消费者的主体性地位。在体系配置方面，完善我国的消费者信息权保障法律体系是一个系统性工程，既需要优化法律条文以“法法衔接”保障消费者信息权，也需要从立法模式、主体视角以及道德约束等维度对法律体系作出审视与反思。

【专题研讨】

新《公司法》解释与续造

兰大法律评论(2025 年卷第一辑)
第 77 ~94 页

公司人格否认规则在夫妻公司场合的适用析解*

周　游　陈逸飞**

目　次

摘　要　夫妻共同设立共同经营的有限责任公司在形式上不满足一人公司认定的人数要求,亦不满足类推适

* 本文系国家社会科学基金一般项目"公司治理模式多元化选择的规则革新研究"(编号:22BFX188)的阶段性成果。

** 周游,法学博士,中央财经大学"菁英学者"、法学院副教授;陈逸飞,中央财经大学法学院硕士研究生。

用一人公司规范的各项要件。从文义来看,在 2023 年新《公司法》构建的现有框架下,夫妻公司人格否认案件主要适用公司人格否认的一般规定。然而,夫妻身份的特殊性不可避免地导致夫妻公司存在股东实质归属同一、公司与股东间财产独立性弱、公司治理结构缺失的事实,夫妻公司固有的“类一人公司属性”致使债权人难以仅凭人格否认一般规定的适用来保障自身权利。因此,在夫妻公司人格否认案件处理中,有必要对公司人格否认一般规定进行“有限适用”——秉持较严格的标准判断夫妻公司人格独立性,若债权人有初步证据得以证明夫妻公司存在混同可能性,此时允许法院将举证责任流转至夫妻股东,进一步要求夫妻股东“自证清白”,否则应承担不利后果,以此在个案中更好地实现股东有限责任与债权人利益保护之衡平。

关键词 夫妻公司;实质一人公司;公司人格否认;举证责任流转

一、问题缘起

在《公司法》修订之前的法律框架下,公司人格否认制度以 2018 年《公司法》第 20 条第 3 款[①]为核心,债权人若主张目标公司应适用人格否认制度,必须承担相应的举证责任,即证明公司股东存在滥用法人独立地位以逃避债务的事实。[②] 值得注意的是,这种举证责任在一人公司语境下得以倒置,一人公司所具有的特殊性决定了其股东滥用独立人格之成本更低、风险更大,因此我国在承认一人公司合法性的同时,规定一人公司的股东不能证明公司财产独立于股东自己财产的,应对公司债务承担连带责任,明确了一人公司特殊的人格否认制度,极大程度地减轻了债权人的举证难度。[③] 然而,实践中刻意规避一人公司特殊制度的公司不在少数,较为常见的如夫妻公司。夫妻公司具有双人的股东形式,因而常陷入能否被认定为“实质一人有限公司”之疑难,一定程度上影响了债权人的有效清偿,对我国既有的公司人格否认制度

① 《公司法》(2018 年修正)第 20 条第 3 款:“公司股东滥用公司法人独立地位和股东有限责任,逃避债务,严重损害公司债权人利益的,应当对公司债务承担连带责任。”

② 参见朱慈蕴:《公司法人格否认:从法条跃入实践》,载《清华法学》2007 年第 2 期。

③ 参见王军:《人格混同与法人独立地位之否认——评最高人民法院指导案例 15 号》,载《北方法学》2015 年第 4 期。

提出了不小的挑战。

如图1所示,笔者以“夫妻公司”及“财产混同”为关键词在中国裁判文书网检索出2017—2022年公开裁判文书数据为:2017年21件、2018年33件、2019年46件、2020年76件、2021年92件、2022年105件。可见,有关夫妻公司人格否认之案件数量逐年攀升,已然成为一种现象级存在。在实务中,夫妻公司一旦不能清偿到期债务,债权人基于夫妻公司意志同一、利益一致等特性,以夫妻公司属于实质一人公司为由,主张对夫妻公司适用一人公司的举证责任倒置,此时如果夫妻股东不能充分证明自身财产独立性,则应连带清偿公司债务。对此,夫妻股东往往以“有两名股东的公司不属于一人公司”为由进行抗辩,认为夫妻公司同一般公司一样,应适用人格否认一般规定,故债权人必须有充分证据证明公司存在混同事实,否则应承担举证不能的不利后果。至此,夫妻公司是否属于实质一人公司①,进而能否适用一人公司人格否认制度成为了上述争议的核心焦点。然而,即使是最高人民法院,在此问题上亦有摇摆,比如(2019)最高法民再372号判决书依据夫妻公司利益的一致性和实质的单一性等理由将夫妻公司认定为实质一人公司,②可不

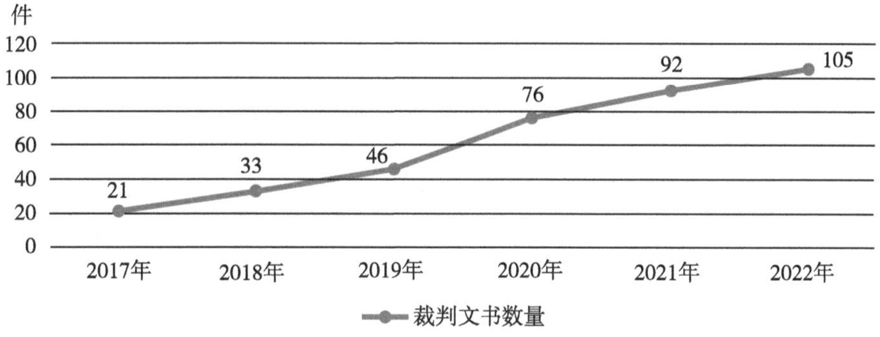

图1　2017—2022年夫妻公司人格否认案件裁判文书统计

---

① 该实质意义上的一人公司与学理上对实质一人公司的定义有所区别,学理上的实质一人公司是指形式上公司股东有两名以上,但从实质角度考察公司真正股东仅有一人,其余仅是挂名。需要强调的是,本文所述夫妻公司不考虑夫妻一方挂名的情形,只考虑夫妻双方确实共同参与了经营的情形,探讨在此情况下能否因为夫妻关系具有实质的单一性而将二者合并视为一个股东。参见施天涛:《公司法论》,法律出版社2018年版,第43页。

② 参见熊某平、沈某霞申请执行人执行异议之诉案,最高人民法院(2019)最高法民再372号民事判决书。

久后,(2020)最高法民申6688号裁定书却认为"将夫妻公司认为实质一人公司于法无据",[①]充分体现了人格否认制度在夫妻公司语境下的适用疑难。

2023年12月29日新修订的《公司法》在原有法条基础上进行了一系列的调整与变动,通过表1中的比对不难发现,新《公司法》中的人格否认制度集中体现在第23条,除去该条第2款中新增控制两个以上公司的股东滥用法人独立地位的横向刺破规则外,最大的变动是将原《公司法》第63条吸收至新法第23条的第3款,且将原条文中"一人有限责任公司"的表述更改为"只有一个股东的公司"。此种更改一方面将一人公司特殊规则提至总则部分,一定程度上扩大了其适用范围,另一方面似乎越发强调了进行举证责任倒置的股东人数要求,即公司必须满足"只有一个股东"方有适用余地。由此可见,新《公司法》对包括夫妻公司在内的实质一人公司认定仍持较为保守的态度,未能正面回应夫妻公司是否属于实质一人公司的核心问题,没有充分注意到实践中夫妻公司人格否认制度适用困难的局面。因此,笔者希望在对2020年以来有关夫妻公司人格否认制度适用的司法裁判进行整理的前提下,厘清司法裁判对该问题处理上的分歧,进一步地,基于对实践中两种最常见的裁判路径之审思,分析"有限适用"人格否认一般规定能否成为处理该类案件的合理进路(见表1)。

表1　新旧《公司法》有关公司人格否认条款对照

<table>
<tr><th>《公司法》(2018年)</th><th>《公司法》(2023年)</th></tr>
<tr><td>第二十条第三款:公司股东滥用公司法人独立地位和股东有限责任,逃避债务,严重损害公司债权人利益的,应当对公司债务承担连带责任。</td><td rowspan="2">第二十三条:公司股东滥用公司法人独立地位和股东有限责任,逃避债务,严重损害公司债权人利益的,应当对公司债务承担连带责任。
股东利用其控制的两个以上公司实施前款规定行为的,各公司应当对任一公司的债务承担连带责任。
只有一个股东的公司,股东不能证明公司财产独立于股东自己的财产的,应当对公司债务承担连带责任。</td></tr>
<tr><td>第六十三条:一人有限责任公司的股东不能证明公司财产独立于股东自己的财产的,应当对公司债务承担连带责任。</td></tr>
</table>

① 参见泰安市岱岳区新地龙打井服务中心、贾娟执行异议之诉案,最高人民法院(2020)最高法民申6688号民事裁定书。

二、公司人格否认规则适用于夫妻公司场合之实践检视

如图 2 所示，笔者通过中国裁判文书网、“北大法宝”两个案例检索工具，在判决理由中检索同时出现“夫妻公司”与“混同”关键词的公开案例，剔除无关案例后，保留裁判日期在 2020 年后的案例共 130 个，其中，就夫妻公司能否被认定为实质一人公司或者说能否直接适用一人公司举证责任倒置规则这一问题，持肯定观点的判决共有 56 份，持否定观点的共有 64 份，剩余 10 份判决未明确回应这一问题。这样的统计结果一定程度上证明了这一问题在实践中的分歧之大，有必要进行总结与反思。

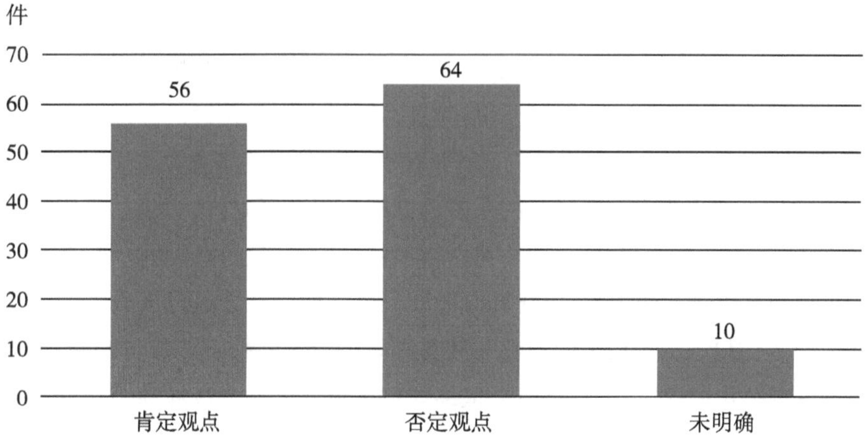

图 2　夫妻公司适用一人公司举证规则的裁判观点分歧

实践中，分歧的根源在于复数股东人数的夫妻公司能否实质认定为一人公司，从而适用一人公司人格否认条款。依据各裁判对此问题的不同见解，可以将现存的裁判思路归类为以下三种：一是认为夫妻公司的特殊性决定了股东与公司财产极易发生混同，实质上与一人公司无异，故类推适用一人公司人格否认之规则，笔者将此种观点归属于“类推主义”；二是严守一人公司认定的人数限制，认为应严守公司法对于认定一人公司时的人数限制，对夫妻公司进行人格否认时应严格围绕新《公司法》第 23 条第 1 款展开，根据“谁主张，谁举证”之基本原则，债权人必须有充分证据证明公司财产与夫妻股东财产发生混

同,否则将承担举证不能之不利后果,笔者将此种观点归属于“法定主义”;三是认为夫妻公司既不属于严格意义上的一人公司,亦有别于普通有限责任公司,故在夫妻公司人格否认案件中,应对原被告的举证责任灵活分配,只要债权人能够初步证明夫妻公司存在混同可能时,便可将举证责任转移给夫妻股东,此时夫妻公司若不能“自证清白”,则必须对公司债务承担连带之责。这种观点在一定程度上兼采了前两种进路的不同特点,可以形象地表述为“折中主义”。

就笔者整理的夫妻公司人格否认案件,直接类推适用一人公司人格否认规则的裁判与严守人格否认一般规定的裁判几乎各占半壁江山,但需要注意的是,这两种裁判思路都存在进一步讨论的空间。

(一)情形一:夫妻公司人格否认应类推适用一人公司人格否认制度

支持夫妻公司类推适用一人公司举证责任倒置规则的司法裁判不在少数,采取此种类推主义观点的法院大多从以下三个方面展开说理。首先,夫妻股东在婚姻存续期间设立夫妻公司,并且夫妻股东不存在财产分割书面协议或未将协议备案于公司工商登记,根据《民法典》第1065条有关夫妻财产约定之规定①,认定夫妻设立公司时的出资均源于夫妻共同财产,夫妻二人所持公司100%股份均属夫妻共有,即公司全部股权实际上源于同一财产权,并为一个所有权共同享有和支配,因此具有股权利益上的一致性以及人数上的实质单一性。② 其次,夫妻股东的利益一致势必导致股东间缺乏监督与掣肘,难以形成一般公司中的内部监督格局,最终导致夫妻共同财产极易和公司财产发生混同,以致损害债权人利益。③ 最后,我国尚缺能够有效规制夫妻公司的法律条文,此时,对夫妻公司类推适用一人公司举证责任倒置之规定应属对夫妻股东应负义务之合理强化,有利于实现夫妻股东与债权人的利益衡平,更是对

① 《民法典》第1065条第1款:“男女双方可以约定婚姻关系存续期间所得的财产以及婚前财产归各自所有、共同所有或者部分各自所有、部分共同所有。约定应当采用书面形式。没有约定或者约定不明确的,适用本法第一千零六十二条、第一千零六十三条的规定。”

② 参见熊某平、沈某霞申请执行人执行异议之诉案,最高人民法院(2019)最高法民再372号民事判决书;淄博新昊轩电子元件厂、明某等买卖合同纠纷案,山东省高级人民法院(2022)鲁民申9215号民事裁定书;咸阳森康家居有限公司、王某翠等民间借贷纠纷案,陕西省咸阳市中级人民法院(2021)陕04民终588号民事判决书。

③ 参见贡政、林金晶:《公司法修订背景下一人公司股东责任追溯——以完善法人治理结构并激发市场活力为视角》,载《上海法学研究》第17卷,上海人民出版社2022年版,第99页。

民法中公平原则的贯彻。

然而,一旦允许夫妻公司适用一人公司相关规则,意味着把夫妻公司直接认定为实质一人公司,实则是把夫妻公司与一人公司两个不同概念混为一谈。因此,实践中质疑这一观点的不在少数。刘俊海指出,“夫妻公司”的中心词仍是“公司”,而非“夫妻”。① 即便是针对夫妻股权共有问题,我们通常也认为股权在未拍卖变卖析出财产价值之前,也不属于夫妻共同财产。② 同理,夫妻公司也不宜视为一人公司。从法律条文上来看,一人公司与夫妻公司分属两个不同概念,所谓的夫妻共同财产制也并不意味着只要是夫妻公司所有的财产即为夫妻共同财产,故仍然应尊重公司财产独立的基石,一般情况下公司财产仅归公司所有,其独立性并不因股东为夫妻关系而发生改变。③ 正如有的判决书中明确指出:“仅以公司唯二股东是夫妻关系即认定为一人公司或参照一人公司的规则进行裁判,在现有的法律框架下,无明确法律依据。”④更何况,从规范适用规则的角度来看,采取类推的要求是“对法律无直接规定之事项,而择其关于类似事项之规定,以为适用”⑤,可否认夫妻公司之人格在现有立法下似乎并非“缺乏法律规定”,⑥因其仍有人格否认一般规定之适用余地。故此,在此情形下如何证成类推之必要性,亦是类推主义面临的一个棘手问题,支持适用类推的法院既有裁判对此往往是一笔带过,未尽详论。

(二)情形二:夫妻公司人格否认应严守人格否认的一般规定

实践中广泛存在另一种观点,其明确反对夫妻公司适用一人公司有关规则,主张围绕新《公司法》第 23 条人格否认的一般规定进行认定,其说理可谓与上述类推主义观点针锋相对,主要包括以下几点:首先,夫妻公司适用一人公司相关规定没有法律依据;其次,法院应尊重夫妻双方人格之独立,夫妻公

① 参见刘俊海:《论揭开一人公司面纱案件中的股东自证清白规则:底层逻辑、证明标准与适用范围》,载《人民司法》2024 年第 8 期。

② 参见周游:《股权利益分离视角下夫妻股权共有与继承问题省思》,载《法学》2021 年第 1 期。

③ 参见蒋大兴:《里程碑,还是误导——对夫妻公司法人格否认裁判思维的批评》,载《南京大学法律评论》2001 年第 2 期。

④ 柳州绿香源食品有限公司、陈某炫等买卖合同纠纷案,广西壮族自治区柳州市中级人民法院(2023)桂 02 民终 1515 号民事判决书;通城县同某有限公司、杜某娜买卖合同纠纷案,湖北省咸宁市中级人民法院(2023)鄂 12 民终 829 号民事判决书。

⑤ 郑玉波:《民法总则》,台北,三民书局 1984 年版,第 21 页。

⑥ 参见王利明:《民法典中参照适用条款的适用》,载《政法论坛》2022 年第 1 期。

司资本来源与利益归属同一不代表夫妻股东二人意思一致,夫妻公司实乃有别于一人公司所特有的股东意志单一性,不符合实质一人公司的认定要件;再次,应尊重公司法人人格之独立,正如(2018)最高法民终1184号判决书中所述"夫妻共同财产制并不意味着夫妻公司财产即为夫妻共同财产"①;最后,决定夫妻公司人格否认结果的关键不在于夫妻关系,而在于有无证据证明股东财产与公司财产是否发生混同等实质性要件。

不可置否,上述法定主义的裁判思路充分尊重了法人人格独立,对实质一人公司的认定遵照严格限缩的标准,符合当下审慎适用人格否认制度的司法主流。② 然而,法定主义的严守与刻板也造成了非常现实的问题——大大加重了债权人的举证责任。在一般公司人格否认的语境下,公司债权人作为公司外部人想要获取到公司财务等内部信息来证明混同已属不易,当目标公司属于夫妻公司时,债权人与夫妻股东之间存在的信息劣势将更为严重,此时仍要求处于不利地位的债权人证明混同事实成立可谓难乎其难,甚至有学者认为这是变相地将债权人置于败诉之窘境。③ 由此,债权人仅依据原《公司法》第20条来否认夫妻公司人格之难度可见一斑,这也是法定主义所暴露出的最大弊端。

(三)情形三:夫妻公司人格否认案件应有限适用人格否认一般规定

通过对上述两种主流观点的分析我们发现,如仅凭人格否认一般规定来否认夫妻公司人格,极有可能助长股东利用夫妻公司逃避债务的不正之风,以致债权人利益保护完全落空;相反,如果仅以股东的夫妻身份就将夫妻公司径行认定为一人公司,亦不免矫枉过正,引发债权人追偿时的普遍滥诉,于夫妻股东不公。因此,笔者还注意到实践中尚存的第三种裁判进路,其主张对人格否认一般规定的有限适用,可谓是对既有两种观点的兼采与折中,有可采之处。

相比之下,主张有限适用人格否认一般规定的折中主义明确反对类推适用一人公司规则,可以有效遏制债权人滥诉的发生,同时,其强调对法定主义进行合理改良,不能把夫妻公司同普通有限公司完全一样看待,在充分考量到

---

① 西安天虹电气有限公司、李某等建设工程施工合同纠纷案,最高人民法院(2018)最高法民终1184号民事判决书。

② 参见赵旭东:《公司法人格否认规则适用情况分析》,载《法律适用》2011年第10期。

③ 参见李建伟:《公司法人格否认规则在一人公司的适用——以〈公司法〉第64条为中心》,载《求是学刊》2009年第2期。

现实中债权人处于举证弱势地位的前提下，适当降低了债权人对夫妻公司人格混同的证明要求，此可谓是实现债权人与夫妻股东举证责任衡平的有益尝试。

实践中，采取折中主义的法院亦不在少数，比如有的判决就指出，在初步证明夫妻股东财产与公司财产未作明显区分的情况下，夫妻股东不能证明公司财产独立于其个人财产的，根据原《公司法》第 20 条第 3 款，应对公司债务承担连带责任。① 可以发现，折中主义明确反对一人公司条款的类推适用，对夫妻公司的人格否认判断仍遵循人格否认的一般规定，同时又充分考量了类推主义强调的夫妻公司特殊性，一定条件下将举证责任流转给夫妻股东一方，属于对原《公司法》第 20 条的“有限适用”。折中主义实质上是对两种主义的兼收并蓄，亦是对夫妻公司人格否认案件第三条进路之有益探索。

三、有限适用公司人格否认一般规定之合理性证成

（一）类推适用一人公司人格否认规则质疑

一般认为，适用类推应符合如下条件：法律漏洞存在、穷尽法律解释全部可能性、类推适用主体类似、适用同一法律效果具备妥当性。② 基于此，夫妻公司人格否认能否直接适用一人公司人格否认规则，关键就在于对以下几个问题的回答：我国现行法在处理夫妻公司人格否认案件上是否确实存在法律漏洞？原《公司法》第 63 条作为人格否认的例外性规范能否类推适用？类推适用一人公司人格否认条款是否具有结果妥当性？

1. 不存在法律漏洞

夫妻公司人格否认并不存在法律漏洞。张俊浩认为，那些应予规范却未规范，或者虽有规范，却不完全或者有矛盾，甚至有不妥当之处，是法律漏洞。③

---

① 参见王某甲、李某买卖合同纠纷案，吉林省松原市中级人民法院（2023）吉 07 民终 1518 号民事判决书；常州市湖塘热电有限公司、张某平买卖合同纠纷案，江苏省常州市中级人民法院（2022）苏 04 民终 1510 号民事判决书；李某先、浙江长兴豪格纺织有限公司等加工合同纠纷案，浙江省绍兴市中级人民法院（2022）浙 06 民终 2270 号民事判决书。

② 参见韩强：《法教义学在商法上的应用——以最高人民法院指导案例 15 号为研究对象》，载《北大法律评论》2014 年第 1 期。

③ 参见张俊浩主编：《民法学原理》，中国政法大学出版社 1997 年版，第 51 页。

然而,从法律体系解释的角度来看,原《公司法》第20条第3款与第63条属于一般性规范与例外性规范的关系,[①]第63条属于针对“一人公司财产混同”情形的例外规定,而除此之外的非一人公司,无论基于何种理由,均应适用人格否认一般规定。申言之,夫妻公司即便不能适用一人公司人格否认之例外规定,仍有原《公司法》第20条第3款之一般规定适用的余地。[②] 实践中不少法院采纳这一观点,如江苏省常州市中级人民法院在(2022)苏04民终1510号判决书中认为:“夫妻公司不能径行认定为一人公司,并不意味着当存在夫妻财产与公司财产混同前提下,债权人无计可施,其当然适用《公司法》第20条第3款的规定。”[③]由此可见,夫妻公司人格否认并不处于“违反法律计划的不圆满状态”。

2. 例外性规范不得类推

一人公司举证责任倒置属于法人格否认的例外性规范,原则上不得类推。例外规定一般是基于特殊的法政策考量而确立的。[④] 有学者认为,对例外规定的恣意类推适用极有可能矫枉过正,破坏各方法益衡平,因此应当坚持例外规定从严解释的原则,避免将例外规定进行类推适用。[⑤] 基于此,在现有法律框架下,夫妻公司并不在一人公司人格否认条款的涵摄范围内,原则上不得类推适用一人公司举证责任倒置规则,否则有违法律适用的基本原则。

3. 欠缺结果妥当性

夫妻公司类推适用一人公司人格否认条款不具备结果妥当性。根据黄辉早前的实证研究,实践中法院对一人公司的“刺破率”接近100%[⑥],同样,夫妻公司一旦被认定为一人公司而适用一人公司举证责任倒置规则,几乎可以断定夫妻公司败诉。究其缘由,类推适用意味着将夫妻公司与一人公司完全等同,意味着债权人不需要提供任何夫妻公司人格混同的相应证据,此时要求夫妻公司对人格混同“证否”实属强人所难。此种类推忽视了夫妻股东对公司有

---

① 参见蒋大兴:《一人公司法人格否认之法律适用》,载《华东政法学院学报》2006年第6期。

② 参见刘雅倩:《论一人公司法人人格否认的法律适用——〈公司法〉第63条与第20条第3款适用辨析》,载《山东审判》2016年第2期。

③ 江苏省常州市中级人民法院民事判决书,(2022)苏04民终1510号。

④ 参见王利明:《法学方法论教程》,中国人民大学出版社2022年版,第294页。

⑤ 参见易军:《原则/例外关系的民法阐释》,载《中国社会科学》2019年第9期;张弓长:《〈民法典〉中的“参照适用”》,载《清华法学》2020年第4期。

⑥ 参见黄辉:《中国公司法人格否认制度实证研究》,载《法学研究》2012年第1期。

限责任的合理信赖，在债权人利益保护与股东有限责任的天平上过分偏袒债权人，易引发债权人对夫妻股东的滥诉，以致损害投资者热情与信心，与类推适用所要求的结果妥当性要件不符。

（二）法定主义之缺漏：忽视夫妻公司的“类一人公司属性”

承上所述，类推主义在法解释层面被全盘否定，且新《公司法》第23条第3款将举证责任倒置规则明确为“只有一个股东的公司”，似乎是在法律层面彻底否定了类推主义观点。但笔者认为，类推主义所欲改变的“人格否认一般规定对夫妻公司规制不力”这一现实，恰恰是法定主义之症结所在，新《公司法》对此也未做实质回应。之所以要对一人公司进行例外性规定，就是因为一人公司存在着某些特殊属性导致一般规定对其规制有限。因此需要承认的是，若将新《公司法》有关一人公司规则的变动简单理解为是对法定主义的证成，进而让具有“类一人公司属性”的夫妻公司适用人格否认一般规定，其作用将极其有限，仍无法改变实践中债权人否认夫妻公司人格困难的局面。

夫妻公司与一人公司的相似性主要表现在以下几个方面：

1. 夫妻股东实质归属同一

传统“夫妻店”的最大特征及优势就在于其所有者的利益同一，使其能有效化解所有者间的利益冲突，保证决策的一致性。夫妻公司实则是“夫妻店”现代公司制下的演化结果，仍然保留了其利益同一的固有特征。在夫妻财产共有体制下，丈夫与妻子对公司的出资都是来源于夫妻共同财产，因此获得的股权利益最终仍归属于夫妻共同财产①，夫妻股东的股权在实践运作中也都呈现为一个不可分割的整体，故夫妻公司完全符合出资来源同一、利益归属同一的一人公司特征，体现出实质层面的共有属性。以（2019）最高法民再372号判决书为代表的一系列判决②，之所以认为有必要类推适用一人公司规则，正是考虑到夫妻公司股东利益一致、实质单一的特性极有可能造成个人、公司财产的混同乃至损害公司债权人利益。对此笔者认为，虽然仅因夫妻公司的实质归属同一的特点径行类推适用一人公司举证责任规则的合理性有待商榷，

① 夫妻事先约定个人财产划分并完成相应公司登记的除外。

② 参见熊某平、沈某霞申请执行人执行异议之诉案，最高人民法院（2019）最高法民再372号民事判决书；淄博新昊轩电子元件厂、明某等买卖合同纠纷案，山东省高级人民法院（2022）鲁民申9215号民事判决书；咸阳森康家居有限公司、王某翠等民间借贷纠纷案，陕西省咸阳市中级人民法院（2021）陕04民终588号民事判决书。

但夫妻公司此种特殊属性为夫妻股东利用人格独立逃避债务带来的现实便利,以及为广大债权人带来的现实威胁,仍不容忽视。

2. 夫妻公司与股东间财产独立性弱

在夫妻股东出资均来源于共同财产的前提下,夫妻股东参与公司的实际经营极易造成财产混同。实践中,包括夫妻公司在内的小微公司,股东直接参与公司的实际经营,甚至违反财务、会计制度的行为并不鲜见,然而,在夫妻公司及一人公司语境下,利益归属同一与内部监督的缺乏将致使股东以个人账户收支公司款项的行为更为频繁,对债权人可能造成的危害更大。法院基于此进行混同认定时,一般也会尊重夫妻股东代付代收交易款的正常需求,而着重审查有无证据证明代收款项的基础法律关系①,值得注意的是,此种证据完全属于公司内部财务信息,只能依赖于夫妻股东"自证清白",若夫妻股东未能提供证明代收款项所涉基础法律关系的证据,便应承担此种"真伪不明"所带来的不利后果,这进一步印证了在夫妻公司人格否认案件中,将举证责任流转给股东实有必要。

3. 夫妻公司内部缺乏规范的公司治理结构

我国公司法准许规模较小的有限责任公司采用极为精简的治理结构,公司内部可以不设董事会与监事会,取而代之的是只设置一名董事与一名监事。实践中包括夫妻公司在内的绝大多数小规模公司采取简化版的组织架构,几名股东分别兼任董事与监事,比如在(2022)甘09民终1738号案件中,案涉公司系茹某、张某二人在婚姻关系存续期间设立,茹某任董事兼经理,张某任监事,二人实际参与公司的管理经营。② 值得注意的是,虽然普通小规模公司往往也会采取此种极具人合性的组织架构,但普通公司中不同股东都会追求个体利益最大化,从而能够起到一定的相互制衡与掣肘。反观夫妻公司,虽然理论上夫妻二人仍属独立的个体,拥有独立意志,但夫妻身份带来的利益归属一致性决定了股东相互制衡是不现实的,这与一人公司中缺乏完善组织架构、缺乏股东制衡的特点完全一致,也大大增加了股东利用公司有限责任损害外部

---

① 参见张家港市阳光钢化玻璃有限公司、陆某买卖合同纠纷案,张家港市人民法院(2018)苏0582民初2452号民事裁定书;江苏省苏州市中级人民法院民事判决书,(2019)苏05民终2299号;江苏省高级人民法院申诉、申请民事裁定书(2020)苏民申7488号。

② 参见茹某、张某等执行异议之诉案,甘肃省酒泉市中级人民法院(2022)甘09民终1738号民事判决书。

债权人利益之可能。

（三）折中主义之裨益：股东有限责任与债权人保护之衡平

1. 对保护债权人利益的现实作用

由于夫妻公司具有“类一人公司属性”，此时若不考虑夫妻公司的特殊属性而机械地适用人格否认的一般规定，将把广大债权人置于巨大风险之中。在该类案件中，如果尝试对人格否认一般规定进行有限适用，债权人利益得到保护的可能性将大大提高。这一结论更是有实例数据加以佐证：在笔者搜集的案例中，法院严格依照人格否认一般规定的判决共57份，其中债权人胜诉的仅有4份，可见仅凭人格否认一般规定显然不能有效保护债权人利益。由此，不难发现夫妻公司在股权构成、财产独立、内部架构等各方面都与一人公司极其相似，如果既不允许对夫妻公司适用一人公司举证责任倒置规则，又不对法定主义的适用进行改良，无异于为投资者打开了规避一人公司严苛规范的通路，极有可能导致一人公司举证责任倒置规则的立法目的落空。

有限适用人格否认一般规定的判决共14份，这些判决在审理过程中都进行了举证责任流转，最终债权人获得胜诉的判决共计10份。虽然样本绝对数偏少，但有限适用人格否认一般规定情形下的债权人获得胜诉判决之比例高达71%，在一定程度上反映出人格否认一般规定的有限适用对债权人利益的保护效果。

2. 尊重公司有限责任之基本原则

在夫妻公司语境下，尊重公司有限责任的基本原则仍然值得强调。类推适用一人公司规定意味着对夫妻公司实行了当然的举证责任倒置，债权人无须承担任何举证负担。然而，从图3我们可以发现，类推适用一人公司举证责任规则的55份判决中，债权人竟无一例外地取得了胜诉。笔者认为，如此“一刀切”式的举证责任分配将给夫妻股东带来不公平的举证责任负担，有矫枉过正之嫌，极易引发实践中债权人的普遍滥诉。

相比之下，对人格否认一般规定有限适用体现出对公司有限责任、对法人人格独立之基本原则的尊重，因其仍要求债权人必须承担第一手的举证责任。如果债权人没有任何证据或者线索足以引起法院怀疑夫妻公司存在财产混同事实，此时仍应坚持对法人人格独立的优先保护，正是基于此种考量，支持“有限适用”观点的法院并不会无条件地倾斜保护债权人。在笔者收集的14份判决中，仍有4份判决债权人败诉，典型的如（2022）鲁10民终2734号判决书中

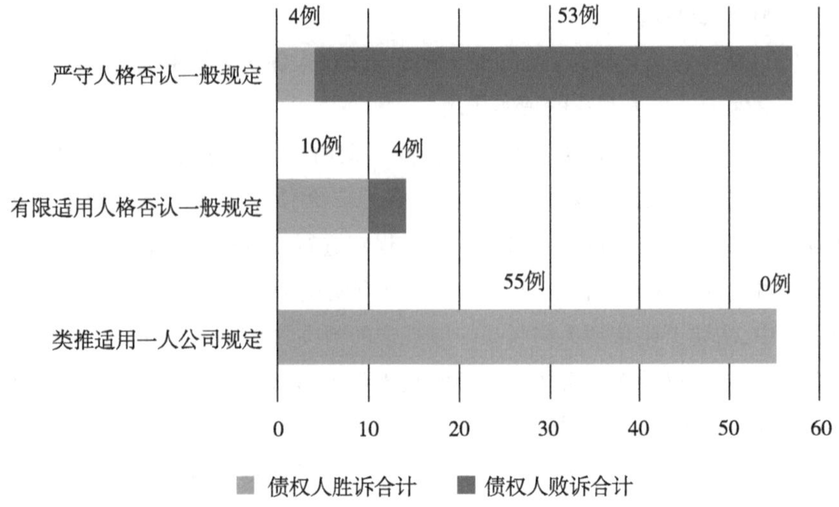

图3　不同情形中债权人诉讼结果对比

指出:夫妻公司不能适用原《公司法》第63条一人公司举证责任倒置规则并不存在争议,然而,即便考虑到于某、董某系夫妻的特殊情况,原告亦应提交初步证据使法院对于某、董某的个人财产与公司财产混同产生合理怀疑,因原告未能提交有关财产混同的任何证据,对原告的主张不予支持。①

综上所述,在夫妻公司人格否认案件中,无论是直接类推适用一人公司举证责任倒置规则,还是严格适用公司人格否认一般规定,都会造成一定问题。通过对现有裁判的分析不难发现,有限适用人格否认一般规定能够很好地解决类推主义及法定主义面临的现实困境,对实现债权人利益与股东有限责任保护之衡平大有裨益。

四、折中主义视角下夫妻公司人格否认之路径探索

(一)正确界定夫妻公司法律性质

正确界定夫妻公司之法律性质是正确处理夫妻公司人格否认案件之前

① 参见威海聚泉防水剂有限公司、尹某等侵权责任纠纷案,山东省威海市中级人民法院(2022)鲁10民终2734号民事判决书。

提。夫妻公司不属于一人公司这一论断仍然值得强调，近五年来的判例反映出仍有近四成的法院直接将夫妻公司认定为一人公司，尤其值得反思。新《公司法》第23条将一人公司举证责任倒置规则的适用主体从“一人有限责任公司”改为“只有一个股东的公司”，并不意味着把夫妻公司当作普通公司对待，并不排斥夫妻公司的“类一人公司属性”特性。夫妻公司因具有“类一人公司属性”，其性质界定应介于一人公司与普通公司间的一种特殊公司形态，由此才能为夫妻公司有限适用人格否认一般规定提供理论基础。

需要注意的是，实务中案情复杂，公司形式变化多样，在实务处理中尤其要注意区分不同类型的夫妻公司。正如上文所言，本文所指向的夫妻公司，是指夫妻双方共同持股并实质共同参与公司经营的情形，而现实中有夫妻一方持股数量仅1%，亦不实际参与公司经营，此种情形下夫妻一方显然仅仅是挂名股东，对该公司性质的认定仍应该秉持实质判断，将其认定为“实质一人公司”进而适用一人公司举证责任倒置规范自不待言。① 举例而言，在(2022)辽03民终4497号案件中，法院认定该公司设立于双方婚姻存续期间，公司注册资本来源于王某、李某的夫妻共同财产，表面上系王某、李某两人出资成立，但公司实际由王某个人实际支配，股权主体具有实质的单一性，且公司在主体构成、规范适用、经营模式等方面与一人公司具有高度相似性，符合一人有限责任公司的实质要件，进而认为适用一人公司举证规则并无不当。②

(二)允许举证责任流转的适用

举证责任流转又称举证责任转换，是指在缺少法律明确规定适用举证责任倒置，但不进行举证责任倒置将显失公平的案件中，给予法官一种“自由裁量举证责任转换”权利的一种举证规则。③ 夫妻公司人格否认案件存在适用举证责任流转的余地。

第一，夫妻公司并非一人公司概念的涵摄对象，在一人公司举证责任制度不能类推适用于夫妻公司人格否认之语境下，亦没有其他法律条文规定了举证责任倒置。第二，从本文引用的实证结果以及笔者所作案例汇总结果可以

① 参见李欢：《一人公司的立法演进与司法驱动》，载《经贸法律评论》2023年第4期，第136页。

② 参见王某、鞍山盛宝得钢材销售有限公司执行异议之诉案，辽宁省鞍山市中级人民法院(2022)辽03民终4497号民事判决书。

③ 参见程春华：《举证责任分配、举证责任倒置与举证责任转移——以民事诉讼为考察范围》，载《现代法学》2008年第2期。

发现,在夫妻公司人格否认案件只能依循人格否认一般规定加以判断的情况下,一味地让债权人承担全部举证责任无异于将债权人置于败诉之窘境,实属显失公平。第三,夫妻公司虽不满足一人公司之概念意涵,但仍具备较高的"类一人公司属性",公司财产消失于股东"保险柜"的风险较高①。第四,夫妻公司内部结构相对封闭且股东间关系密切,必然会使债权人举证困难②,公司在夫妻共同支配下不仅天然欠缺公司意志形成的书面反映,相关信息的披露要求也远低于一般公司,相比之下,债权人需要的证据被夫妻公司所控制的可能性更大,实行举证责任流转的必要性和重要性可见一斑。

由此可见,在夫妻公司人格否认案件中发挥法官的自由裁量,灵活分配举证责任实有必要。笔者认为,在立法者对夫妻公司进行针对性的规范前,有必要特殊对待夫妻公司人格否认的案件,即不必严守普通公司人格否认的具体要求,乃至强求债权人举证证明公司存在混同事实,取而代之地,是允许法院在适用人格否认一般规定时进行灵活的举证责任分配,允许举证责任流转制度的运用,一定条件下可以将举证责任流转给夫妻股东,从而更好地平衡原被告双方的举证负担,以利于事实的查清与案件的顺利推进。

(三)举证责任流转的前提:初步证明财产混同的事实

当然,在夫妻公司人格否认案件中实现举证责任流转仍然要求债权人承担最初的举证责任,只不过综合考虑夫妻公司"类一人公司属性"以及债权人所面临的"现实的举证困难"等因素后,可以适当放低债权人证明夫妻公司混同的证明标准。③ 进一步而言,只要求债权人在其力所能及的范围内令法官产生对夫妻公司混同的合理怀疑,便认为债权人完成了相应的举证义务,之后法官通过自由裁量来判断举证责任是否有必要发生流转。

然而,这种初步证明究竟将证明标准放低到什么程度,要证明到何种程度才足以引起法院对夫妻公司财产混同事实的怀疑,仍仰仗法官自由心证的发挥,更有待学界讨论。结合实践中采取类似观点的裁判来看,债权人对于夫妻公司财产混同的初步证明方式主要限于夫妻股东对公司账户和个人账户的混用,例如(2023)吉 07 民终 1518 号、(2022)苏 04 民终 1510 号判决书中以"夫妻

① 参见朱慈蕴:《公司法人格否认法理与一人公司的规制》,载《法学评论》1998 年第 5 期。

② 参见王雷:《〈婚姻法〉中的夫妻共同债务推定规范》,载《法律适用》2017 年第 3 期。

③ 参见张家港市阳光钢化玻璃有限公司、陆某买卖合同纠纷案,江苏省苏州市中级人民法院(2019)苏 05 民终 2299 号民事判决书。

股东以个人账户收取公司项目款"[①],(2022)浙06民终2270号、(2020)鲁13民终7068号判决书以"夫妻股东代替公司支付款项",(2019)苏05民终2299号判决书以"股东向公司频繁'借款'"等理由认定夫妻公司存在财产混同的可能,进而将举证责任流转给夫妻股东,要求其提供相应基础交易凭证以证明案涉转账记录符合正常商业需要。试举一例典型,在(2020)苏民申7488号判决书中,法院认定该公司系陆某与朱某设立的股东仅为二人的夫妻公司,公司账户与陆某与朱某个人账户资金往来频繁,虽然法律并不禁止公司与股东个人的财务往来,但是考虑到夫妻二人的特殊身份关系,对于公司人格独立的判断相较于其他有限责任公司应更为严格,故此将证明责任流转至夫妻股东,鉴于陆某、朱某未能提供证明基础法律关系并与上述款项交易相印证的证据,故对二人主张小微企业股东代收付公司款的抗辩理由不予采纳,最终依照人格否认一般规定要求股东承担连带责任。[②]

上述法院的一系列做法可谓是对夫妻公司人格否认案件有限适用人格否认一般规定的积极探索,证实了在夫妻公司人格否认案件中运用举证责任流转的可行性,也为今后更好地处理夫妻公司人格否认案件法律适用问题提供了有益借鉴。

五、结语

夫妻公司固有的特殊属性使其游离于一人公司与普通公司的法律规制之间。新《公司法》未能充分注意到夫妻公司人格否认制度的实践适用困难,而夫妻公司人格否认纠纷案件与日俱增。在此背景下,有必要对夫妻公司进行恰当的法律运用,既不能矫枉过正——直接类推适用一人公司举证责任倒置规定,也不能故步自封——一味严守人格否认一般规定的适用条件。本文在

---

① 在王某甲诉李某买卖合同纠纷案中,吉林省松原市中级人民法院在(2023)吉07民终1518号民事判决书中指出,"本案中,王某乙作为某公司的法定代表人,自认某公司出售粮食所得并未进入某公司账户,而是在其个人账户中,其使用个人账户进行交易。王某乙和李某夫妇的上述行为有滥用公司独立法人地位和股东有限责任之嫌,故李某应就夫妻股东财产与某公司财产不存在混同承担举证责任"。

② 参见张家港市阳光钢化玻璃有限公司、陆某买卖合同纠纷案,江苏省高级人民法院(2020)苏民申7488号民事判决书。

总结整理130例夫妻公司人格否认案件的基础上,既论证了直接类推一人公司举证规则的不正当之处,又指出一味严守人格否认一般规定在现实操作中必然导致的困境,在此基础上进一步论证有限适用人格否认一般规定何以解决前述两种观点面临的现实问题,何以实现股东有限责任与债权人利益的衡平保护。结合夫妻公司的特殊属性、举证责任流转制度以及相关的司法实例,尝试为夫妻公司人格否认案件中折中主义的具体适用提供可能的考量因素。当然,夫妻公司问题仅是公司法与家事法交叉的一个切面,对该问题的研究也可能有助于我们对夫妻股权共有、夫妻公司乃至家族公司的公司治理等问题的延伸思考。

兰大法律评论(2025年卷第一辑)
第95~110页

论授权资本制下非货币出资的新股发行
——以《公司法》第152条第1款但书为中心

郝　磊　侯　越*

目　　次

摘　要　新《公司法》第152条创造性地引入授权资本制,形成股份公司双层资本形成模式。第1款但书的特别规定将对董事会的授权限定为对货币出资增发股份,是狭义的授权资本制。授权资本制横跨公司资本与公司治

* 郝磊,天津师范大学法学院教授,博士生导师;侯越,天津师范大学法学院研究生。

理制度。从资本制度的体系角度,强制评估规则下的非货币出资与货币出资的风险无本质区别;从公司治理的平衡角度,将对非货币出资的新股发行权强制归于股东会将徒增被代理人成本,有碍融资便利。新《公司法》禁止公司章程或股东会授权董事会对非货币出资发行股份的事前规制缺乏必要性、合理性。授权资本制下的董事会是经营决策机构,应回归公司自治,由股份公司章程或股东会决定授权范围,以期合理平衡公司、股东利益与融资便利。《公司法》以既有的董事责任体系和董事会决议效力制度实现对授权资本制下股东利益受损的事后救济。

关键词 授权资本制;非货币出资;董事会;新股发行;公司自治

一、问题的提出

2023年12月,全国人民代表大会常务委员会通过的新《公司法》在法律层面引入授权资本制,打破了1993年《公司法》实施以来形成的以法定资本制为中心的单一资本形成模式,构建起授权资本发行、法定资本发行两种模式并行的公司法选择。① 授权资本制是指公司章程规定的资本总额在设立之初并不一次性募集完毕,而是发行其中一部分,剩余部分通过章程或股东会授权董事会择机发行的一种机制。② 授权资本制的引入既方便股份公司设立,又通过董事会灵活的决策以适时满足公司的融资需求,③并且能够减少公司注册资本虚化等问题的发生,④具有重大意义。

新《公司法》第152条第1款言简意赅,明确授权资本制的发行期限与发行比例等核心问题,却对出资形式作出限制,⑤该款但书引发争议。新《公司

① 参见马更新、安振雷:《重塑资本形成:授权资本制的本土化建构》,载《经贸法律评论》2023年第3期。

② 参见李建伟:《公司资本的核心概念疏证》,载《北方法学》2016年第1期。

③ 参见周游:《新公司法条文解读与适用指引:案例·规则·文献》,法律出版社2024年版,第323页。

④ 参见时任全国人大常委会法工委副主任王瑞贺在第十三届全国人大常委会第三十二次会议上《关于〈中华人民共和国公司法(修订草案)〉的说明》。

⑤ 《公司法》(2023年修订)第152条第1款规定,公司章程或者股东会可以授权董事会在三年内决定发行不超过已发行股份百分之五十的股份。但以非货币财产作价出资的应当经股东会决议。

法》将以非货币形式出资为对价的新股发行决策权保留于股东会，为强制性规范。支持禁止授权董事会对非现金发行股份的观点可归纳为以下几点：第一，维护公司及股东利益。考虑到非货币财产价值的不确定性，董事会对其增发股份对公司利益影响较大；①新股发行的价格涉及新旧股东之间的利益冲突，由董事会决定可能导致定价不当使原有股东利益受损及股东间利益失衡。② 第二，相关配套措施不完善。我国授权资本制刚刚起步，应采谨慎态度，在实践中完善制度、丰富经验后再逐步放开限制。③ 第三，存在评估机构选任风险。实践中，第三方评估机构往往由负责公司经营的董事会选任，对非货币财产评估存在一定的关联风险。④ 鉴于非货币财产价值的不确定性以及我国当前社会信用欠缺，上述担忧具有正当性。

遗憾的是，以上探讨集中于制度本身的微观视角，鲜见宏观意义的公司法资本制度下的体系思维和公司治理下的利益平衡思维。授权资本制横跨公司资本与公司治理制度。⑤ 首先，在新《公司法》下，采授权资本制的股份公司董事应对新股发行负有勤勉义务，有过错的董事造成公司损失应承担违信责任；新《公司法》明确对非货币出资发行股份前须经具备资质的第三方机构评估，评估机构对其不当行为承担过错推定责任。就董事会发行股份的对象而言，非货币财产出资较于货币出资有更多的保障与救济。由是观之，对非货币出资增发股份禁止授权的强制性规范与现行法下的董事信义义务及其责任体系、非货币出资强制评估规则难以融合。其次，根据代理成本理论，授权资本制的引入旨在降低被代理人成本。然而，禁止授权董事发行股份换取股份或其他资产，会徒增被代理人成本，与授权资本制的制度利益相悖。⑥本文试从公司资本和公司治理制度两个视角出发，以制度体系和利益平衡为

---

① 参见周游：《新公司法条文解读与适用指引：案例·规则·文献》，法律出版社2024年版，第323页。

② 参见李建伟主编：《公司法评注》，法律出版社2024年版，第618页。

③ 参见李燕、钮贵玲：《授权资本制度下公司董事不当发行股份的规制考量》，载《安徽大学学报（哲学社会科学版）》2024年第2期。

④ 此为周游老师观点，于清华大学主办的21世纪商法论坛第二十二届国际学术研讨会中悉知。

⑤ 参见朱慈蕴：《中国公司资本制度体系化再造之思考》，载《法律科学（西北政法大学学报）》2021年第3期。

⑥ 参见沈朝晖：《授权资本制的被代理人成本》，载《月旦法学杂志》2024年10月两岸公司法新课题特刊。

视角探究授权资本制下对非货币出资股份发行决策权的规范模式及其必要性、合理性。

二、资本制度体系框架下非货币新股发行的审视

基于非货币财产价值的不确定性与不稳定性,新《公司法》对授权资本制下的货币出资与非货币出资作区分规制。然而,在强制评估模式下,非货币出资与货币出资的风险无本质区别。不免引发质疑:作此事前的区分安排是否必要?

(一)资本制度改革背景下股份发行机制之取舍与非货币新股发行

新《公司法》引入的授权资本制表现为董事会在章程或股东会的授权下有权直接决定增发货币出资认购的股份。然而,在新《公司法》同时引入的无面额股制度下,无面额股的发行价格不再受到票面金额的限制,董事会在新股发行的定价上拥有了更自由的裁量权。[①] 董事会若对货币出资以不合理或不公允的低价发行股份,可能导致新股东获益而原股东受损,导致原控股关系的变化。[②] 而在股份公司成立后的股份发行中,如果非货币出资财产的价值被高估,将导致没有与新股发行价格相匹配的财产被实际出资,相当于董事会将现有股东的股份以低价向新股东出售。因此,非货币出资规制的目的是保护公司及股东利益。按照同样逻辑,似乎新股发行价格明显过低时也应受到同样规制,其潜在风险新《公司法》未予回应。可以认为,新《公司法》认为无面额股下董事会对货币出资增发股份的风险为普通的交易风险,因而未作事前规制,却对非货币出资采完全相反态度,以强制性规范的方式禁止董事会对其发行股份。

域外法重视公司资本制度改革与发展,各国对授权资本的开放自由程度不同,但罕见严格限制出资形式的规定。[③] (1)以德国、法国为代表的部分大

① 参见叶林、张冉:《无面额股时代公司资本制度的体系性调适》,载《国家检察官学院学报》2023年第6期。

② 参见[日]上村达男:《公司法改革:公开股份公司法的构想(中日文对照本)》,陈景善译,法律出版社2015年版,第347页;温笑侗:《低价发行新股的公司法规制》,载《清华法学》2024年第6期。

③ 参见施天涛:《公司资本制度改革:解读与辨析》,载《清华法学》2014年第5期。

陆法系国家采取所谓许可资本制①,在公司成立时遵循法定资本制确定基本资本,而在公司成立后经由章程或股东会的授权,董事会可以决议进行增资,在法定资本制的基础上引入了授权资本本身的灵活性。其中,德国法对董事会行权苛以严格限制,除限制新股发行的时间和数额,还需经监事会的同意。② (2)英美法系首创授权资本制,并进一步放宽资本限制。《美国示范公司法》赋予董事会较大自由,发行股份时没有决策年限、发行资本及出资形式的限制,甚至允许股东以劳务、信用等董事会认为具备一定商业价值的非货币财产出资。③ 在英国法中,公司董事会享有更大的股份发行自主权。2006年英国《公司法》不再要求公司章程必须明确授权发行资本的最大额度,允许授权董事会依据公司的商业策略及运营需求自主发行并声明已发行资本的情况,标志着授权资本制向声明资本制的演变。④ 其中,对公众公司作非货币出资的强制评估规制;对于私人公司,仅将其视为商业判断范畴,交由董事会决定。⑤ (3)以日本、韩国为代表的折中资本制兼采法定资本制与授权资本制的理念,体现自法定性规则向赋权性规则过渡的趋势。日本公司法在发展过程中保留对成立时发行的最低资本额以及授权发行股份总额的限制,并强调通过完善的事后司法审查机制和股东救济机制保障权益。⑥ 相比于日本,韩国公司法对授权资本制采取了更为宽松的规定,允许董事会在获授权的股份限额内,依据公司运营需求对股份增发享有更自由的决策权。⑦

尽管各国资本形成制度不尽相同,但体现出趋同的发展方向——由限制

① 参见马更新、安振雷:《重塑资本形成:授权资本制的本土化建构》,载《经贸法律评论》2023年第3期。

② 参见《德国商事公司法》,胡晓静、杨代雄译,法律出版社2014年版,第163页。《德国股份法》第202条规定,章程可以授权董事会,在公司登记后至多五年的期间内,通过发行新股将基本资本增加至一个特定的面值(授权资本)……授权资本的面值不得超过授权时既存的基本资本的一半。只有经监事会同意后才能发行新股。

③ 《美国示范公司法》第6.21条规定,董事会可基于任何有形或无形的财产或对公司有益之对价而授权发行股份,包括现金、本票、已提供的劳务、将要提供劳务的合同或该公司的其他有价证券。

④ 参见马更新、安振雷:《重塑资本形成:授权资本制的本土化建构》,载《经贸法律评论》2023年第3期。

⑤ 参见葛伟军:《英国公司法改革及其对我国的启示》,载《财经法学》2022年第2期。

⑥ 日本《公司法》第210条规定:“当股东利益有可能受到损害时,股东有权申请法院命令公司停止股份的募集,或者停止公司处分自己的股份。”日本公司法构建起以股东对董事会的股份发行停止请求权为代表的救济制度。

⑦ 参见[韩]郑燦亨:《韩国公司法》,崔文玉译,上海大学出版社2011年版,第144页。

到自由:章程及股东会对董事会发行股份的行为干预不断降低,董事会经营决策权不断扩大,体现股东会中心主义向董事会中心主义转变。值得注意的是,各国立法均考虑到董事会行使新股发行权侵害旧股东及债权人利益的可能性,对董事会行权作出限制安排,为其新股发行机制作出取舍。但即便是走向授权资本制最为谨慎的德国《公司法》也未从出资形式上作出规制。

我国公司法确立的授权资本制系"舶来品",旨在实现股东会对股份发行的放权。然而出资制度的放松必将带来风险,非货币财产价值的不确定、不稳定构成潜在威胁;无面额股下的货币低价发行也可能有失公允。推行授权资本制的域外立法例普遍将二者视为普通的商业风险,整体对待非货币出资与货币出资中的不当出资行为,或交由章程、股东会授权自治,或通过股份发行事中、事后的途径予以救济。在我国公司法资本制度改革背景下,迈向授权资本制时,相较于域外,采取十分谨慎的态度,在股份发行数量、发行期限上已有所体现,对发行主体的限制恐将进一步限缩授权资本制的运作空间。

(二)资产强制评估与非货币新股发行

我国公司法针对非货币财产确立的强制评估规则为控制其价值风险提供保障。相较于货币出资,非货币出资的价值因未能直接表现于外且易受外部因素影响而具有较强的不确定性。对此,新《公司法》第228条明确将第48条所规定的有限责任公司非货币出资强制评估规则平行适用于股份公司。股份公司设立后增资发行股份时,用于出资的非货币财产都应经中立的专业资产评估机构评估其客观、真实和准确的价值。若评估价值过高,将导致股东出资不实,进而造成公司注册资本的虚增;反之,则会侵害该股东的权益,违背公平原则。对出资形式的管制派生于出资作价监管。① 为应对非货币资产定价的复杂性、防止不当估价对公司造成损害,公司法确立了非货币财产的强制评估规则,要求用于出资的非货币财产需通过独立、专业的资产评估机构进行公正评估,避免股东权益被稀释,同时维护债权人对公司清偿能力的信心。独立的专业评估机构可以确保非货币资产评估的公平与准确,以保障认购人出资的真实及公司资本的充实。由此,非货币财产出资的强制评估规则在对授权资本制下董事会发行股份风险的控制上行之有效。

---

① 参见李建伟:《授权资本发行制与认缴制的融合——公司资本制度的变革及公司法修订选择》,载《现代法学》2021年第6期。

由董事会决定对非货币出资选任评估机构并发行股份，引发对董事会勾结评估机构作不当定价的担忧。在域外早期的公司法实践中，评估机构的选任权多被授予股东会；然而，除非公司章程另有规定，现代公司法通常将这一权限转授给董事会，①以避免复杂的评估程序带来的高成本。在授权资本制下，倘若董事会可以基于公司章程或股东会的授权对非货币出资发行股份，同时又由其选任第三方机构对该财产进行评估，存在董事会操控资产评估定价、损害公司及股东利益的风险。在新《公司法》对董事义务重大改革的背景下，对此种风险的规制是否足以具备应由强制性规范予以禁止授权的必要性？

新《公司法》确立了以第180条为核心的公司董事信义义务群。若公司股东会或章程可以授权董事会决议对非货币出资增发股份，勤勉义务则要求董事确保非货币财产的实际交付、价值评估、信息披露等环节。董事若在对非货币出资决议发行股份的过程中存在欺诈等不当行为，应对公司承担违信责任。此外，就评估机构而言，其对非货币财产评估不当导致公司、股东以及债权人利益受损时应承担过错推定责任。② 基于此，股份发行的决策主体与出资财产的评估主体均受到公司法规制，对董事会在选任评估机构中可能存在的关联风险已有严格的责任制度予以限制。

在授权资本制下，以非货币形式出资的财产有中立的第三方评估机构做背书，其价值风险与无面额股下货币出资的风险无显著差别，禁止公司章程或股东会授权董事会对其发行股份之举将使较为保守的授权资本制运行空间被进一步限缩。从公司法规范体系的角度而言，对公司董事及第三方评估机构所配置的严格的义务要求及责任规制有利于保证用于出资的非货币财产价值的真实性与确定性，确保董事会增发的股份收到合理的对价。因此，将非货币与货币出资分而治之缺乏必要性。

---

① 参见刘斌编著：《新〈公司法〉注释全书》，中国法制出版社2024年版，第226－229页。

② 根据新《公司法》第257条第2款规定，资产评估机构因其出具的评估结果不实给公司债权人造成损失的，除能够证明自己没有过错的外，在其评估不实的金额范围内承担赔偿责任。

三、利益平衡视野下非货币新股发行的省思

妥善地平衡各方的利益冲突是法律制度设计的重要价值。① 公司法在制定时应重点考虑平衡各主体之间的利益关系并作妥当协调。② 新《公司法》限制董事会发行股份期限、比例及出资形式等,一是考虑到董事会的不当发行行为可能严重侵害旧股东甚至债权人权益,二是考虑到董事作为经营决策者有可能滥用公司资源以谋取个人私利,引发代理成本问题。然而,由于货币出资与非货币出资风险无明显差异,新《公司法》对授权资本制出资形式的限制对原股东保护是否能够发挥预期效果存疑。无论是从公司与股东利益的角度还是被代理成本的角度,对出资形式的事前规制似乎适得其反。

(一)债权人利益、股东利益与公司利益的衡量视角

1. 债权人利益与股东利益的衡量

由法定资本制到授权资本制的转变主要引起对公司发行股份的决议主体变化,对债权人利益影响微弱。首先,股份公司实行授权资本制时,公司董事的资本充实义务对外部债权人利益提供保证。其次,公司设立之后无论股份发行公允与否,公司增资的行为均起到补充资本金的作用。在授权资本制下,无论是股东会还是董事会有权决议对非货币出资发行股份,该非货币财产可以为公司经营所用,也可以由公司对其变现以实现其财产价值。公司资本和资金实力的增加更有利于对债权人的保护。因此对非货币出资增发股份一般不会影响公司持续经营,对公司的偿债能力影响也较小。换句话说,发行主体的变化对公司债权人利益造成损害的可能性较小。授权资本制实质上缓解了股东与外部债权人之间的利益冲突。

相较于对债权人产生的有限影响,授权资本制的引入对原股东利益构成潜在的巨大威胁。一方面,董事会在授权下有权发行股份,为股东会牺牲部分处分权换取融资效率之举。在授权资本制下,董事会若以低价发行股份或者向认购人发行超过非货币财产实际价值的股份,便意味着新股认购人获得

---

① 参见梁上上:《利益衡量的界碑》,载《政法论坛》2006 年第 5 期。

② 参见陈景善:《授权资本制下股份发行规制的重构》,载《华东政法大学学报》2022 年第 2 期。

超过其所支付的对价价值的股权,致使原股东的经济利益在未经其表决的情况下被稀释。另一方面,无论新股发行的决议主体如何,也无论增发的价格与出资形式如何,甚至无论是否对外部第三人发行,公司增发新股便会影响原股东间的持股比例,进一步影响其表决权比例。董事会的股份不当发行行为可能违背股东意愿而削减其对公司的控制利益。质言之,董事会对货币、非货币出资不当增发股份可能产生因发行定价不公而损害既有股东的权益、股份被稀释等不利后果,在经济利益与控制利益上对旧股东造成显著影响。[①] 授权资本制的制度目的应为着重保护旧股东的利益,同时兼顾外部债权人的利益。公司法对授权资本制下非货币出资发行股份作出限制时应着重考量旧股东利益的保护。

2. 股东利益与公司利益的衡量

进一步讨论授权资本制下董事会对非货币出资发行股份为股东与公司带来的利益冲突与衡量。在应然层面,授权资本制的引入已经体现了公司治理结构的重心从股东会向董事会的转变,董事会所作的对非货币财产增发股份的决策符合公司、股东利益。新《公司法》允许董事会根据公司实际运营情况和融资需求,在授权范围内作出灵活发行股份的经营决策。[②] 此时,董事会的性质已超越股东会执行机构,实质上为公司的经营决策机构。[③] 从法律形式的角度,董事会对公司整体利益负责。但从经济实质的角度,由于股东利益是公司利益的核心,董事会仍需对股东利益负责。[④] 因此,在非货币出资场域下,董事会对公司融资作经营决策时,其利益与股东利益一致。

在实然层面,在经公司章程或股东会授权发行股份时,作为公司经营决策机构的董事会与股东在利益层面也保持一致。一般认为,公司利益与股东利益在决策中趋向一致,但在对非货币出资发行股份时二者可能相背离。理由在于,无论出资形式还是发行价格,新股发行都将增加公司资产规模,对公司常显现积极效应,但此举会削弱既有股东的股份价值,对其构成不利影响,从而引发公司与原股东间潜在的利益冲突。纵然不能仅为增加公司资产而

---

① 参见温笑侗:《低价发行新股的公司法规制》,载《清华法学》2024 年第 6 期。

② 参见陈景善:《授权资本制下股份发行规制的重构》,载《华东政法大学学报》2022 年第 2 期。

③ 参见梁上上:《公司权力的归属》,载《政法论坛》2021 年第 5 期。

④ 参见刘俊海:《股东中心主义的再认识》,载《政法论坛》2021 年第 5 期。

损害旧股东个人的经济权益与控制权益，[①]但也不能为维护旧股东利益而遏制公司融资需求，否则不利于公司长期发展，也将反噬公司整体股东利益。此利益冲突表面似难兼顾，但董事会基于即时的、专业的商业判断，以新股发行换取适当的股份、知识产权等非货币财产以增长企业价值或直接用于公司生产经营，所得收益应超过该非货币财产的价值风险导致原股东所受的短期利益损失。因此，董事会就非货币出资发行股份对公司原股东亦具备经济上的合理性。

此外，现行体制下，股东会的灵活授权以及董事会的信息披露义务也会进一步维护股东利益。新《公司法》下董事会的股份发行应由公司章程或股东会授权，这与美国、日本的法定授权模式有本质区别，可以认为，我国的授权资本制度更偏向于委托授权模式。股东会可以通过修改章程或决议的形式变更、取消授权的内容，也可以在已经授权董事会发行的同时自行决议发行股份。因此，与美国、日本《公司法》相比，我国新《公司法》授权资本制下的新股发行依然保留了一定的股东会中心主义色彩，采取较为保守的授权资本制，董事会决议侵害股东利益的可能性较低。从董事信义义务出发，董事会决议对非货币出资发行股份时应建立风险信息沟通机制[②]，尤其是存在侵害股东利益的可能性时，要求董事会向股东会披露该新股发行决议的内容或与该非货币出资定价相关的所有重要信息，包括第三方机构出具的评估报告等。从股份发行的事前、事中阶段进一步遏制董事会超出股东意愿、侵害股东权益的行为。

综上，授权资本制主要对公司与股东利益带来深刻影响，引发利益冲突。然而，新《公司法》为二者的利益衡量已经作出充分的制度安排，董事会决议对非货币出资增发股份侵害股东权益的可能性已经得到合理遏制。

（二）代理成本与被代理成本的平衡

公司治理理论的核心在于代理人成本理论。随着公司向公众大规模融资，所有权与控制权逐渐分离，公司通过与董事间的委托代理进一步提高创造价值的效率。但该委托代理随之引发问题：代理人与被代理人间的利益矛盾。代理人倾向于追求个人利益最大化，这往往与被代理人的利益最大化目

---

① 参见梁上上：《利益衡量论》（第3版），北京大学出版社2021年版，第87页。

② 参见袁崇霖：《董事间披露义务的法律构造》，载《法学研究》2024年第5期。

标相悖,因此公司需投入资源以确保代理人行为符合被代理人利益,此即代理人成本。[①] 在此基础上,佐哈·戈申等学者引入了被代理人成本概念,[②]对代理成本理论进行了补充,两者共同构成了控制权总成本。公司治理的目标是通过合理分配寻求控制权总成本的最小化、实现代理成本与被代理成本的平衡,而非仅限于降低代理成本。

与管理者行使控制权而产生的代理成本不同,被代理人成本是指"归因于投资者行使控制权的成本",[③]主要分为能力成本与冲突成本。[④] 在向董事会中心主义转变中,公司将部分控制权授予具备洞察商务能力的管理者,与投资人自己经营相比,降低了被代理人成本。在授权资本制下,公司充分利用代理人在经营与投资方面的专业能力以降低被代理人成本,尤其是降低被代理人成本中的能力成本,即被代理人犯"诚实的错误"给公司造成的损失。[⑤] 新股发行作为公司融资及并购的主要途径,授权资本制使得作为代理人的董事会发挥专业优势进行市场决策。然而,新《公司法》第152条第1款但书对授权资本制的应用范围作出了限制,仅允许章程或股东会授权董事会对货币出资增发股份,此时认购人仅能以货币换取股份。而对于以股份或其他资产换取股份的情况,新《公司法》以强制性规范的方式排除了授权资本制的适用。此种限制导致授权资本制的应用范围过于狭窄,反而增加了被代理成本,违背了授权资本制降低被代理成本的初衷。

由股东会决议能否有效防范非货币出资风险,即股东是否具备评估非货币财产价值的能力,值得商榷。由于未有明确的非货币资产评估标准,股东会将难以根据评估机构的报告准确评估出资价值。通常情况下,董事因更熟悉公司运营及市场环境,对非货币资产的价值及对公司利益的贡献判断更为专业。若仅因防范董事会不当股份发行行为而剥夺其对非货币出资增发股

---

① See Michael C. Jensen & William H. Meckling, *Theory of the Firm: Managerial Behavior, Agency Costs and Ownership Structure*, Journal of Financial Economics, Vol. 3, p. 305 – 360 (1976).

② 参见佐哈·戈申、理查德·斯奎尔等:《被代理人成本:公司法与公司治理的新理论(上)》,载《交大法学》2017年第2期。

③ 参见佐哈·戈申、理查德·斯奎尔等:《被代理人成本:公司法与公司治理的新理论(上)》,载《交大法学》2017年第2期。

④ 对二者可以进一步区分能力成本与冲突成本。能力成本,指诚实错误的成本加上防范这种错误而付出的成本;冲突成本,指自利行为的成本加上为防范此类行为而付出有效努力的成本。

⑤ 参见沈朝晖:《授权资本制的被代理人成本》,载《月旦法学杂志》2024年10月两岸公司法新课题特刊。

份的决策权,将导致此防范机制形同虚设。此外,股东会烦琐的会议召集程序和高额的表决成本加重了公司的负担,极大影响了公司的融资便利,阻碍公司对转瞬即逝的商业机会作出即时判断。将对非货币出资发行股份的权力限缩转由股东会行使,对其风险规制未能起到实质的作用。

公司与旧股东利益的冲突与平衡是授权资本制改革背景下公司法规制的重要考量因素。然而,公司法为保护股东利益而将对非货币财产增发股份的权力强制归于股东会,阻碍公司长远发展,同时也不利于降低被代理人成本,缺乏合理性。对授权资本制下的出资形式上放宽限制,公司得将更自由的经营决策权赋予董事会,使董事会能够迅速响应瞬息万变的市场机遇并作出专业且高效的决策,实现授权资本制对代理决策而产生的能力成本的有效降低,促进公司资本筹集的灵活性以创造公司价值。

四、公司自治本位下非货币新股发行制度的完善与救济

用于出资的非货币财产可以用货币估价,具有流通性。此次修法从域外立法例引入授权资本制,是为应对股份公司控制权与经营权逐渐分离趋势下的融资需求,①给予董事会发挥经营能力与即时作出商业判断的更大空间。公司法禁止董事会在授权下对非货币出资增发股份缺乏必要性及合理性。对出资形式的限制应为任意性规范,由公司章程或股东会个别地考量对董事会的授权范围。公司法仅需为公司、股东利益因董事会的不当发行行为受损提供事后救济。

(一)出资形式的应然层面:任意性规范

在公司制度中,国家运用必要的强制手段保障公司自治的顺畅运行,以维护公司内外部利益之平衡协调。在立法层面,主要通过公司法下的强制性规范对各主体权利与义务配置进行调整,实现对公司自治的约束。国家强制旨在优化资源分配、提升市场效能并增进公共福祉,而非抑制市场功能的正常运作。在公司自治能够有效作用的场域,国家应尽量避免对自治的干预与

① 参见沈朝晖:《授权股份制的体系构造——兼评2021年〈公司法〉(修订草案)相关规定》,载《当代法学》2022年第2期。

限制;而在负外部效应、信息不对称以及显失公平等情形出现可能导致自治失控时,方需采取必要且适度的国家强制进行干预与纠正。①

然而,在授权资本制下,首先,公司章程或股东会授权董事会对非货币出资发行股份通常并不直接波及外部债权人的权益,亦不牵涉社会公共利益,此属公司内部管理事务范畴,理应充分交由公司自主决策。但遗憾的是,新《公司法》并未将此设定为任意性规范。其次,在公司经营过程中,股东会对董事会发行股份存在信息闭塞。此时,作为占据信息优势的一方,董事会若滥用股份发行的权力将会损害股东利益,股东因信息获取的时滞而错失保护自身权益的良机。针对此信息不对称的问题,需要强制性的信息披露制度加以预防与纠正,而直接剥夺章程或股东会就非货币出资的授权自由颇为偏激。最后,尽管授权资本制对原股东利益带来潜在挑战,但正如上文所言,新《公司法》已对董事会不公允的股份发行行为作出制度安排,对原股东过度的偏向保护不利于公司长远利益。质言之,公司法中过度泛化的强制性规范会削弱公司存续与发展的内生动力,与其制度初衷背道而驰。

公司具有独立的法人人格,具备自身的利益诉求、内部组织架构、运作机制及利益预期。公司自治乃市场经济条件中自由竞争逻辑的必然拓展,公司法应以公司自治为本位。公司自治以效率为导向,外在表现为个体利益最大化追求,内在着眼于资源的优化配置。② 某种意义上,公司之存续离不开自由,自由乃公司之本质属性,自由主义则构成了公司法的精神与灵魂。因此,公司立法应以自治原则为核心与出发点,任意性规范应为公司法的主要规范。③

具体而言,在评估机构及其责任体系的加持下,非货币出资与货币出资的风险无明显差别。在较为完善的救济途径下,强行禁止股东会或章程授权对非货币财产增发股份会极大限制公司融资便利,徒增被代理人成本。此时,国家强制的成本高于公司自治的成本,由国家对出资形式的授权施行强制性的事前干预缺乏必要性及合理性。对出资形式的规定应为任意性规范,

---

① 参见[加]布莱恩·R. 柴芬斯:《公司法:理论、结构和运作》,林华伟、魏旻译,法律出版社2001年版,第137-175页。

② 参见岳冰:《公司自治与国家强制关系范式论》,载《河南大学学报(社会科学版)》2023年第2期。

③ 参见李建伟:《公司资本制度的新发展》,中国政法大学出版社2015年版,第56页。

公司章程或股东会应基于自治决定授权董事会以何种出资形式增发股份。此外,可以通过既有的以决议效力体系为核心的救济制度构建对董事会不当发行股份的统一救济模式,以平衡股东利益和公司融资便利。

(二)股份不当发行的统一救济

在价值取向层面,法律强制侧重于事前预防性,旨在为公司的利益相关者提供防范性保障。然而,董事会对非货币出资增发股份而使公司和股东利益受损的情况并非必然发生,若普遍采取防御姿态,可能会牺牲公司法所追求的效率原则。相比之下,通过司法途径对个案进行灵活处理,能显著降低调和利益关系的成本。现行法律体系下的决议效力瑕疵之诉及董事会、评估机构的责任体系足以实现对个案的保护。

首先,授权资本制应侧重于保护股东利益。目前,学界关于授权资本制下股份不当发行时旧股东权利保护的讨论主要集中于事中、事后的救济,以及探讨借鉴日本《公司法》中股份发行停止之诉、股份发行无效之诉、股份发行不存在之诉等制度,[①]然而,相比于我国公司法谨慎的立场,日本《公司法》给予董事会极大的空间,以著名的"四倍规则"[②]为例。为此,日本《公司法》有配套的严格的事后救济模式。[③] 我国授权资本制刚刚步入初始阶段,对董事会的自由限制较多,若直接借鉴日本公司法模式,徒增立法成本却收益空间较小。应基于解释论优位的立场,完善董事会决议效力瑕疵之诉以实现对董事会不当发行股份侵害股东权利的统一保护。

具体而言,新《公司法》的第25条、第26条、第27条分别明确了董事会决议存在的三种决议瑕疵的形态:无效、可撤销及不成立。(1)关于决议无效之诉。根据新《公司法》的规定,董事会决议内容违反法律、行政法规的无效。对于违法导致无效的认定,应进一步结合《民法典》第153条但书与《关于适用〈中华人民共和国民法典〉合同编通则若干问题的解释》第16条的规定确定。应特别注意的是,若公司授权董事会发行股份,而某股东或代表多数股东利益的董事参加董事会并以不正当目的支持股份不当发行的决议,此时该

---

① 参见陈景善:《授权资本制下股份发行规制的重构》,载《华东政法大学学报》2022年第2期;李卓卓:《授权资本制中不当发行停止请求权的建构与行使》,载《财经法学》2023年第1期。

② 日本《公司法》第113条第3项规定,公开公司的股东会授权董事会的可发行股份总数不得超过已发行股份总数的4倍,简称"四倍规则"。

③ 参见沈朝晖、[日]饭田秀总、段磊:《中日公司新股发行制度的功能主义比较》,载《清华法学》2019年第2期。

发行行为实质上是多数股东对少数股东的压迫。[①] 此决议可以被认定为违反了新《公司法》第21条“不得滥用股东权利损害公司或者其他股东的利益”而被认定为无效。(2)关于决议撤销之诉。当董事会决议存在重大程序瑕疵或违背公司章程对新股发行的授权限制时,受损股东有权向法院申请撤销该决议。此外,董事会发行新股的权限源自公司章程或股东会授权,因此对董事会决议违反股东会授权的限制也应属此列。(3)关于决议不成立之诉。若董事会未召开、未进行投票,以及根据新《公司法》第153条的投票赞成人数未达到全体董事三分之二的表决规则而作出新股发行的决议,受损股东有权直接提起董事会决议不成立之诉,从而确认决议为不成立。

由此,董事会不当发行新股的决议均可归于我国法律规定的决议效力瑕疵范畴,授权资本制下董事会对货币或非货币出资不当发行股份往往直接损害股东的经济、控制利益,受损股东可据此直接向法院请求确定决议无效、撤销或决议不成立。在后果上,若新股东为恶意,则可以向其退还出资并撤销其股东身份;若新股东为善意,则可以进一步追究董事责任以实现对股东利益的救济。

其次,在授权资本制度下,董事因股东信赖而承担信义义务。[②] 形式上,董事会必须遵循公司法及公司章程关于授权发行时限、发行比例、决策流程等规定;实质上,则需以公司利益最大化为宗旨,确保新股发行目的正当、决策科学、定价合理。若董事会发行股份违反章程或股东会的授权限制或决议程序等要求,造成原股东利益受损,受损股东有权请求法院认定决议效力后要求有过失的董事承担违信责任。其中,董事对公司资本负有充实义务,若董事未能及时催促认股股东完成货币、非货币出资或未对非实物出资价值进行合理审查,过错导致实际价值与发行决议所载出资额严重不符,该董事应对给公司造成的损失承担赔偿责任。此外,若董事会不当决策导致股东利益受损,还需对股东承担相应的损害赔偿责任。值得注意的是,新《公司法》的事实董事与影子董事条款进一步明确董事责任的承担主体范围;[③]在董事会

---

① 参见翁小川:《受压迫股东的救济路径研究:股东受信义务与法定压迫救济制度》,载《比较法研究》2021年第4期。

② 参见傅穹:《公司利益范式下的董事义务改革》,载《中国法学》2022年第6期。

③ 参见《公司法》第180条第3款关于“事实董事”的规定以及第192条关于“影子董事”的规定。

不当发行新股的决议中起实际影响的控股股东及实际控制人也可能因违反信义义务而承担相应的责任。

五、结语

新一轮的《公司法》修订植根于优化营商环境、保障民营企业家权益及凸显中小企业重要地位的时代背景,是深化改革进程中的必然产物。在授权资本制的资本形成模式下,立法摒弃了对固定账面资本的过度依赖,“资本制度的巨轮转向商事交易灵活便利的发展航向”。① 在此背景下,对出资形式的严格限制实际意义较为有限,缺乏充分的必要性与合理性。将授权资本制下对出资形式的严苛限制回归公司自治范畴,由股份公司章程或股东会决定对出资形式的授权范围,从股东角度出发合理地平衡公司、股东利益与融资便利为适宜之举,但需要公司法为之提供全面的事后救济。

① 参见马更新、安振雷:《重塑资本形成:授权资本制的本土化建构》,载《经贸法律评论》2023年第3期。

兰大法律评论(2025年卷第一辑)
第111~126页

股东失权规则的具体适用研究
——以新修订的《公司法》第51、52条为中心

田俊业*

目　次

摘　要　本次新修订的《公司法》股东失权规则在《公司法解释三》股东除名规则的基础上,进行全面升级和优化,其价值在于保障公司资本充实,维护利害关系人的合法权益,完善公司治理。从法律解释角度来看,应善于运用文义解释、体系解释、扩大解释、当然解释等方法

* 田俊业,男,1990年6月,河南南阳,湖北省鄂州市中级人民法院四级法官助理,兰州大学法学院法律硕士。

适用各种复杂情形,做好两种规则的融合与统一。在适用原则上,明确应遵循股东平等、程序正当、禁止权利滥用等原则来指导司法实践。在内容上,对失权规则的适用范围,股东失权后的责任承担,核查、催缴责任的承担等方面,在程序上,对失权决议时关联董事是否应回避,公司通知股东失权后,丧失的股权如何转让等方面的具体适用,进行厘清和解释。

关键词 股东失权;股东除名;法律解释;规则衔接

引　言

《公司法》于2023年12月29日修订,于2024年7月1日起实施。新修订的《公司法》第51条、第52条系统地规定了股东失权规则。这一新规则具有独特价值,涉及的主体众多,且与其他诸多关联规则之间存在衔接与协调,如何正确地适用规则,值得研究探讨。

一、股东失权规则概述

(一)我国股东失权规则的历史沿革

1.《公司法》司法解释的探索及实务困境

股东出资是公司财产的基础,股东的出资义务来源于公司设立或者增资时的股东协议、公司章程和法律法规规定。如果股东违反出资义务,势必影响公司生产经营活动,又会损害利害关系人的利益。股东依法及时足额适当地履行对公司的出资义务是取得与维持完整股东资格的对价与基础。① 股东出资问题致使公司、其他股东以及公司债权人利益受损产生的纠纷屡见不鲜。有限责任公司体现着高度的人合性特征,股东的个人情况如信用、能力、资源和股东之间的密切关系对公司的持续发展较为重要。对于严重违反出资义务的股东,相比于解散公司来说,将该股东逐出公司,无疑是一种更为经

① 参见刘俊海:《论公司债权人对瑕疵出资股东的代位权——兼评〈公司法(修订草案二审稿)〉》,载《中国应用法学》2023年第1期。

济、理性的手段。为此,最高人民法院《关于适用〈中华人民共和国公司法〉若干问题的规定(三)》(以下简称《公司法解释三》)第17条做了有益探索,确立了有限责任公司以股东会决议方式在股东未履行出资义务或者抽逃全部出资的情况下解除该股东资格的除名规则。

不可否认,股东除名规则一定程度上填补了公司法解除股东资格这一空白之处,在维护公司资本真实、稳定,惩治股东出资义务违反者,维系公司人合性等方面具有重要意义,为后续规则的完善奠定了基础。但从司法实践效果来看,宽松的前端资本认缴制与缺乏体系化的后端处置手段不相匹配,也冲击着以实缴制为主的公司治理体系及公司债权人权利保护的架构。股东除名规则在运用过程中困难重重,实务中过于严格的适用条件、过于狭窄的适用范围、公司内部决策程序上易陷入拖延,使得该规则在实务中反而容易被规避,主要体现在以下两点:

(1)股东可通过缴纳部分出资或者抽逃部分出资,规避股东除名规则的适用。例如,虽然认定股东出资5940万元,抽逃出资5420万元,属于抽逃出资的情形,但最高人民法院认为,解除股东资格的方式相较于其他救济方式更为严厉,也更具有终局性,所以该规定的适用场合应限定在股东未履行出资义务或者抽逃全部出资的情形,而未全面履行出资义务或者抽逃部分出资的股东不适用该种规则。①

(2)在前置程序上,催缴的实施欠缺精细化规定,依赖公司章程的意思自治。表现在:其一,是否必须催缴,若未经催缴程序,除名程序的效力如何?其二,谁来催缴、谁有权催缴以及催缴责任的确定?其三,如何催,催缴主体以何种方式催缴,合理期限如何确定?例如,公司章程未规定关于除名股东的职权和程序,《公司法》对公司股东除名程序亦没有明确规定,参照《合伙企业法》第49条第2款、第3款"对合伙人的除名决议应当书面通知被除名人。被除名人接到通知之日,除名生效,被除名人退伙。被除名人对除名决议有异议的,可以自接到除名通知之日起三十日内,向人民法院起诉"之规定。②

---

① 参见威海汤泊温泉度假有限公司、烟台虹口大酒店有限公司等决议效力确认纠纷再审案,最高人民法院(2022)最高法民再215号民事判决书。

② 参见银川高新区日昌自动包装机制造有限公司、温某虹、吕某昌及何某公司解散纠纷再审案,最高人民法院(2017)最高法民申1010号民事裁定书。

2. 新修订的《公司法》的正式引入

股东除名规则未发挥出应有的功能效果，本次新修订的《公司法》的股东失权规则是对《公司法解释三》中股东除名规则的全面升级和优化，旨在加强对股东出资和股权交易的行为的规范，维护公司资本充实，一大亮点是将“未出资→除名”调整为“未履行出资义务→失权(部分)”，扩大了适用范围，提高了规则实用性。股东失权规则在立法设计上与合同解除的原理有相似之处。从出资的视角看，股东与公司之间亦可以视为合同关系，出资义务是股东承担的以其与公司之间的出资授受关系为基础的特殊合同义务。[①] 股东未履行出资义务，公司作为合同相对人有权进行催缴，并在经催缴后股东仍不履行的，对该股东行使解除权，导致不依法履行出资义务的股东丧失相应的股权，本质上既是公司解除其与违约股东之间的合同关系，也是守约股东解除其与违约股东之间的合同关系，属于合同解除在商法规范中的特殊表现形式。[②] 简言之，股东失权规则是股东未履行出资义务，经公司催缴仍未履行的，经公司通知，该股东即丧失其未缴纳出资对应的股权。

(二)股东失权规则的价值

1. 保障公司的资本充足。股东失权规则指向的是股东未按期足额缴纳出资，关注的重点是股东的出资信用，保障股东出资的真实性、及时性、充足性。公司对失权股东具有更大的主动权，可以选择是否失权，即便选择股东失权，公司也有机会通过失权转让、减少注册资本或其他股东补足等方式，使公司资本得到充实。

2. 维护利害关系人的合法权益。前端宽松的资本认缴，后端必然要求股东严格履行出资义务，否则将会导致公司债权人和其他股东利益失衡。根据权利与义务对等原则，公司对于违反出资义务的股东限制股权或失权，防止滥用自身的股东权利，具有正当性。试想如果未履行出资义务的大股东享有完整的股东权利参与公司决策、分红等，将会使公司缺乏充足的资本运作，对已履行出资义务的小股东来说也不公平，引起公司治理混乱。对失权股东的股权进行处置，一定程度上可以降低其他股东的连带责任风险。对债权人而言，股东不履行出资义务势必影响公司的偿债能力。

---

① 参见叶林:《公司股东出资义务研究》，载《河南社会科学》2008年第4期。

② 参见王琦:《有限责任公司股东失权程序的建构路径》，载《法律适用》2022年第7期。

3. 完善公司治理。股东失权规则相较于股东除名规则来说,具有权责分明、操作性强的特点,不仅有助于督促股东履行出资义务,还为各方明确权责提供了依据。虽然股东未尽出资义务,利害关系人可以以诉讼的方式要求未尽义务股东履行出资义务,维护相应的权益,但诉讼毕竟不是一种经济便捷的方式,从经济效率角度考虑,应当赋予公司更积极的权利救济方式。① 股东失权规则为公司提供了便捷的意思自治途径,在相关核查、催缴、决议、通知等程序上规定相对清晰,可以及时优化公司股权结构,提升公司的治理效率。

二、股东失权规则与除名规则的融合与统一

从股东失权规则架构来看,与股东除名规则比较,二者可能产生法律适用上的竞合,由此引发了部分学者对二者关于适用主体、适用条件、适用程序、生效时间、法律责任等方面区分的讨论。有学者认为股东失权与股东除名具有不同的制度品格,它们是针对不同问题、适用不同程序、达到不同规范效果的两种制度。② 实际上,两种规则的目的与功能趋向一致,完全可以由股东失权规则统一适用。

法律解释应该不断往返于规则与事实之间。在未颁布新的司法解释的情况下,应做好两种规则的融合与统一。从法律解释角度来看,应善于运用文义解释、体系解释、扩大解释、当然解释等方法适用各种复杂情形。

1. 抽逃出资。有学者认为抽逃出资是对公司财产权的侵犯,而不是违反对公司的义务。③ 从立法目的来看,股东失权规则是为了强化股东履行出资义务,在抽逃出资情况下,股东虽然形式上做到了“按期缴纳出资”,但是实质上仍属于逃避出资义务,公司并未获得该笔出资。从结果来看,抽逃出资与“未按期足额缴纳出资”均违反了资本充实原则,损害了公司财产权,而且危害性和隐蔽性更强。对于公司来说,抽逃出资同样是股东未履行出资义务,

---

① 参见黑龙江农垦完达山贸易有限公司与王某力等公司决议效力确认纠纷上诉案,北京市第二中级人民法院(2018)京 02 民终 12476 号民事判决书。

② 参见曾佳:《股东失权制度功能定位与体系化适用——以〈公司法(修订草案)〉第 46 条为中心》,载《北京理工大学学报(社会科学版)》2023 年第 2 期。

③ 参见李新天、关帅:《论违反出资义务的法律后果》,载《河南财经政法大学学报》2013 年第 3 期。

公司仍然需要追缴出资,这不同于侵吞一般性的公司财产,其实质仍是与股东出资义务紧密相连,不能简单割裂。另外,从举轻以明重来看,抽逃出资行为应同样适用股东失权规则,否则可能出现法律适用真空。

2. 非货币出资。针对股东使用如实物、知识产权、土地使用权、债权、股权等可以用货币估价并可以依法转让的非货币财产按期进行的出资,新修订的《公司法》第51条和第52条并没有明确规定是否适用,而第50条还规定了非货币出资不足额时其他股东的责任,似乎给人一种错觉是股东失权规则已将此种情形排除在外。然而,将非货币出资排除在外,不具有合理性。通过对公司法体系分析,第49条"未按期足额缴纳出资的"的"缴纳"是包含货币和非货币出资两种形式,非货币出资也是一种非常重要的出资方式,不管违反哪一种出资义务,都构成对公司资本充实义务的违反。虽然第50条规定了出现违反出资义务情况下,设立时的股东承担连带责任,但是股东仍不补足差额时,如果还保留该股权,那么此处将会缺少闭环。从比较法的角度,随着实践的发展,德国法上的失权制度目前已经扩张适用于非货币出资的差额补足。① 值得注意的是此处应区分情形:如果非货币财产显著不足额是评估弄虚作假导致的,股东对此具有过错,此时可以适用股权失权规则,以强化股东履行其自身出资义务;如果非货币财产显著不足额属于市场波动、通货膨胀、不可抗力等非股东过错所导致,如房屋价格大跌,则由于股东无过错,属于公司选择接受非货币出资应承担的风险,此时可以依法进行减资,不适用于股东失权规则。

3. 完全不履行出资。还有学者认为失权制度与除名制度最大的不同之一是股东失权并不包含股东身份权的问题。② 履行出资义务0—100%,所体现的既有量上的区别,又有质上的差异。在一般情况下,股东失权规则将丧失股权与丧失股东资格两种法律后果作区分,即失权不除名。如果股东完全不履行出资义务或抽逃全部出资,自然失去其未缴纳出资对应的全部股权,"股东"丧失了全部行权基础,当然结果是失权除名。如果能够运用扩大解释进行涵盖,两种规则完全可以进行融合与统一。实践中确实有部分法院进行了部分失权的有益探索。例如,出于权利义务对等原则、尊重公司意思自治

① 参见王东光:《股东失权制度研究》,载《法治研究》2023年第4期。

② 参见于莹、申玮:《股东失权制度的法律构造》,载《吉林大学社会科学学报》2023年第6期。

以及公司资本充足等考虑可以部分失权。①

第51条和第52条分别规定了“未按期足额缴纳公司章程规定的出资”和“未按照公司章程规定的出资日期缴纳出资”概念，并且最后以股东仍未履行出资义务作为股东失权前提的总概括，因此，股东未履行出资义务可以被认定为一级概念，涵盖了出资义务完全不履行和瑕疵履行两大类情形，而向下又可以细分为出资义务部分未履行、全部未履行，股东虚假出资、出资不实，或者股东出资后抽逃部分出资、抽逃全部出资等情况，这些都可以解释为股东未履行出资义务。例如，股东按照章程规定应缴纳100万元，到期后仅缴纳10万元或零出资，或是知识产权虚假评估作价100万出资，抑或缴纳100万元后又抽逃出资50万元，这些情形都会或多或少、或大或小地影响公司的资本稳定和利害关系人利益，从广义上都可以视为未按期足额缴纳出资，都可以归入未履行出资义务的范畴。

因此，笔者认为随着新修订的《公司法》的实施，最高人民法院亦会根据股东失权规则在适用中存在的问题和争议点，适时出台配套的新司法解释，将两个规则融合与统一。

三、股东失权规则的适用

（一）适用原则

法律原则具有弥补规则漏洞的价值，在股东失权规则没有规定之处，在满足穷尽法律规则时由法律原则介入、为了实现个案正义、具有更强的理由这三个条件情况下，可以适用法律原则作为裁判依据，以弥补法律空缺。

1. 股东平等原则

股东平等原则是公司法基本原则，贯穿公司运行全过程。公司在基于股东资格而发生的法律关系中，不得在股东间实行不合理的不平等待遇，并应按股东所持的股份性质和数额实行平等待遇的原则。② 新修订的《公司法》第52条对董事会在履行催缴义务时对股东的不同情况如何实施并未明确规

---

① 参见黑龙江农垦完达山贸易有限公司与王某力等公司决议效力确认纠纷上诉案，北京市第二中级人民法院（2018）京02民终12476号民事判决书。

② 参见刘俊海：《股东权法律保护概论》，人民法院出版社1995年版，第47页。

定。此时,可以通过法律原则评价公司章程规定的催缴程序,或者在没有公司章程规定的情况下,评价董事会催缴的行为是否符合股东平等原则。例如,存在多名股东均存在未履行出资义务的情况下,董事会应当平等对待股东。在催缴环节,对于所有未依法依约出资的股东都应进行催缴,而不能任意选择;在宽限期问题上,各股东的宽限期限应一致;公司对于是否对股东发出失权通知具有裁量权,但对于同等条件的股东应做出相同的董事会决议,没有合理、正当理由不能区别对待,否则将有可能承担相应的法律责任。

2. 程序正当原则

股东失权规则要求在任何股东权利被剥夺之前,公司必须遵循严格的法律程序,实现程序正义。在股东失权规则的整个程序中,从出资核查、发出催缴通知、董事会决议、宽限期、发出书面催缴通知,再到转让股权或减少资本并核销股权,其中的每一个环节都必须依法依约进行,避免股东的合法权益受到无端侵害。第一,公司法明确公司核查、催缴出资的义务主体是董事会,其他任何机关不能替代,不能通过公司章程或股东会决议进行排除。第二,明确催缴必须以书面形式作出,宽限期只规定了不得少于 60 日,具体时间可以通过公司章程自治规定。第三,明确了董事会是作出失权决议的主体,董事会有权根据具体情况作出是否失权的决议。

3. 禁止权利滥用原则

公司股东尤其是大股东、控股股东不得滥用股东权利损害公司或者其他股东的利益,在股东失权规则中亦是如此。股东失权规则旨在剥夺未履行出资义务股东的部分股权,对股东之间的权益影响巨大,用之不慎可能异化为股东逃避法律责任的手段。在公司面临较大债务或潜在债务时,未履行出资义务的控股股东可能会主动利用董事会发出失权通知,通过注销股权或者转嫁小股东承担风险,从而逃避出资义务,也不用向公司债务人承担责任,引发道德风险。对于小股东而言,为了避免大股东滥用权利,可以在章程或股东协议中约定关联董事应回避表决机制,亦可在董事违反董事信义义务情况下,追究相关董事责任。

(二)内容

法律的生命在于实施,而实施的关键在于细节。股东失权规则,虽然在股东除名规则基础上增加了包括宽限期、失权通知、书面催缴等程序,扩大了规则的适用范围,但是作为一项新的规则,仍有诸多方面没有明确或存在争议,适用上仍然面临许多问题,需要进一步厘清和完善。

1. 失权规则的适用范围

(1)质押股权能否失权

权利要想成为质押的标的物,必须满足财产性和可转让性,而股权兼具该两种属性,故可以成为质押物。那么,未出资的股权是否具有财产性呢,一些学者认为未缴纳股权所承载的权利以及因持有未缴纳股权而享有的权利,仅限于一定程度的人身权,没有财产权。[①] 股东未履行出资义务,其依凭认缴承诺获得的股权仅为一种虚拟的"财产权",本身不具有资产的价值。[②] 按照此类观点,仅认缴而未实际出资的股权不能用于出质,因为不具有财产性。但事实上,未实际出资的股权仍然可以通过转让获取溢价,是具有交换价值的。例如未实际出资的控股股东持股67%,不管是转让第三人还是其他股东,在公司发展前景较好的情况下,这样的控股股权带来的控制权、管理权也是很有交易价值的;公司也可以通过债权方式融资,通过经营变成公司财产,股权所享有的潜在的分红权、剩余财产分配权同样具有一定价值。因此,未实际出资的股权可以设置质押权。那么,第二个问题随之而来,质押股权是否可以失权。有观点认为,股权上已经设定的质押权不影响公司启动失权程序并宣告失权。公司宣告股东失权的权利属于在先的法定权利,是质押权人应当考虑的法律风险因素;股东不按期足额缴纳出资是触发失权的根本原因,是质押权人应当考虑的事实风险因素。质押权人接受尚未完全缴纳出资的股权作为质押标的,应视为其对上述风险的自担。[③] 笔者认同该观点,质押权不能对抗股东失权,出质股权属于"有负担的权利",虽然股权出质后,转让须经出质人与质权人协议同意,但是从《民法典》第443条第2款的规定来看,在具有法定理由下,股权未履行出资义务触发失权后,质押权随之消灭,质权人只能通过其他途径主张权利。

(2)变更出资期限时的失权适用

失权的前提是出资义务已经到期。股东出资期限变更又分为章程变更

---

① 参见葛伟军:《从股东资格解除到股东失权的嬗变》,载《北京理工大学学报(社会科学版)》2022年第5期。

② 参见周昌发:《认缴制下股东除名制度的立法完善——由一起具体案例引发的反思》,载《广西大学学报(哲学社会科学版)》2018年第4期。

③ 参见王东光:《股东失权制度研究》,载《法治研究》2023年第4期。

和股东出资加速到期的变更。公司章程关于出资期限的约定体现了意思自治,鉴于新修订的《公司法》已对认缴的出资额规定了最长缴纳期限 5 年,通过股东会决议方式延长出资期限的做法已无较大的操作空间,而通过缩短出资期限对所有股权均有重大影响。缩短出资期限不能仅以股东会资本多数决的方式实施,除法律规定或存在其他合理性、紧迫性事由需要修改出资期限的情形外,股东会修改出资期限的决议应经全体股东一致通过,此种情形亦难以实现股东失权。①

新修订的《公司法》第 54 条确立了股东出资加速到期规则,由此可以看出,股东出资义务既来源于公司章程、股东协议,又来源于公司法及其他法律规定。当公司存在不能清偿到期债务这一法定情形时,公司或债权人有权要求已认缴但未届出资期限的股东提前缴纳出资,此时可以视为出资履行期已届满,那么此时可以由公司发出催缴通知。如果股东履行了出资义务,股东失权规则不再适用;如果宽限期满后仍未履行也可以发出失权通知,此时也就落入股东失权规则范围。

2. 股东失权后的责任承担

新修订的《公司法》第 52 条规定了丧失股权的处理方式为转让、减资并注销、其他股东兜底补足,但并未明确规定失权股东是否还需要承担相关责任。

如果失权股东不需要承担任何责任,那么在公司经营困难、负债较多时,此时股权对于股东来说已经成为一种负担,难免会被股东投机利用规则漏洞,主动采取失权策略从而逃避出资义务。笔者认为,虽然新修订的《公司法》第 52 条并未规定失权股东是否承担责任,但是通过体系解释能够从其他条款中找到答案。股东失权是失权股东丧失对应未缴出资的股权,而非自始至终地否定其股东身份,因此,失权不免责。

其一,对债权人应承担补充赔偿责任。根据《公司法解释三》第 17 条,在办理减资程序或者其他股东或者第三人缴纳相应出资之前,公司债权人有权请求未履行或未全面履行出资义务或抽逃出资的股东即失权股东对公司债务不能清偿的部分承担补充赔偿责任。值得注意的是,失权股东承担补充赔

① 参见鸿大(上海)投资管理有限公司与姚某城等公司决议纠纷上诉案,上海市第二中级人民法院(2019)沪 02 民终 8024 号民事判决书。

偿责任应仅限于股东失权之前的债务。因为股东认缴出资后即获得股东身份及权利，对行权期间的公司债务承担补充赔偿责任亦符合风险与收益共担的原则。如果是失权之后的公司债务，则与失权股东没有关系，无须承担责任。

其二，失权股东转让股权的，仍可能承担连带责任。有学者认为，在失权股权的转让中，转让人不再是失权股东，而是公司。公司应当在股权转让中明确告知该股权欠缴出资的情况，并约定由受让人缴纳出资，失权股东因股权受让人的出资缴纳行为而被免除出资之债的履行责任。① 如果股权受让人未按期足额缴纳出资，则失权股东责任仍然不能被免除。失权股东虽然是被动转让股权，但是与主动转让股权的法律效果并无差异，此时公司为法律拟制的转让方，代失权股东履行转让程序，最终转让的法律责任仍应由失权股东承担，同样应该适用新修订的《公司法》第88条第2款规定，否则就会产生利用失权逃避相关责任的情形。在以往的司法实践中，法院也已形成了较为统一的裁判案例，例如最高人民法院认为任何股东均应依法善意行使股东权利和履行义务，不滥用股东权利损害公司和其他股东利益，恶意转让股权行为属于股东滥用其出资期限利益逃避债务的行为，对于转让之前的侵权之债应承担相应的法律责任。受让人未按期足额缴纳出资的，转让人即失权股东仍应对未按期出资部分承担补充责任。②

其三，如果失权股东恰好是发起人，仍然适用新修订的《公司法》第50条和第99条的规定，需对其他发起人在出资不足的范围内承担连带责任。

其四，参照新修订的《公司法》第49条规定，应当对公司造成的损失承担赔偿责任。

其五，对其他股东可能承担违约责任。虽然新修订的《公司法》并未明确规定失权股东应向其他股东承担什么责任，但是其他股东可以依据股东协议，追究违约股东的违约责任。

3. 核查、催缴责任的承担

股东失权规则新增了董事会承担核查、催缴出资义务及未尽义务应承担的赔偿责任，但是在适用中仍有较大的不确定性，如何在整个公司法体系中

---

① 参见王东光：《股东失权制度研究》，载《法治研究》2023年第4期。

② 参见扬州今日种业有限公司、戴某梅等侵害植物新品种权纠纷上诉案，最高人民法院(2021)最高法知民终884号民事判决书。

适用,将是评判董事会和董事履职尽责的关键。

(1)董事还是董事会作为主体

虽然新修订的《公司法》第 51 条从字面规定了负责核查、催缴的主体是董事会,对董事并没有明确规定,但是笔者认为这样规定并非把董事的催缴义务排除,理由有四:其一,董事负有勤勉义务,董事在执行工作时依托董事会,如发现股东未按期足额缴纳出资,董事在董事会上投反对票,如果没有正当理由,导致董事会没有通过核查、催缴决议,就属于过错董事,应承担相应责任;其二,从责任承担来看,董事会在实际操作中难以直接承担责任,最后一定是落实在董事个人身上;其三,一些规模较小或者股东人数较少的有限责任公司,可能只设置执行董事一名来行使董事会职权,立法者基于此种情形考虑,只规定由公司发出书面催缴书;其四,新增的催缴主体,体现了对商事效率价值的尊重,符合公司治理董事会中心主义的导向。

(2)核查、催缴的范围是否只局限于设立出资情形

新修订的《公司法》第 50 条规定了董事会应当对股东出资情况进行核查,此处的"股东出资情况"应指的是所有出资,而不应仅局限于设立出资。基于强化维持资本充足的考量,董事会和董事核查、催缴的范围应进行扩大解释,以便涵盖不同情形。第一,适用范围应包含增资情形。《公司法解释三》第 13 条第 4 款已经规定了董事在增资环节未尽勤勉义务而使股东未缴足出资的责任,即负有催缴义务,有一定的实践基础。新修订的《公司法》第 228 条亦规定了增资依照设立出资的有关规定执行,核查、催缴的范围也应涵盖增资情形。第二,抽逃出资、非货币财产出资不实不宜排除在适用范围之外。新修订的《公司法》第 53 条第 2 款规定了董事对于抽逃出资情形应承担连带责任,亦可以印证董事对抽逃出资负有催缴义务。前文已经论述了股东失权规则适用范围应涵盖基于股东过错责任导致的非货币财产出资不实等情况。虽然有观点认为股东以非货币财产出资的应进行评估作价,董事会成员大多非财会专业,其对于评估作价报告存在合理信赖,若增加此种情形,无疑强人所难。笔者认为,董事会可以设置审计委员会,聘请专业的中介机构进行出资审计,如果发现非货币财产出资不实的情况,公司可向该股东发函询证,由董事会进行股东责任评判,发现符合股东失权规则的,可以参照适用。第三,出资期限加速到期情形也应当纳入适用范围。新修订的《公司法》第 54 条通过法律形式将些情形视为出资履行期已届满,符合未按期足额缴

纳出资的情形,因此,应纳入核查、催缴的适用范围。

(3)董事若未及时催缴,应承担何种赔偿责任

股东全面履行出资义务是公司正常经营的基础,董事未履行催缴股东义务,应承担何种赔偿责任,斯曼特微显示科技(深圳)有限公司与胡某生等损害公司利益责任纠纷案提供了一个裁判指引:董事对股东出资有监督、督促义务,负有向股东催缴出资的义务;股东未缴清出资已经损害了公司利益,未出资部分即为公司损失,董事不作为行为与损失之间存在因果关系,应承担连带责任。[①] 刘贵祥指出:责任主体限于负有责任的董事,一般要基于公司内部的职责分工等情况判断,不能不加区分地及于所有董事;以给公司造成的损失为限,比如利息损失、另行举债加大的债务负担等,但不应把损失等同于股东的出资额,这一点需要将董事过错与损失之间的因果关系相结合判断。[②] 笔者赞同该观点,应该根据董事职责,区分不同董事的责任,不应"一刀切"。但是有案例提到"胡某生等六名董事对股东开曼斯曼特公司的资产情况、公司运营状况均应了解,具备监督股东履行出资义务的便利条件,以消极不作为的方式构成了对董事勤勉义务的违反"[③],没有精细化地区分责任。同样基于此案例,有观点认为,董事履行催缴义务往往是集体决策后的执行行为,在此过程中董事个人的过错和原因力不存在明显分别。[④] 董事和股东之间应存在责任顺位判断,毕竟股东未履行出资义务是造成公司损失的直接原因,而董事未尽到催缴义务责任则是间接原因,公司债权人一并起诉公司及董事的,董事应承担补充赔偿责任。董事与董事之间也应有一个责任的判断,一般情况下,董事会作出决议,决议中应确定履行催缴义务的董事,没有必要都呈现全体董事催缴的局面。如果决议没有确定具体董事,则全体董事均有义务催缴,但董事是有分工的,当董事是财务负责人时,其自身的财务管理职责决定了承担的责任应更重,当董事为董事长或总经理时,同等条件下一般也应承担更重的责任。董事承担的责任也不直接就等于股东出资额,需要准确

---

① 参见斯曼特微显示科技(深圳)有限公司、胡某生等损害公司利益责任纠纷再审案,最高人民法院(2018)最高法民再366号民事判决书。

② 参见刘贵祥:《关于新公司法适用中的若干问题》,载《法律适用》2024年第6期。

③ 斯曼特微显示科技(深圳)有限公司、胡某生等损害公司利益责任纠纷再审案,最高人民法院(2018)最高法民再366号民事判决书。

④ 参见邹学庚:《论董事对股东出资的监督义务——兼评"斯曼特"损害公司利益责任纠纷案》,载《甘肃政法大学学报》2022年第2期。

判断董事过错与损失之间的因果关系，更加精细、客观、真实地判断董事的责任。相关董事可以提供证据证明自身的责任及损失大小、免责事由，经质证后由法官判断，而不是法官凭借感觉进行判断，这是查明具体责任事实的要求，更是司法公正的要求，不能以加重法院裁判负担为由拒绝认定。还有观点认为，经催缴后，如果股东仍不出资，董事会未跟进采取股东失权措施，给公司造成损失亦应当承担责任。笔者认为，发出失权通知并非催缴后的必然步骤，即股东经催缴后仍未在宽限期内缴纳出资不必然失权。催缴是法律规定的必备程序，发现符合催缴的情形，就应当进行催缴，没有选择性，但是否失权是需要董事会进行价值判断的。法律规定董事会“可以”发出失权通知，是有选择权的，此处体现了公司的意思自治。例如，虽然股东没有履行出资义务，但是该股东持有公司核心技术或者控制销售渠道，如果由此发出失权通知甚至是除名，将是公司更不能承受的代价，董事会基于“理性经济人”考虑，可能选择不发出失权通知，另行通过其他方式解决问题，因此，并不能完全基于董事是否采取失权措施来判断是否应承担责任。

（三）程序

1. 失权决议时关联董事是否应回避

关联董事回避表决规则的建立是为了防止董事及身后的股东，在与公司利益冲突的情况下，利用投票机制损害公司及其他股东利益。失权决议时关联董事是否应回避，新修订的《公司法》对此没有明确规定，笔者倾向于参考现有司法实践关于股东除名决议的态度，失权决议时关联董事应当回避表决。

虽然新修订的《公司法》第 185 条规定中，并未将失权决议纳入关联董事必须回避的类型，但探究立法目的可知，如果不回避，大股东或控股股东控制董事会投反对票，将使得股东失权规则落空，相反，如果是作出小股东失权决议则很容易通过，如此容易将规则异化为对付小股东的工具。如果公司存在较大债务或潜在债务时，大股东或控股股东仍操纵董事或董事会通过决议故意失权，从而导致公司债务难以清偿的，可以通过新修订的《公司法》第 191 条追究董事责任。在司法实践中，有案例持“关联董事参与了相关失权表决，则相应决议应为无效”①的观点。关联董事回避为应有之义，可以通过司法解释明确规定参照适用新修订的《公司法》第139条或第185条规定。当然，如果董事回避导致董事会人数低于法定人数不足3人的，应当提交股东会审议，同理，未按期出资的股东亦应当回避。为了避免争议，建议在公司章程中明确规定。

2. 公司通知股东失权后，丧失的股权如何转让

股东失权后存在转让、注销和其他股东补足三种处理方式。首先讨论的是转让股权方是公司还是失权股东，如果转让方是失权股东，那么就需要失权股东进行配合签订转让协议，实践中，失权股东一般不会轻易配合。此处应该把转让的股权理解为公司的“库存股”，由公司强制收回，并暂时由公司持有。如果进行股权转让，则转让方是公司，由公司与受让方签订转让协议，无须征求失权股东的同意。但实际操作中工商登记部门要求必须有股权转让协议才能进行工商变更登记。因为失权股东在工商登记上仍是股东，在其不配合变更工商登记的情况下，没有股权转让协议，工商登记部门往往不认可公司章程中规定未按期缴纳出资则自动触发股东失权，其他股东代为出资后，很难直接进行工商登记变更手续。根据以往司法实践，往往需要提起股东资格确认及履行登记变更义务之诉，拿到胜诉判决书后，工商登记部门才予以办理。此外，还会出现失权股东拒绝配合减资及注销股权流程等情形，这些问题需要国家市场监督管理部门出台相关规定做好与新修订的《公司法》的衔接，进一步优化程序。其次，还要关注其他股东补足的问题。新修订的《公司法》第52条第2款的程序是有顺序要求的，如果转让或减资并注销这两种方式无法实现，最后由其他股东按出资比例承担兜底出资责任。此处似乎应该进一步解释，毕竟强制股东超过认缴的出资额为限对公司承担责任，与公司法股东的有限责任原则不符，应在穷尽所有手段如继续不失权催缴或诉讼仍不能补足出资后，方能要求其他股东承担兜底出资责任。“其他股东”如何理解，这里应进行公司法体系分析。新修订的《合同法》第50条明确规定了公司设立的发起人股东应当对出资不足部分承担连带责任，是否意味着两条规定之间存在适用冲突。笔者认为，第52条的“其他股东”应理解

① 参见北京城韵房地产开发有限公司、北京城建东湖湾地产开发有限公司等公司决议纠纷上诉案，北京市第三中级人民法院(2022)京03民终12840号民事判决书。

为非发起人股东,不同身份的股东相应的责任应有所不同,发起人股东本应该承担连带责任,如果此处扩大解释为所有其他股东,则发起人股东反而因为失权股东的行为减轻了责任。

结 语

正如周光权教授提到,立法就一定如同中国山水画一般,是留白的艺术。我们所期待的是,你站在法治一线,能够娴熟地运用你所掌握的法学方法论,通过合理的法律解释,把一般人误以为存在的“立法漏洞”堵住,提出解决社会难题的相对合理方案。运用法律的过程,其实也是懂得欣赏有意留白的山水画的过程,你会从中感受立法的精妙之处。① “法律不是嘲笑的对象”,本文以法律解释为视角,主张合理运用文义解释、体系解释、扩大解释、当然解释等方法,不断往返于规则与事实之间,以及关注规则与规则之间的衔接与协调、规则留给章程的意思自治等方面,更好地处理实践中的疑难复杂问题。本文论述难免挂一漏万,但仍希冀为股东失权规则的适用提供有益视角与启发,也期待这一新规则在司法实践中展现出强大的生命力。

---

① 参见周光权:《到法治一线 答鲜活试卷——在清华大学法学院 2024 年毕业典礼上的致辞》,载微信公众号“清华大学法学院”,2024 年 6 月 19 日上传。

兰大法律评论(2025 年卷第一辑)
第 127 ~144 页

新《公司法》下股东知情权行使规则的审视与反思

梁珅睿*

目　　次

摘　要　新《公司法》新增股东有权查阅会计凭证,此举有效解决了此前法律适用的许多争议。但新《公司法》仍然存在规定不明等状况,有待司法解释加以明确。本文通过把股东知情权客体划分为三个层面来进行分别分析,指出以往公司法规定存在的问题,新《公司法》修订的不足。通过适用之合理性与可行性分析,提出了新《公司法》司法解释中要明确查阅知情权第一层面客体两种

* 梁珅睿,澳门大学法学院硕士研究生。

不同行权模式的当然选择;对知情权第二层面客体的查阅应基于股东和公司双方利益来合理分配举证责任。通过分析知情权第三层面客体规定的合理性,得出股东查阅会计凭证的范围应与股东查阅正当性成正比;对"查阅"一词作出实质性解释;股东在行使知情权穿越时可向子公司提出请求;补足公司对股东查阅知情权客体必要性不足之抗辩等相关建议。在立法精神上,要注重实现股东与公司利益的平衡,对新《公司法》的条文适用作出合理之法律解释。

关键词 知情权客体;股东知情权;正当目的;利益平衡

一、问题的提出

股东知情权,指法律赋予股东的权利,股东通过查阅公司的财务会计报告、会计账簿、会计凭证等关键性资料,以及询问与公司经营决策和管理相关的问题,来深入了解公司的运营状况和高级管理人员的活动。[①] 自1993年我国第一部《公司法》颁布,股东知情权已经作为一项重要制度予以规定,它的完善也一直是这30多年来理论界与实务界的热点。尽管股东知情权一直是研究的重点,但学者大多都致力于把该制度视为一个单一的个体来研究,只是以当时的情况和社会需要来说明股东知情权客体的范围应该如何界定,而忽略了公司法关于该制度发展的整体性。甚少有学者会通过梳理和分析该制度在《公司法》中的发展历程,也少有学者着墨于在保护股东知情权的同时要合理地维护公司的商业秘密等合法权益,以平衡股东与公司之利益天平。

正值新《公司法》的生效实施之际,本文借此机会梳理自1993年我国第一部《公司法》颁布以来有关股东知情权客体的法律条文规定:以时间为线索,探讨我国《公司法》中股东知情权客体的修改历程及变化,以检视每次知情权客体修改的背景、进步以及不足,总结股东知情权制度在我国的演变规律,并对增加会计凭证作为股东知情权客体的最新修订进行分析,对潜在问题进一步给予建议与考量。本文以历次《公司法》的修改作为行文逻辑来阐述股东知情权制度的规定并分析股东知情权在中国的发展趋势。我国尚少

---

① 参见赵旭东主编:《新公司法讲义》,法律出版社2024年版,第242页。

学者对股东知情权客体的三个层面整体地论证分析，大多仅单一分析会计账簿或者会计凭证作为客体的合理性。股东知情权客体的三个层面理论是本文的基础，股东知情权客体的三个层面是基于公司商业秘密的披露程度进行划分的，三个层面客体也有着不同的查阅规定。同时，本文亦赞同股东知情权客体的查阅要结合股东查阅目的的正当性与必要性进行不同程度的层次区分，尤其是会计账簿与会计凭证之间。

为避免歧义，文中的“旧《公司法》”，如果没有单独说明具体年份，统一指代的是1993年《公司法》到2018年《公司法》的6部《公司法》，“新《公司法》”指的是2023年新修订且已生效的《公司法》。鉴于篇幅限制，本文提及的“公司”，不包括股份有限公司，仅指有限责任公司。

二、第一层面客体的知情权制度规制：基本信息

（一）知情权第一层面客体内容

股东知情权客体的第一层面是指股东能够查阅到公司基本信息，主要包括公司章程，股东名册，股东会会议记录，董事会、监事会会议决议以及财务会计报告。这类信息总体敏感程度较低，相比于其他层面客体，股东在查阅这类信息时所要求的正当性程度最低。由于第一层面的客体种类较多，不同种类客体的知情权行使方式、行使要求以及所体现的利益关系会有所差异，因此第一层面的客体可以分为三个类别。

第一，财务会计报告作为公司最基本的信息，鉴于股东的基本财产权利保障以及查阅的成本，该信息应当由公司主动向股东报送，即公司具有报送义务，这也是股东得以了解公司状况的最低要求。这就说明了查阅该信息并不需要满足正当目的以及必要性程度的要求，哪怕是恶意股东，也有权了解公司的财务会计报告。第二，公司章程作为公司的另一基本信息，具有公开性。我国《公司法》明确规定公司章程应当要放置于公司，公司对公司章程仅有披露义务，没有报送义务。股东应当主动请求公司提供查阅，但股东无须受到查阅目的的限制，即无须证明其正当性与必要性，只需简单说明目的即可。第三，董事会、监事会会议决议，股东会会议记录是公司的决策信息，股东名册包含了其他股东的信息。鉴于其具有比其他第一层面客体更高的敏

感程度,尽管公司具有披露义务,但查阅该信息仍需要股东主动请求并且要受到目的限制,即股东负有最低正当性说明的义务(合理怀疑)。

对于上述第一、第二类别的客体,由于股东在了解相关信息时都无须证明其正当性与必要性,因此,在这两类客体中,股东知情权的保障程度明显高于公司利益的保护;对于第三类客体,尽管公司具有披露义务,具有一定的主动性,但股东仍然要受到查阅目的的限制,体现了股东与公司利益间的互相制衡。总体而言,在第一层面客体所体现的双方利益关系中,我国公司法更加倾向于保护股东的知情权。

(二)旧《公司法》下第一层面客体的知情权制度

1. 2018 年之前的旧《公司法》的规定

借鉴境外经验,1993 年《公司法》引入了股东知情权制度。根据第 32 条规定,①有限责任公司的股东对于知情权的行使方式仅仅是查阅而已,能够查阅的对象也只有股东会会议记录以及公司的财务会计报告,即第一层面客体中的第一、第二类别客体。1999 年《公司法》②和 2004 年《公司法》③未对知情权作出修订。当时,立法技术尚未成熟,没有对股东知情权客体划分层级的规范基础,但是在理论界和司法实践中,已经有许多关于股东知情权客体范围的争议。例如,某研究中显示,上海某法院于 2002 年到 2006 年一共受理了近 46 起有关股东知情权争议的案件。④ 其中,最为重要的一项争议就是旧《公司法》中股东知情权条款中的"财务会计报告"是否包括会计账簿。旧《公司法》没有规定股东查阅会计账簿是否需要符合正当目的,从实践案例可知,在许多情况下,法官是通过股东并非出于正当目的的理由,来支持公司拒绝提供会计账簿的做法。

2005 年,我国《公司法》经历了全面的修订,股东知情权的适用范围得到了显著扩展。修订后的《公司法》第 34 条第 1 款不仅扩展了股东可查阅信息的种类,包括了股东会会议记录,董事会、监事会的决议,还对股东行使知情

---

① 1993 年《公司法》第 32 条规定:股东有权查阅股东会会议记录和公司财务会计报告。

② 1999 年《公司法》第 32 条规定:股东有权查阅股东会会议记录和公司财务会计报告。

③ 2004 年《公司法》第 32 条规定:股东有权查阅股东会会议记录和公司财务会计报告。

④ 参见李盛、吴晓锋:《股东知情权,"知情"止于何处?——来自上海市一中院股东知情权案件的调研(组图)》,载搜狐新闻网 2007 年 10 月 21 日,http://news.sohu.com/20071021/n252765043.shtml。

权的方式进行了完善,赋予了股东复制这些资料的权利。[①] 该条款无疑在实质内容和程序操作上双重加强了对股东知情权的保障,旨在更深入地维护有限责任公司股东的根本权益,特别是我国中小型有限责任公司的股东。此外,2005 年的《公司法》还具有划时代意义地引入了第 2 款规定,允许股东查阅公司的会计账簿,明确指出"财务会计报告"并不涵盖"会计账簿"。

2. 2018 年《公司法》的规定

2018 年修正的《公司法》仍未改变 2005 年《公司法》关于股东知情权客体第一层面的规定。但 10 多年来的相对稳定并不能代表完全没有问题。学者们指出了以下两点主要争议:第一,第一层面的披露义务是否是公司对于股东约定俗成的主动义务;第二,股东查阅第一层面的资料是否需要符合正当性要求。围绕这两点争议,第一层面客体的股东知情权衍生出两种行使模式。

其一,根据孙潇的观点,公司承担向股东呈递财务会计报告的责任,旨在维护股东所必需的基本信息权益。此基本权益代表了法律为股东所提供的信息保障的最低标准。公司的这种报送义务来自法律的规定,因此,无须股东事先请求。同时,基于这种法定的报送义务,无论股东查阅的目的正当与否,都可以行使知情权。这是一种非依请求而由公司单方完成的法定义务,其模式为:利益 + 法定义务。[②] 其二,根据李建伟的观点,尽管公司法对于第一层面的规定完全没有提到"正当目的"的要求,但在某些情况下,公司拒绝股东查阅的请求,理由就是该请求不是出于正当目的。[③] 股东查阅第一层面的资料不仅仅是要有正当目的,而且必须向公司请求查阅;如果公司发现股东不是出于正当目的,可以拒绝其查阅。尽管第一层面的客体敏感度相对较低,在股东没有提出查阅请求的前提下,公司不需要向股东披露,也没有向股东披露的必要性。基于此,该模式为:利益 + 请求力 + 正当目的。

① 2005 年《公司法》第 34 条规定:股东有权查阅、复制公司章程、股东会会议记录、董事会会议决议、监事会会议决议和财务会计报告。股东可以要求查阅公司会计账簿。股东要求查阅公司会计账簿的,应当向公司提出书面请求,说明目的。公司有合理根据认为股东查阅会计账簿有不正当目的,可能损害公司合法利益的,可以拒绝提供查阅,并应当自股东提出书面请求之日起 15 日内书面答复股东并说明理由。公司拒绝提供查阅的,股东可以请求人民法院要求公司提供查阅。

② 参见孙箫:《股东查阅权的范围及拓展》,载《河北法学》2010 年第 8 期。

③ 参见李建伟:《"实质性剥夺"股东知情权的公司意思效力研究 〈公司法解释四〉第 9 条的法教义学分析及展开》,载《中外法学》2018 年第 5 期。

本文对两种模式采取折中的观点,对第一层面客体的股东知情权之行使应该要根据资料的不同类别作不同分析,不能一概而论。如果把第一层面客体的查阅仅适用第一种模式,即第一层面都为公司的法定告知义务,明显会把公司利益置于一种不利地位,因为决策信息包含了公司重要的商业秘密。仅适用第二种模式也有不妥,知情权是股东的基本权利,哪怕是恶意股东,也有最低知情权保障,即了解其在公司的财务信息。若都以正当目的作为前提,股东的财产权等基本权利不能得到有效保护,股东利益将处于极其劣势地位。如上所述,第一层面客体可以分为三种类别,对于第一类别即财务会计报告,鉴于股东的财产权保护,公司负有法定的报送义务;对于第二种类别,即公司章程,基于公司章程的公开性,公司负有法定的披露义务,股东可以请求查阅并无须证明其正当性与必要性;对于第三种类别,即决策信息与股东名册,公司负有法定披露义务,股东不仅仅需要提出请求,还需要证明其查阅的正当性与必要性。如此,根据第一层面信息的敏感程度,股东与公司负有不同的义务,体现了股东利益与公司利益的平衡。

(三)新《公司法》下第一层面客体的知情权规定及适用展望

就第一层面客体的股东知情权,新《公司法》仅将股东名册加入查询复制范围,稍微扩大第一层面客体的范围,使得股东的知情权更加完善。根据上述对第一层面客体的相关分析,建议新《公司法》的司法解释明确,应根据查阅第一层面客体之类别,厘清知情权的行使规则:对于财务会计报告及公司章程等基本信息,适用第一种模式:利益 + 法定义务;对于会议记录及决议等决策信息,适用第二种模式:利益 + 请求力 + 正当目的。

三、第二层面客体的知情权制度规制:会计账簿

(一)知情权第二层面客体内容

“会计账簿”,作为会计凭证的直接衍生,是记录和核算所有经济活动的工具,其特点在于全面性、系统性、连续性以及分类性。该账簿由一系列具有特定格式的账页构成,这些账页通过一定的形式相互衔接,形成一个完整的

账务记录体系。[①] 会计账簿是财务会计报告的蓝本，相比于第一层面的客体，其敏感程度更高，包含公司商业秘密的信息也更加真实。因此，对会计账簿的查阅更应该要注重股东权益与公司利益的平衡。

（二）旧《公司法》下第二层面客体的知情权制度

1. 2018 年以前旧《公司法》之规定

1993 年《公司法》没有明确规定会计账簿能否作为股东知情权的客体，股东能否查阅公司会计账簿的争论时有发生。其中，最大的争议就是“公司财务会计报告”是否包含“会计账簿”之意。就字面意义而言，“财务会计报告”是企业向信息使用者提供的文件，旨在反映企业在特定日期的财务状况以及在某一会计期间的经营成果和现金流量。该报告基于账簿记录，通过表格和文字的形式，传递会计生成的财务信息。[②] 其和会计账簿有着显著区别：第一，两者的依据不同。财务会计报告以会计账簿为依据，而会计账簿以会计凭证为依据。第二，两者分别是会计核算的不同环节，会计账簿是记录环节，财务会计报告是报告、报送环节。尽管两者之间具有较强的联系，但在记录公司的具体信息上，会计账簿更为敏感，其记载的公司信息、商业秘密也更加真实。因此，本文并不赞成财务会计报告包含会计账簿的观点。诚然，在当时《公司法》没有规定第二层面的情况下，法院支持股东查阅会计账簿的请求时有发生，但是这并不能说明，两个不同的名词概念具有包含与被包含的关系。2005 年《公司法》第 34 条第 2 款[③]明确规定股东有会计账簿的查阅权。据此，股东能否查阅会计账簿的疑问告一段落。

2. 2018 年《公司法》下第二层面客体的知情权规定及不足

2018 年《公司法》沿用了 2005 年《公司法》，没有做任何改变。在近 20 年的施行过程中，暴露出关于查询公司会计账簿的一些问题，例如，会计账簿的范围如何界定、查阅会计账簿的程序是否科学、公司的抗辩权该如何行使、举证责任归属于哪一方、正当目的与不正当目的如何界定。[④] 其中，股东能否依

---

① 参见于玉林主编：《会计学》，格致出版社、上海人民出版社 2009 年版，第 101 页。

② 参见于玉林主编：《会计学》，格致出版社、上海人民出版社 2009 年版，第 297 页。

③ 2005 年《公司法》第 34 条第 2 款规定：股东可以要求查阅公司会计账簿。股东要求查阅公司会计账簿的，应当向公司提出书面请求，说明目的。公司有合理根据认为股东查阅会计账簿有不正当目的，可能损害公司合法利益的，可以拒绝提供查阅，并应当自股东提出书面请求之日起 15 日内书面答复股东并说明理由。公司拒绝提供查阅的，股东可以请求人民法院要求公司提供查阅。

④ 参见陈群峰：《股东查账权若干问题探讨》，载《法学杂志》2007 年第 6 期。

据 2018 年《公司法》第 33 条第 2 款的规定来查阅公司的会计凭证,成为了理论界以及司法实务的焦点问题。①

(1)正当目的之举证责任

鉴于在实践中股东的知情权可能遭遇来自公司管理者的阻障,其权利更容易受到侵犯,②让公司对请求查阅股东是否有恶意负举证责任,可能更合乎情理和保护股东利益的立法初衷。③ 在公司治理的视角下审视,股东对会计账簿的审查行为通常被解读为具有潜在的恶意或不正当动机。依据 2018 年《公司法》的相关规定,股东在进行会计账簿审查时仅需阐明其审查目的,但关于"目的"的界定相对含糊。公司负有证明股东审查目的不正当的责任,若公司无法提供确凿证据以证明股东审查目的的不正当性,则不能拒绝股东审查会计账簿的请求,即默认股东审查目的的正当性。这固然有利于保障股东的权益,但基于股东与公司利益的平衡,有必要对股东的目的进行适当的限制。比如,股东在提出查阅目的时应该要说明一定的合理需求,而不能笼统说明查阅原因,进而把所有的举证责任都由公司承担,否则对公司利益造成一定损害。基于此,应当要合理分配举证责任,股东在提交查阅请求时有相对合理需求之证明,公司对股东作出拒绝查阅时要举证不正当目的。

(2)正当目的与不正当目的之界定

我国《关于适用〈中华人民共和国公司法〉若干问题的规定(四)》(以下简称《公司法解释(四)》)第 8 条④中规定,"不正当目的"有四种情形:股东与公司有竞业关系;股东的通报目的;股东在 3 年内有通报行为;其他情形。我

---

① 参见伍志锐:《公司股东知情权研究——以查阅权为视角》,载《广西社会科学》2011 年第 3 期。

② 参见刘彦沣:《公司董事和股东知情权比较研究》,载《社会科学研究》2010 年第 4 期。

③ 参见巴图:《公司实践中暴露出的问题与股东知情权的保护》,载《前沿》2009 年第 12 期。

④ 《公司法解释(四)》第 8 条规定,有限责任公司有证据证明股东存在下列情形之一的,人民法院应当认定股东有《公司法》第 33 条第 2 款规定的"不正当目的":(1)股东自营或者为他人经营与公司主营业务有实质性竞争关系业务的,但公司章程另有规定或者全体股东另有约定的除外;(2)股东为了向他人通报有关信息查阅公司会计账簿,可能损害公司合法利益的;(3)股东在向公司提出查阅请求之日前的 3 年内,曾通过查阅公司会计账簿,向他人通报有关信息损害公司合法利益的;(4)股东有不正当目的的其他情形。

国司法解释的规定是对“正当目的”采取反向的说明，这是深受日本《公司法》①与日本《商法典》②的影响。虽然列举式的规定有利于法官在司法判决时具有比较强的操作性，因为使“不正当目的”的范围清晰化和具体化，同时也就界定了正当目的之边界。但与此同时，这也会导致司法实践的僵化，可能难以应对所有的情况。

（三）新《公司法》下第二层面客体的知情权规定及适用展望

在新《公司法》对知情权的修订中，最振奋人心的就是增加了股东知情权客体的第三层面，即会计凭证。新《公司法》第 57 条明确规定股东可以查阅会计凭证，足以说明了会计账簿不包括会计凭证。第 57 条还规定了公司股东知情权的专家检查人制度，即可以委托专业的会计师事务所和律师事务所来进行查阅，该制度具有明显的优势，极大提高了股东查阅会计账簿的效率。同时，该制度也减小了公司信息泄露的风险，专业的辅助人懂得判断信息的敏感程度，并予以不同的处理方式。③ 新《公司法》还规定了股东知情权穿越制度，即股东有权查阅公司的全资子公司之会计账簿，这就进一步地保障了股东知情权的实现，也有利于打破公司利用自身全资子公司来转移真实信息的手段。

尽管新《公司法》在知情权的完善上有了巨大发展，但新《公司法》并没有完全解决有争议的相关法律问题，甚至新的法律问题也随之产生。股东查阅会计账簿和会计凭证的规则是一种平行关系还是递进关系？这个是需要

---

① 日本《公司法》第 433 条第 2 款之规定，符合第 1 款规定的股东提出了查阅请求，除了以下情况以外，公司不得拒绝股东该请求：(1)该请求股东出于为确保其权利或者行使其股东权利而进行相关调查以外的目的提出请求时；(2)该请求股东出于妨碍该股份公司的业务执行，或者损害股东的共同利益的目的提出请求时；(3)该请求股东正在经营同该股份公司的业务存在实质上的竞争关系的业务，或者正要从事同该股份公司的业务存在实质上的竞争关系的业务时；(4)该请求股东是为了将通过查阅或者誊写该股份公司会计账簿或者相关资料后获知的信息和事实向第三人进行通报，牟取利益时；(5)该请求股东存在在过去 2 年内将通过查阅或者誊写该股份公司会计账簿或者相关资料后获知的信息和事实向第三人进行通报并牟取利益的情况时。

② 日本《商法典》第 293 条第 7 款规定，股东提起查阅请求时，除有下列情形之外，董事不得拒绝：(1)股东非为行使或保护其股东权利、公司义务运营或股东的共同利益而请求查阅；(2)股东与公司具有竞业关系或为其他具有竞业关系的人而成为股东；(3)股东系为通过查阅公司账簿与资料向他人通报获利而请求查阅，或者请求日前 2 年内有过此类行为；(4)股东在不适当时间，提出查阅会计账簿及资料的请求。

③ 参见詹某坚、广西某某有限公司等股东知情权纠纷案，广西壮族自治区桂平市人民法院(2023)桂 0881 民初 6800 号民事判决书。

新公司法司法解释进行合理阐述的,也是下文将要讨论的重点。当股东要求查阅会计账簿和会计凭证时同时存在正当目的与不正当目的,知情权的范围该如何规制?会计账簿和会计凭证中的“查阅”该如何明确化?股东在行使知情权穿越制度时应该向母公司还是子公司提出请求?上述问题,由于涉及会计凭证查阅权的相关规则,以及基于本部分篇幅原因,下一部分再详细分析。

四、第三层面客体的知情权制度规制:会计凭证

(一)知情权第三层面客体内容

会计凭证是指由一定格式账页组成的,全面、系统、连续地记录各项经济业务发生或完成的情况,属于公司的敏感信息,①同时也是股东知情权客体的第三层面。会计凭证记载着公司最真实,最原始的财务信息,是公司业务情况的一手资料。由于其真实性、原始性以及其信息外延范围远大于会计账簿,因此其敏感程度也远大于第二层面与第一层面客体。第三层面客体的规定与适用呈现出,股东知情权与公司利益不平衡,公司利益处于极其不利的地位。

在理论上,新《公司法》规定对第三层面客体的查阅条件与第二层面客体一致,没有基于其敏感性作出更加严格的查阅规则。在实务中,根据2018年《公司法》,法院支持股东查阅会计凭证的案件存在大量不进行充分说理,或者仅作出宽泛的模板论证的情况。允许股东查阅公司会计凭证,更加深入地了解公司的真实情况的同时,也应该关注公司利益的保护。因此,股东在查阅会计凭证时应当作出充分说明,既包括适当的正当性说明也包括必要性说明。比如符合正当前提中穷尽查阅第二层面客体的方法仍不能实现知情权的情况。公司也应当拥有更全面的抗辩,这样才能保障双方利益的平衡。

(二)第三层面客体的知情权制度之反思

旧《公司法》没有规定股东可以查阅会计凭证,由此导致会计凭证能否查阅的争议。对此,理论界分为肯定说与否定说。

---

① 参见赵旭东主编:《新公司法讲义》,法律出版社2024年版,第416页。

肯定说的理由包括:第一,法无禁止即自由。石少侠认为,2013 年《公司法》第 33 条规定的股东知情权客体太过僵硬,丝毫没有任何弹性空间。[①] 在当时,《公司法司法解释(四)》中模棱两可地以"公司特定文件"回避了股东是否能够查阅会计凭证的问题。因此,他认为公司法中的"会计账簿"一词是包含会计凭证的,也就是司法解释中所称的"公司特定文件"。第二,探究股东知情权的目的。[②] 李建伟认为,按照公司法关于保护股东知情权的立法目的来看,在当时的公司法不对会计凭证的查阅权作出规定是一种法律"有意义的沉默"。[③] 第三,股东与公司利益的联系。股东作为公司的实际投资者,其利益与公司利益成正相关。第四,"正当目的"的前置程序具有维护公司利益的作用。该前置程序的设置有助于保护公司的商业机密,并确保股东在查阅会计凭证时具有主观上的正当性。因此,要对会计账簿作扩张解释,如果仅仅局限于条文的文义,会与公司法的立法本意相违背。

否定说的理由包括:第一,文义解释不允许在司法实践中把"会计账簿"解释成"会计凭证"。[④] 有不少学者通过引用《会计法》的相关规定[⑤]来证明会计账簿和会计凭证差异,两者不能够混为一谈,更不能简单以立法目的或者扩张解释来确定其包含与被包含的关系。[⑥] 第二,会计凭证具有特殊性。会计凭证不同于其他的公司信息,其敏感性远远高于其他公司信息,因此需要严谨对待。第三,查阅会计账簿会增加公司运营成本。会计凭证的数量众多,如果允许股东查阅会计凭证,将使得公司要投入大量的人力和物力来调

---

① 参见石少侠:《〈对《公司法》司法解释(四)〉若干规定的理解与评析》,载《当代法学》2017 年第 6 期。

② 参见贵阳经济开发区某某集团有限公司与贵阳某某技术开发区火炬科技小额贷款有限公司股东知情权纠纷案,贵州省贵阳市花溪区人民法院(2024)黔 0111 民初 751 号一审民事判决书。

③ 参见李建伟:《股东查阅会计凭证的公司法修订方案》,载《国家检察官学院学报》2023 年第 4 期。

④ 参见兰州沐恩希母婴健康管理有限公司与潘某宏股东知情权纠纷案,甘肃省兰州市中级人民法院(2023)甘 01 民终 10549 号民事判决书;杨某、广东某某贸易有限公司股东知情权纠纷案,广东省东莞市第一人民法院(2024)粤 1971 民初 6280 号民事判决书。

⑤ 《会计法》第 9 条规定:各单位必须根据实际发生的经济业务事项进行会计核算,填制会计凭证,登记会计账簿,编制财务会计报告。任何单位不得以虚假的经济业务事项或者资料进行会计核算。第 14 条第 1 款规定:会计凭证包括原始凭证和记账凭证。第 15 条第 1 款规定:会计账簿登记,必须以经过审核的会计凭证为依据,并符合有关法律、行政法规和国家统一的会计制度的规定。会计账簿包括总账、明细账、日记账和其他辅助性账簿。

⑥ 参见王某与昆明市官渡区清雅公路养护工程有限某某公司、昆明市官渡区工业有限某某公司股东知情权纠纷案,云南省昆明市官渡区人民法院(2023)云 0111 民初 25992 号民事判决书。

取会计凭证,造成公司资源的浪费。但是,有数据统计可以表明,实务界大部分都支持股东有权查阅会计凭证的请求。① 其理由都为:公司的具体经营活动只有通过查阅原始凭证才能知晓,不查阅原始凭证,股东可能无法准确了解公司真正的经营状况。许多高级人民法院公布的审判指导意见都很关注股东能否查阅会计凭证的问题,且大都将必要性和合理性规定为股东查阅会计凭证的前提。② 例如,2008年北京市高级人民法院③与2012年广东省高级人民法院④都有相关的指导意见,相关意见都促进了相关地区法官在判案时允许股东查阅会计凭证。

本文认为肯定说更为可取。首先,这个观点是符合我国强调保护个人自由,个人利益的法律价值取向的,也符合我国对于股东知情权的保护倾向。其次,这种说法也契合我国新时代的公司法要更加注重自由化,注重股东与公司的契约自由的观念,更是表现出对于公司自治原则,利益均衡原则,股权保护原则的尊重。再次,"有意义的沉默"反而是一种对于双方利益保护的有效途径。在法律层面,尚未明确赋予股东查阅会计凭证的权利,可能造成股东在请求公司披露会计凭证时的顾虑,从而在一定程度上维护了企业的商业机密。相对地,在股东提出查阅会计凭证的请求时,司法机关将获得更大的自由裁量空间。法官将基于对股东查阅会计凭证的合理性与必要性的综合评估,作出是否授权的合理判决。最后,这种观点也使得新法解释更有弹性的空间,而不至于太过僵化。

(三)新《公司法》下第三层面客体的知情权制度之适用展望

如上所述,新《公司法》的出台尽管化解了股东是否能够查阅会计凭证以及会计账簿是否包含会计凭证的争议,但是,也引发了一些新的问题,下面将一一分析。

---

① 参见江苏某有限公司、袁某某股东知情权纠纷案,江苏省镇江市中级人民法院(2023)苏11民终4317号民事判决书。

② 参见李建伟:《股东知情权研究:理论体系与裁判经验》,法律出版社2018年版,第384页。

③ 参见2008年北京市高级人民法院《关于审理公司纠纷案件若干问题的指导意见》第19条指出:有限责任公司的股东有权查阅公司的会计账簿,公司会计账簿包括原始凭证和记账凭证。该指导意见出台后,在2008年至2013年,北京地区超过75%的有关案件都允许查阅会计凭证。

④ 2012年发布的《广东省高级人民法院民二庭关于民商事审判实践中有关疑难法律问题的解答意见》的第三部分第9条指出,股东可以查阅的对象包括会计凭证(原始凭证与记账凭证)。

1. 查阅同时具有正当目的与不正当目的

在探讨知情权涉及多层级客体的情形下，股东在查阅不同层级的客体时，其目的可能兼具正当性与不正当性，此现象在实际操作中屡见不鲜。对此，到底是支持还是拒绝股东查阅相关的公司信息，我国新《公司法》并没有相关规定。本文认为美国特拉华州《普通公司法》可以提供借鉴，即如果股东在查阅相关会计账簿或者会计凭证时，其查阅目的同时存在正当性和不正当性，并不会导致股东完全不能查阅相关信息，而是通过辨识其正当性的范围，在此范围内允许股东查阅相关的公司信息，即股东的知情权客体范围与其正当性意图成正比。这种规定既不会完全否决股东的知情权请求，也不会把公司的相关敏感信息置于不正当风险之下，完美兼顾了股东和公司双方的利益，达到一种巧妙的利益平衡，具有可行性。

2. 查阅会计凭证中的"查阅"的解释

与第一层面的股东知情权客体不同，股东对会计凭证仅仅只能"查阅"而不能够"复制"。[①]"查阅"该如何理解。学界存在三种观点：第一种，"查阅"指的是股东只能"翻阅"会计凭证，即要严格按照文义解释来确定查阅的含义。第二种，股东查阅会计凭证，不仅仅能够翻阅，还能够进行合理范围的"摘抄"，[②]即股东不得成篇、成本地翻印公司的会计凭证，但是可以在合理范围内进行誊抄、誊写等行为。[③] 第三种，"查阅"应该作扩大解释以包括复制，目的为保障股东权利。本文认为第二种观点更为可取。"查阅"一词不应该被扩大解释，更不能说包含复制的含义，但是可以在合理范围内抄写相关内容。[④] 这种规定既可以使得股东在行使知情权时能够获得初步的证据，为今后提起相关诉讼时提供便利，也可以尽量避免股东大范围地复制会计凭证给公司商业秘密带来的负面影响。在诉讼过程中，股东亦可向人民法院申请调取与案件争议相关的完整会计凭证信息。此外，股东还可以依据委托代理的

---

① 广州超某某某有限公司、李某某等股东知情权纠纷案，广东省广州市中级人民法院(2023)粤01民终35066号民事判决书。

② 参见邓某杰、佛山市某某投资有限公司股东知情权纠纷案，广东省佛山市三水区人民法院(2024)粤0607民初218-2号一审民事判决书。

③ 参见邓峰、许德峰、李建伟主编：《最高人民法院公司法解释(四)理解适用专题讲座》，中国法制出版社2023年版，第188页。

④ 参见赵旭东主编：《新公司法重点热点问题解读：新旧公司法比较分析》，法律出版社2024年版，第244页。

理论,由代理人抄写会计凭证记载的相关信息。虽然本段是对“查阅”会计凭证作出实质性解释,但也有必要说明“复制”的实质性解释,即所有能够使会计凭证的信息整体地,完整地被复刻在另一物品上的都为复制之意,包括扫描、复印、拍照等行为。因此,人民法院在受理相关案件时要考虑股东提起的知情权行使行为是否为“查阅”的实质内容,而不能仅仅从文义上去分析该行为,如此才能进一步确保股东与公司在权利上的均衡。

3. 股东行使知情权穿越的请求对象

如前所述,新《公司法》关于股东知情权客体规定的一大进步就是股东的知情权穿越制度的确立,即股东可以查阅公司的全资子公司的知情权客体的制度。但是,新《公司法》并没有说明股东对会计凭证甚至其他层面的客体行使知情权穿越时的请求对象,是母公司还是子公司抑或两者都可?从合理性以及可行性而言,本文认为,为了提高查阅的效率,应当允许股东既可以向母公司也可以向子公司提出查阅请求。按新《公司法》规定,会计凭证知情权的穿越程序首先是母公司的股东向公司提出书面的请求与表明目的;其次,公司判断股东是否有不正当目的,以决定是否拒绝查阅;最后,公司如果拒绝,母公司股东可以起诉。如果仅仅是向母公司提出请求,母公司在判断其正当性后还要去传达给子公司,虽然母公司对子公司有着控制关系,但是子公司毕竟是独立的法人,子公司仍然有审核母公司股东查阅其会计凭证的权利,这样虽然会相对保险,但会导致运营成本的提高以及查阅的效率低下,不利于股东的权利保障。因此,司法解释应该说明,股东可以选择向母公司或者子公司提出请求查阅会计凭证,基于母公司与子公司的关系,当股东直接向子公司提出查阅请求时,在通过子公司的正当性审查后,只需履行告知母公司的义务即可。这样的规定既保障了股东的知情权,也有利于子公司及时可以了解股东的正当性,有利于兼顾双方利益以及提高查阅效率,符合公司法的管理科学原则,具有可行性与合理性。

4. 会计账簿和会计凭证的行使规则

新《公司法》并没有说明两者是一种递进关系还是平行关系,但两者之间的查阅关系却极大地影响着股东和公司的利益平衡。李建伟认为,对于两者的关系，关键是要看法律是否有规定必要性和正当性。[①] 如果满足正当性与必要性，则直接可以查阅会计凭证，此时两者是一种递进关系，除非会计账簿无法满足股东的查阅需求，否则股东不得查阅会计凭证。[②] 根据新《公司法》，股东查阅会计凭证仅需满足正当性要求，并未规定必须遵循必要性原则。因此，逐步行使第二、第三层面的查阅权，更能确保股东的知情权与公司商业秘密之间的利益平衡。朱兴认为，股东知情权客体的分层逻辑在于，越是基本的信息，对知情权行使的限制越小，越是关涉公司具体经营的细节信息，对股东行权的要求越严。[③] 因此，股东查阅会计凭证的理由强度也应该要比查阅会计账簿要高，这样才符合逻辑。尽管在新《公司法》的草案出台时，学界的许多学者已经建议把会计账簿和会计凭证放置在不同款中，但是新《公司法》仍然把第二层面与第三层面同时放在同一款，并且两个层次的客体只是用顿号隔开，这就导致法官在判案时很容易把两者等同视之，[④]不会选择去深入区分会计账簿和会计凭证的审查力度，把股东查阅不同客体的规则同质化，[⑤]造成程序的错位，最终导致了股东与公司的利益失衡。

本文认为会计账簿与会计凭证为递进的关系或许是出于立法经济性的思量，新《公司法》已经把二者归于同一款中，木已成舟，只能另辟蹊径。可以在今后出台的新公司法司法解释中，明确公司有权提出抗辩，主张股东查阅会计凭证的必要性不足。这样一来，不仅可以补足新《公司法》没有规定股东查阅第二、第三层面缺少必要性审查的漏洞，还可以间接把两者的递进关系明确化。如此，法院在适用法律时，也可以通过必要的解释说明，来规范股东查阅会计凭证应该要履行比查阅会计账簿更强的说明义务，当然，这是包括

---

① 参见李建伟：《股东查阅会计凭证的公司法修订方案》，载《国家检察官学院学报》2023 年第 4 期。

② 参见田某与怀化市某某气体有限公司案，湖南省中方县人民法院(2024)湘 1221 民初 115 号民事判决书。

③ 参见上海市第二中级人民法院商事审判庭课题组、朱川、李非易：《股东知情权客体的第三层面：查阅会计凭证的证成与限度——兼谈公司法修订草案第 51 条》，载《法律适用》2022 年第 10 期。

④ 参见淄博市张店区湖某供销社、胡某德等股东知情权纠纷案，山东省淄博市中级人民法院(2024)鲁 03 民终 216 号民事判决书。本案中，一审法院仅支持股东查阅会计账簿，但二审法院维持原判却判决允许股东查阅会计账簿与会计凭证。这说明二审法院并没有区分会计账簿和会计凭证的区别，造成司法上的适用混乱。

⑤ 参见某公司、李某 1 股东知情权纠纷案，北京市第一中级人民法院(2024)京 01 民终 9846 号民事判决书。

正当性和必要性在内的说明义务。鉴于《公司法司法解释(四)》中已规定公司对股东的不正当目的抗辩,在未来的司法解释中增加1条必要性不足的抗辩也不会显得突兀。大致的规定为,股东查阅第一、第二、第三层面的知情权客体时应该要分别满足"最低说明义务""适当说明义务""充分说明义务"三种。如此,就能够使得法官在对股东的目的进行审查时,不仅要进行正当性审查,还要进行必要性审查,同时区分好不同客体之间的审查标准,从而避免因为新《公司法》的条文表述问题而把两者混为一谈。在具体规定上,通过上文的可行性与合理性分析,得出四点建议为:第一,明确查阅客体的范围应该与股东的正当目的成正比;第二,对"查阅"一词作出实质性解释;第三,股东在行使知情权穿越时应允许向子公司提出请求;第四,补足公司具有对股东查阅知情权客体必要性不足抗辩的规定。

五、结论

本文基于新《公司法》的面世,回顾了历部《公司法》关于股东知情权客体的规定。以时间发展为主线分析公司法相关制度,本文得出理论界和实务界对于股东知情权客体的法律适用以及法律解释的规律是:在相关条文还未完善之前,先对已有客体作出扩张解释,试图容纳新的客体内容,再通过司法途径作出类推适用,为新《公司法》相关条文作出指引,最后等新的客体入法。根据敏感程度即客体的真实性、原始性以及信息外延的范围,行权难度的差异把股东知情权客体划分为三个层面,其中第一层面为公司章程,股东名册,股东会会议记录,董事会、监事会会议决议以及财务会计报告;第二层面为会计账簿;第三层面为会计凭证。

第一层面客体按照其信息的敏感程度,查阅的方法,股东与公司的利益关系来分为财务会计报告、公司章程、决策信息三个类别。首先,通过分析公司财务会计报告与其他第一层面客体的区别,得出公司对于财务会计报告具有报送义务,其知情权模式为:利益+法定义务;通过分析公司章程与决策信息的差异,得出公司章程的查阅模式为:利益+请求力;决策信息的查阅模式为:利益+请求力+正当目的。其次,通过回顾历年《公司法》关于第一层面的规定,可以得出第一层面的客体一直处于扩张状态,股东的基本查阅权利不断扩大。最后,表明未来公司法司法解释应当明确第一层面的查阅需要厘清两种行权模式的当然选择。

通过介绍会计账簿对于股东与公司利益的意义,指出会计账簿查阅权出台的背景是司法实践与理论界中股东是否能够通过查阅财务会计报告来查阅会计账簿的争议。后通过比较历年来《公司法》关于会计账簿的规定,指出存在的问题及解决思路:第一,查阅前置程序的合理性问题。通过实证分析,表明前置程序不具有现实意义以及不能有效防止滥诉。第二,公司对股东查阅的抗辩以及举证问题。本文根据司法实践经验以及对双方利益的考量,认为股东负有必要性说明义务,公司则负有正当性说明义务,双方举证。第三,正当目的的界定问题。通过对比美国的正面列举与日本的反面列举,结合我国国情,得出反面列举在我国更具有可操作性。

通过说明会计凭证与会计账簿的区别,强调其体现的股东与公司双方的利益关系。然后,对以往司法实践中会计账簿是否包含会计凭证的争议进行实证分析,列举肯定说与否定说的理由,明确本文支持肯定说,因为更加符合司法实践的需要。最后,指出新《公司法》规定股东查阅会计凭证已经可以解决大部分争议,①但仍存在的不足与其解决方式:第一,查阅时同时具有正当目的与不正当目的问题。本文通过辩证分析,认为应该允许股东在正当性范围内查阅,拒绝"一刀切"的做法。第二,"查阅"的解释问题。本文通过规范分析,表明"查阅"一词应作实质解释,在翻阅、摘抄、复制三种解释中支持摘抄一义。理由是"摘抄"更加有利于公司和股东双方在司法实践中的利益平衡。第三,知情权穿越的请求对象问题。本文支持母公司之股东直接向子公司提出查阅请求,对母公司具有告知义务即可。该种做法更加有利于当今商事活动的效率性。第四,查阅会计账簿与会计凭证的行使规则问题。本文支持递进关系,通过实证分析与价值分析,在新公司法司法解释中明确公司具有必要性抗辩之权利,以维护公司的商业秘密。在立法精神上,我国的新《公司法》仍然具有一定的管制性色彩,强制性的条款如过多使用可能会导致理论与实践相违背。在以往的司法实践中,条文的适用偏差主要也是法律的僵化与商事活动追求制度的改进与创新不适应引起的。在当今

---

① 参见威海某某房地产开发有限公司与杨某辉等股东知情权纠纷案,山东省高级人民法院(2024)鲁民申6968号再审审查民事裁定书。

新《公司法》已经面世的情况下,要更加注重对条文的适用进行合理的法律解释,才能实现股东与公司双方利益的平衡,最终乃至法律条文与司法实践的和谐与协调。

【热点聚焦】

生态环境法思考

兰大法律评论(2025 年卷第一辑)
第 147 ~164 页

《巴黎协定》下自愿碳减排市场的国际法律机制及我国的应对*

季　华**

目　次

摘　要　自愿碳市场是实现温室气体排放整体管理的重要组成部分。在气候变化国际法中,自愿碳市场的法律定位经历了从辅助发达国家履约这一单向功能演变为

---

* 本文系外交学院中央高校基本科研业务重点基金项目“气候变化司法化背景下减适义务‘互嵌’与我国应对研究”(编号:3162024ZYQA03)的阶段性成果。

** 季华,法学博士,外交学院国际法系副教授。

实现全球净排放的多重职能。依据《巴黎协定》第6.2条“碳减排成果国际转让”与第6.4条“碳信用机制”,《格拉斯哥气候协议》和巴库气候大会确定的相关规则、模式与程序等一揽子协议,为自愿碳市场纳入巴黎碳市场提供了明确的法律依据。在国家授权的前提下,自愿碳市场在国际转让合作框架中既可开展同质交易,也可以NDC为目的进行异质交易。在异质交易中,自愿减排成果须先经国内与国际双重监管后获得A6.4ER碳信用再接入合作框架遵守“相应调节机制”,以防止双重核算的风险。巴黎碳市场法律机制对自愿碳市场和全球碳市场国际协同的潜力与影响评估存在诸多问题,包括接入限度不明,缔约方授权不清晰及异质交易吸引力低等。我国在推进国内统一碳市场的过程中,要充分考量经济、能源与社会等要素,可参照国际履约标准加快自愿核证减排市场复苏,推进碳定价机制,明确国内监管机构并为国内登记系统预留国际空间。

关键词 《巴黎协定》碳市场法律机制;自愿碳市场;中国自愿减排成果;减缓成果国际转让

引 言

2024年11月,《联合国气候变化框架公约》(UNFCCC)第29次缔约方大会(COP29)就“国际碳市场”实施标准达成了一致意见,进一步澄清了《巴黎协定》第6条的具体实施工作。①《巴黎协定》第6条规定,缔约方应达成“市场”和“非市场”两类的机制安排,借助灵活减排的方式实现全球净零排放。具体而言,第6.2条指出应搭建主体广泛的碳市场,第6.4条指出应确立以履行国家自主贡献(National Determined Contrubutions,NDC)为目标的缔约方碳市场。其中,第6.2条为非国家行为体参与《巴黎协定》碳市场机制提供了基础,构成了与第6.4条相对的自愿碳减排市场(以下简称自愿碳市场)。

自愿碳市场是相对于强制碳市场,即“总量与控制”型而言的一类模式,

① See *COP29 Agrees International Carbon Market Standards*, UNFCCC (Dec. 1, 2024), https://unfccc.int/news/cop29-agrees-international-carbon-market-standards.

其交易对象是企业或组织之间自发的，基于项目产生的减排成果。[①] 在气候条约法律机制中，自愿碳市场的产生与发展和1997年签订的《京都议定书》第12条规定的清洁发展机制（Clean Development Mechanism，CDM）有关。由于《京都议定书》已经失效，CDM存在有效性、可行性和公平性等问题，[②]通过CDM获得碳减排信用失去了履约的价值。与此同时，借助CDM获得超额的碳减排信用为"后京都时代"自愿碳市场奠定了重要基础。

《巴黎协定》第6条确定了温室气体减缓成果可以进行国际转让或跨国流动的规则即ITMOs（Internationally Transferred Mitigation Outcomes），这在条约层面确立了自愿碳市场成果参与全球碳市场的可能性。2021年格拉斯哥气候大会对《巴黎协定》ITMOs及第6.4条活动（以下称PA6.4）的范围与治理结构作了进一步解释与确认，正式确立了自愿碳市场同质合作与异质合作的两类模式，即自愿碳市场成果之间可以通过ITMOs实现跨国流动，也可以并入PA6.4被缔约方用于履行国家自主贡献。[③]

《巴黎协定》将自愿碳市场纳入气候条约实施机制十分复杂，至少要面临三个问题。第一，自愿碳市场成果的真实性。自愿碳市场遵循的是场内交易模式，采取行业与国内相结合的监管方式。受限于不同国家或地区的监管力度高低以及核查标准不统一，自愿碳市场成果的互认首先要保证成果的真实性与可靠性。如果监管力度不够或核查不科学，不仅破坏交易方的信赖利益，也会影响全球碳市场的公平与效率。第二，自愿碳市场和履约碳市场的互通性。[④] 和同质交易不同，异质交易既不存在直接与清晰的减排量对接，也不存在统一的减排量核算规则。如何实现自愿碳减排量和NDC下减排量的合作是条约谈判的重大问题。第三，自愿碳市场的接入度。自愿碳市场行业性与非强制性决定了其接入全球碳市场必然是有限度的。这既取决于自愿减排的市场倾向，即选择相同行业、相同部门与相同气体的合作方，也取决于

---

① 参见曹明德、刘明明、崔金星等：《国际碳交易法律问题研究》，中国政法大学出版社2016年版，第61页。

② 参见王云鹏：《论〈巴黎协定〉下碳交易的全球协同》，载《国际法研究》2022年第3期。

③ See *Matters relating to Article 6 of the Paris Agreement: Rules, modalities and procedures for the mechanism established by Article 6, paragraph 4, of the Paris Agreement*, UNFCCC, FCCC/PA/CMA/2021/L. 19 (Nov. 13, 2021).

④ 本文语境中的"履约碳市场"仅指为履行《巴黎协定》缔约方自主贡献目的实施的碳交易活动。

气候公平原则的约束,即发达国家不得借助自愿碳市场实现逃脱全经济范围减排力度的目的。

ITMOs 和 PA6.4 不仅给予了发展中国家形式上平等参与全球碳市场机遇,也呼应了本国自愿碳市场不断国际化的现实需求。2023 年 10 月,生态环境部和国家市场监督管理总局公布了《温室气体自愿减排交易管理办法(试行)》。该办法第 4 条不仅规定了境内法人或其他组织开展自愿减排的资格,还规定了在符合国家规定的前提下,法人、组织和自然人可以参与自愿减排交易的活动。此规定为我国自愿碳市场走向国际化提供了可能。2024 年 1 月,我国启动了全国温室气体自愿减排交易市场,并同时启动相应的减排注册系统及信息平台。虽然全国温室气体自愿减排交易市场的潜在交易品种和对象较少,但我国自愿碳市场要实现更加有效、更有活力和更具国际影响力,应考虑利用《巴黎协定》碳市场国际法律机制的平台。具备接入全球碳市场的能力,不仅决定了我国自愿碳市场参与国际减排合作的方式和效果,也影响我国是否如期甚至提前实现"碳达峰 · 碳中和"目标。本文将围绕《格拉斯哥气候协议》和 COP29 达成的一揽子决议,澄清与解释条约机制下自愿碳市场的地位、合作模式(同质与异质)及国际监管机制。前述三个问题关系到《巴黎协定》碳市场法律机制的公平与效率,应成为发展中国家气候谈判的法律关切,本文将为我国政府开展自愿碳市场国际谈判和国内实施提出相应的应对策略。

一、国际气候条约下自愿碳市场的地位演变

自愿碳市场的形成早于国际气候条约规定的碳交易机制,最初起源于欧洲与北美洲以林业碳汇为主的纯自愿减排交易模式。相对于强制碳市场而言,自愿碳市场中的碳信用不依赖某个有权机构的分配,其形成机制是不负担减排义务的企业或其他实体基于碳中和、社会责任、产业转型等原因主动减排与认证机构对减排量的核查。因此,碳市场的"强制性"与"自愿性"区分主要在于确认减排的义务性与自愿性。在一国管辖范围内,由于法律与标准的统一性,强制或自愿碳市场的地位是明确的,共同构成了一国调控温室气体减排力度的经济工具。随着全球气候治理愈加强调全球"净零排放",国

际气候条约中减排义务经历了从区分到共同的转变,自愿碳市场的定位也逐渐从"单向性"变成"多向性"。

(一)减排义务的区分性与自愿碳市场的单向化

《京都议定书》是首份明确温室气体减排量义务的国际条约,只要求发达国家承担减排责任,并在附件B中为不同发达国家划定了量化的减排量。为了激励发达国家减排,同时将资金和清洁技术转让给发展中国家,《京都议定书》设定了三类灵活减排机制。其中,CDM是发达国家和发展中国家共同参与的履约机制,即发达国家或企业通过向发展中国家投资清洁或减排项目获得碳信用以抵消附件B分配的减排量,进而达到履行国际条约的目的。换言之,不承担减排国际义务的发展中国家借助CDM,向发达国家出售"核证减排量"以满足其强制量化减排义务的要求。正因为减排义务存在区分性要求,CDM项目中来自于发展中国家的核证减排市场属于国际法上的自愿碳市场。但是,《京都议定书》下的自愿碳市场是单向性的,其根本目的是帮助发达国家降低减排成本且灵活履约,即发展中国家的自愿碳市场实则为辅助发达国家履约的工具。发展中国家成为工具的一方,被动纳入国际碳排放交易的市场机制,而发达国家则利用发展中国家的巨大减排潜力和低廉的减排成本获得减排额度。①

(二)减排义务的共同性与自愿碳市场的多向化

《京都议定书》的实施效果并不理想。除了部分发达国家先后退约以及缔约方未就第二个承诺期达成一致意见外,发达国家逐渐否定减排义务的区分性并要求发展中国家同样承担减排的国际义务,这促使条约原本设定的义务区分性走向了终点。作为2020年后全球应对气候变化的国际条约,《巴黎协定》不再以"自上而下"的方式规定缔约方的具体减排量,转而要求缔约方向条约机构提交NDC实现减排目标、力度与方式的自我约束。虽然NDC是缔约方自身能力和国情的产物,在国与国之间体现了差异性,但是缔约方对于NDC的目标设定与履约模式是自控的,条约机构也未予以限制和干涉。然而,自控性在实现了主体广泛性的同时,增加了多元主体自我约束性产生的减排力度低下问题。

① 参见羊志洪等:《清洁发展机制与中国碳排放交易市场的构建》,载《中国人口·资源与环境》2011年第8期。

第一,NDC与全球控温目标的巨大差距。《巴黎协定》确立了升温幅度控制在相比工业化前水平至少2℃(最好是1.5℃)的全球控温目标。① 然而,根据联合国环境规划署发布的《2023年排放差距报告》,即便现阶段各国充分履行NDC,到2030年,全球温度也至少上升2.5℃。② 这和《巴黎协定》设定的最高升温2℃的最低目标仍存在较大差距。因此,缔约方的自我规制不可能是实现全球温室气体净排放的唯一方式。相应地,单纯以履约为目的的NDC减缓成果交易至多起到平衡现有目标的作用。更何况,行业、气体和核算方法等因素导致了并非所有NDC都适合进行国际转让。③

第二,规模化的自愿碳市场与NDC场外交易的潜力。NDC与全球减排目标存在的巨大差距要求各国应认识到自愿碳市场对于实现《巴黎协定》1.5℃目标有重要的作用,并同时充分关注本国NDC场外交易的可能性。世界银行2020年报告指出,2019年自愿碳市场产生的碳信用首次超越CDM抵消额。④《联合国气候变化框架公约》秘书处在2015年发起"气候中和即刻倡议"后,已有超过600家组织提出了包括抵消在内的自愿减排目标与行动,参与方涉及的行业、范围与管控气体均未包含在NDC范围内。⑤ 此外,自愿碳市场具备规模化经济效应的潜力。根据"国际自愿减排市场规模化工作组"的预测,全球自愿碳市场在2030年将达到300亿元至500亿元的市场规模。⑥ 自愿碳市场和NDC互认不仅解决缔约方履约不足的问题,还可以进一步释放自愿碳市场参与全球净排放的潜力。

(三)自愿碳市场管理的分散性与全球碳市场的统一化

自愿碳市场虽然对于实现全球净排放有着重要作用,但相较于强制碳市

---

① 《巴黎协定》第2.1条。

② See *Emission Gap Report 2023*, UNEP (Dec. 12, 2024), https://wedocs.unep.org/bitstream/handle/20.500.11822/43922/EGR2023.pdf?sequence=3&isAllowed=y.

③ See *Features and Implications of NDCs for Carbon Markets: Final Report*, Climate Focus (Oct. 12, 2024), https://climatefocus.com/wp-content/uploads/2022/06/Amended-NDCs_and_Art._6.22.pdf.

④ See *State and Trends of Carbon Pricing 2020*, World Bank Group (May 27, 2020), https://openknowledge.worldbank.org/handle/10986/33809.

⑤ See *Climate Neutral Now*, UNFCCC (Nov. 30, 2024), https://unfccc.int/climate-action/climate-neutral-now/our-participants.

⑥ See *Task Force on Scaling Voluntary Carbon Markets: Final Report*, TSVCM (Jan. 1, 2021), https://www.iif.com/Portals/1/Files/TSVCM_Report.pdf.

场，不仅没有一套特定和完整的法规，还存在行业多元、认证标准分散和核算不科学的问题，由此产生的碳信用可能不被强制碳市场认可，也会因其市场吸引力低下而碳价趋于低迷。目前，自愿碳市场参与者创建和实施了一系列标准和协议，旨在提高自愿减排成果的质量与信用度。例如，世界自然基金会等发起的“黄金标准”，气候组织、国际碳排放交易协会与世界经济论坛开发的“国际核证减排标准”，南德意志集团引入的“自愿性核实减排标准”，国际碳投资服务协会启用的“自愿碳抵消标准”，芝加哥气候交易所标准以及我国北京环境交易所推出的“熊猫标准”等。

一般而言，符合这些标准和协议即表明经核查的抵消信用符合强制碳市场交易有关“真实性”“额外性”“可核查性”的基本要求。但是，任何碳市场的互通都需满足可流通性和统一管理两个必要条件。比如虽然上文提到的“国际核证减排标准”是全球使用最广泛的自愿性减排标准，但交易完全是封闭的，无法转移到其他任何数据库。“黄金标准”的认证同样存在着经济成本过高的问题。这些均影响碳信用的全球流通性。因此，《格拉斯哥气候协议》和 COP29 为《巴黎协定》第 6 条创设的国际平台，为分散化的自愿碳市场提供了统一化的授权和管理机制，为不同标准和协议下的碳信用提供了互通的可能性。

二、《巴黎协定》第 6 条机制与自愿碳市场的定位

《巴黎协定》第 6 条规定了借助国际合作方式强化温室气体减排的规则，是全球碳市场的国际机制。由于缔约方利益与观点分歧过大，全球碳市场国际机制的形式、内容与结构直到 2021 年格拉斯哥气候大会才得到正式澄清与确认。格拉斯哥气候大会通过了《格拉斯哥气候协议》，该协议确立了《巴黎协定》第 6.2 条中 ITMOs 的合作框架，通过引入 CDM 的运作经验，将《巴黎协定》第 6.4 条细化为条约机构集中管理的 PA6.4 碳信用机制，进而产生国际公认的碳信用即 A6.4ER。[①] 此外，随着国际航空碳抵消和减排机制允许

---

① See UNFCCC, *Matters relating to Article 6 of the Paris Agreement: Guidance on cooperative approaches referred to in Article 6, paragraph 2, of the Paris Agreement*, FCCC/PA/CMA/2021/L.18 (13 November 2021).

使用合格的自愿减排信用来抵消超出基准线的国际航空排放,不同地区自愿碳市场的跨国流动日趋加强。ITMOs与PA6.4相关规则的确立进一步激励了自愿碳市场在全球碳市场中的布局。

(一)第6条机制下自愿碳市场成果的形式

在《格拉斯哥气候协议》中,ITMOs被设定为囊括一切减缓成果符合"真实性""可核查性""额外性"三性要求的国际合作框架。[①] PA6.4是以缔约方大会为条约机构集中管理的碳信用机制。由于《巴黎协定》以NDC作为遵约机制的框架基础,自愿碳市场作为非履约市场,相关的法律地位一直未得到协定的承认。在格拉斯哥气候大会中,各方充分认识到全球净排放的实现无法排斥自愿碳减排成果,需要在《巴黎协定》第6条机制下定位自愿碳市场,我们有必要从ITMOs与PA6.4的内容、形式与相互关系去理解。

第一,ITMOs合作方式下的自愿碳市场成果。在京都机制下,自愿碳市场长期独立于强制性国际履约碳市场。即便存在标准不统一与行业分散化的现实问题,自愿碳市场产生的具有抵消效应的碳信用也保证了碳合作的潜力。为此,《格拉斯哥气候协议》明确了ITMOs的合作导向、框架属性与平台架构。[②] 尤其是,NDC以外的减排量也被允许纳入ITMOs合作机制中。[③] 因此,只要合作双方以协议明确减排范围、交易对象、认证核查与国内监管等事项,自愿碳市场成果可以以ITMOs的合作标的的形式进行跨国转让。

第二,以A6.4ER为形式的自愿碳市场成果。A6.4ER是以一公吨二氧化碳当量为单位,向缔约方签发的其参与PA6.4机制获得的碳信用的名称。虽然PA6.4主要用于NDC的合作履行,但是A6.4ER的产生来源是多元的,既包括NDC本身,也涵盖自愿碳市场。这打破了自愿碳市场成果无法用于国际履约的路径。为了保证A6.4ER的三性要求,PA6.4机制延续了CDM中的"双重监管模式",任何产生A6.4ER的活动均须经过缔约方指定经营实

---

① See UNFCCC, *Matters relating to Article 6 of the Paris Agreement: Guidance on cooperative approaches referred to in Article 6, paragraph 2, of the Paris Agreement*, FCCC/PA/CMA/2021/L.18 (13 November 2021), p.5.

② *Ibid.*

③ *Ibid.*

体的独立核查与条约监督机构的批准。①

（二）ITMOs、PA6.4 与自愿碳市场的衔接

自愿碳市场要在全球碳市场机制中发挥实际作用，需要面临衔接或对接的实际问题。除了自愿碳市场之间的流转外，是否用于 NDC 范围是检视自愿碳市场的互通性与有效性的重要尺度。ITMOs 与 PA6.4 除了均以缔约方授权作为共同要件外，还涉及 NDC 减缓成果的跨国转让问题，这其中包括：（1）ITMOs 是否涵盖了自愿碳市场成果之间的合作事项？（2）在 PA6.4 机制下，满足三性要求的自愿碳市场成果可否转换为 NDC 下的成果？（3）若不转换的话，在 ITMOs 合作框架下，自愿碳市场成果如何和 NDC 成果进行区分？

第一，ITMOs 允许自愿碳市场成果的国际转让。格拉斯哥气候大会决议中指出，在缔约方授权前提下，不用于实现 NDC 目的的减缓成果可以进行跨国流动。② 此外，决议还允许涵盖林业碳汇内的适应行动和经济多样化计划或实现手段的效益也可以用于国际转让。

第二，经东道国指定经营实体的批准和条约监督机构的授权，私人实体的减排成果也可以通过 PA6.4 机制获得碳信用的核查与发放，所持的碳信用既可以用于 NDC，也可以用于自愿减排信用本身。③

第三，ITMOs 框架建立了单独的记录与跟踪数据库，数据库强制碳减排交易的参与方记录减缓成果的授权、转让、购买及目的等，条约机构持有独特的识别符号对参与方的活动进行区分，在技术条件成熟的前提下可以有效地区分自愿碳市场和用于国际履约的碳市场。

（三）第 6 条机制下自愿碳市场成果的国际监管

自愿碳市场主要受一国或地区有关气体管控要求、行业发达程度及法律规范的统一性等因素影响。此外，恰恰因为其自愿性或自发性，参与行业或

---

① See UNFCCC, *Matters relating to Article 6 of the Paris Agreement: Rules, modalities and procedures for the mechanism established by Article 6, paragraph 4, of the Paris Agreement*, FCCC/PA/CMA/2021/L. 19 (13 November 2021).

② See UNFCCC, *Matters relating to Article 6 of the Paris Agreement: Guidance on cooperative approaches referred to in Article 6, paragraph 2, of the Paris Agreement*, FCCC/PA/CMA/2021/L. 18 (13 November 2021), p. 15.

③ See UNFCCC, *Matters relating to Article 6 of the Paris Agreement: Rules, modalities and procedures for the mechanism established by Article 6, paragraph 4, of the Paris Agreement*, FCCC/PA/CMA/2021/L. 19 (13 November 2021), p. 32.

企业还存在“漂绿”(greenwashing)的风险,甚至借助二级市场或衍生品市场获取不正当的收益。[①] 对全球碳中和目标而言,实现全球净排放目标也要防止双重核算带来的履约“漂绿”问题。特别在跨国流动过程中,某企业通过行业自愿减排机制获得的信用,如果被一国用于NDC时,被转让的碳信用必须不得被该企业再次使用。因此,自愿碳市场交易的监管复杂度超过单纯的强制市场交易。目前,《联合国气候变化框架公约》缔约方大会确立了两个机制,即“相应调节机制”与“A6.4ER信用机制”。

1.“相应调节机制”与条约遵守机制

“相应调节机制”是任何参与方就减排成果进行国际转让必须遵守的规则,包括A6.4ER以及其他任何形式的成果转让。[②] 比如,甲方将一定的减排量转让给乙方,则该减排量计入乙方的同时不得计入甲方。若乙方继续将该减排量的一部分转让给丙方,那么被转让的该部分计入丙方,未被转让的剩余量仍计入乙方,最终实现原本从甲方转让出去的减排量在一次或多次流转后,不会被重复计算在转让与受让方的减排账务中。相应调节机制并非简单的数学计算,只有气体、年份与各自代表的减排量获得科学与准确的核算才能够避免“双重核算”的问题。

自愿碳市场接入第6条机制并非自发的,首先应获得缔约方的授权。这既尊重了缔约方主权,也便利了条约遵守机制。格拉斯哥气候大会决议规定,授权实施ITMOs的缔约方要符合多边环境条约的传统遵守机制的“报告—审议—追踪”要求。具体而言,启动及实施ITMOs的缔约方提交三个阶段的报告,即“初始报告”“年度信息”“常规报告”。为评价参与方实施ITMOs的情况,《巴黎协定》建立非正式的技术专家负责报告的审议工作。[③] 此外,为合理有效管理信息,《格拉斯哥气候协议》继承了CDM中的国际核算交易日志功能,创设了“集中化核算和报告平台”(Centralized Accounting and

---

① 参见《自愿碳市场:理想与现实》,载北京大学宏观与绿色金融实验室网2024年4月30日,https://mgflab.nsd.pku.edu.cn/yjcg/gzlw/50d499c764b34bcc9995e086ec50dda4.htm。

② See UNFCCC, *Matters relating to Article 6 of the Paris Agreement: Guidance on cooperative approaches referred to in Article 6, paragraph 2, of the Paris Agreement*, FCCC/PA/CMA/2021/L.18 (13 November 2021), p.6.

③ See *Informal Technical Expert Dialogues, Article 6 of Paris Agreement: Concept Note*, UNFCCC (Oct. 30, 2024), https://unfccc.int/sites/default/files/resource/2021%20concept%20note%20PA%20Article%206_final.pdf.

Reporting Platform)。该平台综合交易、报告与审议信息的登记、核查与更新的一切功能,由条约秘书处负责该平台的管理和维护。① 技术化的记录平台不仅减少参与方履约审查的复杂性,还避免参与方自行报告的前后矛盾,从而保证报告透明及准确一致。

2. A6.4ER 下的双重监管

当自愿碳市场成果以 A6.4ER 的形式存在时,则需要接入 PA6.4 机制下的双重并行监管机制。该机制分为两个层级,第一层级为协定缔约方大会,是条约一切规则的最终决策机构;②第二层级为 12 名专家组成的监督机构,③是 A6.4ER 机制最重要的常设性管理机构,主要负责规则的拟定、建议和实施。④ 监督机构完全对缔约方大会负责。国内监管指的是东道国缔约方(host party)及其指定经营机构(Designed Operational Entities, DOE)。东道国负责选任 DOE,向监督机构通报科学数据、申请项目批准及监测项目过程。DOE 一般是东道国境内的独立评估与核查认证机构,是项目运行监督和核查的最高机构,主要负责审定项目的适格性并向监督机构申请正式注册,以及核查项目的实际减排量,确认是否适当并向监督机构申请正式签发 A6.4ER。东道国和 DOE 之间的分工是明确的,前者负责项目的事前启动和事中事后监测,后者就项目启动后产生的减缓效果的真实性与可靠性进行评估和认证,只是这种评估和认证的结果最终需要监督机构的批准。

A6.4ER 的签发机制与相应调节机制彼此之间并非并行的,两者在功能上完全不同。A6.4ER 签发机制的目的是为交易各方提供量化的,可用于 NDC 履行的碳信用。相应调节机制是避免碳流动重复计算风险的核算规则。

---

① 条约秘书处的职能具体包括:(1)依据协议指南,审查参与方提交的信息是否满足一致性与准确性。若不满足则通知相关参与方;(2)根据技术评审结果,向参与方及时提供评审信息;(3)向参与方提供参与的一切信息,并向公众公开非机密性信息;(4)就平台内信息向缔约方大会提交年度报告。

② See UNFCCC, *Matters relating to Article 6 of the Paris Agreement: Rules, modalities and procedures for the mechanism established by Article 6, paragraph 4, of the Paris Agreement*, FCCC/PA/CMA/2021/L.19 (13 November 2021), p.5.

③ 监督机构成员由缔约方大会按照地域均等、性别平等与专业代表的原则选举产生,每位成员一届任期为 2 年,最多连任两届。

④ See UNFCCC, *Matters relating to Article 6 of the Paris Agreement: Rules, modalities and procedures for the mechanism established by Article 6, paragraph 4, of the Paris Agreement*, FCCC/PA/CMA/2021/L.19 (13 November 2021), p.7–8.

换言之,"相应调节机制"是协定项下碳减排成果同质与异质转化应遵守的普遍性计算方法。无论是否用于NDC履行,任何性质的碳减排成果只要借助协定的平台就必须遵循"相应调节机制"。因为在协定看来,只有遵循"相应调节机制"的碳交易,才能杜绝"双重核算"的风险,保证"真实性""可核查性""额外性"。

三、《巴黎协定》下自愿碳市场存在的主要问题

《巴黎协定》第6条对自愿碳市场的接入有一系列问题需要澄清。首先,自愿碳市场的同质与异质交易应该顾及限度,要防止部分国家尤其发达国家利用发达的自愿碳市场逃避自身的减排义务。其次,自愿碳市场长期处于的行业性规制,使自愿碳市场和具有强制履约特性的碳市场有着本质区别,两类市场在衔接过程中仍存在"强化认证"与"有效监管"问题。最后,自愿碳市场接入条约机制所面临的收益折损与监管冲突问题可能削减PA6.4机制的吸引力。

(一)未设定自愿减排成果的接入度

在NDC对全球排放的贡献度低的现实情况下,自愿减排成果的确可以发挥补缺的作用。但是,这并不等于说自愿碳市场应成为条约机制下碳市场的主流。第一,自愿碳市场有可能成为一国不充分或不履行自身减排承诺的替代选择。在理论上,任何一国国内自愿碳市场产生的信用本应属于一国的减排努力。然而,当该减排所属的部门与行业等因素不属于该国NDC范围时,自愿减排成果抵消该国的国际减排义务就存在合法性问题。第二,未设定发达国家自愿减排成果的接入量。《巴黎协定》第4条明确规定了发达国家应努力在NDC中实现全经济范围的绝对减排目标。全经济范围意味着全行业与全部门,因此来自发达国家的自愿减排成果接入PA6.4机制应有限度或有比例,否则导致发达国家实质上逃避了国际减排责任,违背了气候条约的"公平与共同但有区别责任"原则。

(二)非缔约方授权下的"碳泄露"

目前,全球自愿碳市场交易成果的数量和价格较为可观。根据气候焦点(Climate Focus)2024年11月更新的"自愿交易市场晴雨表",全球已签发超

21亿个自愿核证减排信用。① 自2016年《巴黎协定》生效后，自愿核证减排量逐年大幅度递增，其中，2023年全年就产生了超过2.1亿吨核证减排量。② 欧洲能源交易所（European Energy Exchange）最新公布的碳拍卖价格表显示，截至2024年11月，每吨二氧化碳的价格从年初10欧元一度上涨至120欧元。③ 因此，持有可用于履约的自愿碳减排成果对缔约方的意义日益凸显。同时，自愿性碳市场存在标准"碎片化"与交易双方"复杂化"的特点，④缺乏准确追踪和计入的全球监管规定必然会造成双重甚至多重计算问题。

协定项下的自愿碳交易成果主要来源于通过CDM获取的核证减排量及依靠第三方核查机构获得的减排信用。对于前者，A.64ER机制不仅解决了其进入《巴黎协定》碳市场法律机制的存续问题，也通过强制登记和限制交易的方式杜绝了暗地交易和多次交易引起的核算盲区。⑤ 对于后者，《格拉斯哥气候协议》规定了用于"其他国际减缓目的"的减排成果也应通过ITMOs进行交易并适用"相应调节机制"防止双重核算。⑥ 这是以缔约方授权协议作为前置条件的。⑦ 授权的范围与条件决定了自愿碳交易成果的品种。如果缔约方在协议中未明确范围与交易条件，由此产生的自愿碳交易实质上游离于ITMOs和A6.4ER之外，有可能均被买卖企业记录为减排成果。若买卖企业所在的缔约方缺乏有效的监管，会进一步被各自缔约方同时记入减排量从而造成双重核算的风险。

（三）PA6.4机制下的吸引力与便利性不足

从理论上，自愿碳市场成果可以接入PA6.4机制为缔约方履约提供便

---

① See *The Voluntary Carbon Market Dashboard*, Climatefocus (May 3,2022), https://www.climatefocus.com/initiatives/voluntary-carbon-market-dashboard.

② *Ibid.*

③ See *EUA & EUAA Auction Results 2024*, European Energy Exchange (Dec. 1, 2024), https://www.eex.com/en/market-data/environmental-markets/auction-market.

④ 参见葛兴安：《企业碳中和浪潮与全球自愿碳市场的复兴》，载《现代金融导刊》2022年第1期。

⑤ See UNFCCC, *Matters relating to Article 6 of the Paris Agreement: Rules, modalities and procedures for the mechanism established by Article 6, paragraph 4, of the Paris Agreement*, FCCC/PA/CMA/2021/L.19 (13 November 2021), p.15-16.

⑥ See UNFCCC, *Matters relating to Article 6 of the Paris Agreement: Guidance on cooperative approaches referred to in Article 6, paragraph 2, of the Paris Agreement*, FCCC/PA/CMA/2021/L.18 (13 November 2021), p.1.

⑦ *Ibid.*

利,但对自愿减排方而言,吸引力与便利性均较低。其一,A6.4ER 信用折损的市场吸引力不够。PA6.4 机制规定,签发的 A6.4ER 至少要折损 7% 的收益主要充实适应资金和直接注销。自愿碳市场成果要接入 PA6.4 机制必然要面临碳信用的折损,这和自愿减排方直接将该信用用于场外交易所获得的较大收益相比,使得 PA6.4 机制的吸引力显然不如自愿碳市场本身。其二,场内和场外三重监管带来的便利性不足。PA6.4 机制的国际监管意在实现环境整体性要求,但是自愿碳市场同样存在行业监管的问题。在自愿碳市场部分接入 PA6.4 机制的前提下,自愿减排成果必然要接受行业、国内和条约机构的三方监管问题。以目前全球最有影响力行业机构"自愿碳市场诚信委员会"为例,该机构在 2022 年 7 月 22 日发布的《核心碳原则》(Core Carbon Principles)中不仅提出了"高完整性"的全球门槛标准,也设立了由委员会专家小组和管理委员会组成的碳信用项目评估机制。[①] 在行业监管日趋高度专业化的背景下,行业监管是否具有国内 DOE 的地位需要进一步明确,否则三方监管给自愿碳市场的国际接入带来了巨大的不便利性,影响条约机制下的碳市场活力。

四、我国参与和应对《巴黎协定》自愿碳市场的建议

自愿碳市场作为《巴黎协定》履约碳市场的一个有效的补充,缓解了以缔约方作为单一主体承担温室气体减排义务,进而导致气候条约目标无法实现的困境。从实现全球净零排放的角度看,《巴黎协定》第 6 条允许企业等非国家行为体参与国际碳市场交易机制,有利于实现对全球减缓成果的整体性监管。[②] 就缔约方而言,激活《巴黎协定》第 6 条的国内实施,不仅可以利用条约搭建的国际平台开展自愿碳市场的跨国交易,实现国际履约的灵活度,还为本国企业打开碳国际市场,获得碳交易资源及利润提供了可能。然而,在具体实施中,第 6 条可能成为发达国家逃避应对气候变化首要责任,以及部分

① 参见《碳信用原则草案发布,凸显完整性对自愿碳市场目标的重要性》,载碳排放交易网 2022 年 8 月 10 日,http://www.tanpaifang.com/tanguwen/2022/0810/89300.html。

② See *Platform for Voluntary Bilateral Cooperation*, UNDP (Dec. 25, 2024), https://carboncooperation.undp.org/.

跨国企业追逐碳收益的借口。① 对此,我国在推动自愿碳市场的国际合作方面应推进气候公平相关议题谈判,在加快国内市场主体参与国际机制方面,加快国际接入水平,为开展双边甚至多边碳市场国际合作提供先决条件。

第一,将"气候公平"纳入第6条谈判议程。根据格拉斯哥气候大会和COP29的谈判结果,气候公平并未纳入自愿碳市场的谈判议程。除了第6.4条提及交易收益5%用于支持最不发达国家外,缔约方的现有谈判并没有对发展中国家、小岛屿国家和气候变化不利国家进行实质照顾。② 我国作为发展中国家,除了在应对气候变化国际谈判中坚持"公平和共同但有区别责任"的基本立场外,还应将"气候公平"相关议题如"公平转型"等纳入第6条国际谈判议程,防止少数发达国家和部分企业利用自愿碳市场国际机制谋取不当利益,损害发展中国家合法权益。

第二,加快我国CCER接入PA6.4机制的步伐。我国自愿减排市场是在CDM国际机制的基础上发展起来的。由于《京都议定书》第二承诺期破产导致CDM项目吸引力逐步下降,个别项目不规范等,我国在2017年暂停受理CCER申请。虽然我国在2024年1月重启了CCER,但截至2024年12月31日,未签发一笔CCER。③ 此外,从交易品种和交易对象来看,我国的自愿减排市场成果开展跨国交易,和《巴黎协定》全球碳市场机制对接存在较大差距。一方面,应认识到CCER的主动减排效有激励碳资产运营的作用,有利于促进我国国内碳市场统一化的效率。另一方面,我国部分CCER符合PA6.4机制中的"新旧链接规则",即2013年至2017年签发的CCER可成为A6.4ER用于国际履约。

第三,推进成熟稳定的自愿碳市场定价机制。稳定、真实且有效的国内

① See *Amazon State That Will Host COP30 Strikes "Largest Carbon Credit Sale in History"*, Climate Home News (Sept. 27, 2024), https://www.climatechangenews.com/2024/09/27/amazon-state-that-will-host-cop30-strikes-largest-carbon-credit-sale-in-history/.

② 参见季华:《〈巴黎协定〉国际碳市场法律机制的内涵、路径与应对》,载《江汉学术》2023年第4期。

③ 《CCER交易细则公布:市场初期只允许挂牌交易,自然人不可买卖》,载中国环境网2024年12月31日,https://www.cenews.com.cn/news.html?aid=1185126。根据该通知,CCER目前未开展实际交易。具体登记和签发情况,参见全国温室气体自愿减排交易系统网,https://www.ccer.com.cn/。

碳定价是我国企业参与全球碳市场的基本条件。[①] 我国在统筹推进国内碳交易市场统一化的过程中,要尽快启动实施碳定价的政策工具与规制体系,通过不断丰富碳产品结构和交易类型,减少碳产品的惰性,增强市场的流动性。此外,要积极推进我国企业参与自愿减排机制,强化理解行业内外碳市场以及全球代表性碳市场的链接机制,为我国自愿碳市场参与国际竞争提供成熟稳定的条件。

第四,明确《巴黎协定》第6条机制下的国内监管机构。明确且有效的国内监管机构是我国自愿减排成果接入巴黎碳市场机制的前提条件。在PA6.4机制中,碳信用的获得首先需要国内监管机构的监管和DOE的认证核查。我国在参与CDM国际机制时,国家发改委一直是我国碳项目的国内监管机构。2018年,国家发改委应对气候变化职能转隶给生态环境部以后,碳信用的国内监管机构是否也随之转让给生态环境部仍然需要明确。虽然2021年2月1日施行的《碳排放权交易管理办法(试行)》第6条第1款规定了全国碳排放交易活动的监管与指导由生态环境部和国务院其他有关部门共同负责。但是,国内多部门监管模式不一定便于国际履约。此外,从DOE的目前备案审定机构来看,我国9家具备自愿减排交易审定与核证资质的DOE均备案在国家发改委。若生态环境部作为PA6.4机制下的国内监管机构,DOE的备案同样也应由生态环境部管理,否则会出现监管机构与DOE备案不统一的问题,不利于我国碳交易的统一监管。

第五,为全国统一碳交易系统预留一定的国际对接空间。统一的电子系统为统一碳市场提供了透明化、可视化和核查性的平台。同时,为了监测碳减缓成果的跨国流动,保证碳市场的整体性,ITMOs合作框架拟建立统一的注册、登记、交易与结算的国际平台。在多数自愿碳市场拥有自身的认证与交易平台的情况下,协定很有可能以多元接入或移转的模式实现相关的数据抓取与认证,从而降低各国接入国际平台的门槛与负担。因此,我国在建设全国统一的注册、登记、交易与注销系统过程中,应在北京、上海、天津等七省市试点经验的基础上,为接入ITMOs国际平台预留一定的对接空间,包括相

① 参见王际杰:《〈巴黎协定〉下国际碳排放权交易机制建设进展与挑战及对我国的启示》,载《环境保护》2021年第13期。

关的交易品种、跨境结算与风险控制等内容,①避免因同时建设国内与国际两套系统给我国履约和企业参与带来潜在的接入负担。

五、结语

《巴黎协定》第 6 条为碳减排成果的跨国流动提供了合作平台与交易机制。该平台和机制在规则层面承认了自愿减排成果可通过同质与异质两类交易方式为全球净排放作出贡献。《格拉斯哥气候协议》和 COP29 大会决议在尊重缔约方主权的前提下,允许自愿碳市场有条件纳入条约项下的国际碳市场机制中。一方面,经缔约方授权后,ITMOs 为自愿减排成果的跨国流动提供了核算、报告与登记规则。另一方面,当自愿减排成果用于 NDC 履约时,须通过 PA6.4 机制确立的国内与国际双重监管机构获取 A6.4ER 信用并自动接入 ITMOs。

现阶段,巴黎碳市场机制并不具备统一全球碳市场的功能。《巴黎协定》第 6 条机制在自愿碳市场的接入方面仍有重大的实践问题需要解决,包括与条约本身的冲突等。第一,自愿减排成果是否无接入限度?无限制的接入度如何解释发达国家应实现全经济范围的减排目标?第二,自愿碳市场的分散性增加了集中管理的难度。在条约机构无法承担单独监管职责的前提下,缔约方授权缺失与不明确导致的“碳泄露”如何处理?第三,A6.4ER 签发后收益减少可能降低自愿减排成果的接入预期,《巴黎协定》如何应对?在《巴黎协定》第 6 条机制仍未清晰的情况下,碳市场的国际协同不可一蹴而就。碳市场应首先从本国国情出发,依赖完整的排放数据和科学的计算方法,充分考虑能源转型、经济可适度与社会成本等核心要素,最终建立具有价格稳定性与市场吸引度的本国碳市场。

《巴黎协定》第 6 条为运行多年的中国自愿核证减排市场从国内走向国际提供了机遇与挑战,包括是否考虑 CCER 的接入,参考国际实践稳步推进碳定价机制,依据国际履约标准明确国内监管机构和预留一定的交易空间,

---

① 参见孙永平、张欣宇、施训鹏:《全球气候治理的自愿合作机制及中国参与策略——以〈巴黎协定〉第六条为例》,载《天津社会科学》2022 年第 4 期。

等等。在国际合作方面,我国可以积极推进具有成熟实践与权威标准的自愿碳市场接入 ITMOs 机制,进而探索同质交易的可能路径。对于 A6.4ER 而言,由于各国 NDC 要素不清晰且过于复杂,加上诸多实践问题仍未解决,不建议我国自愿碳市场在短期内完全接入 PA6.4 机制。

兰大法律评论(2025 年卷第一辑)
第 165 ~181 页

澳门自然保护地的法律体系建设

勾健颖　唐晓晴*

目　　次

摘　要　澳门特别行政区已经通过《土地法》《城市规划法》《海域管理纲要法》和发展规划等立法手段初步建成了自然保护地法律制度体系,为环境保护和可持续发展奠定了制度基础。然而,由于缺乏统一的立法框架,目前澳门特区自然保护地相关法律概念仍较为混乱,具体条款之间存在矛盾,相关部门的权责划分不够明确,导致实

* 勾健颖,澳门大学法学院博士研究生,澳门大学法学院实践课导师,《澳门法学》编辑部编辑。唐晓晴,法学博士,澳门大学法学院院长、教授、博士生导师。

际执行中可能出现协调困难和监管盲区。这种法律体系的不完善,不仅削弱了自然保护地的管理效果,更可能对自然资源的可持续利用产生不利影响。为此,可通过统筹立法,实现自然保护地的分级、与其他环境保护法律的衔接、法律责任制度的建立等目标,提升法律的实际执行力,在澳门特区建立更加科学、系统和高效的自然保护地法律体系。

关键词 自然保护地;生态保护区;土地法;城市规划法;生态环境保护

引 言

中国和葡萄牙均于1992年签署了《生物多样性公约》。然而,直到1999年澳门回归前夕,葡萄牙政府方才颁布第138/99号共和国总统令,使《生物多样性公约》得以延伸适用于当时仍被葡萄牙殖民统治的澳门地区,并按照葡萄牙受《生物多样性公约》约束之相同规定适用。"建立保护区系统"正是《生物多样性公约》第8条为促进保护生态系统、维护物种群体而要求缔约国尽可能遵守的义务之一。在澳门回归祖国后,第34/2002号行政长官公告公布了通知书,明文将中国所签署的上述公约继续适用于澳门特别行政区,并要求澳门特区承担起相应的"当事国"责任。因此,自1999年起,澳门地区便已经有生态环境保护及建立保护区的明确法律依据。

随着生态文明发展的理念不断加深,环境保护被作为粤澳合作、横琴深度合作区建设以及大湾区建设的关注重点。2011年,广东省人民政府和澳门特别行政区政府在北京签署了《粤澳合作框架协议》,其中第五章第5条将"建设跨境自然保护区"作为双方在环境保护方面合作的方案。2019年公布的《粤港澳大湾区发展规划纲要》则强调了推进海洋保护区建设的重要性。同一年,中央审议通过了《关于建立以国家公园为主体的自然保护地体系的指导意见》,为推进自然保护地的体系建设提供了顶层设计。关注自然保护地相关法律体系,是践行绿色发展理念的应有之义。如何在澳门独特的地理环境、独特的法制生态下设立与维护自然保护地,形成跨越两地的生态连廊并实现澳门与珠三角其他城市的生态循环,是澳门融入国家发展大局,发挥"一国两制"制度优势,助力大湾区生态文明发展的重要一环。

一、澳门自然保护地的设立与发展

澳门地区关于自然保护地的立法起始于1981年9月19日的第33/81/M号法令。该法令决定在路环岛上设定一处面积为177,400平方米的“绝对保护区”(reserva total)①。该片保护区正位于澳门特区农林署周围,设置的主要目的是保护澳门的稀有植物品种,并便利澳门特区农林署展开实地研究工作。为确保保护区的稳定性,3年后,第30/84/M号法令将保护区的面积扩大至198,060平方米;直至1999年1月,为建设海岛市政厅的工场及停车场,第3/99/M号法令又将其中两个地块排除在了保护区之外。随后,随着澳门回归祖国,这一保护区的面积再未有过特殊的变动,并一直充分发挥着澳门山林物种资源保存库的作用。

除陆生植物外,澳门的滩涂及红树林资源也发挥着重要的生态功能。20世纪90年代,受填海工程影响,澳门红树林的生长环境被侵占。同时,填海后兴建的娱乐场不可避免地带来了声污染和光污染,也进一步导致了鸟类数量的锐减。澳门特别行政区政府于2001年决定在填海所形成的路氹城中分隔出一片人工生态保护区。2003年底,路氹生态保护一区竣工,约半年后路氹生态保护二区建成,一、二区由莲花海滨大马路进行分割。路氹生态保护一区面积约15公顷,主要为草滩、芦苇和树林,并有限度地开放给市民参观。路氹生态保护二区面积约40公顷,由海岸和海域组成,为开放式管理区域,泥滩上生长着多种红树林植物。路氹保护区为澳门特区首个生态保护区,实际上也是澳门特区在很长一段时间里唯一确定以保护区为名的生态区。路氹生态保护区由澳门特区环境保护局负责,具体事项则通过招投标方式委托给顾问公司进行管理。

20世纪60年代,为连接路环岛与氹仔岛,澳葡政府对水道进行改造,无

① 第33/81/M号法令的原始版本为葡语,现时可查阅的中文版本对reserva total的翻译并不准确,存在“绝对保管地”和“全部保护区”两种译法。笔者认为,就法令原义而言,并参考第6/80/M号法律《土地法》第13条对保留地所作全部保留地和部分保留地的划分,reserva total应译作“绝对保护区”或“绝对保留地”较为合理。本文后续涉及澳门特别行政区《土地法》相关规定部分,仍采用“全部保留地”的用法。第33/81/M号法令的中、葡文版本可参见澳门特别行政区印务局网站,https://bo.io.gov.mo/bo/i/81/38/declei33_cn.asp#33。

意间使龙环葡韵前原本的大海变为了适宜红树林生长的湿地,成为了鹭科鸟类的栖息地。但随着路氹填海区的不断扩张,龙环葡韵湿地又被迫变为了内陆淡水湖泊。2010年底,因澳门特区民政总署发现龙环葡韵湿地遭到薇甘菊这一生物的入侵,当即决定完全拔除入侵物种后修筑5个相连的人工生态池并移植大量植物,希望能够完全隔离外部污染,实现生态修复。龙环葡韵湿地目前由澳门特区市政署负责管理,虽然未被作为生态保护区或自然保护地,但无疑是澳门目前体量最大的生态区之一。

除前述路环全部保留地、路氹生态保护区和龙环葡韵湿地生态区外,澳门还有数处零散且面积较小的湿地、山体、人工湖等生态资源,交错分布在居住、商业、工业、娱乐业用地之间,在作为城市景观的同时亦长期承担着自然保护地的作用。2018年,澳门特别行政区政府开始编制《澳门特别行政区城市总体规划(2020—2040)》(以下简称《城市总体规划(2020—2040)》),经公开咨询和意见收集,最终第7/2022号行政法规核准,决定将澳门的主要山体、水体及湿地划定为生态保护区。

二、澳门自然保护地的法律制度发展

虽然澳葡政府早在20世纪80年代已经通过法令的方式设立专门的保护区,并且葡萄牙及被葡萄牙殖民统治的澳门地区均早已参与有关国际公约,但一方面,针对自然保护地管控的相关立法并不完善,无论是澳葡政府还是回归初期的澳门特别行政区政府均未尝试通过立法方式保障生态环境建设,有关法律基础十分薄弱;另一方面,在澳门回归前,民众本就缺乏对公共政策的关注和热情,更遑论环保议题了。在回归后的首个10年间,澳门特区的人口激增、城市建设进度提升,无论是社会资源还是社会制度,均不足以支撑自然保护地的有效建设。因此,2002年路氹生态保护区的设立、2011年龙环葡韵人工生态区的建设,均是由澳门特别行政区政府根据环境状况通过行政手段自行决定的,未经过立法论证。可以说,长期以来,自然保护地的建设并未被作为有关法律的关注焦点。

(一)回归前的相关法律规范

依据回归前适用于澳门地区的《澳门组织章程》第30条的规定,当时的立法会有权对未保留给葡萄牙主权机构或总督的一切事宜制定有关法律。20 世纪后期,欧美各国已经开始关注环境保护和污染防治议题,并通过立法手段加以保障,为回应这一社会现状,澳葡时期的立法会于 1991 年制定了第 2/91/M 号法律《环境纲要法》,对澳门环境政策确定一般纲领和基本原则。这一法律在澳门回归后被继承,其中的许多观念至今仍影响着澳门自然保护地的建设实践。如《环境纲要法》第 5 条规定,必须采取措施"创设新的风景区,并改造和维持现存者","透过都市的绿化空间,保存大自然的生态平衡和不同生物栖息地的稳定"。《环境纲要法》将"地区规划"作为环境政策的重要工具,强调需要对受保护的风景进行分类管理,并要求建立保留制度。这实际上与 1980 年第 6/80/M 号法律《土地法》中的保留地制度相互映照。

第 6/80/M 号法律《土地法》是回归前的澳门立法会在吸纳葡萄牙 1973 年第 6/73 号法律《海外土地法》中适宜澳门地区特点的部分后,制定的符合澳门利益的土地相关法律。这部法律直至 2013 年才被第 10/2013 号法律《土地法》废止,并且其中很多内容被新的《土地法》所保留,"保留地"一章便是如此。两部《土地法》中均设保留地制度,其中的全部保留地概念,为在澳门特区设立自然保护地提供了土地法上的依据。全部保留地指"主要目的在于保护大自然,且不容许在该等土地作任何适用或占用"①的土地。

(二)《澳门环境保护规划(2010—2020)》

澳门特区环境保护局是澳门特区政府于 2009 年在原环境委员会的基础上成立的,以协助制定澳门特别行政区环境及能源政策为主要职能的公共部门。受内地《珠江三角洲地区改革发展规划纲要(2008—2020 年)》的影响,环境保护局成立后很快展开了环境保护规划的编制工作,经过规划构想、咨询与专项研究、最终编制三个阶段后,形成了《澳门环境保护规划(2010—2020)》。

《澳门环境保护规划(2010—2020)》提出要进行环境分区管理,并将环境功能区划分为三个大类,分别是环境严格保护区、环境引导开发区以及环境优化控制区。环境功能区的分级划分回应了《环境纲要法》第 27 条对环境政策的工具要求。自然保护地当属其中的环境严格保护区,必须严格加以保

---

① 澳门特别行政区第 6/80/M 号法律《土地法》第 13 条;第 10/2013 号法律《土地法》第 14 条。

护,避免与环境保护和生态建设无关的开发活动。在保育生态环境的相关举措中,环境保护局主要强调绿地系统的建设和生态保护区、生态廊道的建成与维护。此外,规划中还明确将"自然资源保护区管理规范"的立法研究作为2010年至2020年澳门特别行政区拟展开的立法项目之一。

就法律性质而言,《澳门环境保护规划(2010—2020)》并不具备法律强制力,甚至应当仅是澳门环境保护局层面的政策指导性文件。针对自然保护地建设,澳门环境保护局所提出的上列设想,在这10年后也并未能完全实现。但从行政部门的构想中,可以窥见澳门特别行政区政府对自然保护地法律制度建设的初步规划。

(三)《土地法》与《城市规划法》

第10/2013号法律《土地法》及第12/2013号法律《城市规划法》于2013年9月2日正式公布,并于2014年3月1日起生效。两部法律对澳门自然保护地的设立维护均具有重大意义。

《城市规划法》将促进保育大自然和维护环境平衡作为立法目的,将保护环境原则、限制土地重新分类原则作为城市规划所必须遵循的原则。① 根据土地的使用类别,《城市规划法》第32条将土地用途划分为居住区、商业区、工业区、旅游娱乐区、公用设施区、生态保护区、绿地或公共开放空间区和公共基础设施区八类。同时,第29条在城市规划中把土地分类为都市性地区及不可都市化地区,都市性地区包括已都市化地区和可都市化地区。只有经过检讨、重新规划,才有可能例外地将不可都市化地区重新分类为都市性地区。

为明确规范土地分类及用途的事宜,澳门特区又制定了第6/2022号行政法规《土地分类及用途》。这一补充性行政法规将《城市规划法》的前述划分加以明确和细化:土地分类是对土地基本用途的规划;在土地基本用途的基础上,土地用途还可细分为不同的土地使用类别。就自然保护地的法制建设而言,《土地分类及用途》最为突出的贡献是明确不可都市化地区的土地使用类别仅有生态保护区,同时确定了生态保护用地是生态保护区的次类别。该法规第30条将生态保护用地确定为"自然资源、山体及丘陵的区域,以及湿地及水体自然资源的区域,尤其是水库、水塘及湖泊"。至《土地分类及用

① 《城市规划法》第3条、第4条。

途》生效之时，路氹生态保护区已设立近 20 年，澳门地区自然保护地的土地性质终于得以在法律层面加以确定，形成了由不可都市化土地到生态保护区再到生态保护用地的层级划分。

至于第 10/2013 号法律《土地法》，并未直接涉及保护区的规制，但对土地使用及利用的“可持续发展原则”和“保护原则”贯穿该法律的始终。① 尤其是第三章的保留地制度，与葡萄牙 1973 年第 6/73 号法律《海外土地法》、澳门地区 1980 年第 6/80/M 号法律《土地法》一脉相承。设立保留地，特别是全部保留地，是保护生物多样性的重要工具。而保留地一旦设立，其终止则必须由行政法规作出。② 实际上，澳门的保留地概念始终与自然保护地的设置相随相伴。2013 年，立法会就曾讨论是否有必要将路环 1981 年所设的全部保留地确定为绿化生态保护区。③

应该说，在《澳门环境保护规划（2010—2020）》的引领下，《土地法》与《城市规划法》使澳门特区的自然保护地建设进入了一个规范化、制度化的时代，保留地制度和不可都市化土地制度相辅相成，从土地法和城市规划层面共同保证了自然保护地的设立和维护。

（四）海域生态保护区的有关法律

虽然作为澳门环境保护重点的湿地、滩涂大多位于海陆交接处，但对澳门水域公产范围的划定一直处于模糊状态。2015 年 12 月 16 日国务院令第 665 号所公布的《澳门特别行政区行政区域图》明确划定澳门水域公产范围。在正式获得 85 平方公里的海域管理权后，澳门特区政府得以依法治理位于海洋范围内的湿地等资源。同时，海域管理也向澳门特区对海域部分的自然环境保护提出了要求。

为进行海域管理，澳门特区制定了第 7/2018 号法律《海域管理纲要法》，将保护海洋生态环境作为了海域管理的目标和原则。《海域管理纲要法》将海域的管理及保护事宜分别交予澳门海事及水务局和澳门环境保护局负责，同时于第 9 条赋予澳门特别行政区政府“建立海洋自然保护区，并采取有效

---

① 根据第 10/2013 号法律《土地法》第 2 条，可持续发展原则指促进社会经济、历史、文化、环境方面的协调及平衡发展，以确保满足当代社会需要，以及经适当规划和整治的空间能留传后代；保护原则指土地管理政策应遵守维护环境及保护文化遗产的标准。

② 第 10/2013 号法律《土地法》第 19 条。

③ 参见《澳门特别行政区立法会会刊》，第四届立法会第四立法会期（二〇一二至二〇一三）第二组，第Ⅳ－48 期，第 7 页、第 30 页。

措施进行保护和管理”的职权。2024年,在《海域管理纲要法》的指引下,第106/2024号行政长官批示核准《澳门特别行政区海洋功能区划》,旨在至2040年为止为海洋环境保护工作提供科学指导。该指导将海域分为海洋保护区、海洋保留区和海洋发展区三种不同的功能区,海洋保护区又分为海洋自然保护区和海洋特别保护区,分别提出了不同的管控要求。现时路氹西侧沿岸的海洋区域被划定为路氹海洋自然保护区,路环南侧的海洋区域被划定为路环海洋特别保护区。要强调的是,路氹海洋自然保护区与路环海洋特别保护区虽然名为保护区,却仍仅仅是基于海洋功能区划目的而由澳门海事及水务局所确定的一种指导性分类,并不具备生态保护区的法律意义。

目前澳门特别行政区“海域使用法”的立法工作正在进行,已于2024年初完成公开咨询。在海域使用的法制建设中,如何进行环境保护、如何开展环保监督和处罚工作等问题是澳门特区政府立法的重点,也是备受澳门民众关注的问题。① 澳门特区政府获得海域管理权的时间较晚,但在陆地生态保护区的建设经验基础上,将自然保护地法制建设拓展至海洋部分应当是水到渠成的。

(五)未来20年澳门特区自然保护地发展的法律依据

在澳门特区的首个环境保护规划《澳门环境保护规划(2010—2020)》的覆盖期中,澳门特区政府公布了《澳门特别行政区五年发展规划(2016—2020年)》,中共中央、国务院也印发了《粤港澳大湾区发展规划纲要》,二者皆将生态环境保护制度建设作为大湾区发展的重点。在澳门第一阶段各规划实施成效较为良好的基础上,2022年第7/2022号行政法规核准了《城市总体规划(2020—2040)》,从法律性质而言,这一部城市规划为规范性文件。②

《城市总体规划(2020—2040)》实际上是《城市规划法》及第5/2014号行政法规《城市规划法施行细则》的阶段性指引,对公共实体及私人均具有法律约束力。在《城市规划法》将澳门土地分类确定为都市性地区及不可都市化地区,将土地区分为八大用途后,《城市总体规划(2020—2040)》逐一说明了各土地用途的具体功能,通过附件二的规划图直观而明确地划定了不同土

---

① 参见澳门特别行政区海事及水务局:《澳门特别行政区〈海域使用法〉公开咨询总结报告》,2024年4月,第10页及第14页,载澳门特别行政区政府入口网站,https://www.gov.mo/zh-hant/policy-consultation/1033628/#report,2024年11月7日访问。

② 参见《澳门特别行政区城市总体规划(2020—2040)》附件一第1条。

地分类的范围和不同土地用途的范围。最终,《城市总体规划(2020—2040)》将位于北区-1、东区-1、中区-1、中区-3、外港区-2、氹仔北区-2、氹仔中区-1、北安区、路氹区及路环区的山体、水体及湿地范围划设为生态保护区,并同时将以上区域划分为不可都市化地区。[①]

《城市总体规划(2020—2040)》的实施表明,澳门特区的生态保护区体系基本形成,由长期以来仅存路氹生态保护一区与二区的格局,发展为将澳门的主要山体、水体及湿地均囊括在内的系统区域,生态保护区面积达到了全澳面积的18%。[②]《城市总体规划(2020—2040)》把生态保护区的地区、不可都市化的地区加以明确,使得生态保护区可以独立于城市建设,辅之适宜的配套措施,充分保障城市发展与环境保护的平衡。

三、澳门自然保护地法律制度的现存问题

(一)缺少统一的自然保护地法律体系

自第6/80/M号法律《土地法》开始,澳门特区政府得以有权划定特定区域的土地为特定用途并排除其他使用或占用。土地法上有关保留地的相关规定,至今仍在澳门特区适用,包括保留地的概念、标的、设立、划界、终止及失效的相关规定。全部保留地制度本就是为保护大自然之目的而设置。追本溯源,今日在澳门城市规划等层面所使用的"生态保护区"和"不可都市化地区"的概念,其本土的法律根源正是全部保留地制度。然而,其一,全部保留地显然是生态保护区的上位概念;其二,土地法中的保留地制度仅为政府设定与取消保留地提供了权利来源和程序规范;其三,保留地制度本身也并不完善,适用经验非常有限,不足以解决保留地设置后应如何保护等现实问题。因此,澳门地区设定自然保护地的法律依据虽然早已有之,却并不能被作为完善的自然保护地法律制度。

澳门路氹城生态保护区设立前后,国际与中国内地保护区设立的实践经验不断丰富、国际条约对设立保护区也提出了明确的要求,同时中国内地在

---

① 相关区域的范围可参考《澳门特别行政区城市总体规划(2020—2040)》第七章第28条及后续条文。

② 参见澳门环境保护局发布:《澳门环境保护规划(2010—2020)实施及成效评估》,第18页。

国家和地方层面出台了保护区的相关法律、法规、条例等。澳门特区政府和澳门特区立法会也开始思考制定单行法律对保护区加以规制。例如澳门环境保护局曾计划研究与起草“自然资源保护区管理规范”。[①] 又如澳门立法会在修改《土地法》时建议可在适当的契机全面修改或考虑专门立法,以更好地发挥保留地与保护区的制度作用。[②] 然而,至今未见澳门立法会实际开展有关立法计划。诚然,自然保护地的相关单行法律对于澳门并非必需,《环境纲要法》《土地法》《城市规划法》《海域管理纲要法》《城市总体规划(2020—2040)》等已经初步构成了生态保护区法律制度,保护区的设立、维护等问题已经有法可依。然而,自然保护地的管制在上述各法律和规范性文件中仅占据很小的篇幅,并非立法重点,且不同法律在立法过程中也并未就保护区问题进行统一规范。因此,缺乏自然保护地的统一立法致使澳门现行的生态保护区法律制度不可避免地存在概念混乱、权责分散等问题。

(二)自然保护地的法律概念混乱

前文已述,在自然保护地相关法律规范中,同时有“全部保留地”“生态保护区”“不可都市化地区”“海洋自然保护区”“海洋特别保护区”等概念。其中,全部保留地是土地法上的概念,泛指为保护大自然之目的而设定的不容许作任何使用或占用的具特别用途的土地。[③] 生态保护区是指为保育具有生态价值的区域而划定的区域。[④] 不可都市化土地的确定需达成下列任一标准:一是受保护、保存或具价值状况而不宜进行都市化或建设的自然资源及景观、考古、历史或文化价值;二是经确认具地质及能源资源的开采潜力。[⑤]

通过对上述定义和规范的梳理可以发现,生态保护区是为保育生态而设之区域,不可都市化土地是为保护自然、人文、资源而确定之区域,全部保留地是为保护自然而设之区域。从保护的力度来看,保留地的效力最高,禁止任何使用和占用;不可都市化土地的效力最低,可进行除都市化外的任何活动;生态保护区则处于中间。《城市总体规划(2020—2040)》附件一第18条规定:“生态保护区内不允许划设居住、商业、工业及旅游娱乐用地。”换言之,

---

① 参见澳门环境保护局:《澳门环境保护规划(2010—2020)》,第42页。

② 参见澳门立法会:《法律汇编—土地法》中文版,澳门印务局2016年9月,第314页。

③ 第10/2013号法律《土地法》第11条。

④ 《城市总体规划(2020—2040)》附件一第18条。

⑤ 《土地分类及用途》第5条。

《城市规划法》所确定的八种土地用途中,生态保护区范围内可能设公共设施区、绿地或公共开放空间。

然而,《土地分类及用途》第29条特别指出:“不可都市化地区的土地使用类别仅有生态保护区。”同时,《城市总体规划(2020—2040)》的附件二中的土地分类规划图和土地用途规划图中,不可都市化土地区域与生态保护区区域也确实是完全重合的。立法的混乱便由此产生——不可都市化土地除生态保护区外,还应当包括文化遗产保护区、地质资源保护区等。反之,《城市总体规划(2020—2040)》附件一第18条显示,生态保护区存在都市化的可能性,如承担作为公共设施区、公共开放空间的功能。从现实情况出发,澳门稠密的人口也导致生态保护区并非绝对的“非都市地区”。例如,如果将龙环葡韵生态区在城市规划层面视为生态保护区的土地用途,那显然是属于都市化的生态保护区。

因此,为完善自然保护地管理法律制度,至少需要思考法律中现存的各种类似概念间的关系,甚至可能需要抛弃部分概念。另外,除山体、人工湖外,澳门最广泛的土地生态资源反而是面积较小的湿地,多分布于滩涂沿岸,与居民区相邻、分布极不均衡。此外,城区公园、郊野公园、原生绿地等,均需要进行特别保护与维护。生态保护区的设定需要有一定规模的土地,但是在寸土寸金的澳门,面积狭小的自然土地资源也应当作为自然保护地的客体。由此,在尝试界定澳门的自然保护地时,可参考1997年第43/97/M号法令对保护区所作的列举:“已评定为受保护之自然不动产或自然资源,水域公产,自然公园,休憩区,风景保护区……以及生态保护区。”除生态保护区外,还需接纳经评定应受保护之自然地区作为自然保护地,实施专门的管制和管理措施。

总结而言,应尝试构筑如下概念体系:零散的受保护土地和具有一定规模的特定生态保护区共同构成自然保护地;其中经划定的生态保护区属不可都市化土地,其他自然保护地属于都市化土地;全部保留地则以绝对不可使用和占用作为其法律概念的核心。

(三)管理权限分散

因澳门特区获得陆域和海域管理权的时间并不相同,澳门的自然保护地天然地区分为陆域生态保护区和海洋生态保护区,后者由专门的海域相关立法进行规范,《城市规划法》《土地分类及用途》《城市总体规划(2020—

2040)》均未将海洋部分纳入其中。

目前,澳门特区政府将生态保护区、部分湿地和公园、海域保护区分别划分给澳门特别行政区环境保护局、澳门市政署和澳门海事及水务局进行分管。同时,在保护区划定设立后,各职能部门还要持续性地进行关注。如澳门环境保护局长期委托顾问公司对路氹城生态保护区进行管理和保养,并系统地收集该区域的底栖生物、植物、雀鸟、水质及周边环境资料数据,从而有针对性地采取进一步的优化措施。① 另外,澳门统计暨普查局、澳门土地工务运输局亦承担责任,配合土地数据、土地性质统计的相关工作。

然而,上述权责划分看似清晰,却并不符合澳门生态环境分布的现实情况。一方面,澳门的生态环境资源以滩涂湿地和沙滩湿地为主,路氹生态保护二区就是为保护海岸上的红树林资源而设,即存在陆域与海域并存的保护区。另一方面,诸如叠石谷湿地、九澳水库淡水湿地、石排湾湿地等生态区原本并未被设定为生态保护区,由市政署进行管理。但经《城市总体规划(2020—2040)》划界后,上述湿地均被划入路环生态保护区范畴,确定为不可都市化土地,理应由澳门特区环境保护局进行管理。因此,区分自然保护地的管理主体不仅使管理过于分散,无法全面统筹,而且随着澳门土地用途、土地分类、海域管理权的确定,不同自然保护地的管理权限产生了交叉。

四、澳门自然保护地的立法展望

(一)统筹考虑自然保护地立法

《澳门特别行政区基本法》(以下简称《澳门基本法》)第2条规定:“中华人民共和国全国人民代表大会授权澳门特别行政区依照本法的规定实行高度自治,享有行政管理权、立法权、独立的司法权和终审权。”另外《澳门基本法》第18条及附件三中列举了14项在澳门实施的全国性法律,《自然保护区条例》不在其中。虽然自然保护地的“一区一法”、国家公园的“一园一法”模式实施效果不佳,目前内地自然保护地的基础法律本身有所缺失,地方立法

① 参见路氹城生态保护区资讯,https://www.dspa.gov.mo/place3.aspx,2024年11月15日访问。

越权、重复的情况亦时有发生，[①]但澳门已经形成了由生态保护区和城市绿地共同构成的自然保护地的独特形式，在“一国两制”方针和《澳门基本法》的引领下，厘清澳门自然保护地制度的立法所需，确立符合澳门实际的自然保护地立法原则，形成适宜澳门保护区管理模式的基本制度体系，将有利于进一步推动澳门自然生态系统的建设与维护，助推实现《横琴粤澳深度合作区总体发展规划》构建生态安全格局、建设生态文明样本城市的发展目标。

对于中国自然保护地的立法体系，就曾尝试制定的立法草案而言，或以自然保护地立法为核心，辅以其他相关法律法规和技术标准；或以国家公园法为主体，辅以其他自然保护地类型法规。[②] 就世界范围自然保护区的立法模式而言，主要存在自然保护地单项立法模式和制定囊括自然保护地的综合性环境保护法模式。[③] 在概念阶层上，“自然保护地这一核心范畴统合我国既有的多种类型的自然保护地。”[④]澳门特区应受保护之自然不动产资源也面临着法律名目繁复冗杂的问题。因此，理想状态下，完善澳门自然保护地的立法体系，应当在《澳门基本法》第 119 条和《环境纲要法》的引领下，尝试制定自然保护地专门法，将《城市总体规划（2020—2040）》中对保护区的构想经过整合、充实、完善后上升至法律层面，成为自然保护地的基本法，统筹并修订既有立法中分散的自然保护地规则。对于澳门特区政府专门设置的生态保护区、海洋保护区等区域，可参考美国、加拿大的“一园一法”方案，解决机构设置、具体边界和保护对象等实际问题。[⑤]

（二）构筑高效的分层管理体系

澳门特区现存立法并未区分自然保护地的层级，仅有较为统一且简单的“不可都市化”之管控方式区分生态保护区与其他用途土地。基于前述分析，

---

① 参见张振威、杨锐：《中国国家公园与自然保护地立法若干问题探讨》，载《中国园林》2016 年第 2 期。另见所翟等：《基于实证分析中国自然保护区地方立法问题检视和优化路径》，载《生物多样性》2024 年第 2 期。

② 参见吕忠梅：《以国家公园为主体的自然保护地体系立法思考》，载《生物多样性》2019 年第 2 期。

③ 参见王权典：《再论自然保护区立法基本问题——兼评〈自然保护地法〉与〈自然保护区域法〉之草案稿》，载《中州学刊》2007 年第 3 期。

④ 刘超：《以国家公园为主体的自然保护地体系的法律表达》，载《吉首大学学报（社会科学版）》2019 年第 5 期。

⑤ 参见秦天宝、刘彤彤：《国家公园立法中“一园一法”模式之迷思与化解》，载《中国地质大学学报（社会科学版）》2019 年第 6 期。

澳门特区的生态保护区、受保护的生态区和城市绿化区共同构成了澳门自然保护地。在实践中,在缺乏法律明文规定的情况下,各职能部门事实上已经对保护区进行了分级管理。就日常管理而言,澳门环境保护局所负责的路氹生态保护区的管控最为严格,仅有限度地定期、定人数组织参观。澳门市政署负责的叠石谷湿地、九澳水库淡水湿地则需要办理参观申请后可进行参观。而如龙环葡韵湿地、石排湾湿地在内的其他保护区,完全开放给市民及游客游览参观。至于城市公园、休憩区等,除由澳门市政署不定期进行巡查及维护外,几乎无其他专门管理措施。上述各区域,目前在城市规划中均被作为保护区进行规范。在自然保护地法律体系的完善过程中,需要明确各类型自然不动产资源的层级,设置不同的利用限制和管理目标。当然,在自然保护地维护的过程中,随着城市发展进程,各保护区管理控制程度也可能会发生变化。

划分自然保护地的不同层级,亦有助于避免不同管理部门职责不明、权限交叉的情况。就澳门特区各市政机构的职能而言,可尝试确立由澳门环境保护局对所有自然保护地实施统一监督与管理之模式。至于特定层级自然保护地的实际管理,可由其他市政机构在澳门环境保护局的授权下进行。澳门环境保护局负责生态保护区的管理、澳门市政署负责受保护之生态区和城市绿地的管理、澳门海事及水务局负责海洋保护区的管理的基本结构无须发生变化。

(三)实现生态环境的整体性保护

《自然保护区条例》在第三章自然保护区管理中,将自然保护区分为核心区、缓冲区和实验区,分别对应不同的进入标准。《澳门环境保护规划(2010—2020)》采用了类似的思路,将澳门土地划分为环境严格保护区、环境引导开发区以及环境优化控制区。然而,澳门土地面积狭小,自然保护地大多地处居民区、商业区周边,不同用途土地间难以通过空间作出有效区分。在城市的实际发展中,临近自然保护地的都市化土地不断建设,虽未改变保护区的土地用途,但仍会不可避免影响到自然保护地及栖息其中的生物。为此,自然保护地的维护不仅要关注受保护的区域本身,更需要重视自然保护地邻近地区的规制。

一方面,“在明确自然保护地范围的基础上,需要对影响自然保护地生态环境的各类行为进行总体控制”①。非直接接触自然保护地的污染可能突破物理屏障破坏自然保护地的生态,如光污染和声污染。澳门特区政府已经关注到相关问题并尝试进行规制。澳门环境保护局曾作出指引:对于毗邻不可都市化地区的地块或鸟类空中飞行通道的地块,其建筑物邻近上述地方的一侧应尽量避免采用幕墙玻璃。旅游娱乐区的发光广告招牌、装饰灯和户外电子显示屏的设置应避免直接面向自然保护地。② 另外,在澳门轻轨的建设过程中,鉴于轻轨路线途经路氹生态保护区,澳门特区政府曾要求对路氹生态区重点进行环境影响评估,竭力降低轻轨路线产生之光源对生态区的影响。③此外,如果无法有效管理污水排放,自然保护地必然会受到破坏。且澳门城市中心开放式的自然保护地承担旅游业职能,不可避免要承受垃圾回收等压力。总之,自然保护地法律体系的构建亦有赖于其他环境保护具体法律的完善。澳门特区目前已有第8/2014号法律《预防和控制环境噪音》、第37/2018号行政法规《污水处理厂的空气污染物排放标准》、第24/2019号行政法规《发电厂的空气污染物排放标准》、第22/2020号行政法规《建筑废料管理制度》、第248/2014号行政长官批示核准的《声学规定》等环境法律法规。在跟进澳门特区环境管理制度建设的同时,应将保护自然保护地与维持生态多样性纳入立法目的中。

另一方面,如果物种被困在特定保护地之中,反而会阻碍保护地长期发展的目标,自然保护地的建设需要加强保护地之间的链接性。④ 除《城市总体规划(2020—2040)》公布后方才明确的部分生态保护区外,澳门的自然保护地呈现出显著的碎片化特征。尤其是已经建设20余年的路氹生态保护区,为避免城市化入侵,始终设置有围墙与外界区隔开来。虽然透过物理上的硬区隔在一定程度上可以较为有效地保障保护区内部的运行,但此一做法忽视了保护区边界对保护区建设的作用。实际上,路氹生态保护区周边的都市化建筑也确实在一步步逼近保护区的边界。澳门的地理环境决定了人为圈定大型生态系统是难以实现的,因此在澳门自然保护地法律体系化建设的过程

① 吴凯杰:《环境法体系中的自然保护地立法》,载《法学研究》2020年第3期。

② 参见《规划项目环境考虑的基本原则》第2.5条,载澳门环境保护局网站,https://www.dspa.gov.mo/events_detail.aspx? a_id=100954,2024年11月9日访问。

③ 参见澳门廉政公署:《2012年澳门廉政公署工作报告》,第153页。

④ 参见汪再祥:《自然保护地法体系的展开:迈向生态网络》,载《暨南学报(哲学社会科学版)》2020年10月,第56页。

中,不应忽视自然保护地缓冲区的设立与管理。或可引入生态走廊或廊道区域规划,促使分散的自然保护地形成有机的生态体系。

(四)设置自然保护地保护、利用与恢复机制

针对既有的自然保护地,澳门地区的立法思路一直是通过排除使用、占用的手段实现保护的目的。例如第 10/2013 号法律《土地法》中的全部保留地,又如《城市规划法》中的不可都市化土地,均是遵循着消极维护的原则。但在土地资源稀缺的现实情况下,应当尽量避免土地的废弃,允许与环境保护相容的利用。为此,在自然保护地分级的前提下,需明确不同自然保护地的利用边界,更需要设置监督机制与明确法律责任。

受惠于填海手段,澳门特区的陆地面积在近 1 个世纪间持续增长。目前澳门特区正在进行新城填海区 C 区工程和澳门国际机场扩建填海工程。建成后,新增陆地将规划为公共社区设施及居住用途。面对与自然保护地息息相关的填海工程,自然保护地和城市规划法律需要作出回应。一方面是确保在陆域面积不断扩张的同时,自然保护地的比例不被稀释。另一方面是填海可能会导致海岸的生态环境发生变化,故在新的陆域形成后,应要求澳门特区环境保护局承担监测义务。如果形成湿地或动物栖息地,可尽快纳入自然保护地的范畴加以管理维护,以优先恢复被影响甚至破坏的区域。另外,“海域使用法”的立法亦不可忽视填海造陆与海洋保护区建设间的冲突。

五、结论:城市发展与自然保护的衡平

“绿水青山就是金山银山”的重要观点首次提出至今已有近 20 年,如今,“两山理论”已被写入党章,成为引领中国绿色发展之路的行动指南。自回归后,澳门特别行政区政府也始终致力环境保护与保育工作,坚持生态建设与经济建设的共同发展,推进自然保护地的建设正是其中一项重要方式。在法律上,经过几十年的发展,生态保护区被写入法条,初步形成了自然保护地法律制度体系。在运行中,澳门特别行政区政府多个部门的通力合作,使自然保护地的维护取得了较为良好的成效。更重要的是,澳门特别行政区政府已经将环境保护作为澳门发展重要的考量因素,融入了城市建设的方方面面。尤其是近 10 余年间,生态保护与环境可持续性发展的理念已经逐渐深入民

心。例如在澳门大学横琴新校区建设时,就特别考虑到十字门水道的生态保护事宜,为免因跨河大桥的建造而对该区的湿地生态造成不可挽回破坏,最终决定采用河底隧道的形式施工,从而在生态保护与城市建设中取得平衡。

生态保护绝不是一个单向的议题。在保护生态环境同时,也要注重将其与民生有机结合。保留地的设置、自然保护地的管控不是通过抢占居民的生存空间实现的,反而是需要在人与自然的和谐相处中提高居民的生活质量。城市不断建设,也对自然保护地的法制建设有了新的期许,对澳门特区政府对自然保护地的行政管理提出了更严格的要求。未来,澳门应尽可能针对自然保护地进行统筹立法,在澳门特区独特的地理环境基础上,明确自然保护地的划定程序、管理主体、利用方案和法律责任等方面。将自然保护地立法与其他各项环境法立法作为有机的统一整体,方能构建较为完善的自然保护地法律制度体系。

兰大法律评论(2025年卷第一辑)
第182～202页

环境法规制转基因植物应用的理由阐释及法典化路径

李文贺*

目　次

摘　要　转基因植物应用内蕴社会经济发展、公众健康维持、生态环境保护等多重利益与价值，对其合理规制具有急迫性，且是回应社会争议的最佳方案。当前转基因植物应用所涉规范缺乏环保关照，无法满足生态环境保护的需要。由环境法规制转基因植物应用，并将应用规范纳入环

* 李文贺，中南财经政法大学法学院博士研究生。

境法体系是解决问题的最优选择。“基因污染”和环境污染特征相似等为该方案提供了事理依托，其规范和环境法规范在作用场域、目标追求以及效果生成上的契合则从法理层面为该选择提供了说明。具体应用规范纳入环境法体系中应当遵循“适度化”理念，分阶段、步骤进行。初始阶段应当抽象出应用规范的基本价值伦理内容并以风险预防、高质量发展等原则为承载，结合生态环境法典编纂的结构安排选择纳入锚点。同时梳理转基因植物应用的概念体系，提高规范融合的效率。

关键词 转基因植物应用；基因污染；生物安全；生态环境法典

引 言

社会上针对应用转基因植物的后果如食用转基因作物是否会对人体健康造成不利影响的讨论由来已久。基于科学理性和民主理性的主张分庭抗礼，至今未形成统一认知。但转基因植物的不合理、不安全应用会对生物多样性造成影响，①无论从我国官方意见角度还是从主流科学研究层面均得到肯定性回答。转基因植物应用对生物多样性产生的影响从性质而言可界定为损害。即在自然界植物基因横向转移的客观作用下，转基因植物会改变其周围植物的生物性状并造成不同植物内在遗传基因的同质化，②从而减少生物资源的多样性，不利于我国植物物种基因资源的保护和传承。环境法作为维护生物多样性的专门法，理应对其充分规制。但转基因植物应用是否能被环境法规制不能随意断定，需要经过论证方能得出结论。鉴于此，本文从现有转基因植物应用规范的环保关照现状入手，分析其与环境法的关系并论证由后者规制的可行性，最后结合生态环境法典的编纂现状，提出由环境法规制转基因植物的路径安排，以期进一步明确环境法的规范边界。

---

① 参见钭晓东：《遗传资源新型战略高地争夺中的“生物剽窃”及其法律规制》，载《法学杂志》2014年第5期。

② See Peter H. Raven、刘杰：《全球视角：转基因作物与生物多样性》，载《华中农业大学学报》2014年第6期。

一、转基因植物应用规范的环保关照现状

转基因植物的不适当应用会对生态环境产生影响。对此,虽可利用安全等级划分等方法对转基因植物应用的后果进行环境影响评价,①但现实中不当应用转基因植物导致大规模破坏生物多样性的事件仍有发生。在转基因植物应用规范尤其是国家立法中强调环境保护的价值、增加环境保护的行为力度,在结果主义导向下具有必然性和正当性。我国直接涉及转基因植物应用的法律主要为《生物安全法》《种子法》。两部法律对转基因植物应用的环境保护内容进行了原则性规定。但在各自立法目的影响下,现有规范仅对环境保护价值进行了一定程度的宣示,缺乏对于原则性规定的细化,进而导致现有转基因植物应用规范在环境保护的规制力度上明显不足。

(一)《生物安全法》中转基因植物应用规范的环保力度欠缺

《生物安全法》的立法目的在于保障生物安全。生物安全作为"不存危险"和"不具威胁"而言具有相对性,其主要通过外在防范危险生物因素、内在发展生物技术的双向方案来实现。该法在规范重点上不限于避免生物多样性的损害,更多是着眼于促进生物技术发展的内容;此外,该法现有规范明确生物安全属于国家安全的子项,是对总体国家安全观的贯彻,因此《生物安全法》应当被纳入国家安全法律体系,②而非完全属于环境法制范畴。在此基础上,规定转基因植物应用的规范在《生物安全法》中必然不会成为规范的组成重心。在该法中,转基因植物涵盖于"生物"的种概念之下,是和微生物、动物等并列的存在。这也导致了与转基因植物直接相关的环境保护规定数量较少,内容也较为原则、简单,不利于对我国转基因植物科学、合理的应用提供具体、全面的指导。在此整体情形下,该法对转基因植物应用的环境保护内容规定欠缺。集中表现在两个方面:一方面,转基因植物应用规范所体现的环境保护内容范围狭窄;另一方面,环境保护的立法目的层次较低弱化了转

① 参见杨昌举、陈蔚珠、胡品洁:《转基因植物商品化的环境影响评价》,载《环境保护》2001年第10期。

② 参见总体国家安全观研究中心课题组、傅小强:《党的二十大精神指引国家安全新征程》,载《国家安全研究》2022年第5期。

基因植物应用规范的环保价值。

1. 环境保护范围规定狭窄降低环境保护力度

《生物安全法》中涉及植物且与环境保护相关的内容指向其第三章中的“植物疫情”。根据该法第 85 条第 4 项规定,植物疫情由植物以外的其他生物如细菌、真菌、病毒等造成,损害结果具有明显的外观表现。而转基因植物是对植物内部基因调整后的产物,其改变是内在的,受基因漂散作用影响对其他生物造成的基因改变后果在通常情况下无法利用肉眼直接识别。以上特征表明转基因植物不当应用对环境的影响不同于“植物疫情”规定情形。

不仅如此,在我国,转基因植物应用也不可简单归属于外来物种入侵的规制范围。《生物多样性公约》明确将“遗传材料”“遗传资源”纳入生物多样性的保护范围,同时在第 8 条“就地保护”中要求各缔约国应尽可能“防止引进、控制或消除那些威胁到生态系统、生境或物种的外来物种”,并“制定或维持必要立法和/或其他规范性规章,以保护受威胁物种和群体”。就此而言,公约在一定程度上指出了外来物种入侵具有损害植物基因资源的可能性。但是《生物安全法》对此国际公约进行国内法转化之时,并没有进一步对外来物种入侵与转基因植物基因应用之间的关系予以明晰。首先,《生物安全法》第 2 条第 2 款将“生物资源安全管理”和“防范外来物种入侵”区分为保障生物安全的两种独立行为,间接提示二者似乎存在不同;其次,《生物安全法》第 60 条关于外来物种入侵防范的内容虽然涵盖于第六章“人类遗传资源与生物资源安全”下,但据其现有内容可以推断出该条文的立法原意在于控制外来物种入侵对我国生物生存物理空间的挤占进而导致的生物资源量的减少,而非强调单一基因组的序列改变。总而言之,现有《生物安全法》规范对转基因植物不当应用造成的“内部”“隐形”不利影响存在着规制漏洞,这会降低其在具体适用情景中的环境保护力度。

不仅如此,《生物安全法》中关于转基因植物应用规范在环境保护方面规制的范围狭窄还体现在其规制手段仅仅体现在预防端口,没有细化规定损害结果发生之后的恢复机制。《生物安全法》第 27—29 条对植物疫情的监测预警及报告等制度进行了规定;第 30 条及第 31 条则强调要加强植物疫情联合防控能力及联防联控机制的建设。以上规定聚焦于植物疫情发生前及发生时的行为安排,且此安排已经形成相对成型的架构。但针对损害发生后应当如何救济、尤其针对受损的生物多样性如何修复的规定仅在第 60 条、第 64 条中稍有提及,且内容十分笼统,这同样不利于环境保护行为力度的强化。据此,假设对于转基因植物应用的规制可以参照植物疫情的规范内容,也难以全面地实现环境保护目标。

2. 环境保护目的层级较低弱化规范适用效果

《生物安全法》第1条通过动宾词组形式确定了该法的目的,不仅明确了"维护国家安全"的目的指向,还列举了"防范和应对生物安全风险""保护生物资源和生态环境""促进生物技术健康发展"等目的内容。以上目的并非平等的存在,不同目的之间存在"整体涵盖—单一面向"的内在上下位阶关系。如此认定,主要原因在于:

第一,在应然层面,现有立法的目的往往不具有唯一性。当目的不唯一时必然需要划分出目的的层级和位阶,以此确定规范的基本定位,否则将会模糊立法的重点,不利于发挥规范预设的功能价值。一般认为,特定立法目的越是被优先提及就越有分量,越被立法者重视越被优先实现,[①]《生物安全法》第1条即在顺序上将"维护国家安全"放在前列,以此证明了维护国家安全目的的实现的重要性和维护的急迫性。基于此,确定国家安全为该法的直接目的具有正当性。

第二,在实然层面,除"维护国家安全"外,《生物安全法》的其他具体立法目的,如"促进生物技术健康发展"等在该法现有体例构造中均能寻找到大致对应章节,此类目的具有单一面向特征,无法对该法发挥整体且实质的规则构建作用。与之相比,"维护国家安全"则可以整体涵盖在各章节之中。就此而言,"维护国家安全"相较于其他具体目的更加抽象和宏观,将其确定为上层位阶的目的具有合理性。

第三,从立法背景上看,《生物安全法》具有鲜明的时代性,其契合了疫情防控的需要,[②]疫情防控过程中的做法经验也被吸纳并反映在该法的具体条文当中。[③] 这也导致了该法在目的上更加强调对公众生命健康的保障而失焦于环境保护。

---

① 参见杨铜铜:《论立法目的的类型划分与适用》,载《东岳论丛》2023年第2期。

② 参见蓝彩箫:《警察执法与总体国家安全观的耦合关系探析》,载《辽宁警察学院学报》2022年第5期。

③ 参见施林、孟伟:《持续发力,公共卫生立法修法进入快车道》,载《中国人大》2022年第2期。

对于规范的效果发挥，实现单一面向的目的是实现直接目的的前提和手段，由此可知维护生物多样性本质上是实现国家安全的手段。这会影响转基因植物应用规范的实践效果生成，并导致《生物安全法》中转基因植物应用规范与以保护包括生物多样性等环境为直接目的的环境法存在不同的适用逻辑。在此情况下，尽管《生物安全法》存在关于保护环境的原则性内容，但基于目的位阶的差异导致该法在具体规制转基因植物应用过程中并不会优先考虑其环境保护面向，进而降低了该法规范对于环境保护的价值实现。

（二）《种子法》中转基因植物应用规范的环保价值关照不足

转基因植物应用规范内蕴的环境保护力度需求在《种子法》中同样并未被充分满足。

首先，从立法目的出发，《种子法》的立法目的集中在种质资源保护及种子质量提升等方面，在具体目的规范表述中不存在环境保护的明确指向。在《种子法》的具体规范架构中，与环境保护相关的内容集中在该法第 19 条和第 26 条，分别规定了农作物等的跨区域引种和植物新品种权的授予限制。此规定和《生物安全法》中的规范性质类似，即对环境保护的关照是促进种子质量和安全发展的前提性考量，是促进种子发展的规范性手段。由此可得，《种子法》对于环境保护的价值重视程度同样不足。

其次，立足具体规范观察，《种子法》现有的规范框架具体涵盖三个维度，分别为种质资源保护、品种管理、种子经营。各维度虽具体行为指向不同，但无论是品种管理中的植物新品种权授予，还是种子经营中的推广和进出口等都不同程度地体现出市场化倾向，表明该法的直接价值目标是提升种子利用的安全性和经济性。就转基因植物应用而言，《种子法》更多是在对经济效益和安全健康利益平衡的过程中推动转基因植物进入市场领域。循此理路，该法对转基因植物应用进行的规制主要是追求经济发展，而环境保护是促进经济发展大方向下的兼顾行为，这显然与《环境保护法》中经济发展与环境保护相协调的内容并不一致。在此意义上，转基因植物应用在环境保护方面的规范力度不足具有客观性和必然性。

法律对于环境问题的回应导致了传统部门法的“绿化”，即传统部门法通过个别法律条文的调整和修改，以及零星法律制度的创设和补充，解决因环境问题而产生的社会冲突。①《生物安全法》和《种子法》对于转基因植物应用规范的环境保护色彩也是在此基础背景下产生的。但相关零散规定需要遵守各部门法的理论范畴和价值取向,这依旧没有突破不同部门法的隔阂以实现不同规范在环境保护上的力度一致及行动协同。鉴于转基因植物应用会对生态环境产生重要影响,在转基因植物应用具体规范中增加环境保护的实质性内容,对于提高环境保护力度具有迫切性。

二、转基因植物应用规制的环境法制转向

解决当前转基因植物应用规范中环境保护力度不足的问题,存在两种方案:其一,在《生物安全法》《种子法》中,对与转基因植物应用有关的规范进行调整,以补足现有环境保护的缺失,回应上述问题;其二,以现有与转基因植物应用相关的规范为基础,将其纳入环境保护法律体系,如结合生态环境法典编纂契机将其融入环境法之中。综合而言,两种方案各有长短,但选择后者才是最优解,即通过规范在环境法体系中"另起炉灶"来构建转基因植物应用规范的理想架构,充分弘扬环境保护价值并回应环境治理需求。

(一)纳入环境法中可以完美构建理想规范体系

在环境法中规定转基因植物应用规范是针对转基因植物应用进行的规制重构,一定程度上可以突破当前不同部门法对转基因植物应用规范的限制而形成理想意义上的规范表达。这相较于对多个部门法进行修改,使得转基因植物应用规范的体系化程度会更强;同时,现有不同部门法中的规范多针对某一转基因植物具体类型或应用的某一环节进行设计,转基因植物类型的多样化和应用环节的多元化是现有转基因植物应用规范碎片化的原因之一,重新编纂可以实现对转基因植物类型、应用环节全覆盖,提高转基因植物应用规范的完整性。

需要明确的是,虽然将转基因植物应用规范纳入环境法特别是生态环境法典之中可以实现规范的体系化,但不加选择地将转基因植物应用规范全部

---

① 参见柯坚:《当代环境问题的法律回应——从部门性反应、部门化应对到跨部门协同的演进》,载《中国地质大学学报(社会科学版)》2011年第5期。

纳入则会导致环境法规制边界的模糊,反倒打乱环境法的规范体系,也不符合生态环境法典“适度法典化”的编纂要求。① 循此安排,转基因植物应用规范中涉及经济性和安全性的内容依旧可以保留在原有的部门立法中,而将与环境保护应然相关的规范予以纳入并对其实然缺失的环境保护内容予以补足。纳入与不纳入相互呼应,整体形成关于转基因植物应用一般法与特别法的规范体系。

(二)由环境法规制可更好平衡不同价值追求

在环境法尤其是在生态环境法典中规定转基因植物应用规范,可以在同一规范场域内综合平衡与转基因植物应用相伴生的不同价值。客观而言,不同的部门法存在特定的价值追求。各部门法价值追求的独特性很容易导致转基因植物应用规范对不同价值的平衡流于表面。通过在环境法中另行编纂的方式,可以对转基因植物应用规范进行条文重构以明确不同价值之间的关系,并规定利益协调的方式,进而在不同类型的正当利益发生冲突时提供确定且具有强制力的行为选择方案。总而言之,将转基因植物应用规范纳入环境法中可以更好地凸显该类规范的环境保护内涵,在转基因植物应用规制和环境保护规范协调、融合的过程中自然地提高前者的环境保护力度。同时借助环境法现有的价值平衡机制,实现转基因植物应用过程中安全性、经济性和生态性等价值的兼顾。这是对原有规范予以“小修小补”难以实现的增益。

如前所述,将转基因植物应用规范重新在环境法中编纂可以方便规范内部不同价值的协调。除此之外,由环境法专门规制转基因植物应用还可以借助生态环境法典编纂的时代红利,解决其与专利法等部门法目的失和等问题。主要原因在于,在各种立法活动中具有不可替代作用的法典编纂是立法的最高形式,②法典作为能够提供系统法律规则的中流砥柱,对其进行尊重应当是首要的原则。③ 换言之,法典在系统作用层面的不可替代性会催生其在规范层面上的解释优先性,当法典与其他立法规定相左之时,法典内的规范会代表着更高的效力层级。不仅如此,将与环境保护相关的转基因植物应用

---

① 参见张梓太:《中国环境立法应适度法典化》,载《南京大学法律评论》2009 年第 1 期。

② 参见吕忠梅:《环境法治建设十年回顾与环境法典编纂前瞻》,载《北京航空航天大学学报(社会科学版)》2023 年第 1 期。

③ 参见孙光宁:《法典化时代法律渊源体系的建构》,载《社会科学战线》2023 年第 1 期。

规范纳入环境法中,可以借助编纂活动对该类规范所涉问题进行系统且集中的研究,提高问题解决效率。

三、环境法规制转基因植物应用的二维理由

(一)环境法规制转基因植物应用的事理依托

转基因植物应用由环境法规制是否可行,需要从事理和法理的角度分析转基因植物应用规制与环境治理、转基因植物应用规范和环境法规范的适配性。

转基因植物不规范甚至违法应用造成的生态环境损害后果是环境法规制转基因植物应用的事实基础。结合转基因植物的生物特性分析,可以发现其不合理应用所造成的生态环境损害和传统的环境损害相比,存在相似的损害路径和损害结果,并由此产生了共同的规制需求。在此基础上,环境法中相对成熟的规制手段和经验,可以在转基因植物应用规制中直接适用。一方面,为复杂的转基因植物应用规制提供基本行为思路;另一方面,降低重新设定转基因应用制度的成本。

1. 污染源的外部性显露转基因植物应用规制与环境规制有共通的预防需求

转基因植物不同于一般意义上的杂交植物,转基因植物中的"转基因"并不是天然存在的,而是在实验室通过基因序列重组或编辑产生,是人为产物。在转基因植物应用过程中,一旦转基因植物与非转基因植物之间发生交叉授粉、种子混合、种植季节结束后遗留的种子生长等现象,①就会在不同的孟德尔遗传群体之间发生基因漂散,导致"转基因"进入原本没有此基因的植物基因组中。从转基因生成路径上看,"转基因"进入非转基因植物中具有外来侵入性,即让处于自然状态下的植物被迫接受非自身原有的基因物质。与此对照,作为生态环境损害产生原因之一的环境污染,通说是指人类向自然环境中排放了超过其承载能力的物质,污染物进入生态环境的路径具有外源性,

① See National Research Council, *The Impact of Genetically Engineered Crops on Farm Sustainability in the United States*, The National Academies Press, 2010, p.104.

是基于人类行为作用向自然界进行的物质侵入。故转基因植物不当应用产生的基因漂散和环境污染是相似的,所以前者也一度被定义为“基因污染”。

结果发生路径的相似决定了控制“基因污染”和环境污染的手段具有同质性。主要体现为:一是强调对“基因污染”的风险预防。通过加强对应用转基因植物行为的审查力度来减少风险发生;二是要控制污染物/“转基因”的源头排放/传播。以上在环境法规范和现有转基因植物应用规范中均有不同程度的制度体现,前者规定有总量控制、排放许可等,后者如要求转基因植物品种在进入市场或实验之前必须通过安全性评价等。二者的相似手段存在共同的目标指向,即尽可能地减少特定物质进入生态环境或者在进入时强调有限性和安全性。

2. 损害发生的隐蔽性指明转基因植物应用规制手段和环境规制手段相契合

“基因污染”在初始发生到完全造成损害结果这一中间阶段具有隐蔽性特征,即该损害的发生在植物内部通常无法被直观感知。借助传统环境污染的发生过程,可以更加直观地对“基因污染”发生的隐蔽性特征予以揭示。

首先,“基因污染”发生初始阶段即“转基因”进入自然界之时具有不可见性。转基因物质在不借助特有标识或特有设备的情况下难以被直观感知。转基因植物中的“转基因”进入自然环境,如携带有“转基因”的花粉的传播与非转基因植物花粉传播别无二致。

其次,“基因污染”在持续过程中也是相对隐蔽的。此阶段的隐蔽性源于转基因植物生长的周期性。在特定的生长周期内,转基因植物凭借和其他同品种植物相同的外观而不易被发现,但“基因污染”对于生态环境的影响却处于不断生成状态,如通过根系影响土壤生态系统的功能和健康。① 这与传统环境污染在初始发生阶段的隐蔽性是相似的,传统环境污染在初始阶段的隐蔽性源于生态环境的自净功能,污染物经稀释后导致该污染在外观上无法被轻易感知。

最后,在损害结果被发现上也具有隐蔽性。传统环境污染结果被发现一般是基于该污染具有明显的外在表现如空气刺鼻、水体黑臭等,与之相较,

---

① 参见张艳军、谢明、彭德良:《转基因作物对土壤微生物的影响》,载《应用生态学报》2013年第9期。

"基因污染"损害结果外观并不明显。该损害状态并不一定会造成其他生物明显的外在变化,对损害结果的确定往往需要分析特定生态系统中生物资源的整体变化情况。

"基因污染"的隐蔽性特征使得其规制手段与现有环境规制手段相契合。一是在规制主体上强调多元化。不仅公权力机关要在管理过程中发挥重要作用,强化监管力度并实现监管的常态化,还要提高公众参与的积极性。一方面要与公权力机关形成配合机制,为公权力机关的监管作为提供行为线索;另一方面要形成对公权力机关的监督力量,督促公权力机关合法高效地履行职责。二是在规制手段上要求专业化和科技化。损害发生的隐蔽意味着公权力机关与公众需要借助专业设备、了解相应的识别技术等来对"基因污染"后果进行判断。对此,在转基因植物应用规范中应当设定发展相应科学技术等内容。

3. 损害结果的严重性蕴含着转基因植物应用仿效环境责任承担方式的可能

环境问题通常具有不可逆性,污染一旦发生,治理难度大,甚至无法消除和恢复。[①] "基因污染"也具有此特征。但不同的是,传统环境污染治理虽然难度大但仍有治理成功的可能性,其无法恢复并非绝对,而"基因污染"是绝对意义上的不可修复。对此也可借助对传统环境污染的治理路径予以说明。传统环境污染的治理存在两种路径:其一,自我修复,即自然界通过自净功能将污染物质稀释并达至生态环境基线要求;其二,人工修复,即利用科学技术方法对污染物质进行针对性去除以恢复原状。但是,"基因污染"在以上两种路径中均无法得到有效治理。

首先,在自然界的自行作用下,"基因污染"非但不会减少"污染"面积,反而会扩大范围。"转基因"作为有机物质,与其他无机污染物如重金属等不同,"转基因"是具有生命的存在。当被"基因污染"的植物按照其生命周期进入繁殖阶段后,其花粉会通过不同的传播媒介转移到另一植物或同一植物的另一个品种中,从而使其后代不仅具有母本的遗传特征,而且也具有父本的遗传特征。[②] 换言之,"基因污染"与植物生长具有交互性。在植物自然生

① 参见吕忠梅主编:《环境法学概要》,法律出版社 2016 年版,第 79 页。

② 参见王建龙、文湘华编著:《现代环境生物技术》,清华大学出版社 2008 年版,第 2 页。

长过程中,“转基因”会被不断地“复制”,被“污染”的植物会变成新的基因“污染源”,不断地对其他植物的基因进行“改造”。

其次,人工修复“基因污染”的手段方法单一,修复手段的采取往往会造成新的生态破坏。目前,治理被“基因污染”的水体、土壤等环境要素的手段相对完备,如通过“活性炭吸附”“消毒灭活”等方式除去“转基因”。但转基因植物污染治理技术尚未成熟,实践中的通常治理手段是将被污染过的植物直接铲除。在自然作用下被“转基因”污染的植物往往呈现区域性生长样态,直接铲除对应的植物会损坏其作为植物本体而应有的生态服务功能如增加碳汇等,进而产生保护生态环境的行为却造成生态破坏的“二律背反”结果。相较于传统环境污染治理而言,“基因污染”无论是自然修复还是人工修复都存在缺陷,对其修复在一定程度上是不可能的。

“基因污染”的不可修复性对转基因植物应用提出了更高的行为要求,具体行为可在环境治理中找寻到行为参考模板。一是在损害结果救济上仍然坚持要求达到恢复原状目标。将污染物/“转基因”从特定的生态环境区域中清除,追求特定生态环境的原初状态,尽管“基因污染”和传统环境污染在生态环境修复的标准界定上可能并不一致。二是强化责任担当。“基因污染”的责任分配应当坚持无过错原则,避免采取过错责任原则导致因果关系证明不能而难以确定责任主体。三是明确“基因污染”修复的行为双重性。就治理“基因污染”反倒破坏生态服务功能的现象,要明确在治理“主行为”外增加补救生态功能的“辅行为”,如要求异地补绿、购买碳汇等,主辅双重行为结合以确保治理符合预期目标。

通过上述论证可以得出,“基因污染”在发生路径上和传统环境污染相似;尽管治理“基因污染”存在较高的行为标准,但在整体上契合环境治理的实践要求。故从事实层面上看,转基因植物应用由环境法规制并非浮泛无根的臆测。

(二)环境法规制转基因植物应用的法理意涵

事实上的依据为环境法规制转基因植物应用提供了基础,但环境法是否决定将转基因植物应用规范纳入自身范畴还需从法理层面进一步说明。转基因植物应用规范是否要纳入环境法范畴中要分析二者规范目标是否一致。对此可以借助与转基因植物应用规制相关的《生物安全法》《种子法》对标环境法制予以分析,尽管两部门法对于转基因植物应用规制的环保成分体现不足。值得注意的是,受社会实践和立法表述技术局限等的客观影响,成文法规范经适用所呈现出来的实践效果可能会与立法时的预设目标框架不符,产生期待偏离效应。因此,论证某规范是否与其他规范的立法目标一致,不能仅基于某规范的实然样态单一论证,而应在规范的实然基础上结合其应然状态予以综合说明。

转基因植物应用规范和环境法规范在作用场域、作用最终目的和发挥作用的方法等方面均存在契合之处。

1. 作用场域:协调实现环境保护与经济发展的平衡

环境法要对经济发展和环境保护的关系进行平衡已成为共识。从环境立法演变角度观察,其关系平衡存在三个阶段。① 第一阶段是环境保护让位于经济发展阶段。典型如1989年《环境保护法》第4条规定的要求环境保护工作与经济发展相协调,本质上是对经济发展的侧重,经济发展优先于环境保护。第二阶段是经济发展让位于环境保护的阶段。2014年《环境保护法》的重要变化即明确强调环境保护的基本国策,将经济发展与环境保护的协调关系互换,要求经济发展要符合环境保护的要求,最终创造可持续发展的社会运行结果。第三阶段是环境保护和经济发展的融合。"绿水青山就是金山银山"论断直观地解决了环境保护和经济发展的兼顾关系问题。在此基础上,此阶段摒弃了经济发展和环境保护简单二元对立关系的观念,重构了认知理论范式。通过强调二者的统一性,弱化其对立性,是对社会可持续发展主要矛盾、主要方面的精准把握,指明了未来社会的发展方向。在以上三个阶段中,环境法规范无论是起到引领改革的作用还是充当政策落实作用,都对经济发展和环境保护进行了平衡。

转基因植物应用规范同样可以在环境保护和经济发展中充当协调者角色。前已述及,尽管现有转基因植物应用规范受各自部门法影响而在规范目的上各有侧重,并导致了环保力度不足,但该力度不足也在客观上表明现有规范已经在环境保护领域发挥了一定作用或在未来有更多的作用发挥空间。

转基因植物应用规范内蕴经济发展的面向则更为明显。从规范文本角度观察,《生物安全法》在实质上存在经济发展侧重,如生物技术的健康发展

---

① 参见张忠民、李文贺:《能源规范"入典"的立法选择与逻辑证成》,载《南京工业大学学报(社会科学版)》2024年第2期。

是《生物安全法》的重点。我国生物技术产业的发展源于全球生物经济发展的推动,①我国生物技术产业必须坚持在保障国内生物安全的同时主动参与全球生物技术博弈。质言之,我国生物技术产业发展具有国内外区域二元性特征,二元场域的沟通焦点即生物经济。因此,《生物安全法》应当成为促进生物经济发展的规范承载。总而言之,该法中的转基因植物应用规范在应然状态下“能够推进经济发展与生态可持续的协调统一”。②《种子法》实质上也无法与经济发展相分离。首先,《种子法》的制定本身就是我国种业从计划经济转向市场经济的例证,《种子法》贯彻的是十分明确的市场经济精神,③以此推动中国种子产业化发展与市场经济发展相适应;其次,《种子法》要求政府和主管部门加强对种子市场中不同参与主体的交易行为管理及内在权力、权利等多重利益关系的结构性调整,并在此过程中充分考量市场经济发展需求。综上,《种子法》对于转基因植物应用的规制也会在经济发展和环境保护之间转圜,并面临与环境法相似的作用场景。

2. 目标追求:蕴含了保障公众健康的伦理主义取向

《种子法》《生物安全法》对于转基因植物应用的规制含有保障公众健康的内容,目的在于完善人们生存的外在条件,维护人的生命尊严。就此而言,转基因植物应用规范也必然包含着保障公众健康的意蕴,体现出较强的伦理主义色彩。

《种子法》规定了转基因植物品种选育安全评价制度,其中对于“安全”的认定标准是基于转基因植物对人体健康和生态环境产生的不利影响程度,并据此确定受体生物安全等级和转基因植物安全等级。对此,《农业转基因生物安全评价管理办法》有着详细规定。同时,《种子法》还规定了转基因种子文字标识制度,以期在形式上将转基因种子和其他非转基因种子进行区分,基于自身选择购买转基因种子并从事转基因产品生产的市场主体则承担了注明转基因文字标识的行为义务,从而对市场交易主体的选择权予以尊重,避免终端消费者保护自己的生命健康只能“依靠来自传统和现实的知识

① 参见刘长秋:《生物经济发展视野下的生物安全问题及其立法对策研究》,载《中国人口·资源与环境》2010 年第 5 期。

② 参见秦天宝:《论风险预防原则在环境法中的展开——结合〈生物安全法〉的考察》,载《中国法律评论》2021 年第 2 期。

③ 参见周永坤:《论法官查找法律的权力》,载《法学》2004 年第 4 期。

以及经验加上想象形成的各种生存智慧”。①

《生物安全法》对于公众健康的目标追求则更加外化,该法在目的条款中直接表明要“保障人民生命健康”。该法通过生物安全“媒介”保障公众健康体现在三个层次:第一,控制突发传染疾病,减少公众生命损害。从事前预防和事后控制两角度构建了应对重大新发、突发疫情的防控组织架构和行为制度体系,为快速应对传染病威胁、保障公众健康提供了宏观指导。第二,保护人类等生物遗传资源以维持公众健康稳定的现有状态。从国内和国际双重视野上看,保护我国人类遗传资源是了解我国公民普遍健康状况的基础,也是避免我国公众健康受到其他国际主体恶意针对导致严重后果的必要举措。② 第三,通过生物技术的发展,实现我国公众健康的正向增益。如创新生物技术以提高生物制药水平,对公民的疾病进行治疗以助其重归健康生活。通过对《生物安全法》进行分析,可以得出大致结论:该法对转基因植物应用的规制在一定程度上体现着对公众健康的关怀。就此而言,保护公众健康、助力健康中国的实现是转基因植物应用规范的客观且重要伦理指向。

环境法规范对于公众健康的追求早已经成为共识。“保障公众健康”是《环境保护法》的目的之一,同时,各污染防治法也都将保障及维护公众健康作为各自的目的内容,由此当然地体现出环境法规范对公众健康目标的追求;从环境法发展的历时性视角观察,环境保护起源于公害防治,并呈现出“从‘公害防治’‘自然环境保全’提升为‘可持续发展’”③的目的演化脉络,并在此进程中带动了环境法对保障公众健康的认识升级,即对公众健康的维护不仅应当满足基本生存需要,还应当满足公众的环境美学需求,关注点从聚焦于个人身体的单一物理特征转换到兼顾个人身心的物理、心理双重特征。

总而言之,保障公众健康是环境法规范和转基因植物应用规范所共同的行为关照,二者蕴含着相同的伦理主义取向。这为二者的统一整合提供了新的论证点和思路。以是否归属于保障公众健康的核心范畴为标准,可以形成

① 参见郭于华:《透视转基因:一项社会人类学视角的探索》,载《中国社会科学》2004年第5期。

② 参见伊力其、王永浩:《现代生物技术发展中生物安全风险的刑法治理》,载《科学管理研究》2022年第4期。

③ 吕忠梅:《中国环境立法法典化模式选择及其展开》,载《东方法学》2021年第6期。

关于二者规范的整合操作路线，最终形成理想意义上的规范体系。

3. 效果生成：强调行为的义务转向和智慧行政构建

治理“基因污染”需要行政机关积极主动作为。行政主体通过强化监管“基因污染”的能力，主动承担治理职责并矫正“基因污染”造成的利益失衡后果。事实层面上对行政机关作为主动性的强调投射到规范层面，就要求转基因植物应用规范表现出一定程度的法律家长主义，通过增设义务性条款的方式，为“污染者”设定“更为细致的硬家长主义的实质约束”，①以增强行政机关的作为合法性。这也意味着对于转基因植物应用更加强调应用主体的行为义务。甚至在一定程度上，此种行为义务约束会影响到转基因植物品种研发端口的权利赋予。义务性条款想要得到被规范主体的认可和配合，需要同等甚至更高水平的执法能力予以配套。于是，转基因植物应用规范的设置便转换为行政机关如何有效执法的命题。对此，利用大数据等新科技手段赋能行政机关有效作为，以此实现智慧行政的构建是破解该命题的关键。

一方面，运用大数据等手段可以提高行政机关监管“基因污染”的能力。可以通过对比不同时间截面的基因静态数据来检验特定时间段内的监管效果，据此调整行政监管资源的注入比例和投放强度；还能基于数据的动态变化及时开展行政活动，提高治理“基因污染”的效率。另一方面，大数据对事实的客观呈现可以有效发挥出证据的部分功能，行政机关依据客观数据，可以降低被管制人员的主观侥幸心理从而提高对行政机关执法行为的配合度。转基因植物应用规范实践效能的提升对大数据等新科技手段的适用具有依赖性。但仍须说明的是，转基因植物应用规范在实践中的效果发挥不能完全依赖科技，还应当尊重基本的法律伦理价值和法律解释方法，增强法律社会属性的同时避免出现“科技沙文主义”。

与此同时，环境法规范在其效果生成过程中同样依赖科学技术手段的应用。如在《环境保护法》中以立法的形式确定了发展科学技术的重要站位，要求加快环境保护技术、污染预警技术等的进步。在行政执法层面，环境行政机关更加倾向利用科学技术开展远程执法、智慧执法，等等。转基因植物应用规范和环境法规范的效能生成均强调新、高科技手段的运用，这意味着二者均呼唤着智慧行政的构建。虽然在环境法的理论研究中还存在权利或义

① 参见孙良国：《法律家长主义视角下转基因技术之规制》，载《法学》2015年第9期。

务的本位之争,但社会主体在其生产、生活中应当承担一般性的环境保护义务应无异议。就此而言,环境法规范与转基因植物应用规范在义务性要求上体现出一定程度的契合性,尽管二者可能在义务性的强度标准上存在差异。总地来说,二者的行为义务转向及对智慧行政的期待强化了二者在规范层面融合的可能性,这为环境法设定转基因植物应用规范提供了新的理论视角。

四、转基因植物应用规范纳入生态环境法典的具体方案

"基因污染"和环境损害的相似特征从事理层面回应了环境法规制转基因植物应用"是不是"的诘责;转基因植物应用规范和环境法规范在法理层面的契合则是对"行不行"的回答;将转基因植物应用规范纳入环境法中带来的理想法律体系构建、价值追求平衡等功能则廓清了"要不要"的行为方向。综合以上分析可得最终结论,即与环境保护密切相关的转基因植物应用规范能够且应当纳入环境法中。随着生态环境法典编纂的推进,转基因植物应用规范进入环境法中可以结合法典编纂予以考虑,将转基因植物应用规范纳入法典中不是将二者简单拼凑,而是要遵循一定的内在法律逻辑、在全面覆盖各自规制对象的同时满足消弭二者表达冲突、补足各自功能的需求,进而统筹立法理念和立法目的,连接法律原则和具体规则,为现实中的法律适用提供指导。对此,可以按照"理念-原则-规则"的逻辑进路探索转基因植物应用规范纳入生态环境法典的步骤安排。

(一)遵循适度化理念,把握二者融合的合理节奏

现有与转基因植物应用有关的规范较多且相互之间存在一定的冲突,将此类规范全部、一次性地纳入生态环境法典中既不科学,也不具有可操作性。转基因植物应用规范和环境法规范的融合应以"适度化"为基础理念,合理安排入典节奏。基于时间维度考察,将转基因植物应用规范纳入生态环境法典的过程应当是渐进式、阶段性的,会横跨法典的多个修改完善周期;立足空间维度分析,在不同的规范入典阶段,生态环境法典不能囊括所有转基因植物应用规范内容,必然存在部分规范无法纳入的情形,此种情况可以暂时通过修改单行法等方式予以应对。此外,"适度化"理念还对立法者提出了更高要求。主要表现为适度融入必然具有动态性特征,立法者要持续关注环境法规

范和转基因植物应用规范的实践进展，精准掌握二者的规范演绎动向。

纵观整个纳入过程可知，纳入初期的难度相对较低，后续阶段以前一阶段纳入情形为基础，难度会逐渐增加。具体来说，纳入初期更多地体现为过渡性质，因此应当将与环境保护相关的转基因植物应用规范抽象化，形成承载该规范基本法律价值和伦理取向的条文，并在其形成过程中与环境法规范充分衔接，核心在于实现二者价值理念的互通。纳入中期则应促进二者制度性内容的融合，在关注各自制度时代性变化的同时打通二者制度之间的链接通道，具体方式如制定相同制度、设定制度之间的引致条款等。纳入后期则应当更加注重规范的体系性，关注融合后规范的可适用度。分阶段、有层次、有重点的融合，可以为转基因植物应用规范纳入生态环境法典这一立法活动提供更多的公众讨论时间、空间，形成纳入结果的基础共识。

值得注意的是，在纳入初期，不仅要对转基因植物应用规范进行价值抽象，还要关注到环境法的最新发展，以此确定对前者条款予以抽象的锚点。中国法学会环境资源法学研究会已经初步形成《生态环境法典（专家意见稿）》，《生态环境法典（专家意见稿）》形成“总则编—污染控制编—自然生态保护编—绿色低碳发展编—生态环境责任编”的体例结构。结合各编的不同规范重点，转基因植物应用规范与“总则编”“污染控制编”“自然生态保护编”有所关联，且应重点落脚于“自然生态保护编”中。

（二）寻找共同性原则，促进相同价值的宏观引领

“适度化”理念为转基因植物应用规范纳入生态环境法典提供了整体思路，要求当前阶段仅将前者内蕴的法律价值和伦理取向予以抽象，并结合实际情况寻找规范设置的具体点位。在此基础上，还需要回答具体以何种形式展现当前阶段纳入内容的问题。具而言之，法律原则可以作为对应纳入内容的外观承载。法律原则独立于法律规则，贯穿于法律之中并可以指导具体规则的构建。一方面，具体规则的制定必须符合法律原则的价值内涵，不能与其相悖。在生态环境法典中通过法律原则的形式呈现转基因植物应用规范的基本价值，可以为后续具体制度、规则的构建奠定基本框架。另一方面，法律原则可以在法律规则冲突或缺失之时发挥协调和补充作用，通过法律解释方法提高规则的实践价值。综合实然与应然状况，在初期纳入阶段，经价值抽象形成的原则应当体现为风险预防原则、高质量发展原则、肇因者负责原则等。

首先,明确风险预防原则。风险预防不仅是环境法的重要原则,也应当在转基因植物规范中发挥行为指引作用。风险预防原则在转基因植物应用规范中的确定,目的是在转基因生物安全风险得以清晰前,赋予一些机构权力,通过行为限制来阻止其过快发展,①并以此为准则形成关于转基因植物科学应用的发展思路,把握有序、可控的发展节奏。同时,确定风险预防原则也是在方法论意义上对环境法调整转基因植物应用中科学不确定性的应对,是对环境正义的关照。② 对于风险预防原则和其他与转基因植物应用相关的原则如"实质等同原则""适度控制原则"之间的区分,则应当在确定"实质等同原则"等与"风险预防方法""风险预防措施"的关系基础上整体把握。③

其次,确定高质量发展原则。基于保障国内粮食供应稳定、参与国际转基因植物技术竞争等现实要求,加快转基因植物应用特别是在符合环保要求的基础上适当进入市场仍是转基因植物应用规范的任务之一。其发展应当符合高质量的水平要求,这也是与环境法"可持续发展"目标之间的衔接。"高质量"具体可以拆解为环保、安全、民主等要素。环保意味着转基因植物的应用要考虑到对生态环境的影响,存在较大风险时应禁止市场化,这是推动高质量发展的前提;安全则是要保障转基因植物从研究到市场化的整个过程符合健康风险控制标准;民主是尊重市场消费者知情权、选择权的必然,转基因植物的产品市场化应保障消费者的溯源需求。以上要素的权衡可按照帕累托最优思维谋求利益最大化。

最后,设置肇因者负责原则。在符合安全性制度要求的前提下,转基因植物应用依旧可能存在无法预料的风险。当风险转化为危险并造成损害,转基因植物应用者应当对此负责。为充分救济受损害对象的合法利益,转基因植物应用者须定义为一个集合概念,其中既包括转基因植物应用过程中的技术研发主体、产品生产主体,还包括销售主体。同时,应承认受损害者对以上主体具有救济选择权。

---

① 参见金铭、李艳芳:《风险预防原则在转基因食品安全领域的适用》,载《学术交流》2016年第10期。

② 参见王明远、金峰:《科学不确定性背景下的环境正义——基于转基因生物安全问题的讨论》,载《中国社会科学》2017年第1期。

③ 参见高建勋:《转基因作物产业化之风险预防原则的困境与出路——兼论"实质等同原则"的价值回归》,载《自然辩证法通讯》2021年第6期。

（三）修改规则性内容，制定差异制度的沟通路径

纳入理念的明确和抽象原则的确定从宏观上提供了转基因植物应用纳入生态环境法典的思路和方法。在此基础上，仍要从微观角度出发，对具体单行法的规则表述进行修改，为后续具体制度的纳入减少阻碍，更好地提升环境法规制转基因植物应用的体系性。

按照“概念—制度—行为”的思考层次，修改规则性表述应当分别从统一法律概念、加强制度衔接、划分规范类型等三方面发力。

首先，法律概念作为法律条文中不可或缺的组成要素，对于法律体系的塑造和法律解释边界的确定具有重要的意义。转基因植物应用规范纳入环境法要面临两组概念的重塑。第一组是转基因植物应用规范的内部概念。当前，转基因植物应用规范中与转基因植物相关的概念纷杂，并由此产生规制对象在事实包含关系层面上的混乱。对此，应当理顺转基因植物应用的概念体系。具体可以按照植物的种属包含关系总结现有法律、规章的表述内容，从大到小确定“转基因生物 > 转基因植物 > 转基因种子/转基因林木/转基因草”的金字塔式概念结构。同时，“转基因植物产品”作为含有商品属性的概念，应当在特殊规范场景即规定市场交易活动中存在。“转基因动植物”这一概念因其在事实维度上处于转基因生物和转基因植物之间，可以被其上下种属概念分解，继而没有存在的必要性，可从概念体系中移除。

其次，需要加强衔接的制度类型主要包括实体意义上的制度和程序意义上的制度。对于实体性制度的衔接，如果现有的环境保护制度可以完整涵盖转基因植物应用制度内容，就可以直接将后者废除或者通过引致条款将具体规制行为转接到环境法中，避免制度之间的重复；当与转基因植物应用有关的制度无法由现有环境法制度解释得出，则要对该制度予以保留。通常意义上，与转基因植物应用有关的程序性制度如信息公开制度等，在环境保护制度中已有体现，对此可以直接适用环境法中相关制度的规定。

最后，要对具体规范进行类型化。以行为是否具有强制力为标准进行区分，转基因植物应用规范可以分为柔性规范和刚性规范。柔性规范与刚性规范之间的关系处理与效能发挥则可以直接参照环境法中刚柔规范的处理方式和实践途径。

五、结语

基于不同部门法范围划分差异、不同规范价值平衡侧重等多重因素影响,与环境保护相关的转基因植物应用规范散见于不同部门法中且没有形成核心的价值目标指向。对此需要环境法发挥对应的规制作用,在环境法中设置转基因植物应用规范并非不言自明,需要结合事理和法理予以综合分析、论证。总体来看,将转基因植物应用规范归入环境法体系并纳入生态环境法典之中,是提高问题解决效率并构建理想体系的最优选择,既可以补强转基因植物应用规范中的环保力度,还可以重塑该类规范的目标价值。不可否认,在“适度化”理念指引下,转基因植物应用规范在生态环境法典中的具体表现形式和阶段性修改还有待探讨,而这也构成了未来要持续研究的方向。

【学科各论】

兰大法律评论(2025 年卷第一辑)
第 205 ~222 页

行政公益诉讼举证责任分配规则的构建

陈海嵩　卢柯杉*

目　次

摘　要　《行政诉讼法》第 34 条规定行政诉讼在行政行为合法性上实行举证责任倒置,但未专门明确此分配规则在行政公益诉讼中的可适用性,故而学界与实务界均持有不同立场。公平原则、利益原则、便利原则与平衡原则作为分配举证责任的统领性指南,具体在主张、证明及承担事实认定的不利后果三层次发挥效用。一般行政诉

* 陈海嵩,兰州大学外聘高级专家,武汉大学法学院教授、博士生导师;卢柯杉,武汉大学法学院硕士研究生。

讼中双方当事人举证能力悬殊,举证地位失衡,根据分配原则的指引实行举证责任倒置。行政公益诉讼则特别设置了诉前程序,检察机关拥有法律监督机关的角色定位及富有公权力色彩的调查核实权,其与行政机关的举证能力和地位相对平衡,整个诉讼呈现出“权力”与“权力”的对抗局面,与现有一般行政诉讼的责任分配逻辑存在根本冲突。因此行政公益诉讼更合理的举证责任分配规则是将倒置恢复至正置,明确检察机关“应当”而非“可以”提供行政行为违法的证据,在时间顺序上由检察机关最先提供证据证明,在无法证成时承担事实认定的不利后果。

关键词 举证责任分配原则;行政公益诉讼;检察机关;诉前程序

当前,学界和实务界均对行政公益诉讼中举证责任的分配问题存有争议,主要体现在能否直接适用一般行政诉讼的分配规则上。“行政诉讼要解决的核心问题是被诉具体行政行为是否合法”①,通常这也是法院审判关注的重点,因而争论便聚焦于应当由检察机关证明行政行为违法还是由行政机关证明行政行为合法。《行政诉讼法》第34条规定一般行政诉讼由行政机关承担证明责任,并未具体明确行政公益诉讼的举证分配规则,导致目前众说纷纭。本文围绕这一争议焦点按以下逻辑进行论证:首先阐明分配举证责任的原则,其次具体辨析一般行政诉讼与上述原则的互动机理即被诉行政行为合法性要件举证倒置的原因,最后探讨一般行政诉讼的分配逻辑能否直接应用于行政公益诉讼,如若不能则行政公益诉讼应当如何制定分配规则。

一、举证责任的内容及其分配原则

(一)当事人举证责任的三层构造

学界对举证责任的概念辨析及类别归纳讨论诸多,观点各异,有主观责任及客观责任、推进责任及说服责任、行为责任及结果责任等不同说法。我国现有法律及司法解释如《行政诉讼法》虽有“被告对作出的行政行为负有举

① 黄杰主编:《中华人民共和国行政诉讼法诠释》,人民法院出版社1994年版,第104页。

证责任”等相关表述，却并未明确解释此处“举证责任”的含义，均在一定程度上制约了对行政公益诉讼举证责任分配规则的讨论。相较于归纳并统一关于举证责任的种种观点，笔者认为更高效的路径是坚持实用性视角，以实践为原点按诉讼的时间顺序说明当事人可能承担的举证责任具体是什么，从而明确展开“行政公益诉讼中举证责任分配”问题讨论的对象。

具体而言，可按时间先后顺序将当事人的举证责任分为三个层次：主张、证明、承担后果。首先，当事人应针对某一待证事实提出自己的主张，此为法院审理的基础。其次，必须有一方当事人提供证据来证明上述主张的对错真伪，该举证责任可能由提出主张者承担，即“谁主张谁举证”，也可能由对方当事人承担，即举证责任倒置。并且该举证责任会随着诉讼过程的推进在双方当事人之间转移，因为通常情况下，双方当事人会对同一证明对象持相反立场，承担举证责任的一方当事人若提供相应证据并达到证明标准、获得法官认可，相当于已完成证明该主张的责任，另一方为了增强自身立场的可信度也会提供证据进行反驳，此时，举证责任就在双方间不断转移。[①] 最后，随着双方不断地证明，案件事实可能呈现出两种状态，第一种是通过双方举证法官已经查清案件事实的理想状态，此时双方提供的证据足以证明某一方当事人的主张成立或不成立，法官根据案件事实的证明情况决定事实认定结果即可；第二种是虽然双方已尽可能举证但由于举证不能等原因导致法官无法查清案件事实的特殊情形，此时法官仍旧必须作出判断、要求某一方当事人承担事实认定的不利后果，在这种事实真伪不明的情况下所作的认定实为一种推定假设。

据此，讨论行政公益诉讼中举证责任的问题，实际上就是在讨论谁应当提出主张、谁应当对主张进行证明、谁应当承担事实认定的不利后果三个问题，且第三个问题应视案件事实的查明程度分类讨论。

（二）举证责任分配的原则及其作用机制

现有研究提出了多种可能影响举证责任分配的因素，但案件的复杂性决定了不能单纯依赖某一理论解决举证责任的分配问题，应当构建逻辑化的原

① 参见刘巍：《行政诉讼举证责任转移的学理分析》，载《政治与法律》2008年第5期。

则体系。比如,目前有证据偏在①、主张盖然性低者举证②、主张积极事实者举证③等理论,但这些影响因素的关系如何、同时存在的情况下应以何者为准等都是未知数,即便采纳某一因素也无法否认其他因素在该类型案件中的可适用性。因此,需要抽象出举证责任分配原则作为判断标准,厘清各因素的关系,探究各因素作用于举证责任分配的内在逻辑。

虽然当前学者对举证责任分配原则的称呼各异,但核心内容并无太大差别,可归纳为公平原则、利益原则、便利原则和平衡原则。公平原则即"谁主张谁举证";利益原则即当事人对有利于自己的事实承担举证责任;便利原则即有举证便利条件者优先举证、侧重举证,必要时可以免除举证不利者的举证责任;平衡原则即举证责任分配时要充分考虑当事人双方举证地位的差异,注意平衡双方的举证能力。④ 基于此,笔者将以上述举证责任三层次为视角分别详细论述上述原则发挥作用的内在机制。

在提出主张阶段,双方当事人必须都有自己的主张,这样才能形成相互对抗的诉讼局面,因此主要讨论证明及承担后果阶段的举证责任分配原则。首先,在证明阶段,一般情况下根据利益原则和公平原则实行"谁主张谁举证"的分配规则,由提出有利于自己的主张的一方当事人证明该主张。在双方当事人举证地位及能力不平衡的特殊情况下,根据便利原则和平衡原则使举证责任有所侧重或者举证责任完全倒置,综合考量双方当事人不平衡的举证地位及举证能力,有举证便利条件者优先举证、侧重举证,在双方地位完全失衡时可以免除举证不便利者的举证责任。同时,此阶段的举证责任会随着证明情况的变化在双方间转移。最后,在承担结果层面,若根据双方举证可以查清事实,则根据前述承担举证责任者的证明情况决定认定结果,如能证明成功则作出对其有利的事实认定。当事实真伪不明时,可以根据平衡原则作出有利于举证弱势一方当事人的解释,即令举证地位和处境占优的当事人

---

① 参见刘华:《检察机关公益诉讼调查程序立法研究》,载《人民检察》2020年第13期。

② 参见裴国智、彭剑鸣、王彬主编:《证据法学教程》,中国人民公安大学出版社2005年版,第201页。

③ 参见宋英辉、汤维建主编:《证据法学研究述评》,中国人民公安大学出版社2006年版,第343页。

④ 参见刘金友:《论我国举证责任分配的基本原则》,载何家弘主编:《证据学论坛》第3卷,中国检察出版社2001年版,第195页;季美君:《举证责任的分配原则》,载何家弘主编:《证据学论坛》第11卷,中国政法大学出版社2006年版,第235页。

承担事实认定的不利后果。

在明确举证责任分配原则及其作用发挥机制的基础上，本文将具体辨析现有一般行政诉讼的举证责任分配逻辑，分析其是否能应用于行政公益诉讼，最后根据行政公益诉讼的特点构建合理的举证责任分配规则。

二、一般行政诉讼的举证责任分配规则

（一）现有规范：谁主张谁举证与合法性要件倒置结合

首先应明确讨论行政诉讼举证责任分配问题的对象，对此要区分法律及司法解释中规定的程序法上的举证责任和实体法上的举证责任。前者是原告提起诉讼时需要提供的证据，影响立案结果；后者是诉讼中当事人对实体性事实进行举证，影响诉讼结果。显然只有后者是当前举证责任分配问题的争议焦点。“行政诉讼要解决的核心问题是被诉具体行政行为是否合法”①，对这一事实之举证责任分配规则的特殊规定，也是行政诉讼区别于其他诉讼的重要原因，故而目前学界对举证责任分配的争论，本质是对谁有责任证明“被诉行政行为是否合法”这一实体性事实的争论。

根据现行规范，原告需要证明的实体性事实包括“在起诉被告不履行法定职责的案件中，原告应当提供其向被告提出申请的证据”，“在行政赔偿、补偿的案件中，原告应当对行政行为造成的损害提供证据”②，关键在于针对被诉具体行政行为，虽然原告主张行政行为违法但无须举证，仅是“可以提供证明行政行为违法的证据。原告提供的证据不成立的，不免除被告的举证责任”③，而“被告对作出的行政行为负有举证责任，应当提供作出该行政行为

① 黄杰主编：《中华人民共和国行政诉讼法诠释》，人民法院出版社1994年版，第104页。

② 《行政诉讼法》第38条规定，在起诉被告不履行法定职责的案件中，原告应当提供其向被告提出申请的证据。但有下列情形之一的除外：（一）被告应当依职权主动履行法定职责的；（二）原告因正当理由不能提供证据的。在行政赔偿、补偿的案件中，原告应当对行政行为造成的损害提供证据。因被告的原因导致原告无法举证的，由被告承担举证责任。

③ 《行政诉讼法》第37条规定，原告可以提供证明行政行为违法的证据。原告提供的证据不成立的，不免除被告的举证责任。

的证据和所依据的规范性文件"①。司法实践中,普通行政诉讼的原告只需要提供证明其诉讼请求的事实依据即可,决定法院判决结果的核心因素为被告能否提供相关证据证明其行政行为合法。

由此,与前述举证责任的三层次相对应,一般行政诉讼中实体性事实的举证责任分配仍是"谁主张谁举证",只是在被诉具体行政行为的证明上实行举证责任倒置,承担举证责任者的证明情况决定事实认定结果。具体而言,原则上原告应对自己的主张进行证明,如原告主张被告不履行法定职责则应当提供其向被告提出申请的证据、行政赔偿和补偿案件中原告应举证证明行政行为造成的损害。但在被诉具体行政行为的合法和违法证明上,原告主张行政行为违法但无须举证,反而是由被告证明其行政行为合法。

(二)一般行政诉讼举证责任分配的内在逻辑

在明确举证责任分配规则的基础上,还应探究一般行政诉讼分配普通原告和行政机关举证责任的内在逻辑及影响因素,这需要具体分析举证责任分配原则如何在一般行政诉讼中发挥作用,从而指向现有的责任分配结果。在第一层主张阶段,双方对同一证明对象持不同立场,以被诉具体行政行为为例,原告主张该行政行为违法,被告主张该行政行为合法。在第二层证明阶段,原则上根据利益原则和公平原则采取了一般的"谁主张谁举证",但真正凸显行政诉讼区别于其他诉讼之特殊性的则是"被诉行政行为举证责任倒置"。在这一层面,判断谁应当承担举证责任的标准是便利原则和平衡原则,参考因素是双方严重失衡的举证能力,事实基础是行政机关处于管理者的强势地位,并且行政诉讼可被视为行政机关作出被诉行政行为之行政程序的延续,相当于举证责任的延续和再现,故掌握相关行政证据的行政机关拥有绝对的举证便利,应采取举证责任倒置的规则给予弱势原告一定优待。② 在第三层结果阶段,根据《行政诉讼法》第69条,对被诉行政行为承担举证责任的行政机关,只有证明到"证据确凿,适用法律、法规正确,符合法定程序"的程度方能胜诉,否则将败诉。此时隐含的意思是,经过双方举证法官仍无法查

---

① 《行政诉讼法》第34条规定,被告对作出的行政行为负有举证责任,应当提供作出该行政行为的证据和所依据的规范性文件。被告不提供或者无正当理由逾期提供证据,视为没有相应证据。但是,被诉行政行为涉及第三人合法权益,第三人提供证据的除外。

② 参见宋英辉、汤维建主编:《证据法学研究述评》,中国人民公安大学出版社2006年版,第343页。

清事实时，由行政机关承担败诉的不利后果，即假定行政机关的行政行为违法。部分地方司法文件则直接说明“诉讼各方对同一事实分别举出相反的证据，但均没有足够理由否定对方证据的，法院应当作出有利于原告的解释”①。

三、行政公益诉讼与一般行政诉讼举证责任的分配逻辑相冲突

一般行政诉讼对“被诉行政行为”这一核心要件的举证责任分配作出倒置的特殊规定，是依据便利原则和平衡原则，考虑原被告双方举证地位悬殊现状的应有之举。通常情况下，学界认为行政诉讼是包含公益诉讼和私益诉讼的上位概念，即行政诉讼和行政公益诉讼是一般与特殊的关系，②那么理论上似乎举证责任倒置作为行政诉讼的一般规律应直接适应于行政公益诉讼，但较晚出现于我国的行政公益诉讼具有自身独特性，以下将具体探析行政诉讼与行政公益诉讼的本质区别，以及此种区别能否阻止举证责任倒置一般理论在后者的延伸适用。

（一）检察机关的身份定位与普通原告不同

现有不同法律与司法解释之间的衔接并不顺畅，对检察机关在行政公益诉讼中的身份定位有不同认识，这在一定程度上阻碍了对行政公益诉讼举证责任分配问题的讨论。《宪法》第 134 条、《人民检察院组织法》第 20 条及第 21 条、《人民检察院公益诉讼办案规则》第 2 条认为检察机关的身份定位是法律监督机关，提起公益诉讼是检察机关行使法律监督职权的手段之一，督促行政机关依法履职是检察机关办理公益诉讼案件的任务之一。最高人民法院、最高人民检察院《关于检察公益诉讼案件适用法律若干问题的解释》第 4 条则指出检察机关是以“公益诉讼起诉人”的身份提起公益诉讼，但并未定义这一新称呼所代表的具体内涵，只说明其诉讼权利的具体内容由《行政诉讼法》规定，法律及司法解释另有规定的除外。然而该法仅对一般当事人的诉

---

① 北京市高级人民法院《关于办理各类案件有关证据问题的规定（试行）》（京高法发〔2001〕219 号）第 131 条规定，诉讼各方对同一事实分别举出相反的证据，但均没有足够理由否定对方证据的，法院应当作出有利于原告的解释。

② 参见何玲、田晓晴：《论行政公益诉讼举证责任的分配》，载《江苏警官学院学报》2020 年第 6 期。

讼权利作出说明,尚无关于检察机关的专门规范。

学界和实务界对此也各持观点。“原告说”认为检察机关在诉讼程序中的身份定位是一般的诉讼当事人,与普通诉讼的原告无异。① “法律监督说”认为检察机关承担着法律监督者而非普通当事人的角色,提起行政公益诉讼正是检察机关履行法律监督职能的手段之一。② “双重身份说”则折中地认为检察机关在公益诉讼中兼具原告和法律监督者的双重身份,不能完全以某种单独身份自居。③ 也有学者认为“公益诉讼起诉人”“提起诉讼”等表述有误,检察机关拥有的双重身份实为法律监督者和公益代表者,公益代表是检察机关的基本属性而非特有资格或者本质属性,检察机关有权作为“公诉人”提起公诉,检察公益诉讼就是公诉多样化种类的一种,是其公诉职能在公益诉讼领域的体现。④

笔者认为,检察机关在公益诉讼中的身份定位是法律监督机关,其基于法律监督职权提起行政公益诉讼,这也是其区别于其他起诉主体的关键。《行政诉讼法》规定只有行政行为的相对人以及其他与行政行为有利害关系的公民、法人或者其他组织才有权提起诉讼,从构建公益诉讼制度的起点来看,并不满足上述条件的检察机关为何能够提起行政诉讼是探究检察机关身份定位不可回避的问题。能够代表公共利益的天然属性固然是检察机关可以代表行政行为相对人提起诉讼的根本原因,但纵观公益诉讼整体,这无法真正区分检察机关和其他同样能够提起诉讼的主体如社会组织,即便双方都能代表公共利益,根据现行规范也明显在收集证据的手段等具体方面存在差异。在公益诉讼中塑造检察机关独特地位的根本原因为检察机关是法律监督机关。从某种程度上说,检察机关提起行政公益诉讼本质上是司法权对行

① 参见陈丽玲、诸葛旸:《检察机关提起行政公益诉讼之探讨——从现实和法理的角度考察》,载《行政法学研究》2005 年第 3 期;赵俊:《环境行政公益诉讼诉前程序与诉讼程序衔接机制研究》,载《学习与探索》2023 年第 3 期。

② 参见孙谦:《设置行政公诉的价值目标与制度构想》,载《中国社会科学》2011 年第 1 期;王周户:《检察公益诉讼中的案件范围界定与检察职权配置》,载《人民检察》2023 年第 23 期。

③ 参见朱全宝:《论检察机关提起行政公益诉讼:特征、模式与程序》,载《法学杂志》2015 年第 4 期。

④ 参见谢鹏程:《论法律监督与公益代表——兼论检察机关在公益诉讼中的主体地位》,载《国家检察官学院学报》2021 年第 1 期。

政权的制约和监督,①直接提起诉讼和我们通常所说的制发检察建议、提出抗诉都是检察机关进行法律监督的外在表现形式。“原告说”理论抗拒法律监督机关定位的核心原因之一便是担心此定位将破坏传统行政诉讼平衡对称的构造。对此需要明确区分“提起诉讼”和“对诉讼活动的监督”,二者虽同在检察机关的法律监督职责项下,却是两种不同的履职形式。最高人民检察院原民事行政检察厅厅长郑新俭在最高人民检察院通报检察机关提起公益诉讼试点工作推进情况发布会上指出,“就提起诉讼而言,这是对不遵守法律的机关、法人和公民个人进行的法律监督”,“而检察机关行使诉讼监督职能,是对人民法院的诉讼活动进行的法律监督”②。故关键在于协调这两种法律监督而非直接否定检察机关提起并参与行政公益诉讼的法律监督角色。

同时,最高人民法院及最高人民检察院在制定司法解释时也在刻意避免使用“公诉人”“原告”的表述。最高人民法院、最高人民检察院《关于检察公益诉讼案件适用法律若干问题的解释》规定了诉讼阶段检察机关的相关情况,观察该司法解释的制定过程可发现,从始至终最高人民法院、最高人民检察院都从未将检察机关在公益诉讼中的角色定性为“公诉人”。最高人民法院披露了该司法解释制定过程中的相关信息,最高人民法院、最高人民检察院向全国人大常委会法工委征求意见时,法工委在回应一审公益诉讼案件的管辖问题时,专门用了“人民检察院作为原告”的表述,但 2018 年最高人民法院、最高人民检察院正式公布的版本却改“原告”为“公益诉讼起诉人”,这也在一定程度上反映了最高人民法院、最高人民检察院对检察机关身份定位的态度偏向。

因此,在一般行政诉讼中,普通原告提起诉讼的权利基础是“救济权”,但在行政公益诉讼中,检察机关提起诉讼的权力来源却是法律监督权,属于司法权对行政权的监督制约,③使行政公益诉讼呈现出类似于“权力”与“权力”对抗的局面。根据便利原则和平衡原则,一般行政诉讼倒置举证责任的核心原因之一是普通原告处于弱势举证地位,但普通原告和检察机关在两类诉讼

---

① 参见曹建明:《深入学习贯彻习近平总书记重要指示精神 发展完善中国特色社会主义公益司法保护制度》,载《学习时报》2017 年 9 月 29 日,第 1 版。

② 《最高检通报检察机关提起公益诉讼试点工作推进情况发布会》,载最高人民检察院网 2016 年 1 月 6 日,https://www.spp.gov.cn/spp/c107929/xwfblist.shtml。

③ 参见曹建明:《深入学习贯彻习近平总书记重要指示精神 发展完善中国特色社会主义公益司法保护制度》,载《学习时报》2017 年 9 月 29 日,第 1 版。

中的身份定位存在本质差异,这要求我们据此差异重新审视举证责任倒置规则在行政公益诉讼中的可适用性。

(二)检察机关拥有更强势的调查取证能力

从理论上讲,普通原告和检察机关提起诉讼的权利(力)来源不同,决定了双方收集证据的权利(力)性质不同,导致双方调查能力存在根本差别。《人民检察院组织法》第21条明确指出检察机关行使法律监督职权,“可以进行调查核实”。① 具体来看,调查核实权派生于检察机关提起公益诉讼的权力,而检察机关提起公益诉讼又衍生于检察机关的法律监督权。② 因此,相较于普通原告,检察机关的调查核实权也应划在法律监督职权项下,具有强烈的“权力”属性而非“权利”属性,其行使调查核实权的活动实为运用公权力的法律监督职能活动,与直接参与公益诉讼的当事人开展调查取证的诉讼权利完全不同。③

法律及司法解释赋予检察机关更为优越的调查核实权。根据最高人民法院、最高人民检察院《关于检察公益诉讼案件适用法律若干问题的解释》第4条,检察机关除了普通原告依据《行政诉讼法》拥有的诉讼权利,还可以根据其他法律、司法解释的“另有规定”享有其他权利。此后,我国也通过相关司法解释进一步明确了检察机关调查核实权的具体内容,各地亦先后出台了有关检察公益诉讼的地方专项规定,不断强化检察机关的调查核实权,包括但不限于应坚持的“依法、客观、全面”原则,可采取的多样化调查收集证据手段,相较于普通原告特别拥有调取执法卷宗材料、勘验物证及现场、组织听证、财产查询、自行证据保全等手段。特别值得注意的是,由于行政诉讼中普通原告无举证责任,故《行政诉讼法》并未设置行政机关及其工作人员配合原告取证的义务,但司法解释与地方专项规定却明确了行政机关及其工作人员有配合检察机关调查的义务,并制定了相应的保障措施。以行政机关及其工

---

① 《人民检察院组织法》第21条规定,人民检察院行使本法第20条规定的法律监督职权,可以进行调查核实,并依法提出抗诉、纠正意见、检察建议。有关单位应当予以配合,并及时将采纳纠正意见、检察建议的情况书面回复人民检察院。抗诉、纠正意见、检察建议的适用范围及其程序,依照法律有关规定。

② 参见江苏省无锡市锡山区人民检察院课题组:《公益诉讼中检察机关调查核实制度之完善》,载《人民检察》2019年第8期。

③ 参见王周户:《检察公益诉讼中的案件范围界定与检察职权配置》,载《人民检察》2023年第23期。

作人员违反配合义务时检察机关可采取的措施为例,《人民检察院公益诉讼办案规则》规定检察机关可以向同级人大常委会报告,向同级纪检监察机关通报,或者通过上级人民检察院向其上级主管机关通报;陕西、河北、辽宁等地的专项规定又补充了约见约谈这一措施。

检察机关也在实践中行使了效力更强的调查核实权,拥有远远优于普通原告的举证能力。在最高人民检察院公布的公益诉讼典型案例中,检察机关获取线索的渠道和收集证据的手段也远多于普通原告,其收集行政机关违法的线索来源包括专项监督行动发现、办理刑事案件中发现、政法委提供、人大建议、政协委员建议、大数据法律监督模型全面排查等,调查证据的手段包括直接向银行调取流水、召开听证会、委托司法鉴定中心鉴定、组织专家技术审查会、利用专门"可信时间戳"取证技术、利用卫星遥感和无人机等。

(三)检察机关在诉前阶段已完成对行政行为合法性的证明

行政公益诉讼的另一突出特点是设置了诉前阶段,检察机关提起诉讼前便通过行使调查核实权,经过立案、调查及提出检察建议等环节,掌握了被诉行政行为违法的相关证据。根据《人民检察院公益诉讼办案规则》第 67 条、第 71 条、第 75 条,检察机关立案的要件之一为负有监督管理职责的行政机关可能违法行使职权或者不作为,诉前调查事项包括国家利益或者社会公共利益受到侵害的事实、行政机关不依法履行职责的行为、关联性,提起检察建议的条件包括认为行政机关不依法履行职责,致使国家利益或者社会公共利益受到侵害。在最高人民检察院通报检察机关提起公益诉讼试点工作推进情况的新闻发布会上,发言人肖玮指出检察机关应在诉前阶段"紧紧围绕公益诉讼案件所涉及的事实和法律问题进行调查核实,获取明确的事实根据和法律依据"①。也就是说,在诉前阶段,检察机关已自行调查清楚被诉行政行为违法与否,并且是在明确其违法的前提下制发有法律效力的检察建议,在行政机关未按检察建议依法履行职责的情况下提起诉讼。为避免资源浪费,检察机关在诉前阶段收集的这些证据自然也会应用到诉讼阶段。

因此,既然可以将行政诉讼理解为行政程序的延续,那同样也可以将行政公益诉讼理解为诉前程序的延续。除了前述行政机关具有专业知识、原告

---

① 《最高检通报检察机关提起公益诉讼试点工作推进情况发布会》,载最高人民检察院网 2016 年 1 月 6 日,https://www.spp.gov.cn/spp/c107929/xwfblist.shtml。

收集证据能力较弱等因素,根据平衡原则和便利原则,一般行政诉讼由行政机关承担证明行政行为合法的举证责任,另一核心原因为行政诉讼实际是“行政程序审”,诉讼阶段审查的实际就是行政程序中行政机关作出行政行为的依据,令行政机关“再现”行政过程明显更为便利。根据“依法行政”原则的要求,行政机关必须“先取证后裁决”,按照实体法规范和程序法规范作出具体行政行为,即行政机关在作出具体行政行为之前应当收集到充分的证据以作判断依据,相当于其在行政程序中已经完成了对“行政行为合法”的证明。[①] 但是,相较于一般行政诉讼,行政公益诉讼特别设置了诉前阶段,检察机关也要历经立案、调查、提出检察建议多环节才能最终提起诉讼,“行政行为违法”恰恰就是启动前述环节的重点要件之一,和行政机关一样,检察机关在提起诉讼时也已经完成了对“行政行为违法”的证明。从某种程度上说,行政机关在这方面的举证优势因行政公益诉讼诉前阶段的设置而不再独特。

行政公益诉讼呈现出“权力”与“权力”相对抗的诉讼局面,具有不同于一般行政诉讼的突出特点。检察机关拥有不同于普通原告的法律监督机关定位、本质上属于公权力的调查核实权,[②]且提起诉讼前已经过特别设置的诉前阶段,显然不存在一般行政诉讼中原告处于完全弱势的举证地位、被告拥有绝对优势的举证能力的情况,这也使得行政公益诉讼不具备直接适用举证责任倒置规则的现实基础,因而应当构建契合行政公益诉讼自身独特性的举证责任分配规则,令检察机关承担与普通原告不同的举证责任。

四、行政公益诉讼举证责任分配规则的构建

(一)行政公益诉讼现有的举证责任分配规范

我国司法解释特别规定了检察机关在行政公益诉讼中的举证责任。根据最高人民法院、最高人民检察院《关于检察公益诉讼案件适用法律若干问

---

① 参见裴国智、彭剑鸣、王彬主编:《证据法学教程》,中国人民公安大学出版社2005年版,第217页。

② 参见庞庆龙、韦仁伟:《赋权与规制双重视角下检察公益诉讼调查核实权问题研究》,载《广西社会科学》2022年第12期;卞建林:《论检察公益诉讼中的调查核实权》,载《法治研究》2024年第3期。

题的解释》第22条,除了前述普通原告承担的一般举证责任,行政公益诉讼中检察机关在起诉时应承担的额外举证责任包括:被告违法行使职权或者不作为、国家利益或者社会公共利益受到侵害、因果关系、已经履行诉前程序且行政机关仍不依法履行职责或者纠正违法行为。换言之,针对行政行为违法,增加了检察机关应当在提起行政公益诉讼时提供相关证明材料的要求。

但从性质上看,现有法律及司法解释要求检察机关承担的实际是前文所提及的程序法上的举证责任,不同于行政机关根据《行政诉讼法》承担的实体法上的举证责任。应当区分现有规范中不同阶段的举证责任,即提起诉讼时提出证据进行初步证明、在诉讼中提出证据证明主张否则承担事实认定不利后果和案件事实真伪不明时推定其承担事实认定后果的不同类型。现有法律及相关司法解释对检察机关的要求仅停留在起诉阶段,在表述上特别选用"证明材料"而非"证据"以作区分,即起诉时应当提供相应证明材料,此乃起诉条件。进入诉讼阶段后,仍旧由被告行政机关承担证明行政行为合法的举证责任,在无法证明真实性的情况下承担不利事实认定后果。这两种举证责任的性质及法律后果完全不同,前者本质上意在推动诉讼程序的开展,法院对此只进行形式审查、证明标准要求较低,证明结果只影响能否立案,不直接对事实认定或诉讼结果产生影响;后者以前者的证明成功为基础,是诉讼阶段对实体性案件事实的讨论,法院对此进行实质性审查,直接影响事实认定或诉讼的结果。① 有学者认为行政公益诉讼中检察机关的举证责任具有"前移"的特征,相当于把检察机关应当在诉讼中承担的证明行政行为违法的证明责任提前到起诉阶段,存在种种隐患。②

因此,当前行政公益诉讼实际上仍旧沿用了行政诉讼的举证责任分配规范,在诉讼过程中检察机关和普通原告一样均无须证明行政行为违法,统一由行政机关对行政行为合法承担举证责任。根据平衡原则和便利原则,当事人的举证能力和举证地位是影响举证责任分配的重要因素,应当将当事人的举证能力和承担的举证责任维持在相对平衡的状态。在一般行政诉讼中,为解决原告与行政机关之间的举证能力不对等问题,更好地保障原告的正当利

① 参见王建芹、王涛菲:《行政公益诉讼举证责任分配实证研究——基于100份裁判文书的分析》,载《石河子大学学报(哲学社会科学版)》2022年第2期。

② 参见彭玉:《我国行政公益诉讼举证责任分配机制研究》,载《人大法律评论》2022年第1辑。

益,采取了举证责任倒置的模式,由行政机关证明其行政行为具有合法性。

显然行政公益诉讼不能直接复刻该模式。如前所述,在行政公益诉讼中,公益诉讼起诉人检察机关拥有与法律监督职权相匹配的调查核实权,举证能力远远强于普通原告,甚至处于和行政机关相对均势的地位。当前一脉相承的责任分配方式无法体现两类诉讼的根本差异,使得行政公益诉讼面临双方举证能力相对平衡而举证责任承担较为失衡的问题,无益于诉讼目的的实现。故法律及司法解释理应区分行政公益诉讼中的检察机关与一般诉讼中的普通原告两类诉讼主体,相对提高检察机关的举证责任以匹配其举证能力,构建公平合理的行政公益诉讼举证责任分配规则。

(二)行政公益诉讼应有的举证责任分配规则

1. 检察机关应承担证明行政行为违法的举证责任

行政公益诉讼拥有不同于一般行政诉讼的突出特色,使得两类诉讼在分配举证责任所依据的现实基础上呈现出较大差异。此差异固然否定了一般行政诉讼之举证责任倒置规则在行政公益诉讼中的可适用性,要求检察机关承担相对高于普通原告的责任,但无法直接得出行政公益诉讼应有的举证责任分配规则,即如何具体处理检察机关与行政机关之间的举证责任承担关系。也就是说,除了把握两类诉讼中普通原告与检察机关的差别,还应厘清行政公益诉讼中检察机关和行政机关的关系,具体分析这些差异或者说公益诉讼的这些特征是如何影响举证责任分配的。

首先,需要明确的是,检察机关举证能力高于普通原告并与行政机关相对平衡,即检察机关和行政机关在行政公益诉讼中并没有本质上的举证能力差异。行政公益诉讼是检察机关和行政机关"权力"与"权力"对抗的诉讼,双方诉讼当事人都是国家机关,依靠法律监督权和行政权而拥有法律及司法解释规定的各类强势调查权力,可以说"在合法的框架内,它们都有非凡的获取证据的能力"①。如前所述,司法解释及各地方专项规定明确要求行政机关及其工作人员配合检察机关的调查,若违反此种配合义务,可由检察机关采取报告同级人大常委会、向同级纪检监察机关通报等措施。此外,江苏、河北、黑龙江等地的专项规定则明确规定检察机关有权采取证据保全,并规定了不同类型的保障措施和相关机关的配合义务,比如"检察机关调查核实证

① 章剑生:《论行政公益诉讼的证明责任及其分配》,载《浙江社会科学》2020年第1期。

据，可以要求行政机关收集、提供，也可以自行调查核实”，“检察机关可以联合其他有关国家机关，依法采取其他必要的调查方式收集证据、核实有关情况”。①

其次，行政公益诉讼不存在完全的弱势主体，检察机关和行政机关处于相对均势的举证地位，法官不仅仅要审查行政机关在行政程序中作出的行政行为是否合法，还要审查检察机关在诉前程序中制发的检察建议是否合法。行政机关的行政行为具有公定力和权威性，而检察机关正是根据检察建议对行政机关行政行为的合法性提出挑战，督促其纠正行政行为或依法履职，并根据检察建议的落实情况提起诉讼。② 换言之，为了使行政秩序保持在相对稳定的平衡状态，检察机关在利用检察建议质疑行政行为合法性时，应当已经严谨充分地完成调查取证，根据合法有效的事实和法律依据作出判断。制发检察建议所带来的法律效果要求法官用更为谨慎的态度审查其合法性，显然证明检察建议合法这一举证责任应当由发出者检察机关来承担。

行政公益诉讼对检察建议合法性和行政行为合法性的审查实为“殊途同归”。根据现行法律及司法解释规定，检察机关制发检察建议需要满足的条件便包括行政行为违法这一前述讨论对象，因此可以说由检察机关在诉讼中证明检察建议具有合法性，实际上就涵盖了对被诉行政行为违法性的举证。行政公益诉讼的诉前程序和诉讼程序呈现出顺延的关系，检察机关在前一阶段收集的证据当然在后一阶段也具有可适用性，这使得检察机关在证明被诉行政行为违法这一要件上，形成了诉前阶段证明责任和诉讼阶段证明责任的联结。也就是说，实际上检察机关在诉前阶段制发检察建议前就应当掌握被诉行政行为已经违法的事实和法律依据，这是其开启行政公益诉讼、否定行政机关决定的前提条件，而非有待法官在诉讼程序中查明并确认的内容。为防止浪费司法资源，要求检察机关在诉讼中提交相关证据，能够在一定程度上避免检察机关尚未查清事实及法律依据便制发检察建议，推动检察机关以更为审慎的态度提起诉讼。

因此，行政公益诉讼应当由检察机关承担证明行政行为违法的举证责任。具体来说，应当在举证责任分配的公平原则和利益原则的指引下，由检

① 参见胡卫列：《检察公益诉讼地方立法研究——以25个省级人大常委会关于检察公益诉讼专项决定为样本》，载《人民检察》2023年第21期。

② 参见傅国云：《行政公益诉讼制度的构建》，载《中国检察官》2016年第5期。

察机关先行提出行政行为违法的证据,在举证不足或举证不能时承担事实认定的不利后果。

2. 检察机关与行政机关举证责任承担的具体展开

首先,在主张阶段,公益诉讼起诉人检察机关主张行政行为违法,被告行政机关主张行政行为合法,双方针对同一待证事实持有相反的立场,此处尚不涉及对举证责任分配的实质讨论。

其次,在证明阶段,关于何者对行政行为是否违法有证明责任,由于检察机关与行政机关拥有相对平衡的举证能力,处于相对均势的举证地位,无须参照一般行政诉讼适用便利原则与平衡原则,应当复原为根据公平原则和利益原则由检察机关承担举证责任。这与一般行政诉讼举证责任倒置的根本差别在于,一般行政诉讼由行政机关先提出相关证据证明行政行为合法,在法官对该主张形成一定内心确信后,举证责任转移至普通原告,但普通原告只需要提供相关证据反驳、达到动摇法官内心确信的程度即可完成证明,此时举证责任再次转移至行政机关。① 换言之,按照现有规范,检察机关和普通原告一样均是“可以”而非“必须”提供证据证明行政行为违法,且只需要动摇法官对行政行为合法的确信而无须形成法官对行政行为违法的确信,即可完成举证责任的转移,接下来继续由行政机关提供证据予以证明。但根据应有的举证责任正置要求,检察机关“必须”率先提供证据证明行政行为违法,达到一定证明标准后举证责任才转移至行政机关,此证明标准也高于现有要求,应当使法官形成对行政行为违法的内心确信而非单纯的动摇。

最后,在承担结果阶段,仍旧可以分为两种情形:第一种是法官根据双方举证查清案件事实的理想状态,此时法官可以得出行政行为合法抑或违法的真实答案,直接根据双方证明结果也就是行政行为的情况作出判断即可。如果检察机关的证据足以证明行政行为违法且该结论并未被行政机关的反驳动摇,则作出有利于检察机关的认定。此外,这种以检察机关举证为核心的举证责任分配模式,并不限制行政机关对行政行为合法进行举证,因为行政机关为了胜诉必然需要提出相应证据予以反驳,但此种举证具有一定自愿性而非强制性,只不过当检察机关完成举证、举证责任转移至行政机关而行政机关选择不举证时,法官很可能直接得出对检察机关有利而对行政机关不利

① 参见刘巍:《行政诉讼举证责任转移的学理分析》,载《政治与法律》2008年第5期。

的事实认定后果。

第二种情况是事实真伪不明,当法官根据双方举证无法查清事实,无法得出行政行为究竟合法还是违法的真实答案时,需要假设一个推定事实并据此作出判决。具体而言,即便穷尽法律允许的事实发现手段,现实中案件仍可能面临待证事实真伪不明的困境,而此时法官又具有对此案作出裁判的义务,由此便产生了矛盾。举证责任的分配规则正是解决事实真伪不明时法官据何裁判之难题的有效工具,从而避免法官根据个人主观判断作出判决。[①]故该矛盾产生的诉讼风险应当固定由承担举证责任者负担,当事人举证地位和能力的差异则是影响此种诉讼风险分配的重要因素。一般行政诉讼为保护弱势的原告,根据平衡原则和便利原则往往会作出有利于原告的解释。然而,在行政公益诉讼这种公益诉讼起诉人与被告双方相对平衡的诉讼构造中,平衡原则和便利原则便失去了适用空间,行政机关也无须因自己处于强势的举证地位而作出必要"牺牲"。例如,检察机关在诉讼中先提供相应证据证明行政行为违法,后行政机关又提出相反证据予以反驳,该相反证据动摇了法官对行政行为违法的内心确信,则举证责任再次转移至检察机关,但尚不足以认定行政行为合法,此时便属于法官无法具体确认行政行为究竟合法还是违法的特殊情形。若承担转移后举证责任的检察机关无法再次举证使法官形成内心确信,则应当承担事实认定的不利后果。

五、结语

行政公益诉讼举证责任分配的争议与检察机关在诉讼中定位不清、调查核实权来源不明等问题密不可分,鉴于此,应当归纳统一的举证责任分配原则作为判断标准,辨析行政公益诉讼与一般行政诉讼的根本差异,即检察机关作为法律监督机关,基于法律监督权提起诉讼并行使调查核实权,双方当事人的举证能力及地位相对平衡,没有本质差别,行政机关不再拥有独特的举证优势。同时,诉前程序的设置对检察机关的调查水平提出了一定要求,

① 参见陈刚:《证明责任法与实定法秩序的维护——合同法上证明责任问题研究》,载《现代法学》2001 年第 4 期。

制发检察建议带来的法律效果也使得检察机关应更加注重调查取证，以审慎态度和更高的证明责任提起诉讼。此时，行政公益诉讼便不再需要平衡原则和便利原则发挥作用，应当根据正常情况下的公平原则和利益原则，将举证责任倒置恢复到正置，要求检察机关承担证明行政行为违法的举证责任。不同于《行政诉讼法》对普通原告“可以”举证且证成与否均不免除被告举证责任的要求，行政公益诉讼中检察机关“应当”证明且在举证不能时承担事实认定的不利后果。此外，举证能力、举证责任分配及证明标准三者相互联系，本文囿于篇幅仅论证了行政公益诉讼举证责任的分配模式，未来还有待根据检察机关和行政机关拥有的举证能力、承担的举证责任来确定举证责任相对应的证明标准，通过三者的良性互动构成完整的证明责任规范体系。

兰大法律评论(2025年卷第一辑)
第223~238页

教育法典编纂背景下的终身教育立法推进理路研究*

罗　杰**

目　次

摘　要　目前,我国尚未出台国家层面的终身教育法。部分地方出台的终身教育条例为终身教育立法积累了一定的实践经验。推进终身教育立法不仅能够为我国

*　本文系西北师范大学2024年度研究生培养质量提升项目"社会性别主流化融入法学教育实践研究"(项目编号:2024KGLX01006)之研究成果。

**　罗杰(1982—),四川德阳人,法学博士、法学博士后,西北师范大学法学院云亭青年教授、硕士生导师,主要从事家事法学、法学教育的理论与实务研究。

实现高质量教育体系的构建提供法律支持,而且也是我国坚持以人民为中心的现代化教育法治的必经之路。在我国教育法典编纂之际,终身教育立法应被纳入教育法典编纂之中,以构建"全民学习型社会"为立法宗旨,以"以人为本""以德树人"为立法理念,协调终身教育法与其他法律之间的冲突,厘清终身教育置于教育法典中的结构定位,剖析终身教育与终身学习之间的关系,妥善处理终身教育主体之间的责任渗透。

关键词 终身教育;教育法典;立法理路

党的二十大报告明确了我国坚持科教兴国、教育优先的现代教育发展道路。终身教育作为现代教育的重要特点之一,在整个教育体系中发挥举足轻重的作用。终身教育是提高全民素质、促进人的全面发展和社会进步的重要途径,其在我国并非新兴领域,自改革开放以来,终身教育理念就已经得到广泛流传。2021年4月全国人大常委会在《2021年度立法工作计划》中明确提出"研究启动环境法典、教育法典、行政基本法典等条件成熟的行政立法领域的法典编纂工作"。同时,教育部也将"推动教育法典化立法研究"纳入2022年立法重点工作之中,自此我国开启了教育法典的编纂。终身教育作为教育法典编纂的重要立法内容之一,亟须突破陈旧理念的禁锢,遵循教育自身发展的脉络,明确终身教育的立法宗旨,由此构建有中国特色的终身教育法律制度。

一、我国终身教育的立法必要与推进缘由

(一)终身教育纳入教育法典的必要性

我国向教育强国迈进的必需之举为教育法治化和教育现代化。作为民生之首的教育是实现人的全面发展、彰显人的利益价值、提高全民素质的重要途径。终身教育作为教育主要形式之一,关系到每个人、每个群体在各阶段所涉及的教育。在老百姓的日常生活中,终身教育绝大多数情形下都表现为非正式的教育形式,而《教育法》及其相关法律对终身教育也尚未有具体法律制度的指引和保障。2020年习近平总书记提出,我国要完善全民终身学习

的推进机制。这说明在新时代背景下我国发展现代化教育的进程中,构建终身教育体系势不可挡且必不可少。

2020年《民法典》的面世标志着我国已进入法典化时代。紧随其后的教育法典编纂立法工作亦已启动。将终身教育纳入教育法典编纂不仅是保障个人终身学习权的需要,教育法典体系化发展的需要,同时也是教育现代化、法治化的需要。推进终身教育立法是经济社会发展中对人全面发展的客观要求、是教育自身发展的客观需要、是党中央提出的明确要求、是完善和健全现有法律体系特别是教育法律体系的客观需要、是近几十年来国际教育的普遍发展趋势。终身教育制度作为现代教育立法最为重要的发展趋势,从世界范围来看,各国都普遍强化了对终身教育权的保护,我国也不例外。终身教育不仅是教育类型的重要呈现形式之一,而且也被认为是教育活动的终极目标。终身教育纳入教育法典编纂的必要性如下:

首先,终身教育纳入教育法典是保障个人终身学习权的需要。学习权是人权项下的基本权利之一。根据《学习权利宣言》和《世界全民教育宣言》对学习权的解释,个人学习权内含三层含义:一是学习自由;二是接受教育;三是教育终身。可见,学习权是以受教育权为基础,以学习自由为核心,以全面的、不间断的终身学习为跨度,从而实现个人价值乃至推动社会全面发展的一项基本权利。个人学习权的享有,在应然层面上既具有终身性又具有持续性,实质上可以理解为一种普适性的生活方式或生存方式。目前,在我国力争健全终身教育体系、建设学习型社会的新时代背景下,终身教育权应当作为一项法律积极保护的权利类型,用法律原则、法律规则、责任体系全方位予以保障,而不能仅仅停留在应然层面。① 教育法典编纂背景下的终身教育立法能够呈现教育法典的主要价值,体现或蕴含教育权利的完全性以及拓宽教育权利的外延性。② 因此,教育法典编纂中对终身教育权、终身学习权的确认,能够为终身教育原则或兜底性保护提供法律依据。

其次,终身教育纳入教育法典编纂是教育法典体系构建的需要。一方面可填补我国终身教育国家层面立法的空白。目前,我国终身教育立法尚处探

---

① 参见龚向和:《教育法法典化进程中的终身学习权保障研究》,载《国家教育行政学院学报》2022年第1期。

② 参见吴遵民等:《现代终身教育体系论:中国终身教育发展的路径与机制》,上海人民出版社2019年版,第49-53页。

索阶段,中央立法层面尚未有成文法规范。然而,终身教育法属于教育法律体系的重要组成部分,不可或缺亦不能被替代。在我国教育法典编纂之际,将终身教育纳入其中,可在国家层面立法中填补终身教育立法空白。另一方面,我国终身教育工作的全面展开需要从个人、家庭、社会着手,并非一朝一夕就能完成,且在整个过程中不可或缺的是终身教育法律制度的指引和规范,这样才有可能为教育法治化提供必要的法律支持,才有可能实现“良法”①。目前,我国已有部分省市出台了终身教育地方条例,但在终身教育概念的认定、调整的范围等诸多方面仍存在差异,学界研究对此也存有争议。地方先行立法模式为国家统一立法提供实践经验,同时也需要国家统一立法给予地方立法方向性的改革和指引。

最后,终身教育纳入教育法典是教育现代化和法治化的要求。从党的十八大报告开始强调我国要进一步完善和发展教育事业,尤其是力求完善终身教育体系,到党的十九大报告提出我国教育领域的主要矛盾已经成为教育资源供给不足、不均衡,再到党的二十大报告明确指出我国必须走科教兴国、教育优先的发展道路,可见,在推进中国式现代化的进程中,教育现代化必不可少。② 我国教育法典的编纂工作已于 2024 年 6 月 27 日正式开启,作为教育法典的重要组成部分的终身教育法,亟须通过具体的体例结构安排、立法模式的选择等构建一套适应国情且能够与教育法典自洽的规范体系,以此促进我国教育走向现代化和法治化。终身教育体系应被视为一个包含各级各类教育的广泛、持续的教育过程。从现行立法实践来看,将终身教育立法置于教育法典之上,不仅不切实际,而且存在越权问题,违背了法律位阶原则。因此,将终身教育立法内容整合进入教育法典的“总则—分则”结构中,通过具体条款进行规范,可以有效预防法律层级冲突,并有助于从宏观和微观两个层面协同推进终身教育立法目标的实现。基于此,将终身教育纳入教育法典,能够为中国教育现代化提供更高质量的法治保障。通过构建系统完备、层次合理、科学规范、运行高效的教育法律制度规范体系,推进终身教育法治的持续优化。

---

① 参见余瑶瑶、程雁雷:《教育法典化背景下我国终身教育立法探究》,载《中国成人教育》2023 年第 20 期。

② 参见张婧、刘波林、苑大勇:《中国式教育现代化背景下的终身学习:内涵、价值与路径》,载《职业技术教育》2024 年第 16 期。

（二）我国推进终身教育立法的缘由

随着社会经济的快速发展以及知识更新速度的显著加快，传统的教育体系已难以满足人们不同阶段、不同层次的学习需求。伴随着人口老龄化的加剧，越来越多的老年人希冀在退休后继续学习，丰富自身生活，提升生活质量。终身教育不仅有助于老年人保持身心健康，还能促进社会和谐与稳定。立法保障和推动终身教育的发展，对于构建学习型社会、实现人的全面发展具有重要意义。

为了实现终身教育的目标，我国政府已经采取了一系列措施，包括制定相关法律法规、设立专项基金、推广远程教育和网络学习平台等。可在参与持续教育的实践中积累宝贵经验，借助政策扶持，立足于实际环境，促进我国终身学习法律体系的构建，寻求一条符合我国教育现代化需求的教育法规建设新途径。从“终身教育”“终身学习”“学习化社会”三个维度来看，这三者之间相互作用，共同构筑了一个适应持续变革、旨在促进个体及社会发展的教育体系。终身教育范畴超越了传统学校教育的界限，贯穿个体的整个生命周期。终身学习的表述出现在20世纪60年代后期，它是伴随终身教育及其相关理念的传播和认识的深化逐渐产生的，①侧重于个体主动性的发挥，倡导在个体发展的各个阶段积极追求知识与技能的增进。“学习化社会”则指涉一个社会环境且该环境在政策制定与文化构建上均支持并促进学习活动的开展。在构建终身教育体系的过程中，孕育了终身学习的理念。我国推进终身教育立法的缘由主要在于以下两点。

1. 终身教育的增权必要

“学习型社会、学习型大国”“教育强国、人才强国”的建设需要我们不断投身到终身教育的探索中，累积丰富的实操经验，依托国家政策支持，根植于具体的社会背景，推动我国终身教育法规体系的完善，探索一条适应我国教育现代化要求的新型教育法规发展路径。为确保公民终身教育权的实现，必须进一步完善国家制度体系及其运行机制，厘清终身教育权的含义。公民的受教育权，即指个人为促进自身发展而进行学习的权利，这对于推进和提升终身教育这一系统性工程至关重要。

① 参见吴遵民、邓璐：《终身教育立法中应关注的几个问题——由“终身教育”还是“终身学习”的立法争议谈起》，载《教育发展研究》2022年第21期。

终身教育立法的核心目标应当是确保公民能够持续学习并实现个人成长。立法中需明确规定,政府有责任维护学习者的权益,防止其学习机会被侵犯或被剥夺。同时,政府必须采取有效措施,保障每位公民都能公平地享有教育资源。在制定相关法律时,应强调全民参与和坚持持续发展的原则。然而,我国现行的教育法律却没有提及公民终身教育权,终身教育权利需以法律条文形式,贯穿于终身学习法规的制定之中。在这一过程中,务必坚守其普及性与进步性原则,清晰标注出所有国民依法享有的学习权益。这些权益应涵盖:自主挑选学习内容的自由、获取必要学习条件的保障、接受教育资助的资格,以及推动个体成长与发展的权利等。此外,还应强调享有财政支持和个性化辅导的权利,对于非传统教育形式,如社区教育、老年教育、成人教育及继续教育,亦应给予充分的关注。逐步完善一套非正式学习成果的体系,确立学术成就转换和累积的规范,配套相应的鼓励政策,优化终身教育体系。明确公民在享受学习权利的同时需履行相应的义务,以维护良好的教育秩序,推动教育事业健康发展。政府作为保障公民终身学习权利的主要责任方,应当明确其在这一过程中的主要职责。加强各部门之间的跨部门协作,完善公共基础设施、改善学习环境、提升教师团队素质、加大资金支持以及加强监督评估等。以上所述,目的均在于个人的终身教育的增权,唯有通过各种途径、各种方式,赋权于个人的终身教育,才有可能实现终身教育体系的完全建立。

2. 教育法治化不可缺少终身教育

教育法治化,即建立依法治教的长效机制,是将法治作为推进我国在新时代背景下教育体制改革的重要手段,由此提出健全教育法规规章体系,完善教育依法治理机制,加强教育执法监督,保障各类学校自主办学,依法处理教育教学工作的矛盾和纠纷。众所周知,当前,在国家的教育体系中,学校教育仍然占据着主体地位。因此,要把学习落实到人生的各个阶段,就必须在学校发展进程中贯彻“终身学习”的原则和思想,以终身学习理念为纽带,实现各类教育模式的衔接,推进国家教育的发展。在终身教育的理念下,将正规教育、非正规教育以及非正式教育联系起来,把家庭、学校和社会的教育联系起来,把小学、初中、高中和后续教育连接起来,确保终身教育的内容与时俱进,满足不断演进的职业技能要求。在终身教育的体系中,需确立正规、非正规及非正式教育方式的同等地位,并保障它们享有均等的发展空间。持续进修的宗旨是培育个人在遇到挑战时所表现的创新思维、创造力与适应力，通过丰富多样的教育内容、手段和形态，可以有效地推动这些技能的提升。在制定相关法规时，应着重维护持续进修的灵活性与实效性，打破旧有的教育模式，注重体验式、实用性和情境化的学习过程。新兴的法规应当融合各类教育资源，充分运用信息技术的优势，将持续进修融入人们的日常活动中，如强化社区教学、网络教学及远程教育的推广，打造一个充满学习气息的环境。政府需担负起主导作用，构建一个灵活而高效的持续进修体系，并依靠法律手段予以巩固。在校园教育阶段，无论是初级教育还是高等教育，都应当注重培育学生持续进修的能力和素质，为他们今后持续不断地自我提升奠定坚实的基础。此外，在学校教育结束后，也应通过终身教育制度来保障个人的学习权利，提供广泛的学习资源和支持平台，利用完善终身教育体系制度推动学习型社会建设。

二、我国终身教育的立法宗旨与立法理念

（一）宗旨：构建“全民学习型社会”

党和国家政策法规层面最先倡导、规范和部署的是终身教育，即“建立健全终身教育体系”，后聚焦于终身学习和建设学习型社会。这与终身教育立法目的的两阶段划分相吻合。党的十六大报告第一次提出我国要力图发展成为学习型社会。党的十七大、十八大报告对此均予以重申和强调，在教育改革发展进程中发挥了重要引领作用。因此，坚持终身学习法律制度的构建，坚持教育面向现代化、面向世界、面向未来，对在创新教育与学习方式方面作出具有前瞻性、全局性的重要战略决策具备非常重大而深远的意义。

首先，准确把握学习型社会的核心内涵。学习型社会的核心内涵是全民学习、终身学习。其中，全民学习强调学习主体的广泛性，学习应当作为公民的一项基本权利。终身学习则强调学习阶段的全面性，在一个人从出生到死亡的整个生命进程中，无论其系基于专业或职业需求而学习，还是纯粹因个人喜好而学习，均能够获得相应且充分的学习机会。在此意义上，学习既是一项终身权利，又是一项持续性的权利实现过程。

其次，明确认识学习型社会的建设目标。2023 年中共中央政治局就建设

教育强国进行第五次集体学习,习近平总书记特别强调我国现代化教育的目标是“人人皆学、处处能学、时时可学”。其中,“人人皆学”,强调学习主体的全覆盖,强调学习不仅是全体社会成员的基本权利,更是要成为全民性的、自觉的和有意识的认识活动和智识生产活动。“处处能学”,强调学习空间与内容的全覆盖,强调无论学习者身处何处,是城市还是农村、是学校还是社会、是家庭内还是家庭外等,都须提供学习的场所,同时,还强调学习的内容不仅限于书本知识,生活本身就是一门百科全书,是知识的源泉,生活中处处有学问、都有可以学习的知识。“时时可学”,强调学习阶段的全覆盖,强调学习的常态化及其过程的持续性。经济社会发展、科技创新进步及信息迅速更迭,均要求人们要持续不断地通过学习来获取新知识,优化和更新其知识结构和技能经验,在应对前述变革的同时始终保持竞争力。同时,习近平总书记还特别强调推进教育数字化,即要将新理念、新技术引入终身学习领域,不断夯实数字基础设施与平台建设,筑牢支撑“人人皆学、处处能学、时时可学”的学习型社会数字底座;要借助数字技术扩大优质教育资源的覆盖面;要依托现代信息技术,赋予公民数字化能力,优化资源利用率,消除数字化鸿沟和教育不平等、不均衡,实现可及性和可负担性;要构建多元式、智能化、体验式的学习环境和育人场景,打造现实与虚拟深度融合的终身学习新生态。因此,教育法典编纂背景下的终身教育立法,从宏观到微观,从整体到部分,都应当秉持构建“学习型社会”的宗旨。

(二)理念:“以人为本”“立德树人”

“以人为本”的立法理念,在本质上属于价值观的范畴。在“以人为本”的立法理念下,终身教育应当遵循学习者的生命成长规律和教育活动规律,以学习者的成长发展轨迹为主线,确保受教育主体在不同的生命运行阶段均能够获得同等的受教育机会和实现学习权的保障。教育的本质是培养人,在“以人为本”的立法理念下,开展终身教育的最终目的并非仅要求学习者必须掌握与其生命运行阶段或者与职业从业要求等相匹配的一定数量的知识、技能、能力等,更重要的是实现学习者本身的学习自由。在“以人为本”的立法理念下,应以学习者为主体,将学习者的需求放在首位,尊重学习者自主学习的权利及其个体差异,增强学习者的主体意识,激发其自主性、能动性和创造性。“立德树人”概念包括两个基本范畴,即“立德”和“树人”。“立德”即

“太上有立德，其次有立功，其次有立言”①，“树人”即“十年之计，莫如树木；终身之计，莫如树人”②。教育是国之大计、党之大计，教育兴则国家兴，教育强则国家强。基于此，终身教育立法应当坚持“立德树人”理念并将其作为根本任务，将其融入教育的各个阶段和各个环节，贯穿教育的各个领域和各个方面。

三、我国终身教育的立法困境与直面问题

（一）终身教育法是“广义法”抑或“狭义法”

终身教育立法在我国面临诸多困境，最主要的问题则在于对终身教育本身的概念定义模糊。从法律专业术语来看，终身教育并非严格意义上的法律概念；从终身教育的字面意思理解，其更接近于各种类型教育的统合。终身教育似乎又与其他教育模式，如成人教育、职业教育、远程教育等概念混淆不清。正是由于终身教育概念本身的不确定性，所以部分学者认为如要对终身教育予以立法，则应选择为“广义法”。原因在于，终身教育立法应当涵盖所有的教育与受教育主体、所有的存在于不同阶段与不同领域的教育活动以及由此产生的矛盾与纠纷之法律解决方案。然而，现实中此类立法却是罕见的。因此，部分学者从终身教育概念的起源分析，认为既然终身教育最终是以“成人教育”的概念呈现出来的，那么可以考虑将终身教育理解为正规教育（学校教育）之外的教育范式。同时，我国已有部分省市出台了终身教育地方条例，从现有的地方条例中也可以看出，对终身教育并未采用广义概念，目前一概使用的是限缩概念。对终身教育到底应采何种立法模式，是采广义概念还是狭义概念，学界争论不休，在一定程度上延缓和削减了我国终身教育立法的步伐与力度。

（二）终身教育法是“强制型”抑或“宣示型”

终身教育法之内容到底应当采取哪种立法模式仍在探讨之中。对该问题的研究应当追溯到终身教育法的性质，即到底是属于公法还是私法的范

① 《左传·襄公二十四年》。

② 《管子·权修》。

畴。终身教育法从性质来讲应当是介于公法和私法之间。公法的法律条文大多数是强制型的,私法的法律条文大多是任意性的或宣示型的。因此,关于终身教育的立法如何在“强制型”和“宣示型”之间予以平衡,将直接关系到法律规则的设计走向。从终身教育立法宗旨和理念来看,其法律规则更应强调可操作性。因此,可以考虑在明确全民学习型社会的支持和构建方面使用宣示型条款,在具体的组织形式、责任承担以及监督管理等部分则使用强制型条款。

(三)终身教育法与其他法律的衔接与整合

如前所述,我国终身教育法尚未制定出台。“地方立法先行先试”的模式决定了将终身教育纳入教育法典应当妥善处理好其与地方终身教育立法的关系。一方面,终身教育立法需要汲取地方性法规的宝贵经验和已有成果,在地方性法规的基础上进行全面统一的整合与衔接,但需要注意的是,地方性法规均是从当地的实际情况和实际需求出发而制定的,所以对终身教育的概念、范式、模型、内容、救济方式等规定得不尽相同,如福建、上海、河北三省(市)及太原、宁波两市出台的《终身教育促进条例》中,虽然都对调整范围作出限定,但是涉及社会教育和学校后教育领域的相关规定却存在差异。当然,从另一角度来讲,这种差异性为国家层面的终身教育立法提供了丰富的立法素材和实践经验。另一方面,终身教育立法应当为地方终身教育立法留存合理的自主空间。我国地大物博,地区之间发展不平衡已属常态,因此终身教育在不同地域之间、城乡之间等的实践效果存在较为明显的差距,“国家在推进终身教育立法进程中必须为地方立法预留合理空间,使各地区在遵从国家法律法规基本规定的前提下,依据本地区经济、文化等发展实际制定出具有地方特色,符合本地区实际的终身教育地方性法律规范”①。

除此之外,《教育法》具有教育基本法的重要地位,其调整的范围包括“各级各类教育”,而终身教育则包括了所有教育形式,如此,两者之间即可能存在立法上的交叉或重复。但是,如前所述,终身教育立法有其特定的立法目标、立法理念、立法原则和调整对象,在将终身教育立法纳入教育法典过程中应当关注其与《教育法》的区别。首先,在立法目的上,终身教育法旨在促进

---

① 余瑶瑶、程雁雷:《教育法典化背景下我国终身教育立法探究》,载《中国成人教育》2023年第20期。

人的全面发展和终身发展,构建终身教育体系,侧重于实现不同教育子系统之间的衔接和整合,囊括了正规教育、非正规教育、非正式教育的所有形式和内容;而《教育法》是为了发展教育事业,提高全民族的素质,促进社会主义物质文明和精神文明建设。① 其次,在保护对象上,终身教育的保护对象是全体学习者,目的在于加快建设人人皆学、处处能学、时时可学的学习型社会;而《教育法》的保护对象则是受教育者,是从更高程度的视域去调整各级各类教育关系。最后,在立法内容上,《教育法》更加关注正规教育(学校教育),包括学前教育、义务教育、职业教育、高等教育等,《教育法》同时也关注教育主体,尤其是教师或教育机构的权利与义务;终身教育法除了关注学校教育外,在立法内容上更倾向于非学校教育(非正规教育、非正式教育),尤其关注不同的教育资源之间的衔接、沟通与整合。

四、教育法典编纂之终身教育的推进理路

法典化是使某一类法律与规则系统化与完备化,从而促进法治与法规的统一性。② 经过70余年教育立法的发展,我国已经基本形成了一套以《宪法》教育相关条款为基础、以《教育法》为核心、以8部教育法律为统领,同时涵盖多部教育行政法规、部门规章,以及地方性法规和规章的教育法体系。③ 2024年《学前教育法》出台,教育法律更是达到9部。我国终身教育的立法动议早在20世纪90年代初就已形成雏形,此后被反复列入全国人大议题和教育部年度工作要点,可见,终身教育立法既有较为明确的顶层立法规划,也有长期的地方立法经验积累。④

(一)终身教育置于教育法典中的结构定位

教育法典的编纂工作在国家政策的指引和社会各界的积极参与下正式

---

① 参见徐莉、安琪:《我国终身教育立法进程中的问题审思》,载《宁波大学学报(教育科学版)》2022年第4期。

② 参见陈辉:《中国法典化的未来》,载《中国社会科学报》2023年12月14日,A04版。

③ 参见任海涛:《论教育法体系化是法典化的前提基础》,载《湖南师范大学教育科学学报》2020年第6期。

④ 参见靳澜涛:《我国终身教育立法缘何"难产":瓶颈与出路》,载《中国远程教育》2021年第9期。

展开,不仅加速了教育立法的系统化进程,而且体现了构建完善教育法律体系的需求。在制定教育法典时,需确保其既符合当前社会发展趋势,又能有效保障公民受教育的权利,同时还要兼顾法规的普遍适用性和前瞻性,既要巩固现有的教育管理体系,也要为未来终身教育体系的发展预留足够的法律空间。

终身教育法立法,实际上是国家推动目标价值法律化的过程,同时也是国民共同意愿的集中展现,核心挑战在于如何进行体系安排。终身教育在教育法典编纂中有何种结构定位,取决于教育法典本身应当遵循的体例结构。然而,教育法典的体例结构在学界研究中依然存在诸多争议。教育法典的体例结构不仅事关法典外在形式,也关乎内容取舍、条文布局、内在逻辑和体系安排,要体现完备性、逻辑性、体系性等要求。① 当前,大部分学者倾向赞同教育法典应当遵循"总—分"式的结构体例,明确教育法典的基本框架,要以教育法的理论逻辑为主线,以现有的教育立法成果为依托,形成包括总则和分则在内的科学合理的框架体系,总则部分整理和归纳教育法治基本问题,分则部分具体展开教育各个领域的法治问题。②

基于此,在教育法典中要明确终身教育的理念并将其确定为教育法的基本原则之一,置于教育法典的开篇,成为整部教育法典的指引。作为统领教育法典的基本原则之一,终身教育的理念不仅需要在形式上位于整部法典的开篇,更应当在实质上贯彻于教育法典的各方面。选择置于教育法典总则的优势在于能够确保终身学习理念在教育法律体系中的重要地位,能够为整部教育法典提供指导性原则。确保终身学习权利的核心在于明确其法律地位,进一步界定其规范内容和基本范畴,将有助于推动受教育权保障理论的革新与发展。放置在总则可以对终身学习的基本概念、目标、原则等进行引领,从而形成一个协调的法律框架,有助于鼓励各类教育形式和途径融合发展,提升整体教育体系的灵活性与适应性。

具体来讲,教育法典总则在宏观层面上对终身学习权利的维护将起到至关重要的作用,其核心在于从原则上明确终身学习权利保护的价值方向和目

---

① 参见段斌斌:《教育法典的体例结构:域外模式与中国方案》,载《华东师范大学学报(教育科学版)》2022年第5期。

② 参见《马怀德委员建议:编纂行政基本法典,适时启动教育法典编纂》,载澎湃新闻网,https://www.thepaper.cn/newsDetail_forward_22206795,访问时间:2025年1月12日。

标指引,进一步明确界定终身教育的核心理念、宏伟目标及基本原则,构建出一个内在和谐、逻辑严密的法律蓝图。这既可以增强全社会对终身教育的重要性的普遍认可,又可以鼓励各种类型的教育形式交叉整合,推动我国的教育制度实现柔性嬗变和自主创新,从而更好地满足日新月异的社会需要。在总则中,应集中体现纲领性立法技术的应用,将终身教育中的指导思想规定为纲领性与核心性的法则。在具体细节上,搭配其余相关法律法规共同发挥作用,各自构建起独具特色且相互支撑补充的完善现代教育法规体系。我国的终身教育立法应当引领我国终身教育的发展方向和体系构建,并为后续相关法规的制定提供清晰指导。为此,在教育法典的"总则"章节,适宜采用"纲领性立法"的方式,即概括性地阐述"终身教育法"的立法宗旨、基本原则及目标,旨在巩固该法的稳定性、权威性,并确立其在终身教育法律体系中的核心引领地位。此外,终身教育的立法重点关注的是个人的受教育权以及在终身教育活动中的基本价值追求,因此在总则部分还需体现终身教育立法的本质特征,即坚持正确的政治方向和坚持以问题为导向。虽然一部法律缺乏必要的强制措施,在执行过程中可能难以达到预期的效果,但终身教育立法的核心仍应聚焦于"鼓励"与"支持"。总之,将终身教育权纳入总则部分,可以为后续具体条款的制定提供方向,确保整个教育法典中都能体现对终身学习权利的保护,从而实现教育法体系质的进步。

终身教育法在教育法典分则中的设置,应当以教育法典的总则为指导,分则中应当设立独立的"终身教育编",包括一般规定和具体规定两个方面的内容。关于"终身教育编"的一般规定,应当明确终身教育的基本概念、法律地位、适用范围、立法宗旨、立法理念和立法原则等一般性原理、原则的规定;关于"终身教育编"的具体规定,应当明确终身教育的行政组织、经费保障、终身教育机构、学习成果认定、设施建设与利用等内容。

将终身教育法具体化为法律条文,深植于教育法典分则之中,能精准对接实际需求,详细规划实施路径。终身教育立法分则部分应体现中央与地方权力的协调一致。集权制和分权制是目前教育权力分配的两种典型形式,为了规避单一制度可能引发的问题,在终身教育立法中,建议采用中央与地方相结合的治理模式。因此,在制定相关法律时,国家应平衡集权与分权的关系,将中央政府的部分权限合理分配给地方政府、市场、学校及社会团体,以促进终身教育事业的全面发展。关于终身教育管理架构、政府职责、执行机构以及规划监督等方面的内容,应采取一种既包含集中统一又允许适度自主的方式。这样,地方能够在中央指导框架下灵活运作。在全国性的终身教育法规制定的过程中,必须妥善处理好中央集中管理和地方分散实施之间的关系。国家层面的终身教育立法过程中应注重宏观设计,明确体例构建的原则、制度安排及各方责任界定,从而形成一个从高到低的有效推进机制,确保学习权利得到有效保障。从国家到地方,每一领域都能获得量身定制的政策支持与措施保障,确保终身学习理念在细微之处得以生动展现,真正惠及每一个学习主体。这种分类立法的方式,以其高度的针对性和可操作性,为终身学习提供坚实的法律支撑。当然,其不足在于可能导致终身学习在整体教育法中的地位不够突出,无法形成系统性的规范。

(二)厘清"终身教育"与"终身学习"的概念

终身教育与终身学习是两个不同的概念,但都起源于20世纪60年代末至70年代初。其中终身教育的概念是法国成人教育学家保罗·朗格朗于20世纪60年代提出,[①]终身学习的概念则是在20世纪70年代初提出,终身学习理念进入全面实践阶段是基于联合国正式启动了《联合国可持续发展教育十年(2005—2014)国际实施计划》[②]。可以说,从概念的起源时间来看,终身教育概念先于终身学习概念,而终身学习概念是以终身教育为基础和前提的,而终身学习贯穿终身教育的政策与法律制定以及实操过程之中。在此意义上,二者理论内涵具有高度的一致性。[③] 然而,随着终身教育和终身学习研究的推进和实践的进一步发展,二者在各自的发展过程中又呈现出各自不同的特点。

终身教育强调"教",终身学习强调"学",二者是作为密切相关的统合概念,在具体内容、责任主体、组织活动等方面均存在差异,反映了教育的不同发展阶段。首先,终身教育涵盖了教育的方方面面,从时间跨度来讲,跨越了从人的出生到死亡的整个过程,从空间跨度来讲,包含了教育的每个阶段以及各阶段之间的有机联系。终身教育从宏观视域彰显了在教育的不同阶段

---

① 参见李国强:《保罗·朗格朗与终身教育理论——兼论西方终身教育理论对我国教育现代化的启示》,载《教育研究》2017年第6期。

② 参见李兴洲、耿悦:《从生存到可持续发展:终身学习理念嬗变研究——基于联合国教科文组织的报告》,载《清华大学教育研究》2017年第1期。

③ 参见吴遵民、邓璐:《终身教育立法中应关注的几个问题——由"终身教育"还是"终身学习"的立法争议谈起》,载《教育发展研究》2022年第21期。

以及在不同的教育环境中所涉猎到的所有知识和技能，教育主体通过受到的教育、获取的知识和技能发挥主观能动性和创造性。其次，终身教育是对传统教育制度的进一步创新发展，不仅关注个体的全面发展，而且关注如何构建和释放群体性。而终身学习的范畴相对狭窄，其主要是对个人学习观的突破。最后，终身教育从国家、社会、全民视角出发，而终身学习则从社会成员的个体视角出发。“终身教育更强调将教育作为一种服务提供给所需要的人，因此其重点关注对现有国民教育体系的改造与重构；而终身学习则主张学习者的自主与自由学习，其旨在突出学习者的主体地位。”①

（三）妥善处理终身教育主体之间的渗透关系

终身教育体系作为一个多元化、全方位的学习网络，连接家庭教育、学校教育和社会教育，使教育走出学校，渗透到家庭、社会的方方面面。终身教育立法目的在于协调和平衡基于不同教育主体、不同教育阶段、不同教育形式的利益关系。② 基于此，在终身教育立法过程中应当处理好包括政府、学校、家庭、社会等参与主体间的关系，对其职责范畴作出准确界定。其一，发挥政府及其部门在终身教育中的统筹作用。改革现有的教育治理方式，政府及其部门应成为真正的“依法宏观管理者”，包括健全完善终身教育标准体系，依法治教将终身教育工作全面纳入法治轨道，加大政策和财政支持为终身教育工作提供充分保障，提供并加强终身教育各方面的必要性指导等。其二，发挥家庭在终身教育中的基础性作用。终身教育始于家庭，家庭教育是启蒙教育、基础性教育。家庭教育的责任主体系受教育者的父母或者其他监护人。政府及其部门、社会等应当为家庭教育提供指导、支持和服务。其三，发挥学校在终身教育中的主导性作用。学校教育包括了学前教育、义务教育、高中教育（职业教育）和高等教育等的，其在学习主体的受教育阶段处于“承上启下”的关键环节。在“立德树人”的根本任务引领下，学校要注重受教育者终身教育理念的养成及更新，做好终身教育指导并利用互联网信息平台持续探索新模式，提供充足的师资、经费、设施等学校资源保障等。其四，发挥社会在终身教育中的支持性作用。政府管教育、学校办教育都离不开社会的支持

① 吴遵民：《现代国际终身教育论》，中国人民大学出版社 2007 年版，第 25 页。

② 参见余瑶瑶、程雁雷：《教育法典化背景下我国终身教育立法探究》，载《中国成人教育》2023 年第 20 期。

和依法参与监督,同时社会是对教育最权威的评价者。[①] 在推进终身教育过程中,要鼓励和引导社会力量和民间资本参与办学和提供多样化的终身教育服务,依托社区和街道办事处,加强对社区教育、老年教育、研学教育、失业人员教育、继续教育等的参与和支持,开展以终身教育为主题的讲座、论坛及研讨会,提供针对性的职业技能培训,加强终身教育指导服务等。

五、结语

我国终身教育立法应当以教育法典作为引领。在教育法典编纂之际,通过界定终身教育的核心理念、宏伟目标及基本原则,构建一个内在和谐、逻辑严密的法律框架,不仅有助于强化全社会对终身学习价值的广泛认同,还能激励各类教育形态跨界融合,促进教育体系的灵活蜕变与自我革新;通过具化终身教育的法律条文,使其深植于教育法典分则之中,精准对接实际需求,详细规划实施路径,使每一学习领域都能获得量身定制的政策支持与法律保障,确保终身学习理念在细微之处得以生动展现,真正惠及每一个学习主体。

① 参见傅祝余:《构建政府、学校、社会三者新型关系》,载《江苏教育报》2017年6月9日,第1版。

兰大法律评论(2025 年卷第一辑)
第 239 ~258 页

侮辱诽谤型网络暴力犯罪追诉模式的反思与完善*

闫召华　郭傲寒*

目　　次

---

* 项目基金:本文系西南政法大学 2025 年度学生科研创新项目"侮辱诽谤型网络暴力犯罪追诉模式的完善路径研究"(项目编号:FXY2025016)的研究成果。

* 闫召华,法学博士,西南政法大学诉讼法与司法改革研究中心主任、教授,博士生导师;郭傲寒,西南政法大学刑事诉讼法学 2024 级硕士研究生。

摘　要　侮辱诽谤型网络暴力犯罪沿用传统侮辱、诽谤罪“自诉为原则、公诉为例外”的追诉模式存在自诉提起困难、公诉适用有限且滞后等问题。面对网络暴力犯罪追诉不力的现状,《网络暴力犯罪指导意见》细化了公诉程序适用标准、明确了自诉公诉转换程序、进一步完善了公安协助取证制度,但立法本身对侮辱诽谤罪追诉程序配置的粗疏致使网络暴力犯罪中的自诉困境未彻底解决,公权力介入有限的问题依然存在。为摆脱当前的追诉困境,应对传统追诉模式进行突破,在立法上丰富侮辱、诽谤罪的内部梯度结构,构建分层追诉机制,实现自诉与公诉的有机结合和动态平衡。而鉴于部分网络暴力案件民刑交叉属性突出,亦有必要将目光延伸至民事诉讼程序中,完善民刑衔接机制,强化法官对网络暴力案件的预审责任和移送义务,畅通司法移送后民刑程序衔接建设,形成网络暴力治理的程序合力。

关键词　侮辱诽谤罪;网络暴力犯罪;刑事自诉;民刑衔接

引　言

当今是数字化高速发展的时代,网络已深度融入人们的生活。然而,伴随着网络的普及,网络暴力犯罪日益猖獗,成为社会治理中不可忽视的难题。杭州女士取快递被造谣诽谤事件、粉发女孩因网暴自杀事件、网红“胖猫”事件等都昭示网络暴力行为对当事人和公共秩序造成的严重危害。作为现代信息网络技术的产物,网络暴力犯罪“并不是传统暴力犯罪在网络空间的简单映射,而是侮辱、诽谤等攻击性言论行为在网络空间的表现形态”①。侮辱、诽谤犯罪是网络暴力犯罪的主要表现,其犯罪主体的隐蔽性和不确定性强、犯罪行为数字化与数据化特征明显、危害后果更为严重,对侮辱诽谤型网络暴力犯罪适用传统侮辱、诽谤罪的追诉模式已经力有不逮。

为了畅通网络暴力犯罪案件的刑事追诉程序,为被害人提供更加及时有效的法律救济,2023年9月20日,最高人民法院、最高人民检察院、公安部联合发布《关于依法惩治网络暴力违法犯罪的指导意见》(以下简称《网络暴力

---

① 谢登科:《网络暴力犯罪的公私协同治理模式》,载《法律科学(西北政法大学报)》2023年第5期。

犯罪指导意见》)。《网络暴力犯罪指导意见》对网络暴力犯罪的追诉程序进行了完善,特别是对网络侮辱、诽谤犯罪的公诉标准、自诉转公诉程序等作了细化明确。但是,《网络暴力犯罪指导意见》大体上仍沿用现行刑法和刑事诉讼法确立的侮辱、诽谤罪"普通案件走自诉程序,严重危害社会秩序和国家利益的走公诉程序"的格局。① 那么,《网络暴力犯罪指导意见》出台后网络暴力犯罪追诉模式实践改进的成效与不足有哪些,对于网络侮辱、诽谤等暴力犯罪案件仍沿用先前自诉、公诉的程序划分是否妥当,追诉模式应如何完善才能更契合网络暴力犯罪治理的需要,这些问题仍值得探讨。

一、侮辱诽谤型网络暴力犯罪传统追诉模式及其缺陷

(一)侮辱诽谤型网络暴力犯罪的追诉模式

根据行为方式的不同,网络暴力犯罪大致可分为造谣诽谤型、侮辱谩骂型、侵犯隐私型、寻衅滋事型,分别可能涉嫌侮辱罪、诽谤罪、侵犯公民个人信息罪、寻衅滋事罪。但网络暴力犯罪呈现明显的"复合性"特征,各类型的网络暴力犯罪间没有绝对的界限,一次网络暴力往往以多种方式进行,其中尤以侮辱、诽谤行为居多。网络暴力犯罪中的侮辱、诽谤行为适用《刑法》中的侮辱、诽谤罪条款。

《刑法》第 246 条第 2 款规定,侮辱诽谤犯罪,"告诉的才处理,但是严重危害社会秩序和国家利益的除外"。告诉才处理,即人民法院受理并审理案件必须以被害人或其法定代表人的告诉为前提。目前,我国刑事诉讼法学界对于告诉才处理的犯罪坚持"绝对自诉主义",将其追诉形式严格限定为自诉。因此,侮辱、诽谤罪的追诉是"自诉为原则,公诉为例外",这也是侮辱诽谤型网络暴力犯罪的追诉模式。

网络暴力犯罪触及其他罪名的适用一般公诉程序,由司法机关履行公诉义务,该类网络暴力犯罪在追诉模式的选择上并无疑问。但是,目前侮辱诽谤型网络暴力犯罪沿用传统亲告罪的追诉模式已出现诸多弊病,恐难以满足

---

① 参见王楷:《论网络暴力犯罪案件中的公诉优先原则》,载《江西警察学院学报》2024 年第 6 期。

网络暴力犯罪的治理需要。

(二)侮辱诽谤型网络暴力犯罪追诉模式的缺陷

1. 自诉的实践困境突出

最高人民法院于2021年1月出台的《关于适用〈中华人民共和国刑事诉讼法〉的解释》(以下简称《刑诉法解释》)明确规定人民法院受理自诉案件必须满足“有明确的被告人、具体的诉讼请求和证明被告人犯罪事实的证据”的条件,就传统亲告案件而言,上述条件并不苛刻,但就网络暴力案件而言,则遇有现实困难。① 侮辱、诽谤等网络暴力犯罪具有空间跨度广、犯罪主体隐蔽、技术性强等特征,被害人仅依靠自身力量难以收集到充分的证据,在确定责任主体、证明犯罪方面存在诸多困难。以利用网络实施诽谤罪为例,笔者在威科先行法律信息库检索近5年的一审自诉案件,得到有效样本178例,其中在诉讼阶段不予受理或立案、驳回起诉或自诉人撤诉的共占比34.27%,被判决有罪的案件仅占比10.67%。透过判例亦能发现,自诉突出的实践困境使其在司法实践中难以成为追诉网络暴力犯罪的有效手段。

第一,犯罪主体难以确定。传统亲告罪多发生在熟人之间,并且犯罪活动具有现实性,因此对被害人来说犯罪嫌疑人是较为明确的。而网络暴力参与者众多,大致可划分为:网络侮辱、诽谤的发起者,受雇参与的“水军”,主动或被动参加的广大普通网民。这些群体的参与人数动辄数以万计,被害人在众多参与者中间难以有效辨别应当承担刑事责任的行为人。此外,网络暴力行为的主体不确定性和隐蔽性强,即使被害人锁定了犯罪主体的网名或IP,凭个人之力也很难进一步确定施暴者的确切身份。如湖北省黄梅县人民法院就曾以自诉人不能证明涉案文章系被告人徐某所写或授意他人撰写发布为主要理由,不予支持自诉人相关指控。② 被告人难以确定,就使得被害人向法院提起自诉遇到第一层阻碍。

第二,犯罪证据难以获取。网络暴力自诉案件除了要求有明确的被告人以外,还要求被害人“有证明被告人犯罪事实的证据”,但网络暴力案件的被害人在证据收集方面面临多重挑战。首先,相比传统犯罪,网络暴力中的犯罪现场、痕迹物品乃至犯罪意图等信息均以数字化的形式呈现。由于信息网

① 参见喻海松:《网络暴力的多维共治——以刑事法为侧重的展开》,载《江汉论坛》2023年第5期。

② 参见湖北省黄梅县人民法院刑事判决书,(2020)鄂1127刑初319号。

络技术的专业性,公众对于数据如何转化为代码、如何存储和上传了解有限,对于数据的存储位置和提取固定的方法也知之甚少。其次,网络数据的特殊性使其容易被修改、伪造或破坏,这增加了收集和固定证据的难度。电子数据具有分散性、隐匿性和易破坏性的特征,①取证过程需要专业知识和技术。《刑诉法解释》对电子数据的真实性和完整性有严格要求,包括原始存储介质的移送、扣押、封存状态以及完整性校验值等,这些都会影响电子数据的证据能力。普通民众通常缺乏对电子数据进行取证的技术条件,容易在取证过程中破坏数据,从而影响证据的合法性、真实性和完整性,甚至导致证据失效。最后,电子数据存储于相关互联网平台的计算机系统中,属于平台所有,具有较强的技术性和封闭性,非侦查人员在无公权力机关授权的情况下很难被允许对相关证据进行搜集和保存。目前被害人对电子数据的取证资格法律并无明文规定,在实践中也难以得到平台方的认可和支持。

第三,自诉案件证明标准较高。一方面,自诉案件的立案证明标准较高。《刑诉法解释》第316条规定的自诉案件受理标准和《刑事诉讼法》第211条规定的自诉案件开庭标准②实质上确立了自诉案件的立案需达到“犯罪事实清楚,有足够证据证明被告人犯罪事实”的证明标准,而这一证明标准与“犯罪事实清楚,证据确实充分”的刑事案件定罪证明标准趋同。同时,证明被告犯罪事实的证据本应是法庭审理中需审查和判断的内容,而现行规定导致了立案审理的实质性增强。③ 另一方面,我国现行立法对自诉与公诉案件适用统一的法定证明标准,并未作出区分。④ 自诉案件要想成功定罪,需要达到刑事案件的证明标准,即《刑事诉讼法》中规定的“事实清楚,证据确实、充分”的程度。该标准对于证据既有“量”的要求,即“证据充分”;又有“质”的要

① 参见袁岳霞、毛伟:《互联网视阈下网络犯罪电子证据取证的困境与出路》,载《襄阳职业技术学院学报》载2020第1期。

② 《刑诉法解释》第316条第1款第4项规定:(人民法院受理自诉案件必须)有明确的被告人、具体的诉讼请求和证明被告人犯罪事实的证据。《刑事诉讼法》第211条第1款第1项规定:(自诉案件)犯罪事实清楚,有足够证据的案件,应当开庭审判。

③ 参见张培铮:《网络暴力自诉案件的公安协助取证制度形成逻辑与理性反思》,载《四川警察学院学报》2024年第1期。

④ 参见胡凌宇、何邦武:《刑事自诉案件证明标准的反思与重构》,载《北方论丛》2022年第2期。

求,即“证据确实”。[①] 这一证明标准是所有类型诉讼中最严格的证明标准。刑罚是最严厉的法律手段,刑事案件设定更高证明标准主要在于限制国家公权力、减少错判,无可厚非。对于公诉案件,司法机关享有广泛的侦查权力和强制手段,加之庞大的司法队伍和充足的资源支持,实现“事实清楚,证据确实、充分”的标准相对容易。然而,对于自诉案件,自诉人要依靠自己举证达到同样的证据标准则相当困难。侮辱诽谤型网络暴力犯罪自诉人取证能力的有限性与证明的严格性[②]之间的冲突便直接导致了犯罪难以证明、施暴者难以被定罪的局面。

2. 公诉适用的有限与滞后

近年来,侮辱、诽谤刑事案件数量显著上升,其中网络暴力的频发成为主要的推动因素。以诽谤刑事案件为例,2022年人民法院一审收案618件,较2013年(126件)增长了390.48%;但其中公诉案件只有29件,仅占4.69%。[③] 2023年人民法院全年“审结网络诽谤公诉案件32件,判决有罪人数85人,同比分别增长10.3%、102.4%”[④]。由数据可见,在目前追诉模式下,网络暴力犯罪案件中公诉的适用是极其有限的,而原因主要体现在公诉标准模糊和公诉门槛过高两方面。

首先,公诉标准模糊。刑法规定侮辱、诽谤罪适用公诉的情形为“严重危害社会秩序和国家利益”,但是并未明确界定何为“严重危害社会秩序和国家利益”。2013年最高人民法院和最高人民检察院联合颁布的《关于办理利用信息网络实施诽谤等刑事案件适用法律若干问题的解释》对该问题有所回

① 《刑事诉讼法》第55条第2款规定:证据确实、充分,应当符合以下条件:(一)定罪量刑的事实都有证据证明;(二)据以定案的证据均经法定程序查证属实;(三)综合全案证据,对所认定事实已排除合理怀疑。

② 参见蔡元培:《网络暴力自诉案件中的证据供给与风险预防》,载《中国应用法学》2023年第5期。

③ 参见周加海、喻海松、李振华:《〈关于依法惩治网络暴力违法犯罪的指导意见〉的理解与适用》,载《中国应用法学》2023年第5期。

④ 张军:《最高人民法院工作报告》,第十四届全国人民代表大会第二次会议,2024年3月8日。

应，其中第3条①共列举6种具体情形和一个兜底条款来对利用信息网络实施诽谤罪的公诉适用标准进行扩大解释，但“群体性事件”“公共秩序混乱”等情形的表述仍过于宏观，第7项的兜底条款又再次设置了抽象的不确定概念，进一步加剧了判断标准的不确定性，②未能较好解决侮辱、诽谤罪公诉适用标准模糊的问题。司法机关对网络暴力犯罪是否“严重危害社会秩序和国家利益”缺乏统一的判定标准，导致在实际操作中难以把握适用情形，从而影响了公诉程序的及时启动。

其次，公诉门槛过高。侮辱、诽谤罪的公诉要达到严重的危害性条件，网络暴力犯罪沿用侮辱、诽谤罪的追诉模式便将情节轻微和一般严重的案件排除在公诉程序之外。传统侮辱、诽谤罪对个人法益的侵害程度较为轻微、犯罪侵犯的法益较为特殊，并且被害人与行为人通常为熟人关系。因此，设置较高的公诉门槛既能体现刑法的谦抑性、提高司法资源配置效率，也能避免任意追诉对被害人造成二次伤害，保护被害人权益、促进社会关系的修复。但是，侮辱诽谤型网络暴力犯罪已经突破了传统侮辱、诽谤罪的特征，暴力行为不仅对个人法益的侵害程度显著提高，而且还会直接影响到其他群体甚至社会整体。在当前的网络环境中，网络暴力犯罪往往迅速导致严重后果，因此，受害者急需公权力机关对案件的迅速介入，以防止情况进一步恶化。面对已经构罪的网络暴力行为，仅在危害后果达到“严重危害社会秩序和国家利益”程度时公权力机关才给予被害人救助已经显得过于迟缓，不利于识别和阻断即将或正在发生的网络暴力犯罪。③ 过高的公诉门槛已经不适应网络暴力犯罪的治理需要，不利于实现刑事诉讼法“惩罚犯罪、保护人民”的立法目的，亟须改进以提高对受害者的保护效率。

---

① 《关于办理利用信息网络实施诽谤等刑事案件适用法律若干问题的解释》第3条规定，利用信息网络诽谤他人，具有下列情形之一的，应当认定为《刑法》第二百四十六条第二款规定的“严重危害社会秩序和国家利益”：（一）引发群体性事件的；（二）引发公共秩序混乱的；（三）引发民族、宗教冲突的；（四）诽谤多人，造成恶劣社会影响的；（五）损害国家形象，严重危害国家利益的；（六）造成恶劣国际影响的；（七）其他严重危害社会秩序和国家利益的情形。

② 参见步洋洋、韩雨轩：《论自诉转公诉制度的立法确立》，载《青少年犯罪问题》2024年第4期。

③ 参见盖胜男、吴海玲：《网络诽谤案件的公诉化诉讼机制构建》，载《河北青年管理干部学院学报》2024年第2期。

3. 自诉与公诉的程序转换规则缺失

刑事诉讼领域中自诉与公诉程序原本界限清晰,不存在适用上的冲突。但网络侮辱、诽谤行为扩散性的特点会使得案件情势快速发生变化,出现在自诉过程中犯罪后果进一步加剧,从而达到公诉标准的情况;或者犯罪原本即属严重危害社会秩序,但由于公诉标准的不明确,司法机关未能准确识别案件性质并及时启动公诉程序。因此,在网络暴力犯罪案件中,可能会出现自诉公诉并存的情况,如何处理自诉与公诉并存时的程序转换与适用问题对治理网络暴力犯罪至关重要。按照我国学界的主流观点,即便被害人已经提起了自诉,也并不妨碍公诉的提起。换言之,自诉的存在并不具有排除公诉的效力。但是公诉成立后自诉程序何去何从?是归于消灭还是与公诉并存或合并?对此,学界存在观点的交锋与争鸣,存在“公诉优先论”“自诉优先论”“公诉自诉对等论”等观点,而《刑事诉讼法》未对两诉并存时的程序选择问题作出规定。

虽然程序选择问题在理论界尚存争议,但司法实践中自诉转公诉的制度已然存续,且应用越发广泛,2020年杭州女士取快递被造谣诽谤案就是自诉转公诉的典型案例。而现行《刑事诉讼法》及司法解释缺少对自诉转公诉的具体流程的规定。诸如自诉转公诉的申请主体、申请途径、申请期限以及受理机关等问题,法律都无明文规定。这使得程序的转换充满了随意性和不确定性。自诉转为公诉后,自诉程序与公诉程序的衔接问题无详细规定,这可能导致程序转换过程中出现证据衔接不畅、案件办理拖延等问题。例如,自诉程序中收集的证据如何转化为公诉程序中的证据?此外,自诉转公诉后审判机关如何处理自诉案件,《刑事诉讼法》语焉不详。对不符合自诉条件的自诉案件,《刑事诉讼法》第211条第1款第2项规定“说服自诉人撤回自诉或者裁定驳回”。那么自诉转公诉的案件是否沿用该项规定来处理自诉?法院能否并案审理或裁定终止审理?

对于上文所述的自诉与公诉的程序转化问题,目前我国并未形成统一适用的法律规范,亟待刑事立法予以回应。

二、侮辱诽谤型网络暴力犯罪追诉模式的实践改进及不足

现行刑事诉讼规范对网络暴力犯罪的追诉问题已力有不逮,对此,最高

人民法院、最高人民检察院、公安部适时出台《网络暴力犯罪指导意见》,其条文与精神旨在"切实加大对网络暴力违法犯罪的惩治力度,立足执法、司法职能深化网络暴力治理,提高追诉效率"①。《网络暴力犯罪指导意见》涵括网络暴力的罪名适用规则、处罚界限、追诉程序等内容,特别对网络侮辱、诽谤的公诉标准、自诉转公诉程序等作了细化明确。《网络暴力犯罪指导意见》的出台无疑是对网络暴力犯罪追诉模式的一次重要实践性优化。

在肯定《网络暴力犯罪指导意见》的进步意义和积极成效的同时,也应认识到《网络暴力犯罪指导意见》无法回应网络暴力犯罪追诉中存在的所有问题,并且改进意见自身也或多或少存在局限性。因此,有必要分析《网络暴力犯罪指导意见》的改进进路,识别其存在的问题,明确网络暴力犯罪追诉模式在改进下的不足,从而为进一步完善网络暴力犯罪的追诉机制提供借鉴。

(一)侮辱诽谤型网络暴力犯罪追诉模式的实践改进及成效

1.细化公诉程序适用标准

针对公诉适用标准不清的问题,《网络暴力犯罪指导意见》第12条通过"概括+列举"的方式,对网络侮辱、诽谤犯罪的公诉标准作了进一步的明确。一方面,该条款细化了网络侮辱、诽谤犯罪适用公诉程序的基本原则。司法机关在评估网络暴力行为是否严重危害社会秩序时,需要综合考量多方面因素,包括受害对象、行为动机、实施手段、信息扩散程度以及造成的实际影响等,以便作出全面的判断。另一方面,为进一步指导司法机关在实践中对公诉标准进行把握和判断,《网络暴力犯罪指导意见》在规定兜底项外,还列举了诸如"造成被害人或者其近亲属精神失常、自杀"等适用公诉程序的四种具体情形,②涵盖了当前网络暴力最突出的行为样态和危害后果。

相较于《关于办理利用信息网络实施诽谤等刑事案件适用法律若干问题的解释》列举的情形,《网络暴力犯罪指导意见》对"严重危害社会秩序"这一

① 周加海、喻海松、李振华:《〈关于依法惩治网络暴力违法犯罪的指导意见〉的理解与适用》,载《中国应用法学》2023年第5期。

② 《网络暴力犯罪指导意见》第12条第2款规定,实施网络侮辱、诽谤行为,具有下列情形之一的,应当认定为《刑法》第246条第2款规定的"严重危害社会秩序":(1)造成被害人或者其近亲属精神失常、自杀等严重后果,社会影响恶劣的;(2)随意以普通公众为侵害对象,相关信息在网络上大范围传播,引发大量低俗、恶意评论,严重破坏网络秩序,社会影响恶劣的;(3)侮辱、诽谤多人或者多次散布侮辱、诽谤信息,社会影响恶劣的;(4)组织、指使人员在多个网络平台大量散布侮辱、诽谤信息,社会影响恶劣的。

标准的细化显然更为详细和具体。条文不但明确了具体的行为方式和危害后果,并且列举的是目前网络暴力案件中最常见且对“公众安全感和网络秩序”[1]冲击最为强烈的情形,这对司法机关把握公诉标准具有较强的指导作用。同时,《网络暴力犯罪指导意见》未设置相关网络信息的量化标准,废止了过去以具体传播数量为立案、构罪标准的规定,重视个案差异,强调对公诉标准的实质把握,有利于纠正实践中可能形成的“重数量”“唯数量”的立案倾向。

2. 明确自诉公诉转换程序

对于公自诉并存的案件,《网络暴力犯罪指导意见》根据自诉与公诉发生的先后顺序,规定了处理自诉的三种方式:其一,公安机关已经立案,自诉尚未受理的,人民法院可以请自诉人撤回自诉或者裁定不予受理;其二,自诉已经受理的,人民法院应当裁定终止审理;其三,自诉在先的,人民法院应当将案件移送公安机关。其中,“说服自诉人撤回自诉”与“裁定不予受理”是公诉在前、自诉在后时的衔接措施;而“裁定终止审理”是自诉在前、公诉在后时的程序转换手段。[2]

《网络暴力犯罪指导意见》明确了案件符合公诉条件时“公诉优于自诉”的排他性适用规则,其为“自诉转公诉”提供的程序衔接方案呈现出明显的职权主义特征。一旦案件符合公诉条件并且司法机关予以介入,自诉程序就会被启动的公诉程序所吸收。并且程序转换依职权进行,不依当事人申请而启动。《网络暴力犯罪指导意见》强化公安司法机关在惩治网络暴力犯罪中的职责和作用,体现出鼓励公诉的治理倾向,客观上有利于实体公正的实现和诉讼效率的提升。

3. 完善公安机关协助取证制度

网络暴力犯罪被害人取证能力不足是导致自诉难以发挥追诉作用的重要原因。对该问题,《刑法修正案(九)》和《刑诉法解释》已有所回应。二者均规定网络侮辱、诽谤行为的被害人提起自诉的,若提供证据确有困难的,人民法院可以要求公安机关提供协助。立法设定公安机关协助取证义务是对

① 《以“法网”清朗互联网,这份指导意见如何为你我撑腰》,载《新华每日电讯》2023年9月28日,第2版。

② 参见王仲羊:《网暴犯罪刑事程序法治理的特征、缺陷及其完善》,载《新疆社会科学》2024年第1期。

网络侮辱、诽谤犯罪的告诉程序作出的适当修补，在一定程度上补强了被害人取证能力。但法律对公安机关协助取证制度的规定过于粗疏，缺乏具体操作规范，不同法院对公安机关协助取证制度的理解和适用存在差异，导致实践中制度的执行不一致。对此，《网络暴力犯罪指导意见》细化了公安机关协助取证的规则。第一，规定了公安机关协助取证的适用阶段。“经公安机关协助取证，达到自诉案件受理条件的，人民法院应当决定立案”的条文表明公安机关协助取证应在自诉案件立案前适用。第二，明确公安机关协助取证的对象。根据《网络暴力犯罪指导意见》，协助取证的对象主要包括实施网络侮辱、诽谤的行为主体，相关侮辱、诽谤信息传播扩散情况，造成的影响等证据材料。第三，划定协助取证的证据标准限度。协助取证并不要求公安机关查明全部案件事实，其收集到的证据达到自诉案件受理条件即可。

总体来看，虽然《网络暴力犯罪指导意见》出台前公安协助取证制度业已创设，但从司法实践来看，其适用比例并不高，适用效果并不理想。《网络暴力犯罪指导意见》完善公安机关协助取证制度对于弥补自诉人取证能力的不足、强化公安机关履职力度、激活公安机关协助取证制度在网络暴力犯罪治理体系中的功能和作用具有重要价值。

（二）侮辱诽谤型网络暴力犯罪追诉模式改进下的不足

《网络暴力犯罪指导意见》的出台回应了网络暴力犯罪治理中的社会关切，在网络暴力犯罪的追诉问题上，凸显出国家机关应以更加积极主动的姿态介入网络暴力治理的态度。但《网络暴力犯罪指导意见》仍沿用现行《刑法》和《刑事诉讼法》确立的“普通案件走自诉程序，严重危害社会秩序和国家利益的走公诉程序”的格局，①并未对传统追诉模式进行突破，侮辱诽谤型网络暴力犯罪追诉层面的许多问题仍未得到根本性解决。

其一，自诉案件的取证难题未得到彻底解决，自诉的程序困境仍然存在。《网络暴力犯罪指导意见》虽然在落实公安机关协助取证的法律规定方面迈出了重要一步，但现有的规范内容仍然较为粗疏和笼统，难以支撑一项制度平稳地、符合预期地运行。引申开来，第一，协助取证的性质与措施不明。规范制定者主张公安机关协助取证有别于刑事侦查取证，故而“公安机关协助

① 参见王楷：《论网络暴力犯罪案件中的公诉优先原则》，载《江西警察学院学报》2024 年第 6 期。

取证不应直接适用刑事侦查取证的相关规定”。[①] 但是,对于协助取证究竟属于何种性质的活动,《网络暴力犯罪指导意见》并未给出界定。行为性质的模糊就导致协助取证中可以采取哪些措施并不明确,如搜查、扣押等强制侦查手段能否适用? 技术侦查措施能否适用?[②] 对措施的选择关系到协助取证制度效用能否有效发挥。对取证措施限制太过会让公安机关难以完成取证行为,限制太松则难免使协助取证与刑事侦查取证混同。第二,协助取证达到何种程度不明。《刑法》和《刑诉法解释》未明确协助取证的限度,但《网络暴力犯罪指导意见》第11条“达到自诉案件受理条件”的表达有将公安机关协助取证责任限于满足立案条件之意。但是,如果公安机关的协助取证责任仅限于满足案件受理的基本要求,协助取证所得的证据未能达到法院定罪所需的明确事实和充分证据的标准,那么公安机关的取证工作就不足以支持自诉案件的后续审理,自诉程序仍会因取证难题而“举步维艰”。第三,被害人缺乏救济机制。公安机关协助取证机制启动与否由人民法院决定,但“被害人提供证据确有困难”的判断标准较为主观,法院存在较大的自由裁量余地。对于被害人认为自己“提供证据确有困难”,但法院并未启动协助取证制度的,被害人应如何主张权利? 现有规范并未赋予被害人救济途径。第四,公安机关协助取证并不具有强制性。即使被害人取证确有困难,根据现有规定,法院“可以”要求,但非“应当”要求公安机关提供协助。这赋予了法院启动协助取证制度的选择权,也变相削弱了该规定对公安机关的约束力。在实际办案过程中,部分办案人员有可能出现疏于履行相关义务的情况,最终致使该制度无法有效运转,形同虚设。诸如此类问题直接关系到自诉案件犯罪证据收集难的困境能否有效解决、自诉程序能否切实发挥追诉犯罪的作用。

其二,未纠正公诉门槛过高的问题,国家强制力对网络暴力犯罪的介入仍显滞后。从公诉适用标准来看,《网络暴力犯罪指导意见》对公诉标准的细化是围绕“严重危害社会秩序和国家利益”这一适用范围展开的,因此,其中明确的公诉情形无一不是在发生了严重后果之后。从公诉启动方式来看,《网络暴力犯罪指导意见》未改变“告诉才处理”与自诉制度之间的关系,未

---

① 参见周加海、喻海松、李振华:《〈关于依法惩治网络暴力违法犯罪的指导意见〉的理解与适用》,载《中国应用法学》2023年第5期。

② 参见王仲羊:《网暴犯罪刑事程序法治理的特征、缺陷及其完善》,载《新疆社会科学》2024年第1期。

赋予普通案件的被害人向公安司法机关告诉的机会。长期以来,我国刑事诉讼法学界将告诉才处理案件的追诉形式限定为自诉,但"告诉才处理案件只能自诉"是我国刑事诉讼法学理论在特定历史条件下的学理误读。① 从立法目的看,"告诉才处理"着重体现的是诉讼程序的启动与否完全取决于被害人自身的意愿,公权力机关不得主动对犯罪行为展开追诉;自诉强调的是被害人可以通过自己向司法机关告诉而启动刑事诉讼程序,二者承载不同的法律功能。从文义解释来看,"告诉才处理"中的"告诉"并不指向具体的告诉对象。《刑事诉讼法》仅规定了自诉案件包括"告诉才处理的案件",它们两者之间是种属关系②而非全同关系,这在逻辑结构上并不排除"告诉才处理的案件"也可以属于公诉案件。无论是立足立法目的,抑或遵循法律条文内在的逻辑架构,亲告罪的告诉方式皆应涵盖被害人向人民法院提起诉讼,以及向公安机关、人民检察院进行控告或报案等多元形式。目前,我国将"告诉才处理"与自诉混同的做法致使在侮辱、诽谤等网络暴力犯罪案件的启动环节,被害人提起自诉成为其寻求法律救济的唯一可行路径。在此种现实困局之下,被害人即便明知自身取证能力存在局限,也因制度局限而无法使案件进入到公诉程序中,这无疑限制了其权益救济的途径与可能性。以上问题未得到解决,导致公诉程序仍仅限于"严重危害社会秩序和国家利益"的情形,公诉的适用高度依赖于司法机关的主动发现和介入,公权力对网络暴力犯罪介入迟缓与滞后的问题未得到有效解决。

三、网络暴力犯罪追诉模式改革的理论建议及评析

学界已认识到现有的追诉模式恐难以满足网络暴力犯罪治理需要,要想根本性解决网络暴力犯罪追诉不力的难题,应该从源头入手,对追诉模式进行改革。对此,学界存在"公诉独占"和"公诉优先"两种改革路径。"公诉独占"又有增设新罪和限制、废除自诉制度两种不同的建议路径。

---

① 参见吴宏耀:《告诉才处理犯罪的追诉制度:历史回顾与理论反思》,载《中国刑事法杂志》2021年1期。

② 参见谢登科:《网络暴力犯罪案件的程序适用与误区澄清——以亲告罪与自诉程序的关系为视角》,载《江西社会科学》2024年第1期。

(一)"增设新罪"的建议及评析

部分学者认为《刑法》现有罪名不能全面涵盖网络暴力犯罪,如第246条仅适用于侮辱谩骂型、造谣诽谤型网络暴力犯罪中构成侮辱罪、诽谤罪的行为,对侵犯隐私型、寻衅滋事型网络暴力犯罪无法适用。《刑法》第253条之一规定的侵犯公民个人信息罪也很难完全满足对侵犯隐私型网络暴力犯罪的治理需求。因此,有必要在《刑法》中增设网络暴力罪,以专属罪名规制网络暴力犯罪,并明确规定公诉为网络暴力犯罪的唯一追诉方式。①

针对以增设新罪实现"公诉独占"的建议,首先应当明确,增设新罪应是谨慎的,要坚持必要性原则、协调性原则。只有当某种行为严重侵犯法益或重要法益,且现行《刑法》无法处理时,才有必要增设新罪。并且,新增设的罪名应当与现行《刑法》的其他条文保持协调,避免内部冲突。如前文所述,目前网络暴力犯罪大致可分为四种类型,是诽谤、侮辱、侵犯隐私、寻衅滋事行为在网络空间的表现形态。笔者认为,现有的侮辱罪、诽谤罪、侵犯公民个人信息罪、寻衅滋事罪可以适用于大部分网络暴力犯罪行为。对于主张增设新罪的学者提到的传统罪名适用显得生硬牵强、网络暴力犯罪的罪数问题复杂等问题,②完全可以通过对《刑法》规定增加司法解释的方法来加强适用,例如,针对"人肉搜索"案件中入刑主体难以界定的问题,可以通过颁布司法解释来对侵犯公民个人信息罪的构成要件要素进行适当的扩大解释,对非法收集和公布他人信息的组织者的主体认定标准进行明确来解决。目前,《网络暴力犯罪指导意见》对网络暴力行为的罪名适用问题进行了较为详细的说明,立法与司法均积极回应罪名适用方面的问题,前景乐观。以当前网络暴力犯罪的行为形态来看,尚未有明显超出四种类型界定的"新行为",因此增设"网络暴力罪"这一新罪缺少必要性,盲目增设会导致法律规定的冗余和复杂化,增加司法实践中的难度和成本。

(二)"限制、废除自诉制度"的建议及评析

针对刑事自诉中存在的案件范围不合理、被害人举证困难等问题,有学者在20世纪90年代便提出了彻底废除自诉的主张。③ 杭州女士取快递被造

---

① 参见张佳华:《数字时代网络暴力的刑事治理》,载《江汉论坛》2024第5期。

② 参见陈罗兰:《网络暴力的刑法治理与罪名增设》,载《法律科学(西北政法大学学报)》2023年第5期。

③ 参见汪本立:《试论刑事自诉制度的存废》,载《中国法学》1993年第6期。

谣诽谤案之后,有学者进一步对公诉与自诉关系进行反思与探讨,认为由于被害人取证困难,自诉往往难以实现公正裁判。而现代公诉制度改革引入了刑事和解制度,减少了公诉与自诉之间的差异,使得自诉制度的功能在一定程度上可以被替代。①

限制、废除自诉制度的建议具体应用到侮辱、诽谤型网络暴力犯罪中,恰是对传统追诉模式下自诉不力、公诉有限等诉讼问题的回应。但笔者认为自诉制度有其不可替代的价值,不应该被"一刀切"地废除。哪怕在网络暴力犯罪中自诉制度存在诸多阻碍,自诉权本身的有无也至关重要。这关系到是否尊重被害人的主体地位,是否能够真正从被害人角度出发保护被害人的权利。若被害人基于保密、羞耻等心理,不选择追诉犯罪,或者不愿意由国家机关介入诉讼进程,自诉制度则给予了被害人拒绝诉讼的权利,避免国家强制力对被害人私领域的不当侵犯,这对侵犯名誉权犯罪的治理至关重要。限制、废除自诉制度从而达到"公诉独占"的建议仅从诉讼效果的角度考虑自诉制度的存废,既忽略了程序启动前自诉制度在尊重和保障被害人权利方面的价值,也忽略了自诉节约司法资源、提升司法效率的作用。

(三)"公诉优先"的建议及评析

主张"公诉优先"的学者建议对于网络侮辱、诽谤行为,首先由被害人向公安机关报案,公安机关经审查后认为符合公诉条件的应当直接立案侦查,经审查后认为不符合公诉条件的,可以告知报案人向人民法院提起自诉。②该建议本质上是使公安机关第一时间对可能涉嫌刑事犯罪的网络暴力犯罪案件进行审查,然后进行追诉模式上的分流。这在一定程度上有利于保障"严重危害社会秩序和国家利益"的侮辱诽谤型网络暴力犯罪及时被公诉,从而减少符合公诉要求的案件应公诉而未被公诉的情形,也能有效减少后续自诉、公诉交叉而引发的程序混乱和司法资源耗费等问题,从而提高打击犯罪的效率。但是在实践中,被害人报案后公安机关的处理方式本就是如此,该建议并未对相关程序作出创设性改进,更未打破现有侮辱、诽谤罪中自诉与公诉的范围限制,其实际效果可能更多体现为鼓励被害人及时报案、强调公安机关切实履行应尽职责。

---

① 参见熊秋红:《论公诉与自诉的关系》,载《中国刑事法杂志》2021 年第 1 期。

② 参见王楷:《论网络暴力犯罪案件中的公诉优先原则》,载《江西警察学院学报》2024 年第 6 期。

四、侮辱诽谤型网络暴力犯罪追诉模式的完善进路

(一)构建分层追诉机制

为了应对网络暴力犯罪的治理需求,使国家强制力更早、更主动地介入案件是当下的可行之道和应有之义。最高司法机关公布的典型案例也表明,通过公诉程序办理网络侮辱、诽谤案件取得了良好的法律效果和社会效果。但是,网络侮辱、诽谤犯罪为亲告罪的本质不能被随意更改,国家主动追诉与尊重被害人选择的价值平衡不能被忽视。鉴于此,笔者建议进一步细化和补充侮辱、诽谤罪的立法,构建分层追诉机制,从而扩大公诉的适用范围,形成自诉与公诉并重的网络暴力犯罪追诉机制。

1. 分层追诉机制的合理性说明

从系统学视角检视亲告罪,亲告罪结构由行为和追诉程序两大基本元素决定,二者关系是否协调一致会影响结构的科学性。① 侮辱罪和诽谤罪既是典型的亲告罪,又是典型的情节犯。在行为方面,我国《刑法》规定侮辱和诽谤行为要构成犯罪,必须满足"情节严重"这一要件。在追诉程序中,由于学界对"告诉才处理"案件采取"绝对自诉主义",因此"情节严重"的侮辱、诽谤罪只能通过自诉程序来追诉。"层次是系统学的基本概念之一,等级层次原理是系统学以及整个系统科学的基本原理之一。"②应当认识到,"情节严重"并非一种具体标准,其犯罪情节又有轻重之分。然而我国在制定侮辱、诽谤罪的法律规范时,忽视了情节严重程度的多样性,未能对犯罪行为进行合理的等级分层。我国《刑法》在匹配行为危害程度与追诉机制时,仅采用了"情节严重"和"严重危害社会秩序和国家利益"两种层级标准,分别对应绝对自诉和绝对公诉程序。

侮辱、诽谤罪的内部系统元素的层次性不足,追诉程序的制度配置过于简单,以至于公权力介入有限,追诉效果不尽如人意。因此,有必要在法秩序统一的视角下,综合考虑多方面因素,重新构建侮辱、诽谤罪的情节梯度结构

---

① 参见胡莲芳、赵泽:《系统论视角下亲告罪的法律规制研究》,载《学习与实践》2021年第4期。

② 苗东升:《系统科学精要》(第4版),中国人民大学出版社2016年版,第67页。

标准并为其配置相应的追诉方式，以此来拓宽公诉的适用范围，实现自诉与公诉的有机结合和动态平衡。

而上文提到的问题是当前亲告罪系统的“通病”，分层追诉的构想也适用于其他亲告罪，但是笔者在此不作宏观论述，只在网络暴力犯罪治理的语境下探讨侮辱、诽谤罪追诉机制的完善进路。

2. 分层追诉机制的构建路径

建议对侮辱、诽谤罪的犯罪情节进行“情节一般严重”“情节比较严重”“情节特别严重”三层次划分，并分别对应不同的追诉方式。情节一般严重的，适用自诉。考虑到这类案件对被害人造成的伤害较小、社会影响有限，被害人追诉的意愿可能较低，适用自诉可以节约司法资源，提升司法效率。情节较为严重，但尚未达到严重危害社会秩序的案件，采取公诉和自诉并行的模式。这种模式下，被害人可以选择提起自诉，并且在自诉中可依法适用公安机关协助取证制度；被害人也可以请求公安机关立案侦查，公安机关经审查后认为确有犯罪事实需要追究刑事责任的，应当依法适用公诉程序。对于情节特别严重，危害社会秩序与国家利益的，应当优先采用公诉程序。对此类案件，公安机关应当依法及时立案，检察院应当加强立案监督。出现公自诉并存情况的，依照《网络暴力犯罪指导意见》中的规定，将自诉转为公诉。

考虑到网络暴力犯罪危害后果的复杂性与多样性，对于情节“一般严重”“较为严重”“特别严重”的判断标准建议沿用目前的立法方式，不在刑法条文中进行例示性规定，而是通过司法解释等方式予以细化和明确。一方面，对情节层次的划分应当主要考虑犯罪侵害的法益及严重程度，大致上遵循：“情节一般严重”是犯罪对个人法益侵犯程度较低、未侵犯社会法益。例如，给被害人造成严重心理压迫、破坏被害人正常生活工作秩序。“情节较为严重”是犯罪对个人法益侵害程度较高，或者已经危害社会秩序。例如，造成被害人“社会性死亡”、被害人出现严重心理疾病或精神问题，或在一定范围内扰乱网络秩序、给社会公众造成了严重的不安全感等。“情节特别严重”则可沿用“严重危害社会秩序与国家利益”的标准，包括《网络暴力犯罪指导意见》中所列举的相关情形。另一方面，在轻罪治理的背景下，可结合“轻罪”与“微罪”的犯罪分层模式来完善情节层级划分的标准。例如，以宣告刑为标准，可能判处 1 年以下有期徒刑的属于“情节一般严重”；可能判处 1 年以上、3 年以下有期徒刑的为“情节比较严重”或“情节特别严重”。这一方面契合了在轻罪治理背景下,借助程序对轻罪与重罪予以分流的构想,另一方面也彰显出宽严相济政策的内涵与要求,有助于实现司法资源的合理配置以及法律效果与社会效果的有机统一。

无论采用何种标准划分情节层次,均需将网络暴力的行为方式、传播程度以及危害后果等诸多因素纳入考量范围,展开综合性的认定工作。并且,要根据网络信息技术的发展及时更新标准,避免僵硬立法、机械司法。

(二)完善民刑衔接机制

民法与刑法在法律体系中是前置法与后置法的关系,网络暴力犯罪在违反刑法规范的同时必然也违反了民法规范。网络暴力侵犯的法益主要是公民的名誉权、荣誉权和个人隐私权,民法对于这些法益的保护分别规定于《民法典》第1024条、第1031条以及第1032条。要进一步提升网络暴力治理成效,有效维护广大网民人格权益和网络秩序,健全网络综合治理体系,就必须明确相关案件的刑民界分,依法严肃追究责任,避免犯罪以违法论处。但是,目前关于民刑交叉案件的程序处理规则,仅在《民事诉讼法》《关于在审理经济纠纷案件中涉及经济犯罪嫌疑若干问题的规定》《全国法院民商事审判工作会议纪要》中进行了概括性表述,并且以上规定主要针对民商事纠纷,对其他民刑交叉案件仅有指导意义而无强制规范作用。因此,网络暴力引起的民事诉讼中涉及刑事犯罪时应该如何处理,缺少具体的法律法规作为依据。

有鉴于此,在构建侮辱诽谤型网络暴力犯罪分层追诉模式的基础上,有必要将目光延伸至民事诉讼程序中,畅通民刑诉讼的程序转换,进一步增强对网络暴力犯罪的追诉力度。

1.强化法官对网络暴力案件的预审责任和移送义务

网络暴力行为民刑交叉属性突出,行为究竟属于民事侵权还是构成刑事犯罪,要综合考虑行为手段和行为危害程度。被害人或因取证能力的不足与法律意识的淡薄无法准确识别出犯罪行为,对此,鉴于对案件客观真实的追求和惩罚犯罪的价值取向,民事审判庭的法官应加强对网络暴力案件性质的预审。法官要运用自身专业素养和法院调查取证权,审慎、准确地判断案件的民刑性质。具体而言,应当先行利用民事审理手段对当事人的行为进行初步调查,必要时依据《民事诉讼法》第67条的规定主动进行调查取证。对于可能涉嫌犯罪的,可将调查结果与本院刑事审判庭进行对接,由刑事审判庭进一步审查现有案件材料。[①] 若刑事审判庭的法官经审查后判定当事人的行为具备构成犯罪的高度可能性,法院则应当将有关犯罪线索的相关材料移送公安机关或检察院。案件移送同时,法院应视具体的情况驳回起诉或中止审理。

值得注意的是,诉讼实践中对于民事案件审理中发现案件可能涉嫌刑事亲告罪的,法官大多采用"驳回起诉,告知当事人另行提起刑事自诉"的方式处理案件。但基于对网络暴力犯罪案件追诉力度和诉讼效率的考量,应当强化法院的移送义务。具体而言,在构建刑事分层追诉机制的基础上,对于"情节一般严重"的,可沿用"驳回起诉,告知另诉"的处理方式;对于"情节比较严重"的,法院应先询问被害人的诉讼意愿,若被害人意欲使案件以公诉程序进行,法院应当履行案件移送义务,减轻被害人的诉讼负担;对于"情节特别严重"的,法院应径行移送。

2. 畅通司法移送后民刑程序衔接建设

法院将有关材料移送公安机关或检察机关并不必然启动刑事立案,若公安机关经侦查认定不存在犯罪事实并作出不予立案的决定,该案件通常没有后续进展,从而使得当事人民、刑诉讼均落空而维权无门。对此,应当杜绝司法移送后不了了之的情况,针对移送案件加强司法机关之间的配合和监督。

首先,加强网络暴力犯罪案件的立案监督工作。对于移送案件,法院应当及时告知检察院案件移送情况,检察院依照有关法律和司法解释的规定,对网络暴力犯罪案件加强立案监督工作。同时,公安机关须强化上级机关对下级机关在网络暴力案件立案方面的业务指导,并进行相应的内部监督。其次,对于经侦查后确不符合立案条件的案件,公安机关应及时向人民法院回函说明情况,因移送而中止审理的民事案件应及时恢复审理,驳回起诉的应告知当事人可再次提起民事诉讼。

结　语

信息技术在不停地发展,网络暴力的有效治理不仅关系到每个公民的权

① 参见朱珠、郭郑超:《民事审判中涉嫌犯罪案件的处理研究》,载《山东法官培训学院学报》2023 年第 6 期。

利保障,更关系到我国网络生态的良性发展和社会秩序的和谐稳定。对网络暴力犯罪的治理是当下和未来都绕不开的重要议题。在现有追诉模式已经难以为受害人提供有效法律救济的情况下,有必要打破传统的追诉模式,在立法上构建分层追诉机制,拓展公诉适用范围,实现自诉与公诉的有机结合;在司法上完善网络暴力案件的民刑衔接机制,精准分流民事案件与刑事案件,最终形成网络暴力治理的程序合力,做到对被害人权利最大程度的保护。

兰大法律评论(2025年卷第一辑)
第259~278页

内幕交易罪中“内幕信息”的认定*

李晓明　李晓晟**

目　次

摘　要　内幕交易以存在“内幕信息”为前提，以内幕信息“敏感期”为时间尺度。本文认为，内幕信息往往

---

* 本文为2023年国家社科基金后期资助重点项目“刑法价值观的冲突与刑律文化融入研究”(编号:23FFXA004)、2024年度最高人民检察院“检察听证理论研究”课题和如皋市检察院自拟及横向合作项目“新时代‘枫桥经验’‘浦江经验’的检察实践研究”、2024年度安徽省侦查逻辑办案研究会检察理论研究重大课题“检察侦查的基础建设研究”(AHZC2024A03)的阶段性成果。

** 李晓明，苏州大学国家监察研究院院长、刑事法研究中心主任、教授、法学博士、博士生导师，北京大成(苏州)律师事务所律师；李晓晟，北京大成(苏州)律师事务所律师。

并非一蹴而就的,而是以"动态形式"逐步形成的,因此如何确定内幕信息的形成时间是内幕信息认定的核心。其中的关键在于"重大性"和"准确性"的判断。"重大性"要求相关信息可能对证券、期货价格产生重大影响,足以引起证券、期货价格波动;"准确性"则要求相关信息是处于相对稳定状态的,具有较大的实现可能性,这些均与动态性有关。

关键词 内幕交易罪;内幕信息;敏感期;动态形式

在证券市场中,信息作为投资者进行决策的关键依据,扮演着十分重要的角色。但由于市场信息在一般投资者与内幕信息知情人之间存在时间差,市场上的一般投资者与内幕信息知情人相比存在信息获知的滞后性,如果内幕信息知情人利用时间差进行内幕交易,实际上就违背了资本市场公开、公平、公正的原则,"在相当程度上干扰了资本市场的筹资功能、资本定价功能以及资本的合理配置功能的实现"①,损害了市场上一般投资者的合法权益。因而,内幕交易罪破坏金融管理秩序,现已成为司法机关打击的重要金融犯罪。内幕交易罪在构成要件方面要求行为人在内幕信息尚未公开前(内幕信息敏感期内),利用其所掌握的内幕信息进行交易,攫取巨额利益。可见,内幕交易以存在"内幕信息"为前提,以内幕信息"敏感期"为时间尺度。因此,认定是否属于内幕交易、研判是否构成内幕交易罪的重要基础就在于明确是否形成"内幕信息"以及交易行为是否发生在内幕信息"敏感期"。在实践中,内幕信息往往并非一蹴而就的,而是以"动态形式"逐步形成的,如何确定内幕信息的形成时间是实践中争议较大的问题。同时,行政认定是否能够成为内幕交易罪的认定依据往往也会成为控辩双方争议的焦点。

一、内幕交易罪中"内幕信息"的内涵

证券市场是受信息支撑并由信息左右的市场,信息对证券价格的变化具

---

① 马新彦:《内幕交易惩罚性赔偿制度的构建》,载《法学研究》2011年第6期。

有决定性的影响。① 内幕信息作为认定内幕交易罪的基础、核心要素，没有内幕信息就不存在内幕信息罪。因此，探究内幕交易罪首先应当明晰内幕信息的内涵。我国《刑法》及司法解释并未明确规定内幕信息的内涵及外延，但《刑法》第180条第3款规定，对于内幕信息范围的确定需要援引相关法律、行政法规的规定。

（一）“内幕信息”的法定概念

2017年《期货交易管理条例》第81条第11项规定“内幕信息，是指可能对期货交易价格产生重大影响的尚未公开的信息”，并列举了可能对期货交易价格产生重大或显著影响的信息。

2019年《证券法》对内幕信息以“概括＋列举”的方式予以规定。其中，第52条第1款通过概括的方式规定：“证券交易活动中，涉及发行人的经营、财务或者对该发行人证券的市场价格有重大影响的尚未公开的信息，为内幕信息。”较之2014年《证券法》将信息的主体由“公司”变更为“发行人”，规范了法律条文表述。同时，第52条第2款将对内幕信息的列举引导至第80条第2款和第81条第2款，通过“列举＋兜底”的方式列举了属于内幕信息的重大事件，其中包括“国务院证券监督管理机构规定的其他事项”这一兜底条款，对内幕信息进行细化完善，扩充了内幕信息范围。

内幕信息在内幕交易中占据基础地位，在判断是否构成内幕交易罪的过程中，认定内幕信息成为基础的一步。《证券法》作为判断内幕信息的一个重要依据，于2019年被修改之后在内幕信息范围上作出了调整，在实践中存在《证券法》在内幕信息认定中的溯及力等问题；同时，由于内幕信息处在动态形成过程中，行为人需要在内幕信息敏感期内利用该信息进行交易，所以内幕信息的形成与公开时间都关系到对内幕交易行为的判断；且行政认定作为对利用内幕信息进行交易行为违法性的判断，是否能够在刑事犯罪认定过程中作为认定内幕交易的基础证据，这些都是内幕交易罪中内幕信息认定的焦点。

（二）“内幕信息”的学理特征

2017年《期货交易管理条例》明确内幕信息须具备“可能对期货交易价格产生重大影响”和“尚未公开”两个特征，即需具备重大性和秘密性。

---

① 马新彦：《内幕交易惩罚性赔偿制度的构建》，载《法学研究》2011年第6期。

根据2019年《证券法》规定,内幕信息为涉及发行人经营、财务或者对该发行人证券的市场价格有重大影响的尚未公开的信息。根据《中华人民共和国证券法释义》,内幕信息需要满足两个基本条件:第一,内幕信息须具有重大性,即该信息可能导致证券市场价格的波动;第二,内幕信息须具有非公开性,即该信息是应当披露而未披露的信息,处于不为社会公众所知悉的状态。①

而在学术界,对于内幕信息的特征,一种观点认为内幕信息需要具备相关性、重大性、秘密性;另一种观点认为内幕信息需要具备准确性、重大性、秘密性;还有观点认为内幕信息需要具备相关性、准确性、重大性、秘密性。但总体而言,对于内幕信息特征的讨论均是围绕相关性、秘密性、重大性、准确性四个特征展开。笔者认为,内幕信息需要同时具备上述四个特征。

1. 相关性

根据2019年《证券法》,内幕信息必须是与发行人的经营、财务或者其他足以引起发行人的证券价格发生重大变化的事件相关的信息,而非泛化的所有发行人信息。只有涉及发行人上述内容的信息才可能影响证券价格,进而影响一般投资者的决策。

2. 秘密性

2017年《期货交易管理条例》第81条第11项、2019年《证券法》第52条第1款规定了内幕信息应当是"未公开的信息",明确了内幕信息的秘密性特征。2019年《证券法》第52条第2款将内幕信息的具体情形引导至第80条第2款、第81条第2款,根据该两款对重大事件的规定,首先,将对内幕信息的认定与公司信息披露制度联系起来,明确该信息是会对股票价格产生较大影响的、依法应当通过法定方式予以披露的信息;其次,该信息尚未经法定程序予以公开,不为市场一般投资者所知悉。

秘密性也称未公开性,是内幕信息最为本质的特征,即该信息已然形成并应当予以公告,但尚未通过法定方式公开告知外部市场主体,只有少数的内部知情人知悉,不为外部社会大众所知悉。内幕交易罪的本质就是在内幕信息公开前,内幕信息知情人利用相关内幕信息优势攫取巨额利益,而该信息一旦公开,市场主体就能够在同一平等地位上依据该信息作出投资决策,

① 参见王瑞贺主编:《中华人民共和国证券法释义》,法律出版社2020年版,第90-91页。

此时,该信息就失去了秘密性,任何人都可以利用该信息进行交易而不受法律的限制。

3. 重大性

2017 年《期货交易管理条例》第 81 条第 11 项及 2019 年《证券法》第 52 条第 1 款、第 80 条第 2 款、第 81 条第 2 款均明确了内幕信息的重大性特征。重大性作为内幕信息另一关键性特征,指该信息会对期货、证券价格产生重大影响,该信息一旦公开,足以引起期货、证券价格波动,影响一般投资者的投资选择。若一项信息的公布不会引起期货、证券市场价格的波动,则其对于市场投资者的投资决策也并不会产生影响,市场一般投资者并不会因处于信息劣势而处于不平等投资地位,因此,法律法规并不对不会引起期货、证券市场价格波动的信息予以规制。

这一重大性的消息既可以是利好的消息,也可以是利空的消息,内幕信息知情人可以利用利好消息获利或者利用利空消息避损,从而获得巨额利益。根据 2019 年《证券法》,能够对证券价格产生影响的信息包括:(1)发行人的经营、财务信息,该类信息被一般市场主体用来对发行人进行综合性评价,从长远角度考量确定发行人的投资价值,进而作出是否进行投资的决策;(2)能够对发行人证券的价格产生重大影响的信息,与 2017 年《期货交易管理条例》“可能对价格产生重大影响”的要求一致。

在各类文章的讨论中,对一项信息能够产生重大影响是可能性要求抑或实质性要求有所争议。笔者认为,只要信息对期货、证券的价格可能产生重大影响即可。首先,从法律法规的体系解释来看,1993 年《股票发行与交易管理暂行条例》与 2017 年《期货交易管理条例》规定均为价格重大影响可能性,所以对 2019 年《证券法》的“有重大影响”应当理解为可能性影响,而且 2019 年《证券法》第 80 条第 2 款和第 81 条第 2 款将信息披露制度与内幕信息相联系,第 80 条和第 81 条对于应当披露的信息表述为“发生可能对……交易价格产生较大影响的重大事件……”这都是可能性要求。其次,从内幕交易的实践看,内幕交易明确要求行为人需要有利用内幕信息进行内幕交易行为的故意,如果以实质性影响为判断重大性的标准,那么行为人利用一项信息进行交易,只有最终该信息公开时引起了期货、证券价格波动才能认为构成内幕交易行为。抛开市场多项期货、证券价格影响因素的作用来看,仅以市场价格波动结果作为考量因素,那么只有在信息公开并得到市场反馈后才知道行为人的行为能否构成内幕交易行为,该种判断逻辑明显违背了内幕交易行为的理论基础及法律法规打击违法犯罪行为的初衷,不具有可采性。①

一项信息是否重大对于确定内幕信息以及判断构成犯罪意义重大。实践中,对于重大性的认定主要包括理性投资者标准和价格敏感性标准。理性投资者标准,即如果一项信息在理性投资人看来是能够引起证券、期货价格波动的重大信息,则该信息就具有重大性,但市场一般投资人的投资水平和认识能力存在一定的差异,对于同一信息的反应速度以及认知判断程度都会有所不同,无法形成理性假设下的信息重大性认识共识,因此,这一标准具有抽象性,难以在个案中加以运用。价格敏感性标准,即一项信息很有可能对期货、证券价格产生重大影响。2019年《证券法》第80条第2款、第81条第2款规定的是对股票、债券的交易价格产生较大影响的重大事件,即为价格敏感性标准。但该标准也存在一定的缺陷:首先,期货、证券的价格的波动受到诸多因素的影响,其价格波动是否是该项信息所产生的重大影响在实践中往往不易判断。② 其次,内幕交易建立在有效市场假说的基础上,只有在强式有效市场中,所有投资者掌握的信息相同且判断一致,市场能够迅速对信息进行反馈,并表现在期货、证券的价格变动上,但实践中并不存在一个绝对的强式有效市场,市场主体对于信息的反应程度与结果不同,导致市场对信息的反馈滞后或无效,加之多种因素影响,信息对于期货、证券的影响作用更加难以判断。③

4. 准确性

在2017年《期货交易管理条例》及2019年《证券法》中并未对内幕信息的准确性进行明确规定,但内幕信息是否准确关系到内幕信息的动态形成,是内幕信息不可或缺的一项重要特征。

内幕信息形成是一个循序渐进的过程,必然伴随着谈判、磋商的进行,信息在最终确定之前很大程度上存在变动的可能性,故何时将其认定为内幕信息,需要对其进行合理、准确认定。如果一项信息并不准确或处于发生可能性较低的状态,那么无法判断该信息是否能对期货、证券产生重大影响,也没

① 参见李有星、徐鹏炯:《内幕信息重大性标准探讨》,载《浙江大学学报(人文社会科学版)》2017年第3期。

② 参见孙娟:《证券内幕信息形成时间的精确度量》,载《研究生法学》2021年第3期。

③ 参见张鹏:《内幕交易规制的理论及实务疑难问题研究》,载《法律适用》2015年第3期。

有任何使用其进行交易以获利或避损的必要，更无法判断是否构成内幕信息。因此，准确性是内幕信息的重要特征。不仅在内容方面要求信息准确、特定、确定，严格与虚假信息相区别；还要求信息的作用对象确定，即能够对某一种或者几种期货、证券的价格产生影响。① 而这种准确性只要求信息达到相对确定的程度即可，并不需要信息最终确定。②

内幕信息的四个特征是判断内幕信息的重要标准，只有同时满足相关性、秘密性、重大性、准确性的信息才是内幕信息。而在实践中，基于对内幕信息特征的认识，对于判断内幕信息的法律依据、敏感期形成时间、行政认定的效力往往成为控辩双方就争议的焦点。

二、认定内幕交易罪中“内幕信息”的依据

我国《刑法》第 180 条第 1 款规定了内幕交易罪的构成要件，同时在第 3 款规定了内幕信息范围的确定依照法律、行政法规的规定。《证券法》作为有关内幕信息的法律，是判断是否属于内幕信息进而认定是否构成内幕交易罪的重要依据。

本文将结合实践案例进行分析：A 公司法定代表人 B 等人与 C 公司代表于 2016 年 6 月 12 日首次会面，就双方公司进行简单介绍。2016 年 9 月 2 日 C 公司向包括 A 公司在内的多家公司发出“收购邀请函”作为启动该项目并同 C 公司谈判的基础。后 A 公司派员对 C 公司进行尽调，对“收购邀请函”中的收购价提出质疑，此后双方又进行了多次沟通磋商，调低收购价格与收购比例。2016 年 11 月至 2017 年 2 月 9 日 B 让他人以自有资金买入 A 公司股票。2017 年 2 月 18 日 A 公司发布“停牌公告”，拟筹划重大收购事项，涉及收购 C 公司股权。后双方于 2017 年 2 月 21 日签署《收购谅解备忘录》，调低收购价格及收购比例。2017 年 2 月 25 日 A 公司发布“重大事项停牌进展公告”，公开拟筹划重大收购事项，收购 C 公司股权。2017 年 3 月 4 日，A 公

① 参见谢某某、安某某内幕交易案，上海市浦东新区人民法院(2011)浦刑初字第 2738 号刑事判决书。

② 参见胡倩玉：《内幕交易罪的司法认定问题探究——以内幕知情人和内幕信息为视角》，载《江西警察学院学报》2018 年第 4 期。

司公告称,收购 C 公司事项构成重大资产重组事项。2017 年 8 月 17 日双方签订《合并协议及计划》,进一步降低收购价格。2017 年 8 月 18 日公告宣布,继续收购,但并非重大资产重组。2017 年 12 月完成收购。2019 年 3 月,B 及相关人员受到中国证监会处罚,行政处罚决定书称:"A 公司拟收购 C 公司股权事项属于《证券法》第 67 条第 2 款第 2 项规定的'公司的重大投资行为和重大的购置财产的决定',构成《证券法》第 75 条第 2 款第 1 项所述内幕信息。内幕信息形成于 2016 年 6 月 12 日,公开于 2017 年 2 月 25 日。"

(一)刑法认定"内幕信息"的范围

根据《刑法》第 180 条第 3 款规定,认定内幕信息的范围以法律、行政法规为依据。

探讨案例中,A 公司在公告中称:"根据《上市公司重大资产重组管理办法》等相关规定,经核实及论证,该事项构成重大资产重组事项。"中国证监会认为其购买 C 公司股权的行为属于重大资产重组,符合 2014 年《证券法》第 67 条第 2 款第 2 项,属于内幕信息。本案在认定内幕信息的过程中,引用了 2016 年《上市公司重大资产重组管理办法》(以下简称《重大资产重组管理办法》)中的评判认定标准,由此引申出一个问题,即与认定内幕信息有关的《重大资产重组管理办法》,甚至其他与认定内幕信息有关的部门规章、规范性文件是否可以作为内幕交易罪中认定内幕信息的依据?

首先,根据《刑法》第 180 条第 3 款的规定,在判断是否构成内幕交易罪的过程中,对于内幕信息的认定只能够依据法律和行政法规的规定。在法律的广义和狭义概念上,法条此处将法律与行政法规进行并列规定,应当将此处的"法律"作狭义解释,即全国人民代表大会及其常务委员会制定的规范性法律文件。而《重大资产重组管理办法》作为中国证券监督管理委员会颁布的部门规章,在效力级别上并不属于刑法规定的内幕信息依照范围,不能够作为认定刑法上内幕信息的依据。

其次,2014 年及 2019 年《证券法》在重大事件的情形中均规定了"国务院证券监督管理机构规定的其他事项"作为兜底条款。但这一兜底条款并不能成为部门规章、规范性文件随意穿透法律作为刑法解释内幕交易的依据。第一,刑法制裁手段具有严厉性,刑法所规定的刑罚是最严厉的制裁方式,对于认定犯罪而言,不能一味地追求入罪,将相关部门规章、规范性文件扩大化地穿透法律作为刑法上认定内幕信息的依据,而要严格依据刑法的规定,准确认定犯罪构成要件。第二，根据《刑法》关于内幕交易罪的相关规定，部门规章、规范性文件本就不能够成为刑法上认定内幕信息的依据，而通过《证券法》兜底条款成为刑法内幕信息的认定依据无疑扩大了内幕信息的认定范围，进而扩大了内幕交易罪的认定范围，司法机关自由裁量的范围扩大，违背了刑法保障人权的机能。

因此，根据罪刑法定原则、刑法谦抑性及刑法保障人权机能的要求对于内幕交易罪中内幕信息的认定应当严格依照法律、行政法规进行，而不能通过法律的兜底条款将部门规章、规范性文件作为刑法上认定内幕信息的依据。

（二）2019 年《证券法》修订后的适用

探讨案例发生在 2014 年《证券法》颁布实施之时，而检察机关进行审查起诉的时间为 2019 年《证券法》颁布实施后，那么在罪名认定上就存在新旧法适用的问题。2019 年《证券法》在 2014 年《证券法》的基础上进行了修订，对内幕信息的规定进行了修改。（见表 1）

表 1　2014 年《证券法》与 2019 年《证券法》内幕信息规定对比

	2014 年《证券法》	2019 年《证券法》
内幕信息定义	**第 75 条第 1 款**　证券交易活动中，涉及公司的经营、财务或者对该公司证券的市场价格有重大影响的尚未公开的信息，为内幕信息。	**第 52 条第 1 款**　证券交易活动中，涉及发行人的经营、财务或者对该发行人证券的市场价格有重大影响的尚未公开的信息，为内幕信息。
内幕信息情形	**第 75 条第 2 款**　下列信息皆属内幕信息： （一）本法第六十七条第二款所列重大事件； （二）公司分配股利或者增资的计划； （三）公司股权结构的重大变化； （四）公司债务担保的重大变更； （五）公司营业用主要资产的抵押、出售或者报废一次超过该资产的百分之三十； （六）公司的董事、监事、高级管理人员的行为可能依法承担重大损害赔偿责任；	**第 52 条第 2 款**　本法第八十条第二款、第八十一条第二款所列重大事件属于内幕信息。 **第 80 条第 2 款**　前款所称重大事件包括： （一）公司的经营方针和经营范围的重大变化； （二）公司的重大投资行为，公司在一年内购买、出售重大资产超过公司资产总额百分之三十，或者公司营业用主要资产的抵押、质押、出售或者报废一次超过该资产的百分之三十； （三）公司订立重要合同、提供重大担保或者从事关联交易，可能对公司的资产、负债、权益和经营成果产生重要影响；

续表

	2014年《证券法》	2019年《证券法》
内幕信息情形	(七)上市公司收购的有关方案; (八)国务院证券监督管理机构认定的对证券交易价格有显著影响的其他重要信息。 **第67条第2款** 下列情况为前款所称重大事件: (一)公司的经营方针和经营范围的重大变化; (二)公司的重大投资行为和重大的购置财产的决定; (三)公司订立重要合同,可能对公司的资产、负债、权益和经营成果产生重要影响; (四)公司发生重大债务和未能清偿到期重大债务的违约情况; (五)公司发生重大亏损或者重大损失; (六)公司生产经营的外部条件发生的重大变化; (七)公司的董事、三分之一以上监事或者经理发生变动; (八)持有公司百分之五以上股份的股东或者实际控制人,其持有股份或者控制公司的情况发生较大变化; (九)公司减资、合并、分立、解散及申请破产的决定; (十)涉及公司的重大诉讼,股东大会、董事会决议被依法撤销或者宣告无效; (十一)公司涉嫌犯罪被司法机关立案调查,公司董事、监事、高级管理人员涉嫌犯罪被司法机关采取强制措施; (十二)国务院证券监督管理机构规定的其他事项。	(四)公司发生重大债务和未能清偿到期重大债务的违约情况; (五)公司发生重大亏损或者重大损失; (六)公司生产经营的外部条件发生的重大变化; (七)公司的董事、三分之一以上监事或者经理发生变动,董事长或者经理无法履行职责; (八)持有公司百分之五以上股份的股东或者实际控制人持有股份或者控制公司的情况发生较大变化,公司的实际控制人及其控制的其他企业从事与公司相同或者相似业务的情况发生较大变化; (九)公司分配股利、增资的计划,公司股权结构的重要变化,公司减资、合并、分立、解散及申请破产的决定,或者依法进入破产程序、被责令关闭; (十)涉及公司的重大诉讼、仲裁,股东大会、董事会决议被依法撤销或者宣告无效; (十一)公司涉嫌犯罪被依法立案调查,公司的控股股东、实际控制人、董事、监事、高级管理人员涉嫌犯罪被依法采取强制措施; (十二)国务院证券监督管理机构规定的其他事项。 **第81条第2款** 前款所称重大事件包括: (一)公司股权结构或者生产经营状况发生重大变化; (二)公司债券信用评级发生变化; (三)公司重大资产抵押、质押、出售、转让、报废; (四)公司发生未能清偿到期债务的情况; (五)公司新增借款或者对外提供担保超过上年末净资产的百分之

续表

	2014 年《证券法》	2019 年《证券法》
内幕信息情形		二十； （六）公司放弃债权或者财产超过上年末净资产的百分之十； （七）公司发生超过上年末净资产百分之十的重大损失； （八）公司分配股利，作出减资、合并、分立、解散及申请破产的决定，或者依法进入破产程序、被责令关闭； （九）涉及公司的重大诉讼、仲裁； （十）公司涉嫌犯罪被依法立案调查，公司的控股股东、实际控制人、董事、监事、高级管理人员涉嫌犯罪被依法采取强制措施； （十一）国务院证券监督管理机构规定的其他事项。

关于新旧法的适用，涉及法律的溯及力问题，而探讨案例行为发生在 2019 年《证券法》生效之前，但在审查起诉阶段 2019 年《证券法》生效，那么当 2019 年《证券法》生效后，其对于生效前发生的行为能否作为刑法认定内幕信息的依据？

《立法法》第 104 条对法的溯及力进行了明确规定：“法律、行政法规、地方性法规、自治条例和单行条例、规章不溯及既往，但为了更好地保护公民、法人和其他组织的权利和利益而作的特别规定除外。”有学者将该条规定归纳为“从旧兼有利”原则。① 在我国的实务研究中，大多都是在刑法领域进行探讨，且《刑法》第 12 条关于溯及力的规定采取从旧兼从轻原则。②

1.《证券法》公法性质下的公权与私权平衡

《立法法》中的“从旧兼有利”原则针对私权利主体利益的保护，有利法律溯及作为法不溯及既往的例外，其旨在在公权力与私权利之间寻找平衡，更好

① 参见朱力宇：《关于法的溯及力问题和法律不溯既往原则的若干新思考》，载《法治研究》2010 年第 5 期。

② 参见张明楷：《刑法学》（第 6 版），法律出版社 2021 年版，第 101 页。

地保障人权。①

《证券法》作为经济法,兼具公法和私法的性质,具有浓厚的公法色彩,其重在规范证券发行、交易行为,维护社会经济秩序和社会公共利益。但与此同时,由于《证券法》的公法性质,必然面临着公权力对私权利的绝对管理,这使得《证券法》在实践过程中不得不重视公共利益与个人利益的平衡,尤其是在内幕信息认定上,涉及公权力对私权行为是否属于内幕信息的判断以及公权力对私权利用内幕信息进行证券交易行为的处罚。因此,就私权利保护而言,在有利于保护人权的前提下,法溯及既往应当是被允许的,这与法溯及既往作为法不溯及既往的例外的保护人权目的是一致的。②

2. 刑法溯及既往要求适用2019年《证券法》

2019年《证券法》对内幕信息的规定进行了修改,导致刑法对内幕交易罪的构成要件认定发生了变化。因此,作为认定内幕交易罪构成要件的内幕信息,也应当按照从旧兼从轻的原则来处理。若依照行为时的《证券法》及《刑法》认为涉案行为不构成内幕交易罪,而现行《证券法》及《刑法》认为是犯罪的,适用行为时的法律,不以犯罪论处;若行为时的《证券法》及《刑法》认为是犯罪,而现行《证券法》及《刑法》不认为是犯罪的,适用现行法律,不以犯罪论处;现行及行为时的《证券法》及《刑法》都认为是犯罪的,且按照现行《刑法》总则第四章第八节的规定应当追溯的,按照行为时的法律处理,但如果现行《刑法》处罚较轻,则适用现行《刑法》。③

在于某龙案中,吉林市中级人民法院作为原审二审、再审二审法院,基于基本相同的理由认为于某龙不构成非法经营罪:(1)国务院《关于取消第二批行政审批项目和改变一批行政审批项目管理方式的决定》(以下简称国发〔2003〕5号文件)下发后,取消个人经营黄金审核批准,个人经营黄金不构成非法经营罪。(2)《刑法》第12条确定了从旧兼从轻原则,通常情况下应当按照行为发生时已有的法律对行为进行定性,但如果审判时法律发生变化,按照变化后的法律,不认为是犯罪或者处刑较轻的,应当适用新的法律。于某龙的行为最终依据国发〔2003〕5号文件,不构成非法经营罪。通过该案例可以看出,

① 参见朱力宇:《关于法的溯及力问题和法律不溯既往原则的若干新思考》,载《法治研究》2010年第5期。

② 参见石美琪:《法的溯及力问题研究》,华东政法大学2015年硕士学位论文。

③ 参见石美琪:《法的溯及力问题研究》,华东政法大学2015年硕士学位论文。

对于行为的定性,一般情况下应当根据行为时法律判断,但如果现行法律,包括《刑法》明文规定的对相关行为、构成要件进行定性的法律、行政法规发生变化,不认为是犯罪或处罚较轻的,适用现行法律。

探讨案例应当依照2019年《证券法》的规定判断涉案信息是否构成内幕信息,进而认定B的行为是否构成内幕交易行为。中国证监会在进行行政处罚时认为A公司购买C公司股权的行为属于重大资产重组,属于2014年《证券法》第67条第2款第2项的“公司的重大投资行为和重大的购置财产的决定”,是内幕信息,B在内幕信息敏感期之内进行证券交易属于内幕交易行为。但2019年《证券法》将该项的规定修改为“公司的重大投资行为,公司在一年内购买、出售重大资产超过公司资产总额百分之三十”。2019年《证券法》对该项修订后明确了对于内幕信息的判断标准,相较于修订前的“公司的重大投资行为和重大的购置财产的决定”更为具体明确,在实践中也更具操作性。同时,A公司购买C公司股权的行为属于购买资产行为,根据A公司提供的相关数据,其购买C公司并不满足“公司在一年内购买、出售重大资产超过公司资产总额百分之三十”的标准,因此,该购买股权行为并不属于内幕信息。综上,行为时的《证券法》及《刑法》认为是犯罪,而2019年修订后的《证券法》及《刑法》不认为是犯罪的,该行为在审查起诉阶段并不具有刑事违法性,应当适用现行法律,不以犯罪论处。

三、动态变化下内幕信息“敏感期”的认定

根据2012年最高人民法院、最高人民检察院《关于办理内幕交易、泄露内幕信息刑事案件具体应用法律若干问题的解释》(以下简称《内幕交易司法解释》)第5条第1款规定,内幕信息敏感期自内幕信息形成时起,至内幕信息公开时止,只有在内幕信息敏感期内进行交易,才满足内幕交易的条件。但信息并非上市公司重大事件、期货市场政策等内容的单纯且静态的表达,而是一个从萌芽、形成、发展到公开的动态过程。[①] 因此,判断内幕信息敏感期成为判断

① 参见谢杰:《内幕信息形成时间司法认定问题研究——以法释〔2012〕6号司法解释第5条为中心的刑法解析》,载《中国刑事法杂志》2013年第5期。

内幕交易的另一关键问题。

(一)内幕信息形成时间的确定

根据《内幕交易司法解释》第 5 条第 2 款、第 3 款规定,在一般情况下,内幕信息的形成时间与法律规定的“重大事件”“计划”“方案”“政策”“决定”的发生时间、形成时间应当是一致的,但特殊情况下,如果行为人是影响内幕信息形成的动议、筹划、决策或者执行人员,则内幕信息的形成时间应当与其动议、筹划、决策或者执行的初始时间一致。该规定虽然为内幕信息形成时间提供了一定的判断规则,但在实践中,由于内幕信息形成的动态性和个案的特殊性,对于个案中具体时间点的确定仍然存在不同的认识,因此,有学者提出判断内幕信息形成的原则性标准——“某事实的发生是否表明相关重大事项已经进入实质操作阶段并具有很大的实现可能性”。① 具体示例见表 2。

表 2　内幕交易罪判例中内幕信息的形成时间

案例	内幕信息形成时间
杭萧钢构案	2007 年 2 月 8 日,双方就项目基本内容达成一致意见,中国证监会确认为内幕信息形成日。②
黄某裕内幕交易案	2007 年 4 月形成初步置换意向,4 月 27 日签订了相关合同,6 月 28 日公告披露。该信息的价格敏感期的起点最迟不晚于 2007 年 4 月 27 日。③
刘某春、陈某玲内幕交易案	内幕信息经 2009 年 3 月 6 日《合作框架》第一次书面化,虽有易稿,但总思路确定。到 4 月 20 日发布停牌公告,该内幕信息具有秘密性。中国证监会作出关于 2009 年 3 月 6 日形成《合作框架》,在公开披露前属于内幕信息的认定意见,有充分的事实依据和法律依据。④

① 参见王涛:《内幕信息敏感期的司法认定》,载《中国刑事法杂志》2012 年第 11 期。

② 参见朱立毅:《杭萧钢构案宣判　内幕交易人员被判刑及重罚》,载中国法院网 2008 年 2 月 4 日,https://www.chinacourt.org/article/detail/2008/02/id/287633.shtml。

③ 参见北京市第二中级人民法院(2010)二中刑初字第 689 号刑事判决书。

④ 参见《江苏省南通市人民检察院诉刘宝春、陈巧玲内幕交易案》,载《中华人民共和国最高人民法院公报》2013 年第 1 期。

续表

案例	内幕信息形成时间
陈某生内幕交易案	陈某生有权决定振龙公司向创兴科技注资，其于2007年4月17日召集创兴科技高级管理人员与华欧国际人员进行磋商，涉及公司股权结构的重大变化，足以影响到理性投资者的投资行为，会对创兴科技股票价格产生重大影响，内幕信息形成。①
董某青、董某伟等泄露内幕信息、内幕交易案	2006年5月10日，广发证券出台方案确定以辽宁时代和延边公路为备选壳，方案中借壳目标公司明确，且是根据广发证券高管人员与大股东董事长在5月8日开会充分讨论的结果制作，因此，2006年5月10日应认定为内幕信息开始形成之日。②

内幕信息敏感期的认定应当在法律规定的一般、特殊规则下，结合具体案情进行分析。从上述案例可以提取出内幕信息认定类型：(1)两家公司达成股权置换意见之日即内幕信息形成之日。(2)两家相互独立的公司，就交易合同基本内容达成一致意见之日为内幕信息形成之日。(3)在重组借壳上市过程中，确定重组借壳上市且形成合作框架之日即为内幕信息形成之日。(4)资产重组的两家公司处于同一人的实际控制之下，对于资产重组两家公司进行磋商之日为内幕信息形成之日。(5)借壳上市过程中，明确借壳目标公司之日为内幕信息形成之日。

从上述案例能够看出，内幕信息的形成在实践中会面临多种多样的情况，法院会充分考量案件具体情况作出判决，且多数判决在认定内幕信息形成时间时都会涉及内幕信息四项特征的判断。内幕信息的相关性和秘密性自然不必多说，也是最容易判断的，关键在于重大性和准确性的判断。重大性要求相关信息可能对证券、期货价格产生重大影响，足以引起证券、期货价格波动；准确性则要求该信息是处于相对状态的，具有较大的实现可能性。这正与“某事实的发生是否表明相关重大事项已经进入实质操作阶段并具有很大的实现可能性”的判断原则相一致，作为内幕信息形成时间个案判断规则的原则性补充。

就探讨案例而言，2016年6月12日双方公司首次会面，简单地进行了介绍，尚处于简单了解的阶段，并没有就收购C公司股权进行商谈，也没有达成

① 参见福建省厦门市中级人民法院(2009)厦刑初字第109号刑事判决书。

② 参见广州市天河区人民法院(2008)天法刑初字第689号刑事判决书。

任何合意,此时 A 公司收购 C 公司股权的行为并没有很大的实现可能。2016 年 9 月 2 日 C 公司向包括 A 公司在内的多家公司发出“收购邀请函”,B 作为 A 公司的法定代表人,对于 C 公司的收购动议大概率会影响内幕信息的形成,因此应当将 2016 年 9 月 2 日视为内幕信息的形成时间,而非中国证监会认定的 2016 年 6 月 12 日。

(二)内幕信息公开时间的确定

关于内幕信息公开的时间,在学理及各国实践中存在“形式公开”和“实质公开”两种模式。形式公开,即内幕信息依照法律规定的方式进行披露后信息视为公开。实质公开,是指不限定内幕信息的披露方式,当内幕信息为市场上一般理性投资者所知悉和理解时为内幕信息的公开时间。上述两种公开模式各有优势但同时也存在缺陷。形式公开明确了内幕信息公开的具体标准,也为实践中确定内幕信息公开时间提供了具有操作性的认定标准,便于行政、司法机关对内幕信息公开时间的判断。但形式公开仅对发行人的公开行动作出了明确要求,而实践中,即使内幕信息公开后,一般投资者也无法对公开的内幕信息作出立即反馈,信息时间差问题没有根本得到解决,知情人仍然可以借此时间差进行交易以获利或避损,其行为明显对一般投资者不公,却无须因此受到法律制裁。实质公开要求实质上达到一般理性投资者知悉和理解的程度,更符合客观标准。但这一标准在不存在绝对有效市场的现实中,并不具有量化操作性,难以通过一定标准判断内幕信息是否为一般投资者消化并对此作出反馈,且在进行法律制裁时很难通过客观证据予以证明,司法机关对内幕信息公开时间的判断存在极大的不确定性。

《内幕交易司法解释》第 5 条第 4 款明确,内幕信息的公开以形式公开作为标准,便于实践操作,给实践办案提供较为明确的标准。但不可否认,应当在现有形式公开标准上结合实质公开标准以达到消除知情人信息差优势的目的,设置一定的公开后反馈时间,确保一般投资者与知情者能够在客观相同的信息基础上作出投资决策。

探讨案例中,2017 年 2 月 25 日 A 公司在深圳证券交易所网站上发布“重大事项停牌进展公告”,公开拟筹划重大收购事项,收购 C 公司股权。根据现行法律规定及形式公开标准,其行为意味着已经将收购 C 公司股权的信息通过法律指定网站予以披露,为社会公众所知悉,2017 年 2 月 25 日可以认定为内幕信息公开时间。

四、行政机关认定“内幕交易”的效力

在探讨案例中，检察院最初以中国证监会的行政处罚决定书中A公司收购C公司股权的行为属于内幕信息，内幕信息敏感期从2016年6月12日至2017年2月25日的认定，认为C的行为构成内幕交易罪。那么，行政认定是否能够成为司法机关认定行为人构成内幕交易罪的依据？

（一）行政机关认定“内幕交易”的效力争议

行政认定能否成为司法机关认定内幕交易罪的依据，这个问题在实践中存在不同的看法。

一种观点认为，中国证监会出具行政认定意见在认定证券、期货犯罪事实上是必要的。首先，2024年最高人民法院、最高人民检察院、公安部、中国证监会《关于办理证券期货违法犯罪案件工作若干问题的意见》（以下简称《办理证券期货违法犯罪案件意见》）第18条第1款规定“公安机关、人民检察院、人民法院可以就案件涉及的证券期货专业问题，商请证券期货监管机构出具专业认定意见，作为认定案件事实的参考。证券期货监管机构作出行政处罚的案件，进入刑事诉讼程序后主要事实和证据没有发生重大变化的，公安机关、人民检察院、人民法院可以参考行政处罚决定的认定意见”。这一规定赋予了中国证监会在司法机关办理证券、期货犯罪案件中出具行政认定的权利，以及明确了作出行政处罚决定的案件在主要事实和证据没有重大变化的情况下，司法机关可以参考行政处罚决定。其次，内幕交易罪涉及证券、期货等的内幕交易行为往往专业性强、情况复杂，为了对行为人的行为性质进行准确的判断，还需要具有专业知识的人员对该行为进行认定。① 且实践中，司法机关也往往会倾向于将中国证监会的认定意见作为判断行为人是否构成内幕交易罪的依据。

另一种观点认为，行政认定不是内幕交易罪刑事判断的前提条件和基础证据。首先，《办理证券期货违法犯罪案件意见》第18条第2款规定“出具专

① 参见毛玲玲：《内幕交易犯罪案件中的行政认定问题——以行刑衔接为视角》，载《上海政法学院学报（法治论丛）》2019年第1期。

业认定意见不是办理证券期货刑事案件的必经程序。公安机关、人民检察院、人民法院应当依法认定案件事实的性质,没有专业认定意见的,不影响案件的侦查终结、提起公诉和作出判决。”可见,新修订的《办理证券期货违法犯罪案件意见》明确行政认定并非认定内幕交易犯罪的前提条件或必经程序,司法机关应当进行独立判断。其次,认定犯罪是司法机关在对案件事实和证据进行实质审查后依法进行判断的过程。① 若将中国证监会关于内幕交易行为性质的认定作为司法机关判断内幕交易罪的基础证据,法律对该证据种类及证据审查方式并没有明确规定,且这种行为无异于将行政认定的行政权力等同于司法裁判权。② 2024年《办理证券期货违法犯罪案件意见》第16条明确了证券期货监管部门行政执法的明显优势证据标准和人民法院定罪量刑事实清楚、证据确实充分标准的差异。结合第18条第1款的规定,对于行政处罚后进入刑事诉讼程序的案件,在主要事实和证据上必然存在变化,该种变化是否重大以致改变行为定性,仍然有赖于法官建立在证据材料上的全面综合审查。即使主要事实和证据并达不到重大变化的程度,行政处罚也仅是可以作为参照,不能直接作为定案依据。在陈某红、刘某泄露内幕信息、内幕交易案中,中国证监会稽查局的调查报告和司法鉴定报告认定内幕信息形成于2013年9月5日,一审法院认为:“内幕信息形成之时包括了影响内幕信息形成的动议、筹划、决策或者执行的初始时间。上述内幕信息系由倪某禄于2013年8月提出,双方于同年9月5日达成合意,最终于同年11月1日签订书面合同,故应当认定2013年8月为内幕信息敏感期的起始时间。”③可见,一审法院并未将中国证监会稽查局的调查报告和司法鉴定报告作为内幕信息形成时间的认定依据。该案二审法院认为“司法机关对于证券违法犯罪行为具有独立判断权力,对调查报告和鉴定意见中的客观内容予以采纳并进行独立的刑事认定符合法律规定”④。

可见,在实践中对于行政认定是否能够作为内幕交易罪的认定依据在理论和实践中尚存在争议。

---

① 参见裴显鼎、逄锦温、刘晓虎:《证券犯罪若干疑难问题之研讨(下)——证券行政执法与刑事审判衔接座谈会综述》,载《人民法院报》2012年3月28日,第6版。

② 参见毛玲玲:《内幕交易犯罪案件中的行政认定问题——以行刑衔接为视角》,载《上海政法学院学报(法治论丛)》2019年第1期。

③ 参见上海市第一中级人民法院(2015)沪一中刑初字第141号刑事判决书。

④ 参见上海市高级人民法院(2015)沪高刑终字第140号刑事裁定书。

(二)行政机关认定“内幕交易”并非定罪的依据

笔者认为不能够将行政认定作为内幕交易罪的认定依据。这不仅仅在于没有法律明确规定行政认定可以作为认定内幕交易罪的依据,以及司法机关应当独立行使刑事裁判权,还是因为刑罚处罚相较于行政处罚更具有严厉性,对于刑事犯罪的判断应该是独立且全面的,加之实践中法律的修正、证据的证明标准不同,认定一个行为是否构成内幕交易在刑事犯罪和行政违法上存在明显的差别。

首先,《刑事诉讼法》第 54 条第 2 款虽然规定行政机关在行政执法过程中收集的证据材料可以在刑事诉讼中使用,但这并不代表着行政机关依据相关证据形成的行政处罚决定等可以在刑事诉讼过程中予以直接适用。2024 年《办理证券期货违法犯罪案件意见》第 18 条仅是在主要事实和证据没有发生重大变化的情况下规定行政处罚决定可以作为参考,而非直接作为定罪依据。

其次,在刑事犯罪与行政违法中,证据证明标准并不相同,构成行政违法并不必然意味着构成刑事犯罪。刑事诉讼适用排除合理怀疑标准,民事诉讼适用优势证据标准,行政诉讼适用介于排除合理怀疑标准和优势证据标准之间的明显优势证据标准。① 认定一项行为违法与认定一项行为犯罪的证据证明标准存在差距,认定一项行为属于行政违法行为只需要达到明显优势证明标准,但该标准并不排除存在合理怀疑,只有当证据证明标准达到排除合理怀疑的程度才能够认定为犯罪。即便如上文所述行政处罚案件进入刑事诉讼程序后主要事实和证据没有发生重大变化,行政处罚决定也仅作为参考,是否构成犯罪还需要法官结合刑事犯罪证明标准进行综合考量。因此,就行为性质的判断而言,行政违法的证据证明标准较刑事犯罪的证据证明标准要低,行政违法认定不能够必然成为判断犯罪的依据。

就探讨案例而言,由于《证券法》的更新以及刑事犯罪证据证明标准的严苛,中国证监会的行政处罚决定书不能够成为认定 B 构成内幕交易罪的依据,加之上文分析过的新旧法适用问题以及敏感期的认定,B 的行为并不构成内幕交易罪。

---

① 参见高振翔:《传递型内幕交易中推定规则的理解与适用——从苏嘉鸿案谈起》,载《证券法苑》2019 年第 2 期。

五、余论

内幕交易罪作为司法机关打击的重要金融犯罪,本文结合刑法理论及探讨案例对内幕交易罪认定过程中的法律溯及力和行政认定的定罪作用等问题进行了深入分析。但对于内幕信息形成及公开时间的认定,由于各国实践的不同和相关理论的争议,仍然需要实践经验的积累和法律规定的完善,形成较为客观一致的判断标准,以指导司法机关对内幕信息的认定。

兰大法律评论(2025 年卷第一辑)
第 279 ~295 页

诠释学循环视域下刑事非指导性案例的运用逻辑与场景

林嘉丽　余友斌*

目　次

摘　要　经由诠释活动,刑事非指导性案例可成为法官独断知识,用于检验司法假定并辅助具体案件处理。刑事非指导性案例的要素属性与结构属性相互影响,事实属性与法律属性相互融通,审级与地域因素相互渗透。在诠释学循环视角下,法官因循"文本理解—自我理解—自我塑造"诠释思维,可形成与在先案例相互对话、前见与当

* 林嘉丽,广州市白云区人民法院审判管理办公室(研究室)副主任、二级法官;余友斌,广州市荔湾区人民法院刑事审判庭二级法官。

下视域交融、针对个案裁判的认知路径;遵循"要素识别—实质推论—回应说理"诠释步骤,能实现要素试错到类型塑造、结果导向到合理证成、隐性援引到适当说理的司法过程。刑事非指导性案例作为遵循先例的智识法源、凝聚集体智慧的经验法则及寻获最佳解释与检验假定的证明方法,有助于促进类案类判。司法实践应构建"既定规范—类案规则—个案依据""类案开示—庭审辩论—裁判回应""尊重规范—裁量约束—社会检验"的三阶层裁判方法。

关键词 诠释学;非指导性案例;刑事;类案类判

自最高人民法院发布第一批指导性案例以来,案例指导制度运行已逾10年。学界和实务界对指导性案例研究已具相当规模,但一定程度上忽视了作为普通案例的非指导性案例[①]的"指导性"价值。截至2024年11月30日,最高人民法院仅发布了41批236个指导性案例,其中刑事指导性案例39个;人民法院案例库也仅收录了1569个刑事参考案例。但在司法实践中法官自发运用刑事非指导性案例现象亦普遍存在,特别是刑事类参考性案例援引频率高于指导性案例,[②]这足以说明非指导性案例亦具有内生驱动力和方法论意义。

刑事裁判是在严格逻辑理性基础上反复进行的认知实践。因循"法律规定—案件事实—裁判结论"演绎思维能解决大部分简单案件。面对疑难案件,案件事实不能为推论规则所完全涵摄,裁判难以从一般规范经由法律解释逻辑推导而出,法官往往先预设裁判结果(也称司法假定),从假设结果回溯推理从而论证司法假设正当性和合理性。这种结果导向裁判思维弥补了规则导向裁判思维局限性,但司法假定本身具有不确定性,须接受可预测性、可行性和可欲性批判性检验才能成立。[③] 刑事非指导性案例便成为一种检验路径,法官通过来回穿梭于类案、待决案件事实与法律之间反复判断,从中寻找法律解释的合理方法验证其司法假定。

---

① 所称非指导性案例是指除人民法院案例库指导性案例、参考案例之外的其他案例、裁判文书。

② 参见杨涛、左一凡:《刑事"类参考性案例"司法指引功能的辨析与完善——基于与刑事指导性案例的比较》,载《山东法官培训学院学报》2023年第6期。

③ 参见王彬:《司法裁决中的"顺推法"与"逆推法"》,载《法制与社会发展》2014年第1期。

一、刑事非指导性案例的性质

司法活动诠释性在于为案件争议法律关系寻找法律规范，法官必须通过诠释规则，将独断知识内容应用于现实问题。① 遵循诠释学解构思路，可从三个层面剖析刑事非指导性案例性质。

（一）要素属性与结构属性相互影响

类案与待决案件须在基本事实、争议焦点、法律适用问题等方面具有相似性。三大要素之间非相互独立，而是前后相承，环环相扣构建起案件认识框架，且三大要素仅是对类案相似性进行抽象描述，能否准确发现类案有赖于法官对案件整体把握。案件事实形成过程是原始事实到陈述事实再到裁判事实的螺旋上升过程②，该过程涉及认识论、证据学和法律方法论，把直觉融入类型思维。刑事非指导性案例与待决案件建立联结与否本质在于两者要素匹配度，即相似性大小。“相似性”属于盖然性判断，案件要素之间相似性大小影响裁判说服力范围。两个案件相同要素越多，相似盖然性越高，刑事非指导性案例可作为类案参考适用可能性越大。如高某某贪污罪一案③，与所提类案虽同为“引税返奖”案件，但案件事实要素存在本质区别，该案焦点为是否构成贪污罪，经对所提类案评判可知两案在是否具有非法占有乡政府返还税款目的、是否采取欺骗手段非法占有返还税款上明显不同，不能作为类案参考。又如谢某某合同诈骗罪一案④，刑事抗诉书列举的三个非指导性案例，虽在案件事实、量刑情节、法律适用和该案具有高度相似性，但三个案例均经过审前社会调查，调查评估意见均为可适用非监禁刑，该案一审法院先后四次进行审前社会调查，由于客观原因社区矫正机构均未接收，不同于三个先例情形。要素属性是类案发现基本向度及结构属性判断基础，结构属性是要素属性评价标准及类案判断集中体现。

---

① 参见洪汉鼎：《诠释学——它的历史和当代发展》，人民出版社2001年版，第16页。

② 参见王彬：《法律适用的诠释学模式及其反思》，载《中南大学学报（社会科学版）》2011年第6期。

③ 参见最高人民法院驳回申诉通知书，(2019)最高法刑申425号。

④ 参见湖北省武汉市中级人民法院刑事判决书，(2020)鄂01刑终713号。

(二)事实属性与规范属性相互融通

既定裁判不仅承载个案审理结果,且在一定程度上描摹案件审理过程,蕴含司法经验和理性。刑事非指导性案例凝聚的司法智识对于后续案件产生事实影响力。裁判文书作为解释和适用法律规范性文本,当然具有法律属性。司法裁判生效后即对后续类似案件产生现实指导效用,法官具有主动参考适用的自觉性,从中获得对自身假定的适法支持和说理路径。如黄某某组织卖淫罪一案[①],一审法院指出对同类案件绝大多数以容留卖淫罪而非组织卖淫罪处理,相关上诉意见予以采纳。非指导性案例因其效果上影响力、适用上习惯性仿照、行动上理由说服性而具备"指导性"。[②] 法律适用的诠释学模式主张事实与规范之间诠释循环。运用非指导性案例,不仅要对待决案件事实通盘把握、对法律规范有所理解,而且要解释类似案件事实。待决案件与类案之间在事实与法律问题上可发生四向交织互动关系。先考虑事实还是法律,如何从事实到法律,诠释学循环主张的"类型思维"实现了对逻辑涵摄的超越。类型思维下,法律规范概念类型、经验类型均可在事实与法律互动关系中不断塑造。立法者将"生活类型"抽象提炼所制定的法律规范,唯有回归特定现实生活情境,才能发现事实与规范构成要素是否完全相同。[③] 以吕某某受贿罪一案[④]为例,辩护人提出三个案例请求从轻处罚、判处缓刑,而裁判认为,其中一案被告人受贿金额25万元,全部退赃,具有自首情节,金额无可比性;另一案件有地区差别,不能形成类案,量刑时不予参考;同一法院近期生效的案件被告人已全部退赃,与该案有可比性。这充分体现了非指导性案例运用中事实与法律之间互动,对比事实与法律所针对的情境性特征,相似点越多,情境匹配程度越高,案例参考价值越大。

(三)案例审级与地域因素相互渗透

按法源属性划分标准,我国先例分为作为约束性法源的指导性案例、作

---

① 参见广东省广州市中级人民法院刑事判决书,(2020)粤01刑终215号。

② 参见杨知文:《非指导性案例的"指导性"与案例指导制度的发展》,载《清华法学》2021年第4期。

③ 参见王彬:《法律适用的诠释学模式及其反思》,载《中南大学学报(社会科学版)》2011年第6期。

④ 参见云南省砚山县人民法院刑事判决书,(2021)云2622刑初89号。

为引导性法源的示范性案例及作为智识性法源的智识性案例。[①] 示范性案例和智识性案例均属于非指导性案例。生成机制上,刑事非指导性案例代表了数量众多的一般性案例,其呈现状态具有原生性,示范性案例虽经过层级组织遴选产生,但仍不具有法源性质;效力位阶上,刑事非指导性案例不具有正式法源地位,可作为裁判参考。从法院级别和地域因素考察,法官主要参考上级法院类案(纵向类案),并作级别排序,按最高人民法院、高级人民法院、中级人民法院或者本院其他类案由上至下选择。如秦某某、张某某强奸罪一案[②],秦某某辩护人提出应参考(2019)吉 24 刑终 191 号刑事裁定书,对被告人判处 5 年以下有期徒刑,但裁判认为该案例不属于类案检索范围。又如林某某受贿罪一案[③],裁判认为,典型案例有一定指导意义,而另案判决并非上级法院发布的典型指导案例,也不属于共同犯罪,与该裁判不存在任何关联意义。可见,刑事非指导性案例实践运用存在级别优先和范围排序。

二、刑事非指导性案例运用的诠释学循环逻辑

所谓诠释学循环,是指个体与总体之间的理解关系,即"欲知个别得先了解总体,而欲知总体又要了解个别"[④]。虽然非指导性案例运用具有隐蔽性、内省性,但法官思维路径并非难以探知,以下从诠释思维、步骤和具象揭示类案发现与判断认知过程和逻辑链条。

(一)诠释思维:文本理解—自我理解—自我塑造

诠释学是一门"文本理解"、"自我理解"和"自我塑造"的学问。[⑤] 文本理解在于揭示文本原意或作者原意;自我理解则在真实、客观诠释文本基础上达到自身理解;自我塑造将在自我理解意义上实现有价值取向的自我教化。如李某某危险驾驶罪一案,法官在归纳类案规则基础上,指出判决拘役 3 个

---

① 参见顾培东:《我国成文法体制下不同属性判例的功能定位》,载《中国法学》2021 年第 4 期。

② 参见湖南省永州市冷水滩区人民法院刑事判决书,(2020)湘 1103 刑初 222 号。

③ 参见广西壮族自治区田东县人民法院刑事判决书,(2021)桂 1022 刑初 105 号。

④ 郑永流:《出释入造——法律诠释学及其与法律解释学的关系》,载《法学研究》2002 年第 3 期。

⑤ 参见潘德荣:《文本理解、自我理解与自我塑造》,载《中国社会科学》2014 年第 7 期。

月并处罚金量刑建议忽略了未被评价的两种从轻处罚情节,并结合刑罚理论对责任刑与预防刑关系解读,认为该案结合两种从轻处罚情节并考虑预防必要性,减少1个月刑罚量实属合理。该过程展现了从文本理解到自我理解再到自我塑造的诠释思维。

1. 与在先案例相互对话。伽达默尔的本体论诠释学认为真实文本只存在于诠释者视域中或主体意识中呈现出的文本。[①] 只有通过理解者与立法者或先例裁判者对话,才能达到一个合理、可接受、合意的结论。非指导性案例评判为类案,必须通过创造行为,包括充分理解在先裁判意旨、裁判规则、裁判价值等才能被等置适用。这是与在先案例裁判者关于事实与法律适用的"建设性对话"。

2. 前见与当下视域交融。自我理解系诠释学实践性体现,通过与文本对话,对文本正确理解而达到自我理解。[②] 作为一种内省方式,对在先裁判文本理解应服务于诠释者目的,在先裁判虽是其他法官理性与经验结晶,但通过理解活动方能够"为己所用",学习借鉴裁判路径,服务于个案解决。法官裁判时往往会潜移默化融入前见,考察先例反思个人现有认识,发现前见偏差。

3. 建构针对个案裁判规范。自我塑造是有价值取向的自我教化,是正确理解文本终极目的。裁判行为涉及价值选择,法官寻求非指导性案例作为类案初衷在于支持自己观点,增强裁判结果可接受性,通过识别类案族群裁判经验,能更准确、更现实地预测裁判能否接受群众审视。法官基于类案经验融合进个案裁判过程,形成裁判结果内心确信,即完成了自我塑造过程。

(二)诠释步骤:要素识别—实质推论—裁判回应

对文本法律解释并不简单寻求法律原意、补充法律漏洞或者消除理解歧义,更重要的在于通过解释发现法律。[③] 这种法律思维不全靠经验,还必须借助逻辑规则。

1. 从反复试错到类型塑造。类案发现作为一项法律解释活动,体现了法律规范类型化塑造过程,法官需在事实与规范中不断塑造类型,从而将待决

---

① 参见郑永流:《出释入造——法律诠释学及其与法律解释学的关系》,载《法学研究》2002年第3期。

② 参见潘德荣:《文本理解、自我理解与自我塑造》,载《中国社会科学》2014年第7期。

③ 参见谢晖:《规范之为诠释学法学的对象》,载《广西师范大学学报(哲学社会科学版)》2003年第2期。

案件与先决案件归入同一类型。由于“生活类型”复杂多样性、类案要素选择主观性和个案背景因素遮蔽性，类案要素识别往往依赖于经验。

从法官访谈情况看，不同法官择取检索要素各有差异，案由、当事人、审级、审理法院、法律关系、法律性质、争议焦点、争议标的、争议法律条文、裁判文书类型等均被提到，案例检索经历着反复试错过程，但也不一定能准确发现类案。依类型思维，类案检索要素可区分规范性要素、经验性要素、校正性要素。

规范性要素（第一步）包括案由、要件事实，属于规范层面或基于规范目的可直接确定或归纳的要素。其中，要件事实是规范所描述的可被分解成相互关联却又相互独立部分的抽象事实，对法律规范构成要件进行解构可获取。经验性要素（第二步）包括争议焦点、证据、政策，争议焦点需法官经验性判断归纳；直接证据与间接证据印证程度差异会导致裁判结果差别；一些案件受政策影响较大。校正性要素（第三步）包括审级、程序、地域，能够在规范性要素和经验性要素基础上，进一步限定检索范围，排除无关案例。

2. 从结果导向到合理证成。假定结果常由法感产生，“结果”本身存在不确定性，结果导向思维可能会导致裁判客观性缺失，法官应对假定进行实体论证。法官根据法律规范目的寻找与待决案件事实相关的案件族群，对相似案件所描述要素进行组合，将法律适用转化为案件比较过程，判断待决案件可否与相似案件等置适用，从先决案例中寻找依据同时进行正当化证立，正是对结果导向下裁判客观性缺失适度矫正。

法律内部证成，是判断证成结果是否经引述前提逻辑地推导得出，外部证成主要解决大小前提正确性问题。[①] 只有满足两者，方能确保裁判结果正确性。内部证成可形式化为三段论推理逻辑公式：

(x)(Mx→ONx)；

M(a)；

ON(a)。[②]

即：如果所有 x 满足要件 M，则法律后果 N 适用于 x；a 满足构成要件 M；

---

① 参见［德］罗伯特·阿列克西：《法律论证理论：作为法律证立理论的理性论辩理论》，舒国滢译，商务印书馆 2020 年版，第 277 页。

② 参见［德］罗伯特·阿列克西：《法律论证理论：作为法律证立理论的理性论辩理论》，舒国滢译，商务印书馆 2020 年版，第 277 页。

所以法律后果N应适用于a。

由于法律非规范构成要件M是抽象化事实,难以对应所有“生活类型”,内部证成小前提无法直接从法律规范中获得。需要外部证成对小前提作进一步说明,法官融入价值判断,在事实与法律规范之间循环思考,使得a代入M(x)让M(a)成立。① 外部证成必须同步思考事实特性和规范特性。② 类案判断前提是裁判要点所包括的必要事实具有相似性,即前后两案内部证成与外部证成均相似。第一,整理非指导性案例内部证成要件和外部证成要件;第二,提炼待决案件内部证成和外部证成进行对比;第三,如果内外证成均相似,则实现“类案类判”结果,验证了假定真实性。

3. 从隐性援引到适当说理。法官普遍不愿直接援引非指导性案例,而是融合类案规则和思路。这是因为,隐性援引主要是考虑非指导性案例所属地域、审级及是否终审判决,说理是否一致以及改判风险等。如李某某组织、领导传销活动罪一案③,辩护人提出(2020)湘1028刑初4号、(2020)湘0621刑初20号两案5名被告人在发展下线会员个数、层级人数、会员层级具有相似性,请求比照类案类判,法院并无回应。裁判说理是法官心证外化体现,说理不仅仅是说服法官自己,还要说服当事人和社会公众。非指导性案例回应说理应从隐性援引到适当说理方向优化调整。

(三)诠释具象:非指导性案例诠释逻辑推演

选取杨某强奸案④、王某某强奸案⑤、吕某强奸案⑥三个奸淫幼女型强奸案为分析样本,从内部证成与外部证成角度推演类案判断。三案裁判依据为《刑法》第236条第1款、第2款二者区别在于强奸罪类型不同,第1款属于普通型强奸罪,第2款属于奸淫幼女型强奸罪。内部证成上,普通型强奸罪构成要件包括:违背妇女意志;使用暴力、胁迫或其他手段强行与妇女发生性关系;判处3年以上10年以下有期徒刑。奸淫幼女型强奸罪的构成要件包

① 参见张天择:《指导性案例参照中的类案判断尺度:内部证成与外部证成》,载《南大法学》2022年第1期。

② 参见[德]罗伯特·阿列克西:《法律论证理论:作为法律证立理论的理性论辩理论》,舒国滢译,商务印书馆2020年版,第277页。

③ 参见河北省遵化市人民法院刑事判决书,(2020)冀0281刑初249号。

④ 参见四川省青神县人民法院刑事判决书,(2020)川1425刑初27号。

⑤ 参见宁波市奉化区人民法院刑事判决书,(2019)浙0213刑初288号。

⑥ 参见山东省日照市东港区人民法院刑事判决书,(2019)鲁1102刑初908号。

括:明知被害人不满 14 周岁;与幼女发生性关系;从重处罚。

因是否强迫不影响奸淫幼女型强奸罪构成,故行为人主观明知成为入罪重点,尤其在幼女同意发生性关系案件中,构成犯罪前提必须是行为人明知对方是幼女。[①] 案例一内部证成可解构为奸淫幼女型强奸罪三个要件,案例二行为人也是明知系幼女而奸淫,与案例一、二内部证成相比,案例三中仅有"与幼女发生性关系"一个相似点,现有证据不足以认定行为人明知被害人系幼女。在不明知被害人系幼女时,行为人不存在奸淫幼女型强奸罪主观故意,由于采取胁迫手段,仍可认定构成普通型强奸罪。只有内部证成要件完全一致才能判断两案相似性,内部证成不一致时便无必要比较外部证成(见表 1)。

表 1　奸淫幼女型强奸罪三个案例基本案情介绍

案例一:杨某强奸案	案例二:王某某强奸案	案例三:吕某强奸案
2020 年初,被告人杨某通过郭某某介绍在 QQ 上认识了在读初二的被害人帅某某(案发时 13 周岁),二人发展成网上男女朋友关系。其间,杨某以赠送苹果手机为由多次邀约帅某某见面,均未果。一周后杨某再次以送手机为名邀约见面,帅某某同意,并邀约了杨某一同前往。见面后,杨某带领帅某某等人前往酒店,并要求杨某在楼下等待。随后杨某采用拖、抱方式将帅某某带至房间,按倒在床上,不顾其哀求与反抗强行发生了性关系	2017 年底,被告人王某某通过 QQ 认识被害人冯某,两人发展成异地网恋。冯某与王某某刚认识时,告知过对方其读初一、虚岁 13、2005 年出生、生日农历 7 月 26 日的事实。王某某明知被害人冯某系不满 14 周岁幼女,2018 年 2 月至 2019 年 1 月,仍在吉林省东辽县津华网吧包间、渭鼎星网吧包间、锦屏街道广平路不夜城宾馆房间等地,与冯某发生三次性关系。冯某父亲知道后报案	2019 年秋,被告人吕某在日照市东港区林家滩香樟园宾馆 202 房间门外,声称给被害人王某钱要其陪睡,王某害怕遂让其男友陈某到宾馆陪伴,陈某及其朋友房某来到宾馆房间,吕某持水果刀将陈某脖子划伤,并向陈某要其家人手机号及家庭住址等信息。陈某、房某基于害怕请吕某在房间喝酒,早上吕某让陈某、房某离开宾馆房间,待二人离开后,吕某言语威胁王某,在王某月经期间强行发生性关系。案发时,王某不满 14 周岁

案例一、二在内部证成上一致,还需判断外部证成相似性,考察两案中如何认定行为人明知被害人为未满 14 周岁幼女,即"明知"事实认定过程。可以

① 参见林家红:《奸淫幼女型强奸罪中的"明知":定位、内涵及其证明》,载《刑法论丛》2020 年第 3 期。

细分四类情形:一是幼女同意发生性关系时,行为人明知被害人为幼女,“明知”作为奸淫幼女型强奸罪的犯罪构成要件;二是幼女同意发生性关系时,行为人不明知被害人为幼女的,不构成犯罪;三是幼女不同意发生性关系时,行为人明知被害人为幼女,“明知”则是从重量刑情节;四是幼女不同意发生性关系时,行为人不明知被害人为幼女,构成普通型强奸罪①。“明知”认定不仅影响强奸罪入罪类型(关系适用法律条文差异),还是从重量刑情节构成要素;而被害人是否自愿并不影响奸淫幼女型强奸罪的构成,不作为外部证成比较点(见表2)。

表2 奸淫幼女型强奸罪三个案例裁判理由比较

案例	裁判理由	量刑
案例一:杨某强奸案	定罪:明知被害人系幼女而采用物质利诱方法强行奸淫。 量刑情节:(1)奸淫幼女,从重处罚;(2)累犯,从重处罚;(3)当庭自愿认罪,酌定从轻处罚。 关于“明知”:案发前知道被害人读初二,被害人外貌与实际年龄相比不明显成熟,足以认定被告人知道被害人可能不满14周岁。	有期徒刑7年
案例二:王某某强奸案	定罪:奸淫不满14周岁幼女。 量刑情节:(1)奸淫幼女,应当从重处罚;(2)被害人同意发生性关系,被告人没有采用暴力、胁迫手段等情节,量刑时予以考虑;(3)存在翻供不能认定坦白,当庭认罪认罚,酌情从轻处罚。 关于“明知”:与被害人发生性关系时明知系不满14周岁幼女。	有期徒刑5年
案例三:吕某强奸案	定罪:违背妇女意志,强行与妇女发生性关系。 量刑情节:被害人是被胁迫、非自愿。 关于“明知”:现有证据不足以认定明知被害人系幼女,但强奸未成年人应从重处罚。	有期徒刑4.5年

案例一“明知”是结合被告人知道被害人读初二,被害人在聊天时自称还小,被害人外貌与实际年龄相比不属于明显成熟,认定被告人知道被害人不满14周岁。案例二“明知”认定是基于被害人告知被告人,被告人供述与被害人

① 《刑法》第236条第1款和第2款是基本条款与特别条款关系,而非排斥关系。第1款规定的“妇女”应适当扩大解释为女性(包括妇女与幼女)。该第四类情形即案例三情形。

陈述可证实被告人明知被害人年龄问题。案例一和案例二对明知的证明具有相似性,但案例一“明知”属于第三种情形,案例二“明知”属于第一种情形,法律后果不一致。案例一和案例二在外部证成上具有实质区别,属于实质非类案。

三、刑事非指导性案例何以促进类案类判

司法是反复进行的类型化裁判活动。形式上,当存在在先裁判时,法官常常希望能够直接沿袭而降低说服成本。实质上,裁判本身的权威性决定了在先裁判说理内容任何时候都能成为法官裁判依据材料。

(一)作为遵循先例成为衍生责任的智识法源

刑事非指导性案例所蕴含的司法智慧从不同维度为待决案件提供参考,进而成为诉讼活动智识法源。[①] 如余某某交通肇事罪一案[②],对个案裁量刑罚及决定刑罚执行方式时,一般应当与类案裁判规则保持一致。经检索北京市类案确认,交通肇事逃逸类案件的类案裁判规则是交通肇事致人死亡,负事故全部责任而逃逸的,不适用缓刑;交通肇事后逃逸,具有自首、积极赔偿等情节而予以从轻处罚的,慎重适用缓刑。这表明,遵循先例也成为“依法裁判”衍生责任。

1. 构建性与自发性耦合。非指导性案例运用的构建性主要由外部力量创造,[③]以类案强制检索制度为基础,通过专业法官会议、审判委员会等具有服从与等级结构的司法场域,化解法律适用分歧问题。自发性主要在于法官如何将“纸上的法律”转化为“活的法律”,也是根本动力,自主从海量案例中寻求智识资源,以此提高论证水平,增强说理能力。非指导案例运用不仅源于外部压力,更是源于自身“说服性权威”,系内在自发与外在构建相统一。

2. 公共性与个体性结合。司法裁判符合经济“公共产品”核心特质,是一

① 参见顾培东:《我国成文法体制下不同属性判例的功能定位》,载《中国法学》2021年第4期。

② 参见北京市第一中级人民法院刑事判决书,(2019)京01刑终628号。

③ 参见李振贤:《我国成文法体制下判例嵌入司法场域的机理》,载《法学》2022年第1期。

种以履行公共职能为取向,专业化解决社会纠纷并具有国家权威性的公共行为。[①] 司法裁判亦是在塑造社会秩序,将抽象法律转化为具体裁判依据,在两种被认为相互对立的社会行为模式之间选择,形成"类案类判"公共判断。[②] 为避免出现"你的困惑,群体已有共识",针对个案需要寻求类案作为"支持性论据",在个案裁判与类案规则中寻求协调。

3. 法律性与伦理性融合。法官必须遵从法律意旨,合乎逻辑地证明裁判系依据法律得出;又要遵循司法伦理,避免肆意裁判,尽可能约束自由裁量权。为实现司法公正,类案类判成为司法伦理责任,是"内在道德",既可以限制法官偏好,不能随意背离既有生效裁判族群,又可以成为法官所依赖的理由。类案类判属于道德连贯性的逻辑限制,是从依法裁判中衍生出的伦理性义务。[③]

(二)作为集体智慧支撑个人裁判的经验法则

专业领域经验法指特定职业或特殊领域内的专业性经验判断。[④] 非指导性案例群体智慧属于专业经验法则,能够排除个体差异,将族群经验转为个案裁判智慧。如李某某危险驾驶罪一案[⑤],若具有造成交通事故且负事故全部或主要责任,或者造成交通事故后逃逸,尚未构成其他犯罪的;在高速公路、城市快速路上驾驶的;驾驶载有乘客的营运机动车等从重处罚情节之一的类案中,公诉机关指控及审判实践一般均为拘役1个月并处罚金的刑罚。每增加一种从重处罚情节,增加1个月刑期。

1. 相似性事实构成。诠释学视野中的事实是指关系事实,主要是事物交往关系中所表现的状态。阐释具体事实时,必然要加入解释者性格、角度等偏离自存事实的解释因素。先例必须与待决案件事实构成相似,不能仅看某个事实要素,而要同步比较个别事实、部分事实与整体事实,从而不被自身偏见蒙蔽。

2. 相关性说理论证。论证义务是对法官自由裁量权的有效限制,避免个案裁判偏离族群经验又未给出充分理由。"类案类判"构成司法假定证立的重要

---

① 参见杨知文:《非指导性案例的"指导性"与案例指导制度的发展》,载《清华法学》2021年第4期。

② 参见杨知文:《"同案同判"的性质及其证立理据》,载《学术月刊》2021年第11期。

③ 参见雷磊:《同案同判:司法裁判中的衍生性义务与表征性价值》,载《法律科学(西北政法大学学报)》2021年第4期。

④ 参见陈林林、何雪锋:《论经验法则的司法定位》,载《求是学刊》2017年第3期。

⑤ 参见上海市徐汇区人民法院刑事判决书,(2020)沪0104刑初624号。

拘束条件，特别是疑难案件对非指导性案例的参考论证，必须将既定规范作为刚性约束条件，把遵循先例作为柔性约束条件，充分诠释事实、规范等方面相关性，以符合实质逻辑相关性要求。

3. 共通性裁判实践。对类案相似性类比论证，关键在于类案无论是作为对象还是作为理由，必须以相同态度对待，将其作为实践理由。实践理由直接指向隐藏在类案后面的论证逻辑、推演方式、考量因素，否则就会出现“假类案”“假同判”。特别是疑难案件，应将既定规范、案件场域、时代背景、价值导向引领等综合考量，即使两案事实相似，适用大前提也会变化，需进行新的诠释。

（三）作为寻获最佳解释与检验假定的证明方法

1. 先决案件裁判理由可成为最佳解释工具。最佳解释源于最佳解释推理理论，如对某个现象存在多个可能的解释，会选择最佳解释。① 这包含两个层面：一是先决案件裁判理由是对法律适用的最佳解释；二是先决案件构成待决案件类案时提供了一种最佳解释可能。以前述吕某某受贿罪一案为例，辩护人提出三个案例，其代表三种解释。最佳解释依赖于故事结构的解构和推理步骤的建构。一方面，案件以叙事方式呈现，法官既要依据待决案件证据叙事建构案件事实，又要对先决案件故事解剖，使先决案件与待决案件建立对应关系。裁判适用的法律规范和案件事实均需要解释。另一方面，类案发现是从多种解释中选择最佳解释。上述案例中，法官对每一个案件事实均予以解释，并提出殷某某案具有可比性，该案例属于竞争性解释。最佳解释推理语境下，“选择”是确定此假说比彼假说更值得接受的理由，其中蕴含“论辩—说服”对话结构。② 当存在竞争性解释时，法官需运用推理筛选符合待决案件情形的最佳解释。

2. 先决案件论证过程可检验修正假定结论。将案件生活事实提炼为规范下要件事实，零散证据拼接还原法律真相，在先决案件中寻找合理的法律适用思路，无不体现法官对其假定重视和关照。先决案件解决方案融合经验与逻辑，可作为检验经验认知之客观工具。在前述李某某危险驾驶罪一案，根据类案指控及审判实践，被告人李某某基准刑应为拘役 3 个月并处罚金。如按照公诉机关量刑建议判处刑罚，则被告人还具有认罪认罚及赔偿被害人并取得谅

---

① 参见向燕：《论司法证明中的最佳解释推理》，载《法制与社会发展》2019 年第 5 期。

② 参见罗维鹏：《印证、最佳解释推理与争议事实证明方法——兼与周洪波教授商榷》，载《法学家》2021 年第 2 期。

解两种从轻处罚情节尚未被评价,在被告人不法行为所应承担责任刑基础上,结合上述情节,减少1个月刑罚量完全妥当合理,即拘役2个月并处罚金。先决案件不仅提供对案件规律的一般认识,还成为评判待决案件法律适用尺度的参考基准,法官在类案裁判标准上结合具体案件情节修正假定结论。

寻找类案会产生推翻、修正、借鉴等结果意义,有时先决案件并不直接导致案件处理结果变化,只提供一种思路或促使自我认识反思。类案类判推理方法论价值,即在于从保证法律适用统一性司法美德,到实现类案类判在法律推理中的独立价值,这是实质性类案类判观的体现。①

四、刑事非指导性案例运用的场景构建

刑事审判过程一定程度上是重塑案件事实的过程。在具体场景中,单个刑事非指导性案例不能代表类案,应将"单个案例—待决案件"的个案代替类案的简单模仿,转变为"单个案例—类案族群—待决案件"的从个性到共性再回归个性的故事塑造。

(一)运用原则:既定规范—类案规则—个案依据

1.既定规范:刑事非指导性案例运用的制度前提。由制定法、习惯法、司法政策等组成的既定规范,是现行有效的标准面向未来行为是否合法的一套评价体系。每一次法律适用都是法律规范与现实案件融为一体的诠释循环论证过程。② 若既定规范存在语义模糊,法官需要运用一种或多种法律解释方法,将普遍性规范与独特性个案相结合,以确定具体适用的个案规范。前述强奸案例,对于"明知"认定,法官不仅要结合条文语境,还要结合刑法总则中"故意"内涵,并考虑法律体系关于幼女特殊保护的立法政策,选择最符合立法价值的角度进行诠释。既定规范之间、原则与规则之间亦会存在冲突,法官需结合具体案情,通过上位法优于下位法、新法优于旧法、特别法优于普通法等法律冲突规则处理个案。面对疑难案件,既定规范与类案规则、个案依据亦会存

① 参见朱振:《从依据到理由——迈向一种实质性的同案同判观》,载《浙江社会科学》2022年第4期。

② 参见周维栋、汪进元:《法律概念的规范构造:从"既定规范"到"个案规范"》,载《江苏行政学院学报》2021年第3期。

在张力,但不能否认既定规范作为最大公约数的约束力。

2. 类案规则:刑事非指导性案例运用的族群经验。疑难案件裁判中搭建类案规则桥梁,对提升既定规范适用精准度具有明显意义。类案规则是运用既定规范的实践体现,也为个案规范选择提供参考基础,成为连接既定规范与个案依据纽带。[①] 对既定规范进行实践解释形成的类案规则,既可以是法律适用规则,也可以是事实认定规则。但具体个案裁判不能代表类案裁判规则,对于单个非指导性案例是否作为类案使用,应先判断个案是否构成类案,再从类案族群整体出发提炼类案规则。

3. 个案依据:刑事非指导性案例运用的实然活动。既定规范与案件事实并非总能一一对应,法官需在静态规范与动态规范之间循环论证,运用类案规则将既定规范转化为个案依据,以适应案件事实。司法裁判是一个动静结合过程,即将文本意义上的既定规范与社会实践中的案件事实进行诠释论证,该过程既是进行司法裁判,也是创造类案规则。个案规范证成时,法官可基于案件事实对既定规范进行修正、补充,选取个案裁判最佳解决方式,为实现裁判社会效果诠释出新含义,但法官必须受制于既定规范、类案规则,否则容易侵蚀法律体系。

(二)运用规则:类案开示—庭审辩论—裁判回应

1. 类案开示:区分依申请开示与依职权开示。实践中,非指导性案例运用包括当事人提交类案和法官主动检索类案两种情形,应明确类案开示的两种触发程序。一是当事人提交类案的应符合形式标准,即提交类案检索报告并提交一类案件而非单个案例,才能启动类案开示程序。类案检索报告需说明检索关键词、案号案由、提炼的类案规则,案例应源于中国裁判文书网、法院官方平台,且至少在一个地域具有普遍性。二是法官主动检索类案的,如符合最高人民法院《关于统一法律适用加强类案检索的指导意见(试行)》第2条规定的强制类案检索三种情形,包括拟提交专业(主审)法官会议或者审判委员会讨论的,缺乏明确裁判规则或者尚未形成统一裁判规则的,院长、庭长根据审判监督管理权限要求进行类案检索的,应依职权启动类案开示程序,向当事人主动开示。若法官仅是基于先验学习需求检索类案的,则没有必要启动类案

---

① 参见周维栋、汪进元:《法律概念的规范构造:从“既定规范”到“个案规范”》,载《江苏行政学院学报》2021年第3期。

开示程序。

2. 庭审辩论:围绕类案相似性与类案规则参考性。作为结果的法律解释必须经由主体间检验才能保证其客观性及可接受性。① 在类案开示程序基础上,须确立类案辩论程序,法官与诉讼主体共同参与,按照"谁检索谁负责"原则,类案检索报告由提出一方着重对其真实性、合法性负责,结合待决案件争议焦点,提炼类案规则;另一方主要对其关联性,即类案相似性与类案规则可适用待决案件参考性进行辩论。法官主动开示的,应组织双方对类案检索报告反映出的类案相似性、类案规则参考性进行辩论。

3. 裁判回应:促进主体间双向交流互动。裁判结论是否可接受,除本身是否公平公正外,很大程度上取决于裁判是否有效回应当事人庭审意见。② 回应模式上,应突破单向"审查—决定"模式,对简单案件采取"庭审审查—口头决定"模式,对疑难案件采取"总结争点—裁判回应"模式。回应说理时,应概括表述类案规则;对当事人类案辩论情况予以回应;如为适格类案,鼓励显名援引并标注出处。说理详略上区分把握,第一,对明显偏离类案简要说理。若先例明显偏离类案族群,则不属于类案,可予简单回应。第二,对差异要素适当说理。如认为待决案件与类案争议要素不相似,应对差异要素充分论证、恰当说理。第三,对适格类案具体说理。如认为可以参考类案依据进行裁判,需对相似性理由阐释。倘若参考类案可能引起裁判不公,需对裁判层级、时间、情节等综合判断后说理。

(三)运用限度:尊重规范—裁量约束—社会检验

1. 尊重规范:刑事非指导性案例运用基础。从类案中获取裁判参考不代表法官可以抛弃规范,依据案例直接裁判。法官是既定规范诠释者,职责是结合立法资料和审判实践对既定规范进行解读,提炼类案规则是为了更好诠释既定规范。既定规范为司法推理框定了逻辑框架,既定规范中不确定词语是立法者为诠释者预留的解读空间,特殊情形下需对不确定法律词语进行诠释。一方面,要遵循立法中词语表达射程,运用体系解释方法、历史解释方法等探寻立法意图;另一方面,要总结实践中类案裁判经验,以明确词语含义。

2. 裁量约束:刑事非指导性案例运用控制。对法官类案自由裁量权进行限

① 参见辛淑静、王志勇:《论法律解释的二阶构造》,载《河南司法警察职业学院学报》2021 年第 4 期。

② 参见齐健:《裁判文书援引法律学说实证研究》,载《法律适用》2021 年第 7 期。

制,一是遵循类型化规则,即从同类案例中提炼具有普遍意义的裁判规则。比如,关于前述"明知"认定,原本是完全主观认识问题,即使面对相似情节,不同法官可能有不同认识。但经过检索大量非指导性案例,可发现其类型化认识标准,以此将抽象的"明知"转化为具体的类型化认识,有效解决抽象概念认定个别化问题,对法官自由裁量权进行规制。[①] 二是赋予当事人救济权。如当事人认为后案与上(本)级法院有关前案未形成类案类判,可以将其作为其上诉、申诉或抗诉理由,二审或再审法官对是否参考类案应明确回应。

3. 社会检验:刑事非指导性案例运用修正。法官需与社会公众意见保持互动,包括接受人大、检察机关等的专业监督。同时,社会公众评判意见,特别是专家学者意见,须以恰当方式表达,尊重、包容法官充分论证基础上的裁判结果。刑事非指导性案例运用本质上是司法个别化问题,即尊重规范基础上尽可能限制自由裁量权,以实现个案裁判的妥当性。由于场景变化,事实上存在类案不同判情况,追求类案裁判规范化应当把握形式理性与实质理性之间的尺度。毕竟,法官不是机械,应支持其对社会纠纷提供个别化处理方式。

结　语

诠释学以读者视角解读类案文本,从解构到建构的诠释思路适用于刑事、民事、行政案件裁判,为运用非指导性案例提供了可预期、可视化方式,促进司法裁判理性化发展。刑事非指导性案例"指导性"价值内核在于以类案族群为基础的类案规则所呈现的普遍意义,个别案例不能代替类案族群。由于刑事非指导性案例地域、审级等差异性因素,推进刑事法律统一适用需循序渐进,以类型化、层次化为进路,从区域性刑事法律统一适用向全国范围内法律统一适用目标迈进。

---

① 参见胡玉鸿:《论司法审判中法律适用的个别化》,载《法制与社会发展》2012年第6期。

兰大法律评论(2025年卷第一辑)
第296~315页

"重庆火锅"地理标志法律保护的实践问题与完善路径*

范卫国　周佳怡*

目　　次

摘　要　作为极具特色的地方美食,重庆火锅在全国乃至世界具有广泛影响。重庆火锅行业在带来庞大经济

* 本文系国家社会科学基金一般项目"民事公益诉讼请求体系化研究"(编号:24BFX099)的阶段性成果。

* 范卫国,西南大学法学院副教授、副院长,硕士研究生导师,法学博士,首批全国检察机关调研骨干人才、西北政法大学民商事纠纷解决机制研究中心研究员;周佳怡,西南大学法学院本科生。

收益的同时,也面临着商誉受损、市场动力不足、食品安全监管失灵、非遗文化不断流失等问题,亟须通过加强法律保护破解现实困局。当前,将重庆火锅纳入地理标志法律保护已具备一定的社会基础、实践经验和制度依据等基本条件,但也面临保护模式混乱、政策支持力度不足、实践运作不够规范等障碍。未来,我国应充分借鉴既有餐饮行业地理标志保护经验,不断完善法律制度、夯实基础条件、强化保障措施,探寻具有地域特色的地理标志法律保护路径,推动重庆火锅行业的规范化、品牌化和国际化发展。

关键词 重庆火锅;地理标志;法律保护;现实困境;完善路径

引　言

作为极具特色的地方美食,重庆火锅因其独有的麻辣鲜香,深受国内外消费者喜爱。重庆火锅产业的蓬勃发展,不仅为重庆地区带来庞大的经济效益、带动了上下游产业协同发展,同时也助力了中国对外出口贸易发展和中国国际影响力的提升。据统计,2024 年重庆已有 3 万多家火锅门店,火锅全产业链产值突破 3000 亿元。① 此外,重庆火锅在美国、英国、日本和中国香港等国家和地区开店总数超过 135 家。② 不过,“重庆火锅”在繁荣发展的背后,也面临着行业经营乱象横生、商誉受损、食品安全监管不力、非遗不断流失等现实困局。在此背景下,普通行政处罚恐不足以抵御现实风险,更为刚性的地理标志法律保护需求呼之欲出。

事实上,地理标志法律保护具有重要的经济意义和文化意义,其不仅可以提高相关产品的市场竞争力、防止假冒伪劣产品的侵害,还可以推广产地的优秀历史和文化,提高民众的地域认同感和文化自信。目前,学界仅有曾德国等少数学者聚焦重庆火锅的商品类别、申报部门、技术标准等层面简要分析了重庆火锅申报地理标志未获批准的原因,③但对重庆火锅纳入地理标

① 参见夏元:《重庆出台 11 项政策让火锅产业更“火”》,载《重庆日报》2024 年 2 月 8 日,第 1 版。

② 参见郑三波:《重庆美食“热辣滚烫”出圈的背后》,载《粮油市场报》2024 年 3 月 5 日,第 8 版。

③ 参见曾德国:《西南地区地理标志的开发利用现状探析》,载《学术论坛》2013 年第 6 期。

志保护的现实基础、制度依据、现实困境等未作全面、系统的研究。基于此,笔者聚焦重庆火锅地理标志保护的必要性、可行性以及现实困境等问题,并针对性地提出重庆火锅地理标志法律保护的完善建议,以确保重庆火锅行业合法、有序、健康发展。

一、重庆火锅地理标志法律保护的必要性和可行性

(一)重庆火锅地理标志保护的必要性

第一,维护重庆火锅行业的商业信誉。笔者以网络问卷的形式展开关于"将重庆火锅纳入地理标志"的公众意见征询调查,收集有效问卷共计304份。问卷围绕城市与特色标志关联性、市外"重庆火锅"之乱象以及重庆火锅地理标志的保护路径等角度,客观展现了重庆市内外不同年龄阶段的受访者对"重庆火锅地理标志保护"的认知与评价情况。调研数据显示,97.37%的受访者认为重庆火锅在很大程度上代表着重庆地区(见图1)。作为重要的美食文化符号,重庆火锅的品质优劣直接影响着重庆城市形象的塑造。当前,由于缺乏地理标志统一保护,我国各地"重庆火锅"品质存在良莠不齐的现象,部分商家存在菜品价格虚高、味道不正宗、食材不新鲜、卫生不过关等经营乱象,普通行政处罚难以对相关经营者形成有效震慑,且无法纳入刑事范畴予以处罚,使得火锅乱象治理面临着"制度失灵"风险。这不仅损害了消费者合法权益,也影响了重庆火锅产业的商誉以及重庆城市形象。81.58%的受访者认为"外地重庆火锅乱象"会影响重庆火锅的形象和商誉,58.55%的受访者认为会损害重庆城市形象(见图2)。[①] 换言之,各地"重庆火锅"具有"一荣俱荣、一损俱损"的特点,容许非正宗重庆火锅店生产经营,会对正宗重庆火锅商家乃至重庆火锅行业的整体商誉造成影响。在此背景下,将重庆火锅纳入地理标志法律保护,并科学设置重庆火锅地理标志的使用条件,能够有效规避信誉风险,维护重庆火锅产业的整体商誉,助力打造良好的重庆城市形象。

---

① 参见郑三波:《重庆美食"热辣滚烫"出圈的背后》,载《粮油市场报》2024年3月5日,第8版。

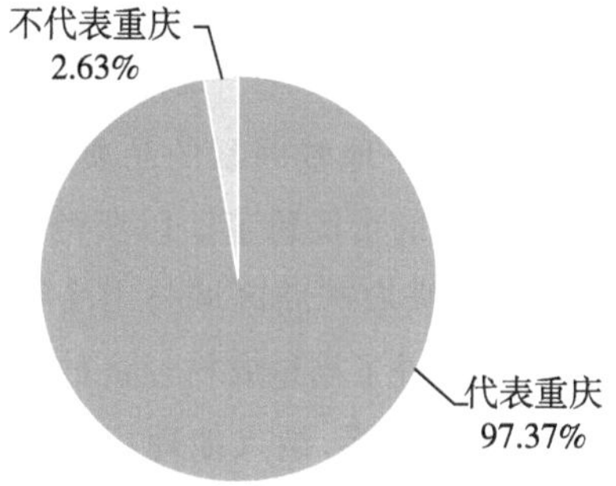

图 1　调研对象是否认为重庆火锅在很大程度上代表重庆地区

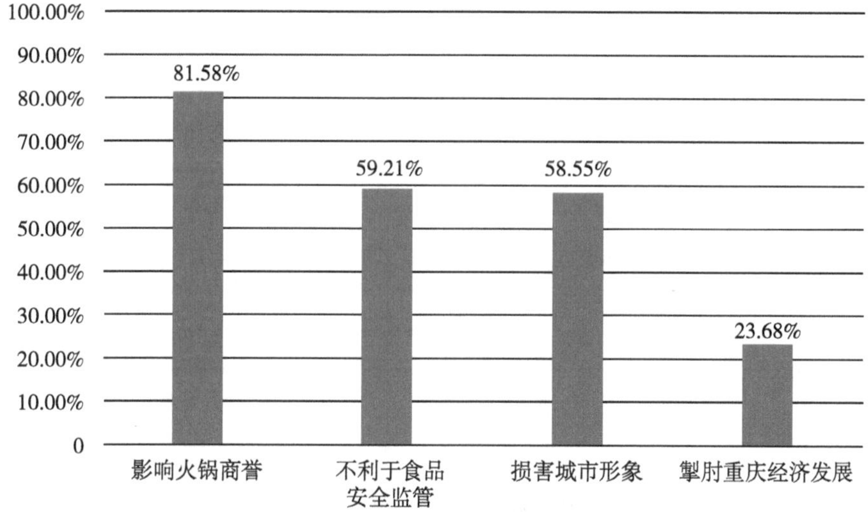

图 2　调研对象认为"外地重庆火锅乱象"所带来的不利影响

第二,激发重庆火锅产业依法有序发展。地理标志作为产品商誉的具象化载体,承载着产品的地域性品质、信誉等特征,影响着消费者决策行为。有学者认为,地理标志形象的质量保证、经济支持、文化因素均能正向影响消费者感知价值,而感知价值是提升消费者网购意愿的关键。① 还有学者通过调研发现,消费者对地理标志产品产地的态度会影响其购买行为。② 调研数据

① 参见朱战国、王月:《多维地理标志形象对消费者网购地理标志农产品意愿的影响——基于感知价值视角》,载《江苏大学学报(社会科学版)》2022 年第 2 期。

② 参见占辉斌:《消费者地理标志产品产地态度及其购买意愿研究——以黄山毛峰为例》,载《黑龙江八一农垦大学学报》2018 年第 3 期。

显示,72.37%的受访者在购买火锅底料时会关注产地,74.34%的受访者在购买火锅底料时会关注品牌(见图 3)。基于此,将重庆火锅纳入地理标志法律保护后,能够使消费者产生基于地域因素的品质信赖,进而提升人们的消费意愿,进一步挖掘出重庆火锅的市场价值。以获得地理标志证明商标保护的奉节脐橙为例,作为"中国百强农产品区域公用品牌",目前奉节脐橙的品牌价值高达 182.8 亿元,有效促进了当地农村经济的发展。① 相较而言,全产业链产值超过 3000 亿元的重庆火锅,纳入地理标志法律保护之后也将带来更大的经济价值。

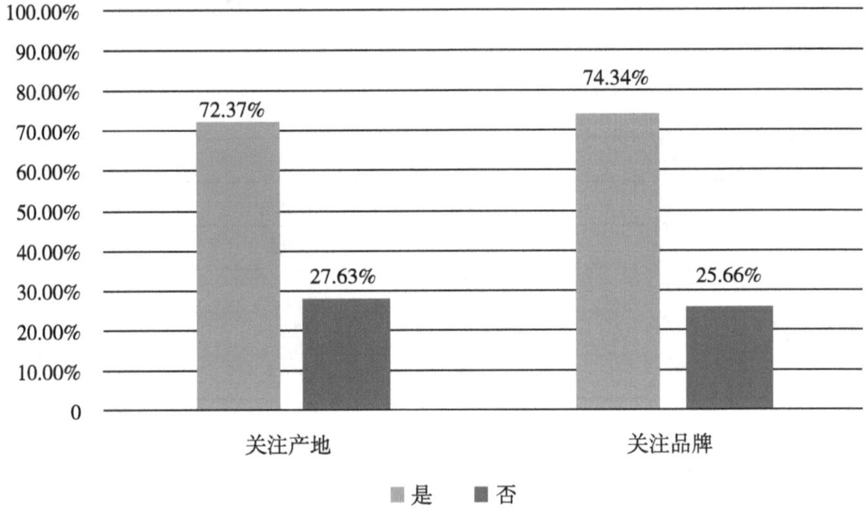

图 3 调研对象在购买火锅底料时是否关注产地和品牌

第三,加大重庆火锅的行业监管力度。众所周知,"老油火锅"一直是一个备受争议的话题:一方面,"老油"是传统重庆火锅独特风味的重要来源,众多消费者至今仍保持着吃老油火锅的习惯和爱好;另一方面,若"老油"制作处理不当便极易产生食品安全隐患,因此也有不少消费者认为"老油火锅"不卫生且不可再被食用。事实上,"老油"的制作工序及相关物质安全系数缺乏统一适用标准和普遍约束效力,造成重庆火锅行业在食品安全监管问题上乱象加剧。例如,"重庆火锅"行业已在多地出现将顾客食用剩下的火锅油脂提炼制成"老油"、按照一定比例将其与新油混合制成新火锅底料销售给其他顾

① 参见粟园园:《48 万余吨奉节脐橙上市了》,载《新渝报》2023 年 12 月 26 日,A4 版。

客食用的情况。对此，司法机关普遍将“老油”认定为“不可再食用的有毒、有害之‘地沟油’”，并将销售“老油”给消费者食用的行为界定为犯罪行为。[①]鉴于此，将重庆火锅纳入地理标志法律保护，有助于制定统一的“老油”制作工序及食品安全标准，明确未达到标准应当承担的民事、行政乃至刑事责任，推动重庆火锅行业的规范监管。

第四，促进重庆火锅非遗地标化建设。作为一项群体性知识产权，地理标志依托当地自然环境资源与风土人情形成，而非遗文化中的人文知识、技艺、表演方式等也与当地实际自然地理环境、人文因素密切相关。[②] 因此，非遗的传承与发展可与地理标志法律制度相结合，通过地理标志制度保护和开发非遗，实现“非遗地标化”。[③] 以国家级非遗“杨柳青木版年画”为例，北京市高级人民法院基于保护地理标志的考量，驳回了陆少华将国家级非遗“杨柳青”注册为年画类商品商标的申请，[④]避免了该项传统文化被个人独占，保护了天津地区的民间传统美术。事实上，“重庆火锅传统制作技艺”也可抽象化为火锅美食和火锅底料等产品，从而满足“非遗产品化”的要求并具备“非遗地标化”的条件。因此，将重庆火锅纳入地理标志不仅可以保护相关权利人权益，同时可以通过市场流通宣扬其中所蕴含的人文底蕴和历史文化，强化民众对“重庆火锅”非遗的认同。

（二）重庆火锅纳入地理标志保护的可行性

第一，重庆火锅已满足纳入地理标志法律保护的基本条件。根据《地理标志产品保护办法》第 3 条第 1 款规定，地理标志产品应具备真实性、地域性、特异性和关联性特征，而重庆火锅已经具备了法律规定的地理标志产品应满足的条件，体现为：首先，重庆火锅起源于重庆。根据《风土什志》记载，火锅发源于重庆的江北码头，最初用于满足重庆江边纤夫、船工等劳动人民

① 参见郭某洪、赵某等生产、销售有毒、有害食品罪案，四川省九龙县人民法院（2021）川3324 刑初 30 号刑事附带民事判决书；吴某静、杨某能生产、销售有毒、有害食品罪案，贵州省松桃苗族自治县人民法院（2020）黔 0628 刑初 32 号刑事判决书；项某益、项某武、洪某跃等生产、销售有毒、有害食品罪案，浙江省瑞安市人民法院（2017）浙 0381 刑初 1410 号刑事判决书。

② 参见杨倩：《地理标志在非遗文化传承中的作用发挥》，载《中学地理教学参考》2022 年第 23 期。

③ 参见罗宗奎：《从文化遗产到地标产品：非遗地标化之理论可行性、条件和路径》，载《文化遗产》2022 年第 6 期。

④ 参见杨永：《地理标志的文化价值研究》，法律出版社 2018 年版，第 235 页。

的饮食需求,主要食材是价格低廉的毛肚等内脏。① 其次,重庆火锅具有地域性。鉴于重庆气候潮湿,重庆火锅主要采用了辣椒、花椒等食材制成麻辣的红油锅底,用于祛除人们体内的湿气。此后,重庆火锅逐渐发展出麻辣鲜香的独特风味,与温和清淡的北京羊肉涮锅、潮汕牛肉火锅等存在诸多差异。最后,重庆火锅与重庆具有高度关联性。产品与产地的关联性是地理标志的核心构成要素。② 纵观重庆火锅的发展历程,其产生、风味离不开重庆独特的地理环境和人文风俗,与重庆地区高度关联。

第二,重庆火锅已具备纳入地理标志法律保护的民意基础。作为重庆火锅产业的代表性组织,重庆火锅产业协会曾于2010年、2015年先后两次申报重庆火锅集体商标地理标志和"火锅之都""传承重庆火锅"一般商标。重庆火锅产业协会会长也曾多次呼吁"希望授权重庆市火锅产业协会申报重庆火锅地理商标和国家级非物质文化遗产,进一步擦亮重庆火锅这张美食名片"③。此外,根据笔者进行的调研,有87.50%的受访者认为有必要将重庆火锅纳入地理标志进行保护(见图4)。同时,多数受访者认为将重庆火锅纳入地理标志法律保护有助于保护重庆火锅行业的商誉,促进火锅产业高质量发展,实现重庆火锅与国际接轨,提高重庆的城市吸引力和影响力(见图5)。不难发现,广大民众对于将重庆火锅纳入地理标志法律保护持积极态度。

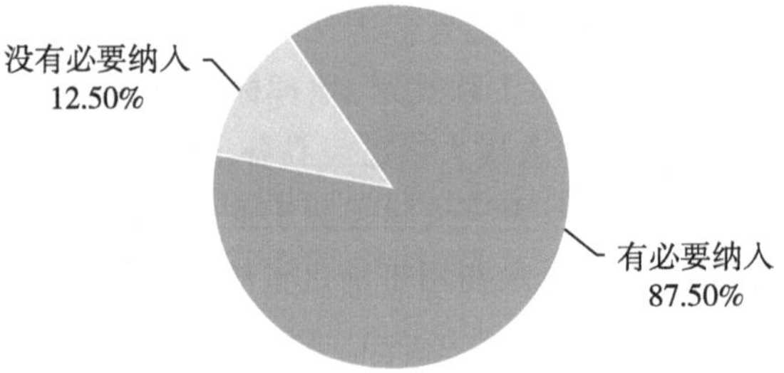

图4　调研对象认为重庆火锅是否有必要纳入地理标志

① 参见邓炜:《饮食人类学视域下的火锅象征研究》,西南大学2019年硕士学位论文,第12页。

② 参见王笑冰:《关联性要素与地理标志法的构造》,载《法学研究》2015年第3期。

③ 参见郑三波:《重庆创建世界火锅之都再发力》,载《新渝报》2024年3月15日,A1版。

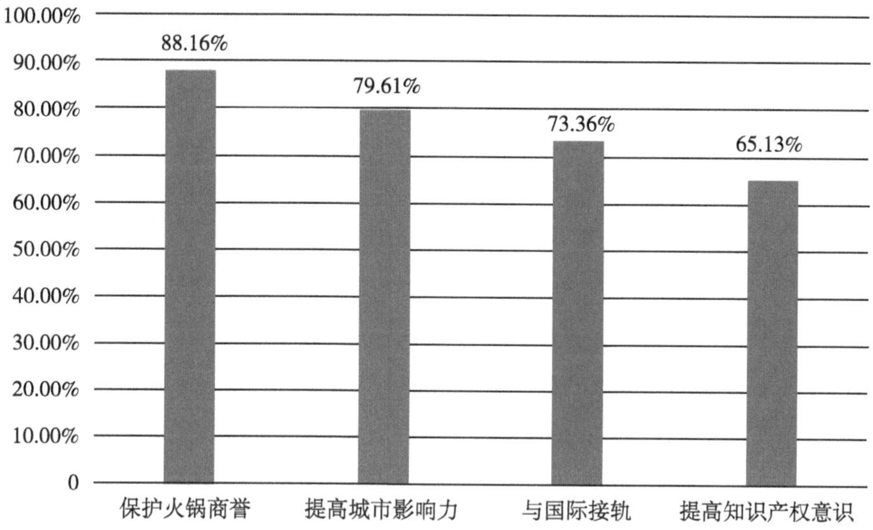

图5 调研对象认为重庆火锅纳入地理标志的重要意义

第三,我国具有类似产业地理标志法律保护的经验。近年来,我国各地地理标志产品的申报数量持续增长,为重庆火锅纳入地理标志法律保护提供了可资借鉴的经验。笔者以柳州螺蛳粉、涪陵榨菜、西湖龙井、安溪铁观音及赣南脐橙为例,对此类产品纳入地理标志法律保护的要素进行分析(见表1),为重庆火锅纳入地理标志法律保护梳理实践经验。

表1 地理标志案例对比分析

名称	地域关联性	产地范围	质量标准	知名度和商誉	申请主体	注册时间
柳州螺蛳粉	河流水质良好;亚热带季风气候,适合螺蛳、酸笋等生长	柳州五区及市辖五县	全产业链共有标准569项,包括《预包装柳州螺蛳粉生产质量控制技术规范》等	品牌价值超百亿元,入选中国地理标志农产品区域公用品牌声誉十强榜单	柳州市螺蛳粉协会	2018年8月20日
涪陵榨菜	地形多低山浅丘,亚热带季风气候,适宜青菜头种植	严格限定在重庆市涪陵区行政区划范围内	《地理标志产品 涪陵榨菜》(GB/T 19858—2005)	世界三大名腌菜之一,中国对外出口的三大名菜之一,其传统制作技艺被列入第二批国家级非遗名录	重庆市涪陵区榨菜产业发展中心	2004年4月21日

续表

名称	地域关联性	产地范围	质量标准	知名度和商誉	申请主体	注册时间
西湖龙井	亚热带季风气候区;产区多山;土壤多为沙质,微酸性	主要分布在狮峰、龙井、梅家坞一带	《地理标志产品　龙井茶》(GB/T 18650—2008)	以色翠、形美、香郁、味醇冠列中国十大名茶之首	杭州市西湖龙井茶管理协会	2011年2月18日
安溪铁观音	三角岩地貌,土壤疏松、酸性强;亚热带海洋季风性气候	福建省泉州市安溪县感德镇等24乡镇	《地理标志产品安溪铁观音》(GB/T 19598—2006)	茶叶颜色砂绿,形如螺旋,幽雅馥郁,回甘悠长,享有"茶中之王"美誉	安溪县茶业发展中心	2004年
赣南脐橙	亚热带湿润季风气候;丘陵山区红壤土土层深厚,土质偏酸,适合脐橙生长	产地范围明确,包括信丰县、寻乌县、南康区、于都县等	《地理标志产品赣南脐橙》(GB/T 20355—2006);《地理标志产品赣南脐橙》)DB36/T 2015—2024)等	品牌价值连续9年位列中国水果类第1名,荣获"中华名果"等称号,全国十一大优势农产品之一	江西省赣州市人民政府	2005年7月

资料来源:国家知识产权局。

不难发现,柳州螺蛳粉、涪陵榨菜、西湖龙井等之所以成功获得地理标志法律保护,主要基于其满足了以下要素:一是产品与产地具有极强的关联性;二是具有清晰明确的产地范围;三是产品均有明确的质量标准,产品质量能够保障,且能通过技术检验鉴定出产品质量的好坏;四是产品具有足够高的商誉,能让公众产生地域信赖,通过地名识别其质量好坏。与之相较,重庆火锅也具备了类似的条件。首先,重庆火锅麻辣鲜香的品质特征与山城气候潮湿的地理特质息息相关,其凝结了20世纪重庆纤夫群体以及其他劳动者的饮食文化,与重庆具有强烈的地域关联性。其次,重庆火锅一直被视为川渝两地极具代表性的特色美食,其产区范围比较明确,可以在川渝两地进行地理标志管理和保护。再次,许多地方标准和团体标准已对重庆火锅作出规定。例如,重庆市卫生健康委员会发布的《食品安全地方标准　火锅底料》(DBS50/022—2021)对重庆火锅的原辅料、感官、理化指标、微生物限量、食品添加剂等作了具体规定,且能够通过技术检验等方式进行有效管理。最后,重庆火锅位居

“重庆十大文化符号”之首，[①]具有较高的知名度和商誉，能让公众产生地域信赖并通过地名标记进行选择，其商誉和产地已建立了实质性联系。因此，重庆火锅已具备纳入地理标志法律保护的可能性。

二、重庆火锅纳入地理标志法律保护的制度依据

近年来，国家高度重视地理标志法律保护工作，重庆市也出台了支持重庆火锅产业保护与发展的系列政策文件，为重庆火锅产业纳入地理标志法律保护提供了较为充分的制度依据。在国家层面，我国有关地理标志产品保护法律制度主要包括《农业法》《商标法》《地理标志产品保护规定》《地理标志专用标志使用管理办法（试行）》《关于进一步加强地理标志保护的指导意见》《地理标志保护和运用“十四五”规划》等。其中，《农业法》《商标法》为地理标志保护提供了基础性法律支持；而《地理标志产品保护规定》分别明确了地理标志产品的定义、保护方向和目标、保护范围、保护措施、专用标志使用等事项，为地理标志产品的保护提供了具体的管理办法。

在地方层面，2017 年 11 月，重庆市火锅协会制定并发布了《重庆市火锅经营行为规范》，旨在加强火锅食品安全管理，保障消费者饮食安全，促进重庆火锅餐饮业健康发展。2023 年重庆市市场监督管理局发布的《地理标志品牌培育指南（标准文本）》，涉及地理标志保护的总体原则、培育主体、模式选择、战略规划、价值提升、监测评价、保护防范以及文化挖掘与传播等方面，为重庆火锅的品牌管理和市场策略提供了重要的参考。此后，2024 年重庆市人民政府办公厅发布的《关于重庆市推进火锅产业高质量发展的意见》提出了到 2027 年全市火锅产业发展的目标和重点任务，包括推进火锅消费场景提升、火锅企业主体培育、火锅品牌设计提质、火锅食材优质供给、火锅数字化创新、火锅文化传承创新等六大工程，以及构建火锅产业发展动力体系、供给质量体系、现代流通体系、人才培养体系、安全发展体系等五大体系。（见表 2）

---

① 参见重庆文化符号研究课题组编著：《重庆十大文化符号》，西南师范大学出版社 2016 年版，第 1 页。

表 2　地理标志规范文本基本信息

类型	规范文本名称	发布机关	具体条款
法律	《农业法》	全国人大常委会	第 23 条
	《商标法》	全国人大常委会	第 16 条
部门规章	《地理标志产品保护规定》	原国家质量监督检验检疫总局	保护特定地域地理标志产品,规范名称使用,保证质量和特色
	《地理标志产品保护办法》	国家知识产权局	地理标志产品的认定、管理和保护
规范性文件	《地理标志专用标志使用管理办法(试行)》	国家知识产权局	规范地理标志专用标志使用,保护地理标志产品
	《关于进一步加强地理标志保护的指导意见》	国家知识产权局 国家市场监督管理总局	加强地理标志保护,提升品牌价值,促进特色产业发展
	《地理标志保护和运用"十四五"规划》	国家知识产权局	完善地理标志保护体系,提升地理标志品牌价值,扩大国际互认互保
	《合川区发展重庆火锅食材产业十条意见》	重庆市合川区人民政府	支持火锅食材创新,培育品牌,保障物流,拓展市场,强化人才培养,优化政策支持
	《地理标志品牌培育指南》	重庆市市场监督管理局	建立品牌数据库,拓展认证应用,加强推广,优化审查,强化品牌效应
	《关于重庆市推进火锅产业高质量发展的意见》	重庆市人民政府办公厅	推动火锅产业品牌化、连锁化、特色化、绿色化、数字化发展
行业自律性规范	《重庆市火锅经营行为规范》	重庆市火锅协会	确保食品安全,规范供应链管理,提升服务标准
	《"重庆火锅"认定规范》	重庆市火锅产业协会	明确"重庆火锅"定义,规定原料、制作工艺标准,确保火锅品质和特色
	《重庆火锅门店及企业分等定级评价规范》	重庆市火锅产业协会	确立火锅门店及企业评价标准,明确评价流程,定期进行等级评定

续表

类型	规范文本名称	发布机关	具体条款
推荐性地方标准	《麻辣火锅底料辣度量化及等级划分》	原重庆市质量技术监督局	规定火锅辣度量化标准，分为微辣、低辣、中辣、高辣、特辣、暴辣六个等级
	《重庆火锅红油制作技术规程》	重庆市市场监督管理局	红油制作的术语定义、原辅料、加工、产品、标签、贮存、运输、销售及记录要求
	《重庆火锅底料麻度分级》	重庆市市场监督管理局	基于山椒素含量将麻度分为低麻、中麻、高麻、特麻四个等级

通过梳理不难发现，《商标法》等法律要求地理标志需要具有自然因素或人文因素等基础性条件，这明确了相关组织申报重庆火锅地理标志保护的方向和路径。同时，为规范火锅市场秩序，提升火锅产业的整体水平，确保产品的品质以及保护消费者合法权益，重庆市人民政府及重庆市火锅产业协会出台了多项规范性文件、行业自律性规范和推荐性地方标准，为重庆火锅纳入地理标志保护提供了坚实的规范指引和政策支撑，推动了重庆火锅向国际化、品牌化发展。

三、重庆火锅纳入地理标志保护的主要困境

（一）地理标志的三元管理模式存在冲突

历史地看，我国地理标志法律保护制度是20世纪80年代中后期为加入相关国际条约、履行国际义务而逐步引进、消化吸收和再创新的制度成果。① 作为一项“舶来”的法律制度，我国地理标志法律保护制度在“本土化”过程中难免会产生不适配现象。例如，在我国地理标志制度设置之初，原国家工商行政管理总局、原国家质量监督检验检疫总局以及原农业部三个部门分别以《商标法》《地理标志产品保护规定》《农业法》为依据，对“地理标志商标”“地理标志

① 参见孙智：《地理标志法律保护制度的重塑》，厦门大学2020年博士学位论文，第165页。

保护产品”“农产品地理标志”三类专用标志(见表 3)开展三元管理。此后,在机构改革的背景下,我国重新组建国家知识产权局,不再保留国家工商行政管理总局和国家质量监督检验检疫总局,“地理标志商标”和“地理标志保护产品”的相关职能分别由国家知识产权局下的商标局和知识产权保护司地理标志和官方标志保护处接管,二者互不干扰、独立运行。需要说明的是,虽然机构的合并重组展现出了地理标志统一管理的趋势,但国家知识产权局仅仅是从形式上将二者的专用标志统一成了“地理标志专用标志”,实际运行中地理标志的三元管理模式仍然得以沿袭。(见表 4)。

表 3　三元模式下三类地理标志专用标志的区分

	地理标志商标(GI)	地理标志保护产品(PGI)	农产品地理标志(AGI)
标志图			
概念	是指将地理标志作为集体商标或证明商标进行保护。	是指标示农产品来源于特定地域,产品品质和相关特征主要取决于自然生态环境和历史人文因素,并以地域名称冠名的特有农产品标志。	是指产自特定地域,所具有的质量、声誉或其他特性本质上取决于该产地的自然因素和人文因素,经审核批准以地理名称进行命名的产品。

表 4　三元模式下两类地理标志专用标志的区分

地理标志专用标志	农产品地理标志

事实上,在地理标志的三元管理模式下,我国地理标志法律保护存在内涵

和构成条件不一、确权程序冲突等问题。首先,当前《商标法》《地理标志产品保护规定》《农产品地理标志管理办法》分别规定了三种不同的“地理标志”,即地理标志、地理标志产品和农产品地理标志。不过,该三项制度对地理标志规定了不同的构成条件,自然因素、人文因素、商誉、质量和特定的产区范围等是否是必要条件以及如何进行判断等事项存在诸多模糊之处,使得重庆火锅申报地理标志保护的基础条件不明晰。其次,地理标志的三元管理模式设置了不同的地理标志确权程序,但我国并未建立起统一的信息共享平台,导致地理标志保护存在交叉重叠和权利冲突的现象,这给重庆火锅地理标志法律保护模式带来了适用困境:究竟是直接选取商标保护模式,还是选取地理标志产品保护和农产品地理标志保护这两种具有其他特性的保护模式,抑或同时申报三种模式以求对重庆火锅地理标志的全面保护?

(二)地理标志保护的制度保障力度不足

当前,我国有关地理标志保护的制度保障尚不充分。首先,地理标志保护制度内容相对模糊。尽管《农业法》和《商标法》等法律以及《关于进一步加强地理标志保护的指导意见》和《地理标志保护和运用“十四五”规划》等政策文件均涉及地理标志保护问题,但现有制度仅为地理标志保护提供了原则性指引,难以实现对地理标志产品的全面性、系统性保护。例如,部分文件中对于地理标志保护的具体操作流程、标准认定、侵权责任等方面的规定较为模糊,缺乏可操作性,这可能导致权利人和相关利益方在实际操作中难以把握。其次,地理标志保护不具有特殊性。当前,我国存在种类多样的地理标志,且不同种类产品均有其特殊性。如果忽略产品的特殊性而仅仅以统一的标准进行地理标志保护,难免会带来“保护错位”或“保护缺位”的问题。最后,制度执行力度不足。除《商标法》外,当前我国地理标志保护涉及的多为部门规章和规范性文件,主要包括《地理标志产品保护办法》《农产品地理标志管理办法》《地理标志专用标志使用管理办法(试行)》等。这些法律文件虽然涉及地理标志保护的操作事项,但在执行过程中也面临着操作难题。例如,《商标法》《地理标志产品保护办法》均规定地理标志仅能由相关团体、协会或者其他组织申请,个人或企业仅能申请不包含县级以上行政区划地名的一般商标,使得有权申请“重庆火锅”地理标志法律保护的主体相对局限。

(三)各地对地理标志保护的实践做法存在差异

首先,地理标志是否包含省级行政区划地名存在争议。当前,我国对集体商标注册,尤其是对包含省级行政区划地名的集体商标注册的态度尚不明确。重庆市知识产权局曾在对人大代表《关于加快推动以“重庆火锅”为集体商标,创建国家地理标志产品保护示范区的建议》的答复函中表示要密切关注国家知识产权局在包含省级行政区划地名集体商标注册方面的动向。[①] 然而,根据《商标法》第10条第2款[②]规定,集体商标注册是禁止县级以上行政区划地名作为商标的例外情形。因此,以重庆火锅地理标志包含省级行政区划地名“重庆”为由而驳回申请并不符合法律规定,包含省级行政区划地名不应成为阻碍地理标志申请的原因。

其次,地理标志是否已经淡化为通用名称的判断标准不清。当前,地理标志已经成为发展特色产业、提高农民收入的重要制度,对地方经济产生着重大的影响。若地理标志一旦被判定为通用名称,则意味着相关主体将不再享有地理标志保护,地理标志使用人的权利将无法得到保障。在地理标志领域,通用名称的判定从理论到实践都存在“不确定性”。同时,随着现代科技发展,原先地理标志产品所具有的质量、特性均有了量化可能性,并具备了可复制性。[③] 因此,地理标志通用名称的判定变得更加复杂。例如,作为地理标志产品的“库勒尔香梨”曾被云南省高级人民法院判定为通用名称,[④]这不仅使库勒尔地区的生产者、经营者权益无法得到保障,也使得消费者无法辨认真正的“库勒尔香梨”。然而,如果按照云南省高级人民法院的观点,“烟台苹果”“赣南脐橙”等已经取得地理标志保护的产品也可被认定为通用名称。此外,有观点认为由于重庆火锅的原料、作料或食材并不需要来源于重庆,因此其具有成为通用名称的可能性。[⑤] 然而,以已经成功取得地理标志的“柳州螺蛳粉”为例,其配方中的米粉、螺蛳、酸笋、高汤等也并非全部来自柳州。可见,由于我国未明确地理标志淡化为通用名称的判断标准,当相关产品的配方不完全来源于特

---

① 参见《重庆市知识产权局关于市六届人大二次会议第0221号建议办理情况的答复函》(渝知函〔2024〕29号)。

② 《商标法》第10条第2款规定:县级以上行政区划的地名或者公众知晓的外国地名,不得作为商标。但是,地名具有其他含义或者作为集体商标、证明商标组成部分的除外。

③ 参见管育鹰:《我国地理标志保护中的疑难问题探讨》,载《知识产权》2022年第4期。

④ 巴音郭楞蒙古自治州库尔勒香梨协会诉昆明市官渡区东亚龙祥果品经营部侵害商标权纠纷案,云南省高级人民法院(2019)云民终398号民事判决书。

⑤ 参见王成凤:《论我国地理标志保护中的通用名称认定》,上海外国语大学2023年硕士学位论文,第32页。

定产地时，对于相关产品能否认定为地理标志保护产品存在不同的界定，标准的模糊也成为重庆火锅取得地理标志保护的一大阻力。

四、重庆火锅纳入地理标志保护的完善路径

（一）完善地理标志保护的法律制度

鉴于地理标志保护法律制度存在体系混乱、内容模糊以及执行困难等现实困境，我国亟须从完善立法体系、明确法律条件以及提升制度位阶等层面加以改进，具体而言：

第一，完善地理标志保护的立法体系。在国家层面，国家应尽快将三元地理标志管理模式进行统筹调整，或形成地理标志的专门法保护模式，或改造现有立法而形成以商标法保护为主、专门法保护为辅的混合保护模式，以避免体系混乱带来的管理和保护混乱。同时，地方立法机关应尽早对重庆火锅等特色产品的地理标志保护问题进行细化和特别规定。在立法实施过程中，建议立法机关根据《立法法》规定的权限和程序，广泛开展立法调研论证，并吸收兄弟省份地理标志立法经验，明晰重庆火锅地理标志的权利内容和保护范围，并使之与商标保护相互协调，实现重庆火锅地理标志保护的体系化。

第二，明确地理标志保护的申报规则。为确保地理标志保护申请程序的规范性，相关职能部门还应探索制定地理标志保护的操作指南，明确申请、审查、认定等流程及专用标志的使用管理，以优化地理标志保护程序，为各方主体申请地理标志保护提供明确指引。此外，我国还应加强对地理标志保护关键技术标准的研究，推进形成统一地理标志淡化为通用名称的判断标准，以破除实践中各地司法实践中通用名称认定不一和地理标志保护标准不一的现实困境，提高重庆火锅地理标志保护的可操作性。

第三，推进地理标志保护的国际接轨。为确保相关产品在国内外均具有竞争力和影响力，地理标志法律保护制度的完善不能仅限于国内法律制度的制定与修改，还应积极与国际通行做法相衔接。例如，法国就成功将葡萄酒地理标志保护推向了国际，推动形成了地理标志保护的国际共识。自 1905 年起，法国就开始使用原产地名称这一概念，创造了“原产地名称保护制度”（之后发

展成为“受控原产地制度”),[①]且参加了包括《马德里协定》、《凡尔赛条约》、《里斯本协议》、《巴黎公约》、TRIPS协定等与地理标志保护相关的几乎所有重要国际条约,[②]有效推动了法国葡萄酒品牌的国际化。目前,中国和欧盟于2019年11月签署了《中华人民共和国政府与欧洲联盟地理标志保护与合作协定》,该协定于2021年正式实施。据此,双方可对纳入该协定的地理标志实行高水平保护并对部分农产品进行了地理标志互认。未来,我国可进一步探索将重庆火锅地理标志纳入该协定,形成重庆火锅地理标志保护的国际共识。

(二)夯实重庆火锅纳入地理标志法律保护的基础条件

第一,强化重庆火锅行业与职能部门的政企协同。地理标志保护和运用离不开行业与职能部门的有效协同。目前,重庆市火锅产业协会已协助市商务委员会等部门编制了《重庆火锅红油制作技术规程》《重庆火锅底料麻度分级》《麻辣火锅底料辣度量化及等级划分》三个地方标准,协助起草了《关于重庆市推进火锅产业高质量发展的意见》等,重庆市政府部门与火锅产业协会呈现出良好的共治态势。下一步,政企各方应当就重庆火锅纳入地理标志保护继续强化协同,做好以下事项:一方面,地方政府应当整合协调各方资源,引导行业协会将地理标志作为一项集体共有产权进行申请。以柳州螺蛳粉为例,自柳州市2010年启动“柳州螺蛳粉”地理标志证明商标申请工作后,柳州市人民政府于2015年指导并授权柳州市螺蛳粉协会申请注册,柳州市最终于2018年成功取得柳州螺蛳粉地理标志证明商标。鉴于此,重庆市人民政府也应及时参与其中,理清相关手续与程序,助力重庆火锅地理标志的申报。另一方面,重庆市火锅产业协会应承担起申请重庆火锅地理标志的主体责任。重庆市火锅产业协会应当与有关职能部门协作,主动对标申报要求,积极参与重庆火锅地理标志的申请工作。

第二,加强重庆火锅地理标志的显著性。根据我国《商标法》第11条的规定,商标标志应具有固有显著性或者通过实际使用获得显著性。为实现重庆火锅标志的显著性,应当做好以下工作:一是重视重庆火锅商标的独创性。根据中国商标网的商标申请记录,景德镇、沙县小吃、涪陵榨菜等仅以文字形式申请地理标志时未被批准,但在加入了图案设计后成功取得了地理标志。因

---

① 参见黄磊:《法国酒类地理标志保护的制度红利》,载《检察风云》2024年第13期。

② 参见陈富桥、胡林英、张菲:《法国香槟酒地理标志保护及其对中国茶叶区域品牌管理的启示》,载《世界农业》2018年第3期。

此，重庆火锅在申请集体商标时可在设计中加入独特的图形要素，以增强重庆火锅商标的视觉识别性和标志的显著性。二是加强重庆火锅标志的使用。兰州牛肉拉面在取得商标的过程中，曾因“兰州牛肉拉面”商标整体缺乏显著性，不易被相关公众作为商标识别而被商标评审委员会宣告无效。然而，北京市高级人民法院二审认为，使用此标志的店铺几乎已经覆盖全国各省市，且时间长达 10 年，能够使公众结合该商标的图形部分来识别此商品的来源，因此该商标已经获得了显著性。[①] 鉴于此，重庆火锅也可通过广告、市场活动等提高商标的知名度，利用长期使用和宣传使重庆火锅集体商标获得显著性。例如，在重庆市火锅产业协会企业会员中推广使用此标志，使得公众可以结合此标志识别火锅来源，与其他红油火锅相区分。

第三，促成重庆火锅地理标志保护的社会共识。重庆火锅纳入地理标志保护离不开社会的广泛参与。当前，在促成重庆火锅纳入地理标志保护共识过程中，还存在以下障碍：一方面，部分商家知识产权观念淡薄以至于搭乘便车冒用重庆火锅名义吸引消费者；另一方面，正宗重庆火锅商家、行业协会的商誉保护意识不强，未及时对冒用行为采取制止和维权措施。因此，未来重庆火锅行业和相关职能部门应创新宣传方式，通过网络媒体等媒介展示重庆火锅地理标志所蕴含的巨大历史及文化价值，提高消费者对重庆火锅的认知度。同时，可向大众普及知识产权、地理标志的相关信息，以提升民众的地理标志保护意识和能力。

（三）强化重庆火锅纳入地理标志保护的保障措施

第一，加强重庆火锅地理标志保护的川渝协同格局。四川和重庆在历史文化、经济贸易、地理区位等方面联系十分紧密，火锅更是川渝两地共同的美食名片。近年来，两地火锅协会也经常开展交流，共同探索让火锅走出川渝、走出国门、走向世界。因此，在将“重庆火锅”纳入地理标志保护过程中，可以考虑打破行政区划限制，将四川也纳入重庆火锅地理标志的辐射范围内。事实上，将重庆火锅纳入地理标志保护并非限制四川火锅产业的发展，而是为了通过规范重庆火锅的经营，助力川渝两地火锅产业水平的整体提升。2024 年重庆市知识产权局与四川省知识产权局联合印发的《2024 年川渝知识产权合

① 参见孔令晗：《兰州牛肉拉面商标注册风波始末》，载《北京青年报》2018 年 10 月 4 日，A03 版。

作重点工作任务》也明确提出“加强川渝地理标志合作”,这为川渝两地协同开展重庆火锅地理标志保护提供了政策依据。

第二,强化对重庆火锅行业的监管。完善的行业管理体系是重庆火锅纳入集体地理标志保护的重要前提。法国在对葡萄酒进行地理标志保护的过程中,建立起了运转高效、分工配合密切的葡萄酒质量管理体系。从葡萄酒生产到销售的所有阶段,法国葡萄酒都受到国家葡萄酒及烈性酒控制命名管理局(后更名为国家原产地名称局)、消费与反诈骗署、关税与增值税总局和法国葡萄酒行业协会的监管。[①] 并且,法国还将葡萄酒由高到低分为法定保护产区葡萄酒(Appellation d'Origine Protegee, AOP),保护地区餐酒(Indication Geographique Protegee, IGP),无保护地区餐酒(Vin sans indication Geographique, IG)三个级别进行分别监管。[②] 目前,我国地理标志保护普遍呈现出“重纳入轻监管”的样态,需要加大重庆火锅的监管力度,形成一套如法国葡萄酒模式般的全产业链质量监控体系。

第三,完善重庆火锅地理标志保护的配套措施。首先,规范重庆火锅的统一集中管理。目前,重庆市人民政府已主导建立了重庆火锅产业要素交易中心,并线上运行了“重庆火锅产业要素交易平台”,未来可考虑将更多重庆火锅的上下游企业纳入平台辐射范围,进行科学化、集中化管理。其次,加强重庆火锅制作人才队伍建设。重庆火锅品质优良的关键在于底料炒制技术,需要加大对火锅制作人才的培养力度,为重庆火锅纳入地理标志保护提供更多人才储备。最后,加大对重庆火锅地理标志保护的财政支持,为重庆火锅产业发展提供贷款支持、补贴支持等财政保障。

五、结语

有学者认为:“知识产权强国背景下,地理标志是中国参与全球知识产权博弈的重要筹码,是带动区域经济发展、实现乡村振兴的核心动力和建设区域

---

① 参见吴彬、刘珊:《法国地理标志法律保护制度及对中国的启示》,载《华中农业大学学报(社会科学版)》2013 年第 6 期。

② 参见朱济义:《世界主要葡萄酒产区及分级制度简介》,载《中外葡萄与葡萄酒》2015 年第 1 期。

公用品牌的主要方式。”①纵观整个餐饮行业,已有“柳州螺蛳粉”“赣南脐橙”等产业被纳入地理标志予以保护。基于重庆火锅产业商誉的刚性保护需求、重庆火锅产业的有序发展需求、食品安全的统筹监管需求以及非遗产品的地标转化需求,将具有重大国际影响力和国际竞争力的重庆火锅纳入地理标志保护实属必要。下一阶段,重庆火锅可通过借鉴地理标志保护的国际经验,完善地理标志保护的国家立法、政策支持,以及加强政府组织领导、加强商标显著性以及强化配套措施等方式,促进重庆火锅顺利纳入地理标志保护,实现重庆火锅的规范经营。

① 陈星:《论我国地理标志专门立法保护》,载《社会科学家》2022年第3期。

兰大法律评论(2025 年卷第一辑)
第 316 ~338 页

证券虚假陈述民事案件中的投资者损失认定

欧阳爱辉　张　凡*

目　次

摘　要　如何准确进行投资者损失认定系法官审理证券虚假陈述民事案件时需解决的关键问题。其认定的

* 欧阳爱辉,法学博士,南华大学经济管理与法学学院副教授;张凡,法律硕士,陕西煤业化工建设(集团)有限公司矿建三公司法务。

主要影响因素包括赔偿范围、计算方法和证券市场风险占比的确定。通过选择样本案例将我国相关案件投资者损失认定的裁判现状分成赔偿范围、平均买入价的确定、证券市场风险的评估与剔除展开分析,认为当前存在的突出问题包括受损投资者的赔偿范围狭小、平均买入价的计算方法存在差异、证券市场风险的评估与剔除尺度不一,其成因在于对受损投资者赔偿范围的法律规定过于片面、采用何种方法计算平均买入价模糊不清、证券市场风险评估与剔除规则缺失。从扩大受损投资者的赔偿范围、采用移动加权平均法计算平均买入价、明确证券市场风险评估与剔除规则三方面提出了未来证券虚假陈述民事案件中投资者损失认定的完善对策构想。

关键词 证券虚假陈述民事案件;投资者损失;赔偿范围;平均买入价;风险评估

证券虚假陈述民事案件是指在证券市场中,市场参与者如证券发行人、承销人、保荐人、上市公司及其董事、监事、高级管理人员等,基于职业上的地位和信息优势,发布虚假陈述,误导投资者作出投资决策,导致投资者遭受经济损失,从而造成投资者提起维权诉讼的民事纠纷案件。① 对于此类案件,如何准确进行投资者损失认定,无疑是法官审理时最关键的问题之一。尽管2022 年 1 月 22 日施行的最高人民法院《关于审理证券市场虚假陈述侵权民事赔偿案件的若干规定》(以下简称《证券虚假陈述若干规定》)对此已有回应,但该司法解释对影响投资者损失认定的规定依旧不够细致,这导致理论界与实务界在具体理解上便难免产生分歧,长期下去必将严重不利于投资者保护。有鉴于此,笔者拟围绕《证券虚假陈述若干规定》及其施行现状,就证券虚假陈述民事案件中的投资者损失认定问题展开思考,以求能够有效保护投资者合法利益,促进我国证券市场健康发展。

一、证券虚假陈述民事案件中投资者损失认定的主要影响因素

投资者损失认定作为证券虚假陈述民事案件中原被告都十分看重的部

① 参见郭锋:《新虚假陈述司法解释适用探讨》,载《法律适用》2023 年第 9 期。

分,往往是双方必争之地。一般而言,进行投资者损失认定首先需确定赔偿范围,其次确定计算方法,最后再确定证券市场风险占比。其中赔偿范围决定了哪些投资者可以获得赔偿,计算方法决定了投资者理论上可以获得赔偿的多少,证券市场风险占比决定了投资者实际获得赔偿的多少。

第一,在赔偿范围确定上,《证券虚假陈述若干规定》第 7—9 条、第 26 条从"事后观点"的角度出发,在确定虚假陈述实施日、揭露日和基准日后,采用买卖价差计算法来确定投资者实际损失,这实质上即表明《证券虚假陈述若干规定》认为赔偿范围为虚假陈述实施日、揭露日和基准日之间的区间段。其中,虚假陈述的实施日,即信息披露义务人作出虚假陈述或发生虚假陈述之日,实践中多是上市公司的强制性披露信息对外发布之日,如年报公告之日、半年报公告之日等;揭露日则是指虚假陈述行为首次被公开揭露并为证券市场知悉之日,实践中多以上市公司被中国证监会立案调查之日为揭露日;基准日则是为合理确定投资者损失,在揭露日之后受虚假陈述影响的证券累计成交量达到可流通部分 100% 之日。

第二,在计算方法确定上,《证券虚假陈述若干规定》结合我国证券市场具体情况,规定了买卖价差计算法。其原理是将投资者处于赔偿范围内的证券交易,以平均买入价与平均卖出价之间的差额认定为每股损失额,再乘以所持证券数量即可得出投资者遭受虚假陈述的实际损失。具体而言,以诱多型虚假陈述为例,假设某上市公司的正常市场股价为 5 元,投资者在上市公司公布虚假的利好利多消息后(实施日)以 10 元买入一股,在相关监管机关揭露曝光其违法行为后(揭露日),支撑其股价走高的基础消失从而成为虚高以致股价开始下跌,并经过一段时间后(基准日)回归至之前其正常市场下的股价 5 元处波动,而在此期间投资者无论是卖出还是持有该证券,相较于正常市场的股价都会遭受损失,这种损失的每股差额就是虚假陈述造成的。

第三,在证券市场风险占比确定上,因采用买卖价差计算法得出的投资者损失,包含由证券市场风险引致的损失,该损失系投资者自担风险的损失,非虚假陈述引致的损失,故须将其从中核算后剔除,剔除后所得的数额方为投资者最终可得的投资差额损失。在不存在虚假陈述的证券市场上,投资者的投资交易只受证券市场风险的影响,盈亏自负。而虚假陈述一旦发生,投资者的损失则被认为系虚假陈述与证券市场风险一同造成。以理性视角来看,虚假陈述固然给投资者造成了损失,但若有证据表明该损失也受到了证券市场风险影响，则也应剔除证券市场风险影响中所占的部分，让投资者的损失真正回归本初，即系虚假陈述造成的实际损失。因此，如何对证券市场风险进行量化，证券市场风险引致的投资者损失在投资者总损失中所占几何，需要审判者依据法规进行准确判断。

二、我国证券虚假陈述民事案件中投资者损失认定的裁判现状

（一）样本案例选择

《证券虚假陈述若干规定》第 35 条第 2 款规定："本规定施行后尚未终审的案件，适用本规定。本规定施行前已经终审，当事人申请再审或者按照审判监督程序决定再审的案件，不适用本规定。"为了解法官在证券虚假陈述案件中援引《证券虚假陈述若干规定》作为裁判依据以进行投资者损失认定的现状，笔者以《证券虚假陈述若干规定》施行时间 2022 年 1 月 22 日为节点，以"民事案件""证券虚假陈述责任纠纷""判决书"为关键词在中国裁判文书网进行检索，剔除《证券虚假陈述若干规定》施行前的 206 份，截至 2024 年 2 月 22 日共检索出 2491 份判决书。具体数量情况如下（见图 1、图 2）：

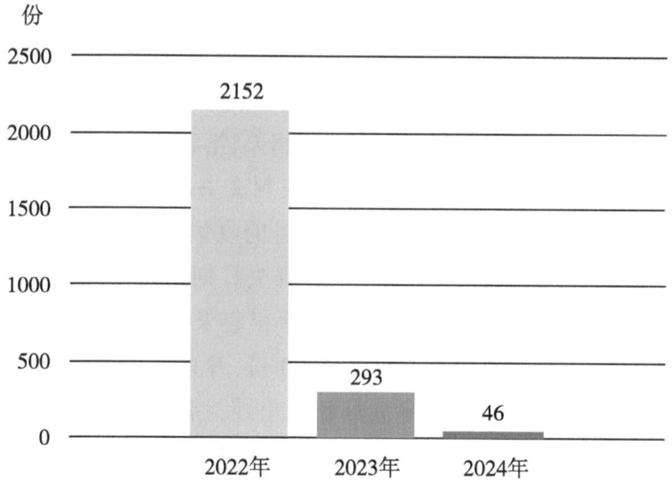

图 1　2022—2024 年证券虚假陈述案件判决书数量

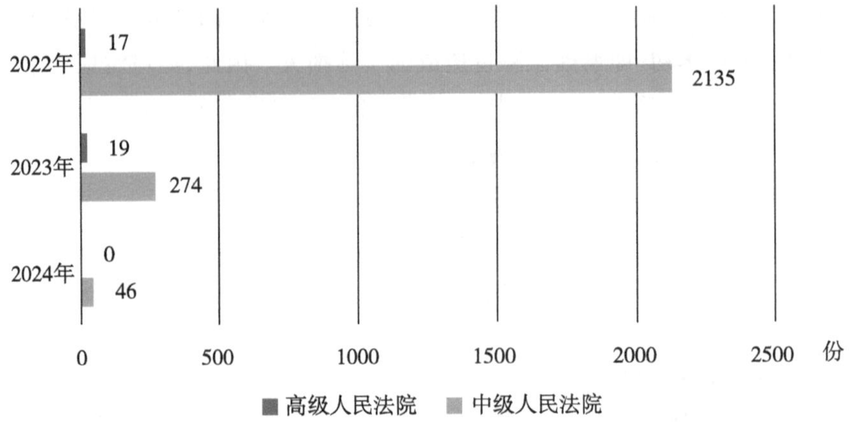

图2　2022—2024年各级法院审理证券虚假陈述案件判决书数量

如上图所示,2022年上网的证券虚假陈述案件的判决书数量最多,且经中级人民法院审理的占了绝大多数,但全年仅涉及"中安科"一家公司的判决书数量就远超800份。① 这是由于证券虚假陈述行为一旦被查实,往往是受害者众多,而受有损失的投资者的诉讼请求大都同一,即据此向法院主张民事赔偿,因而法院大多采取分别立案、合并审理、分别判决的审理方式,形成示范判决,对后续具有参加诉讼资格的投资者反复适用,以节省司法资源、提升审判效率。针对此种情况,经笔者合并同案被告后,对每一个案件选取一份判决书进行分析,在这2491份判决书中梳理出42家上市公司涉及证券虚假陈述案件。此外,在所选取的案例中,有部分案例由于最终未被法官认定存在证券虚假陈述行为而与研究内容不甚相关,笔者未予展开讨论。

此外还需补充说明的是,由于受中国裁判文书网案件浏览只显示前600条信息的规则限制,笔者在2022年案件信息的收集上,根据中国裁判文书网以判决日期排序上网的特点,分别将案件判决日期以正序、倒序两种方式进行筛选,在可获得的1200份判决书中,剔除相应未引用《证券虚假陈述若干规定》的判决书,有效判决书数量约为1000份,并且发现正序后半部分与倒序大半部分的中安科案判决书呈连续状态出现,据此,笔者认为,在2022年虽有约1150份判决书未曾收集,但根据判决书分布状态、平行案件的重复频

① 参见《中安科事件处罚落地!招商证券被罚没6300万元,两名项目主办人遭警告》,载界面新闻2022年9月20日,https://baijiahao.baidu.com/s?id=1744466033830465458&wfr=spider&for=pc。

率等，其样本数据仍然具有较好的代表性。

（二）当前我国投资者损失认定的具体裁判现状

通过分析样本案例，可以发现双方在以下几个关键点上存在分歧，即受损投资者的赔偿范围、股票平均买入价的计算和证券市场风险的评估与剔除。在样本案例中，这三点通常是最为核心的问题。以诱多型虚假陈述为例，投资者只有在实施日与揭露日之间买入并在揭露日后卖出或持有至基准日产生损失时，才能获得赔偿，不在该范围内的投资者则无法获得赔偿，由此产生争议。另外，有关平均买入价的计算也是双方争点的又一高峰，采用不同方法计算平均买入价会导致不同结果，而《证券虚假陈述若干规定》对此又无明确规定，因此常常形成原被告双方互不相让的局面。此外，被告常以证券市场风险为由进行减轻或免除赔偿责任抗辩，认为投资者的损失系由系统风险或非系统风险造成。有时法官会接受这种抗辩，或者认为投资者的损失确与虚假陈述无关，或者确定证券市场风险占比后予以剔除。但是，对证券市场风险的剔除比例，一些法官自行进行了酌定，少数法官则对证券市场风险引致的损失计算进行了详细说明。总体而言，由于缺乏明确规定，法官在判决时缺乏统一的计算标准，致使最后对投资者损失数额的确定产生了影响。

1. 受损投资者的赔偿范围现状

交易因果关系解决的是虚假陈述行为与投资者损失有无关联的问题，这在本质上属于定性问题，决定了在证券虚假陈述案件中投资者可否被认定为适格原告。若存在交易因果关系，则虚假陈述与投资者损失有关联，证明投资者受到了交易损失，有权进入下一步以计算损失因果关系中损失数额的多少，自然是适格原告；若不存在交易因果关系，则虚假陈述与投资者损失没有关联，证明投资者没有受到交易损失，因果关系链条判断中止，投资者无权主张存在虚假陈述侵权责任，自然无法被认定为适格原告。可见，交易因果关系的存在与否决定了投资者是否为因虚假陈述而受有损失的投资者。

在笔者选取的案例样本中，法官对于投资者损失与虚假陈述是否具有交易因果关系的判断，都是根据《证券虚假陈述若干规定》的第 27 条和第 28 条来进行的。只有在符合规定的前提下进行的证券买卖交易，才能被认为是虚假陈述引致的投资者损失。对于规定范围之外的情况，法官均否认投资者损失与虚假陈述之间具有交易因果关系，而将其不纳入受损投资者的赔偿范围。因此,在样本案例中,有些投资者的赔偿请求并未获得法官的认可。例如,在宁波东力案中,①法官认为原告在实施日至揭露日期间没有买入或卖出股票,故其投资决定与被告虚假陈述并无交易因果关系;在康美药业案中,法官认为原告买入相应股票时间在虚假陈述揭露日之后,故原告损失与虚假陈述之间不存在因果关系;②在华业地产案中,法官认为原告买入股票行为在实施日之前,与被告行为不存在因果关系,对原告请求赔偿主张不予支持。③

总之,《证券虚假陈述若干规定》为案件的顺利审理提供了依据,但在实际操作中也限缩了受损投资者的赔偿范围,导致那些超出这一范围的投资者损失往往被视为系正常的证券市场波动所致。而现实中,虚假陈述对证券价格的干扰通常是不间断的,不管是一开始的利好或利空消息发布,还是后续虚假陈述被曝光,都可能导致上市公司的股票在一定时间内出现非市场因素引起的异常波动。因此,对于那些在实施日前买入并在揭露日后基准日前卖出或持有至基准日后,或者在实施日后买入并在揭露日前卖出的投资者,是否应该被排除在赔偿范围之外,仍需要进一步探讨。

2. 平均买入价的确定现状

在所分析的案例中,关于如何计算平均买入价的问题,存在一些争议。有些法官在判决书中明确指出我国当前的司法解释并未对平均买入价的计算方式作出具体规定,也有一些法官没有采用这一方法,而是选择避开这一无"法"地带,在判决观点部分略过平均买入价的计算。因此在司法实务中,不同法官对于平均买入价计算方法确实有着不同的理解。总体来看,对于平均买入价的确定,实务中主要有两种方法:先进先出法和移动加权平均法。

先进先出法的计算原理是,从赔偿范围内的首次买入开始,之后首次卖出的股票数量优先冲抵首次买入的股票数量,将卖出价亦当作相对应的买入

---

① 参见《靴子落地! 宁波东力21亿"悲催"并购案后续:三董事拟被终身拉黑,公司被罚30万》,载金融界2020年7月15日,https://baijiahao.baidu.com/s?id=1672212795769713325&wfr=spider&for=pc。

② 参见《康美案判了! 赔偿投资者24.59亿,证监会:实现了"惩首恶"的目标》,载新浪财经2021年11月12日,https://baijiahao.baidu.com/s?id=1716222802664062260&wfr=spider&for=pc。

③ 参见蒲肃:《证监会追责百亿虚假债权案,华业资本16名前任高管受罚》,载债市观察2023年1月12日,https://baijiahao.baidu.com/s?id=1754781405356916149&wfr=spider&for=pc。

价,逐笔扣减,以此类推,最后剩余股票数即为净买入股票数,然后将其乘以相应买入价之后求和得到净买入金额,最后除以净买入股票数,即为平均买入价。由于先进先出原则,其计算出的平均买入价往往更接近投资者在揭露日附近的买入成本价。用公式可表示为:平均买入价 = 净买入金额(净买入股票数乘以相应买入价之后的和) ÷ 净买入股票数。相应地,投资者损失可以表示为:投资差额损失 = (平均买入价 - 平均卖出价) × 揭露日到基准日间卖出的股票数量 + (平均买入价 - 基准价) × 基准日持有的股票数量。

而移动加权平均法则是从赔偿范围内的首次买进开始,以每次新买进的股票成本加上前次的持仓成本,再除以本次买进的股票数量加上前次的持仓数。以此方法,每次买进都会核算一次买入成本,成为新的持仓成本。卖出股票的成本以前一次计算所得平均买入价为计价依据,无论以何价格卖出均不影响平均买入价,只会相应降低持股数量,因此在揭露日持有的股票数量和成本实际上不受揭露日前卖出股票的影响。用公式可表示为:平均买入价 = (本次买进股票金额 + 本次买进前持股总成本) ÷ (本次买进股票数量 + 本次买进前持股数量)。投资者损失可以表示为:投资差额损失 = (平均买入价 - 平均卖出价) × 揭露日到基准日间卖出的股票数量 + (平均买入价 - 基准价) × 基准日持有的股票数量。

相比较而言,先进先出法与移动加权平均法的差异主要体现在股票卖出对平均买入价的影响上。移动加权平均法中的卖出部分并不会影响平均买入价,而在先进先出法中,卖出则会影响平均买入价。目前,法官在选择计算平均买入价的方法上尚无统一标准,这导致了在评估投资者损失时可能出现不同结果。

3. 证券市场风险的评估与剔除现状

在所选取的案例中,几乎每件案例都涉及对证券市场风险的评估与剔除,原被告双方皆围绕证券市场风险中系统风险与非系统风险的存在与否和占比大小展开辩论。总地来看,在对证券市场风险的评估与剔除上,有的法官在将标的股票波动幅度与综合指数、行业指数等证券指标对比后酌定出一个风险比例,有的法官则或依职权或依申请委托相关第三方专业机构进行核定,有的法官认为被告未能提供有效证据证明证券市场风险确实存在而未对证券市场风险进行评估与剔除。

值得一提的是,那些委托第三方机构进行损失核算的案例中,由于选定机构的不同,进行损失核算的方法也不同,比如,上海中证资本市场法律服务中心在东方海洋案评估证券市场风险时仅对系统风险进行了核算,具体是首先确立“3 + X”组合参考指标体系,其次确定系统风险考察区间,再次确定不同情况下组合指数参与系统风险扣除计算的判定方法,最后则采用同步指数对比法进行计算;①而上海交通大学中国金融研究院在中安科案中则对系统风险与非系统风险均进行了评估,首先以多因子模型法来模拟系统风险影响下中安科股票的日收益率,再筛选出非系统风险因素中对股价具有显著影响的重大事件,对该重大事件采用事件分析法来计算对中安科股票日收益率的影响。②

故而,在对证券市场风险进行评估与剔除时,由于缺乏明确规定,我国不同法官的做法不一。有采取自由裁量法进行酌定的,也有委托专业机构进行辅助的。所委托专业机构不同,其核算方法亦不同,比如相对比例法、事件分析法、同步指数对比法等。而这些方法的不同,专业机构的不同,均会导致投资者最终可获得赔偿数额的不同。

三、当前我国证券虚假陈述民事案件中投资者损失认定的突出问题与主要成因

(一)当前我国证券虚假陈述民事案件中投资者损失认定的突出问题

《证券虚假陈述若干规定》确立了一种简单直接的投资者损失认定方法,其在一定程度上能够发挥赔偿投资者损失的作用,并提醒上市公司认真履行信息披露义务。然而,该规定仍存在许多不健全之处,在投资者损失认定方面暴露出许多问题。为了更有力打击证券市场违法乱象,更好保护投资者合法利益,这些问题迫切需要得到解决。

---

① 参见《东方海洋索赔:重整计划落地,二次处罚已有胜诉,时效适用旧规》,载股易索 2024 年 3 月 4 日,https://baijiahao.baidu.com/s?id=1792555703478325357&wfr=spider&for=pc。

② 参见《中安科事件处罚落地!招商证券被罚没 6300 万元,两名项目主办人遭警告》,载界面新闻 2022 年 9 月 20 日,https://baijiahao.baidu.com/s?id=1744466033830465458&wfr=spider&for=pc。

1. 受损投资者的赔偿范围狭小

投资者对证券市场上的虚假陈述这一加害行为拥有请求赔偿的权利，相关证券法律制度的建立也旨在维护投资者的合法利益。因此，任何因虚假陈述而受损的投资者都应得到法律保护。《证券虚假陈述若干规定》设定实施日、揭露日与基准日这三个关键日期，并以其形成的区间上的交易方向来判断投资者是否受有损失。然而，该规定未能充分考虑那些不符合上述规定但确实因虚假陈述遭受损失的投资者合法利益。《证券虚假陈述若干规定》的赔偿规则主要基于一个理想化的假设，以诱多型虚假陈述为例，当上市公司发布利好利多消息时，原本围绕真实价格上下波动的股价会随着虚假陈述实施而出现异动拉升。这种上升在持续一段时间后，随着虚假陈述真相被揭露，市场热情迅速冷却致使股价自揭露日开始下跌，并在经过一段时间的市场调整后，在基准日之后恢复到正常水平。然而假设终究只是假设，实践中虚假陈述被揭露之后，随着巨大的下跌惯性，股价往往比实施日前的价格还要低，并且盘桓日久。因此，在诱多型虚假陈述的赔偿规则中仍须考虑两种交易情形。

(1)投资者在揭露日之前售出股票

考虑到投资者在揭露日前就售出股票的情形，主要是因为证券市场现实运行情况往往无法完全符合理想化股价变动假设。证券交易很大程度上就是信息交易，市场上有形形色色的个人与机构时时刻刻在对信息进行公开，而投资者本身又具有高度的灵活性，这可能导致一些投资者在虚假陈述被揭露前就已相信了真实情况。通常，不实信息公开并非一蹴而就，而是一个在相信与怀疑间不断往复的过程，逐步被市场广泛知悉。此外，有时难以界定揭露日为何时，受怀疑利好消息影响下的股价反在揭露日前已开始下跌，尽管此时市场上大多数投资者仍被蒙在鼓里，但是理性投资者在眼见股价下跌后则通常会选择清仓以及时止损。例如，假设投资者于实施日后以每股 10 元买进，利好利多消息将股价抬至每股 11 元，随后受市场对利好利多消息的怀疑产生抛压，导致揭露日前已跌至每股 8 元，这时投资者可能会为了避免更大损失选择卖股求存，产生 2 元每股的损失。此种情形，虽然满足实施日后买入的要求，但不满足揭露日后卖出的要求，因此被排除在赔偿范围之外，投资者无权主张自身的投资损失，这显然对该部分投资者是不公平的。

(2)投资者在实施日前买进并在揭露日至基准日间售出

投资者在实施日前买进并在揭露日至基准日间售出,实属非常“冤枉”的情形。实施日前虚假陈述并未发生,投资者持金买入完全是自身正常投资决策行为,实施日后股价被利好利多不断推高,此时投资者略有浮盈,当虚假陈述被揭露后,市场出现大量恐慌盘,导致股价瀑布式下跌,以至于跌穿实施日前投资者买入的正常股价,此时投资者为及时止损选择售出便产生损失。例如,假设投资者于实施日前以每股10元买进,实施日后利好利多消息将股价抬至每股13元,随后虚假陈述曝光引起市场恐慌,导致揭露日跌至每股7元,这时投资者可能会为了避免更大损失选择卖股求存,产生3元每股的损失。此种情形,虽然满足揭露日至基准日卖出的要求,但不满足实施日后买入的要求,因此被排除在赔偿范围之外,投资者无权主张自身的投资损失,这显然对该部分投资者是不公平的。

故而,由于《证券虚假陈述若干规定》将投资者损失认定的赔偿范围限制得过于狭小,使得最终只保护了部分投资者,而那些被排除在赔偿范围之外的投资者,却无法获得相应的赔偿,这显然是片面的。这种情况还可能助长某些虚假陈述者的侥幸心理,对维护证券市场的正常秩序产生了极为负面的影响。

2. 平均买入价的计算方法存在差异

投资者无论是在揭露日至基准日间售出股票,还是基准日后继续持有,在计算损失时都是以平均买入价与平均卖出价作差得出每股损失,再乘以持股数量来确定。平均卖出价计算起来相对简单固定,且不存在争议,但《证券虚假陈述若干规定》未就平均买入价的计算方式作出明确规定,使得在案件审理中频频成为原被告双方争执的热点焦点。在笔者收集的样本案例中,法官主要采用了先进先出法和移动加权平均法来计算平均买入价,并且选择这两种方法的比例旗鼓相当。采用先进先出法的法官在判决书中大都指出,确定平均买入价是为反映投资者的持有成本,投资者在赔偿范围内进行多次买卖交易,售出股票意味着投资者已实现了成本回收,所以不存在损失,这些已回收的成本应该被排除,其计算结果也更贴合投资者实际损失。而以移动加权平均法进行计算的法官则认为,先进先出法未考虑到投资者在出售部分股票时已实现的收益(以诱多型虚假陈述为例),并且未将投资者在揭露日前已出售的股票损失和其他损失分开计算,而是将这些损失与揭露日当天及以后持有的股票数量混合在一起分摊，导致损失金额被高估，使得上市公司可能存在超额赔偿。

故此，在投资者提前回本方面，先进先出法实际的确考虑到了，但这种方法在细节上并不完善。通常实施日至揭露日之间，股价会随利好利多消息上涨，投资者在此期间往往会低买高卖，先进先出法会将其卖股收益计算进平均买入价，致使上市公司对投资者卖股利润也进行了赔偿，这不是损失而是收获了。反之，如果股价下跌，投资者高买低卖，先进先出法又会使投资者在揭露日前以低价卖股的损失无法得到赔偿。而移动加权平均法则不受这些因素影响，因此，相对来看，采用移动加权平均法计算平均买入价会更加简便快捷。①

3. 证券市场风险的评估与剔除尺度不一

在评估虚假陈述对投资者造成的损害时，证券市场风险可能成为一个影响因素，投资者的损失既可能全部由其造成而与虚假陈述无关，也可能由其与虚假陈述一同造成。《证券虚假陈述若干规定》要求证券市场风险的举证责任在于虚假陈述方，而笔者收集的样本案例中，虚假陈述方通常会提供一系列证券市场指数作为证券市场风险存在的证据，以此来进行减轻或免除赔偿责任的抗辩。常见的参考指数包括上证综指、深证综指、深证成指、行业指数、地区板块、创业板指数等。法官在判断时，通常也会参考市场指数波动来辅助对证券市场风险的评估。股价的波动与上证指数、深证指数、行业指数或地区指数的波动进行对比，以此来得出证券市场风险对股价产生的影响，看似有其合理性，但选择的指数不同会影响到对证券市场风险比重大小的评估，需要根据不同情况来确定适用的指数标准。因此选择何种指数来评估证券市场风险就显得格外重要。另外，上市公司只需证明标的证券的价格波动是由系统风险或非系统风险所导致，就能直接反驳虚假陈述与投资者损失之间的因果联系。② 绝大多数上市公司都会依赖证券市场风险来主张因果关系不存在，因此在案件中正确处理证券市场风险的剔除就显得至关重要。

然而，在笔者收集到的样本案例中鲜有案件能清晰地说明如何确定证券

---

① 参见谈佳英：《证券虚假陈述侵权损害赔偿计算标准》，载《合作经济与科技》2021 年第 5 期。

② 参见刘洪蛟、徐志豪：《证券虚假陈述下减免责抗辩——基于系统性及非系统性风险因果关系归责的视角》，载《上海法学研究》集刊 2022 年第 12 卷，上海人民出版社 2022 年版。

市场风险的剔除比例。反而是大多数法官在作出最后判决时,综合各种因素的影响后,基本上“酌情确定”出一个风险剔除比例。① 虽然在高风险高回报的证券市场精确确定证券市场风险的影响并非易事,但在目前缺乏明确标准的情况下,法官仅凭主观判断来确定剔除比例,不免让人对法官专业能力产生质疑。因此,也有部分法官倾向于委托第三方专业机构对投资者损失进行核算。相比于法官独酌,专业测算机构最起码从表面上来看更令人信服,且其不仅对证券市场风险进行评估与剔除,还包揽了投资者损失计算的所有环节,极大节约司法资源。但由于不同专业测算机构在进行包括证券市场风险在内的投资者损失测算时,采取的核算方法不尽相同,投资者最终可获赔偿额大有差异。

(二)当前我国证券虚假陈述民事案件中投资者损失认定突出问题的主要成因

1. 对受损投资者赔偿范围的法律规定过于片面

《证券虚假陈述若干规定》第27条、第28条以虚假陈述实施日、揭露日和基准日,就诱多型和诱空型虚假陈述分别规定了虚假陈述与投资者损失具有交易因果关系的范围,即受损投资者的赔偿范围。投资者的交易时间只有落入这个范围,才依信赖推定原则,认定投资者损失与虚假陈述之间存在交易因果关系,投资者可被认定为适格原告,有权主张赔偿;反之则非适格原告,亦无权主张赔偿。如此,则使那些不在该交易因果关系区间但确实因虚假陈述而受有损失的投资者由于法律规定得过于片面而被排除在赔偿范围之外。

以实施日、揭露日和基准日形成的交易区间来看,投资者的所有交易类型主要有:一是实施日前买入并卖出;二是实施日前买入且揭露日前卖出;三是实施日前买入且揭露日后持有或卖出;四是实施日至揭露日买入并在揭露日前卖出;五是实施日至揭露日买入并在揭露后持有或卖出;六是揭露日后买入并卖出。不难发现,《证券虚假陈述若干规定》中只是对第五种投资者类型进行保护,那么,剩余五种类型到底该不该受保护呢?笔者在此进行逐一分析。

① 参见李建伟、李欢:《证券虚假陈述比例连带责任的理论证成及其修正适用》,载《证券市场导报》2023年第8期。

不难发现,第一种和第六种类型完全是投资者自陷风险式的交易类型,即若有交易损失则全部是由证券市场正常风险所带来,根本与虚假陈述无关。而第二、第三、第四种交易类型,则与《证券虚假陈述若干规定》的实施日、揭露日和基准日产生了关联,笔者认为符合这三种交易类型的投资者如果存在损失,法律应对其进行保护。为方便分析,将实施日前买入并于揭露日前卖出的投资类型标记为A情形,将实施日至揭露日买入并于揭露日前卖出的投资类型标记为B情形,将实施日前买入并于揭露日后持有或卖出的投资类型标记为C情形。

符合A情形的投资者在买入前并非受到了虚假陈述影响,此时虚假陈述还未发生,则其买入动机更多的则是看好该标的上市公司经营状况等财务指标,认为有利可图,并且一直持有。但在虚假陈述被揭露前,如果是诱多型,该投资者会有盈利,如果是诱空型,该投资者则会基于理性决策提前卖出尽量保住本金,此时该投资者则非常有可能遭遇了虚假陈述造成的损失。符合B情形的投资者,受虚假陈述影响买入,则其可能性更多的为诱多型,因为一般重大利好消息的发布会引致证券价格剧烈波动,相关观望的投资者可能会因此入局一搏。但令人费解的是,该情形下的投资者为何也会产生损失?这是因为在诱多型虚假陈述中,股价往往直线拉升,投资者基于对上市公司整体状况的看好,在买入其股票时非常有可能买在最高位置,而在利好消息刺激下,一般股价不会永远上涨,在到达某个位置后反而开始进行线性回归,这多是因为接近上市公司内部人士的主力已提前知晓该信息为虚假陈述而逃离,因此投资者出于减少损失的打算选择提前卖出因而产生损失,这与虚假陈述亦有关系。符合C情形的投资者,基于对该公司的长期看好,在其虚假陈述发生后面对股价的大肆上涨选择无动于衷,坚定看好后市,然而虚假陈述被揭露后股价瀑布式下跌,由于此前上涨积累的巨大动能,随着一纸公告转而化为无可抵挡的势能,在短时期内,股价极易击穿此前在正常市场下的真实价格,此时如果投资者进行提前卖出以减少损失,则虚假陈述与投资者的损失亦有关系。

综上,《证券虚假陈述若干规定》仅对上文所述第五种投资者类型进行了明文规定,而忽视了对符合A、B、C情形的投资者的法律保护,造成受损投资者赔偿范围的法律规定过于片面,以致符合该三种情形的投资者欲主张权利却无法可依,实属遗憾。

2. 采用何种方法计算平均买入价模糊不清

《证券虚假陈述若干规定》确定了以买卖价差计算法来计算投资者损失，但该方法只是确定了怎样计算投资者损失的大方向，即以平均买入价与平均卖出价之间的差额再乘以所持证券数量可算得投资者损失，但未详细说明如何计算平均买入价。

在运用买卖价差计算法计算投资者损失时，当投资者在对应赔偿区间内只有单次交易，即在诱多型虚假陈述中，实施日与揭露日之间只有一笔买入，揭露日之后将该笔卖出或持有至基准日，此时确定平均买入价和平均卖出价比较简单。但实践中存在该种情形的可能接近于零，因为任何一个理性的投资者在面对不断变化的证券价格时不会无动于衷，往往是既买入又卖出、多笔买入多笔卖出。这时就不能简单地用总金额除以股票总数来计算，而应当考虑到投资者以不同价格卖出股票的行为会不会影响到平均买入价的确定。以前文提到的先进先出法和移动加权平均法为例进行分析，在诱多型虚假陈述中，先进先出法会将投资者后批次卖出的证券冲抵前批次买入的证券，以致最后留存于手中的持仓股平均成本会更接近于揭露日当天的证券股价，从而抬高投资者的真实平均买入成本，获得超额赔偿；而移动加权平均法则逐笔对投资者的买入卖出进行平均买入成本核算，一直到投资者最后一笔交易才会停止，其所得出平均买入价能更全面地体现投资者的整体交投成本情况。

故而，由于《证券虚假陈述若干规定》并未就如何计算平均买入价进行明确规定，在有多笔买入卖出的复杂且常见的情形下，选择先进先出法与选择移动加权平均法所得出的平均买入价会出现较大差异，而这两种方法的主要区别在于，投资者一旦存在多次卖出行为，移动加权平均法在计算平均买入价时不受干扰，而先进先出法则会受到影响。①

3. 证券市场风险评估与剔除规则缺失

《证券虚假陈述若干规定》只在第 31 条中提到了证券市场风险，但并未明确界定证券市场风险的具体内容，也没有说明在虚假陈述与证券市场风险共同作用时，应如何从中剔除由证券市场风险引致的损失。由此，证券市场

① 参见凌然：《从损失计算看我国证券虚假陈述赔偿制度的不足》，载《区域金融研究》2018 年第 5 期。

风险评估与剔除规则的缺失,造成了在实务中法官对此进行处理的结果往往是五花八门,尺度不一。

2003 年施行的《关于审理证券市场因虚假陈述引发的民事赔偿案件的若干规定》(已失效)明确指出,非虚假陈述因素引起的损失与虚假陈述行为无直接关联,第 19 条第 4 项更是指出虚假陈述与系统风险等其他因素导致的投资者损失之间不具有因果关系。《证券虚假陈述若干规定》并未承继系统风险的概念,而是进一步扩展了非虚假陈述因素的范围,如第 31 条第 2 款所述,包括市场操纵行为、证券市场风险、上市公司内外部经营环境等其他因素。规则看似更为具体,但并未就证券虚假陈述概念以及怎样剔除进行具体说明。由此,在案件审理中便形成了进行证券市场风险评估与剔除的两条路径。一是法官在综合各种因素之后主观酌定出一个风险占比,并对此进行剔除后,得出投资者的可获赔偿额。然而在综合的各种因素中,不同证券市场风险参考指数的选取对最终形成法官的主观酌定具有重要影响,参考指数的种类差异与数量多少都会影响证券市场风险的评估与剔除,进而影响投资者最后的可获赔偿额,从而导致在每个证券虚假陈述案件审理中所适用的相关裁判规则并不相同,缺乏普遍性。二是原被告双方往往重金聘请相关第三方专业测算机构对证券市场风险进行量化,其量化结果往往将证券市场风险在投资者损失中的占比抬高或降低到一个令人无法理解的地步,使得上市公司只需就投资者的损失承担非常一小部分的赔偿责任或者过度承担。而在这些第三方机构出具的测算报告中,由于缺乏统一的测算标准,各个机构都以自身算法为最精确,其结论自然大相径庭。

综上,证券市场风险评估与剔除尺度不一,系缺乏明确规则所致。具体而言,在法官酌定风险占比时缺乏如何选取参考指数的规则,在原被告各自所聘请第三方机构出具的风险测算报告中则缺乏统一的测算标准。

四、我国证券虚假陈述民事案件中投资者损失认定的完善对策设计

当前在证券虚假陈述民事案件的审理中,依法按照《证券虚假陈述若干规定》中的赔偿范围对受损投资者进行赔偿,会造成不在该赔偿范围但确实可能因虚假陈述而受损失的投资者无法依法主张权利;在计算投资者平均买

入价和证券市场风险评估与剔除方面,又缺失明确的法律依据,致使投资者损失数额的确定充满争议。笔者认为,要对投资者损失认定方面的相关问题加以解决,须在立法上作进一步释明,增强共识,同时也应探索实践层面的可行之策。

(一)扩大受损投资者的赔偿范围

以诱多型虚假陈述为例,目前《证券虚假陈述若干规定》确定的赔偿范围只限于实施日后买进并在揭露日后卖出或持有至基准日的投资者类型,这自是应有之义,然而对于那些不在该交易因果关系区间但确因虚假陈述而受损失的投资者而言,该赔偿范围不免过于狭小,他们欲主张权利却无法可依。从某种意义上讲,投资者何时买卖股票在法律上并不重要,重要的是投资者是否因虚假陈述而遭受损失。① 因此,一方面应当通过完善相应规定的方式,扩大交易因果关系的覆盖范围,将这部分受损投资者的合法利益纳入法律保护,确保他们也能依法获得民事救济;另一方面,可以建立投资者保护基金专项赔偿机制,来对不在规定赔偿范围内的这部分受损投资者进行赔偿。

1. 完善《证券虚假陈述若干规定》中对交易因果关系的规定

前文述及,交易因果关系解决的是上市公司是否应就其虚假陈述向投资者承担侵权责任的问题,属于定性问题。它在虚假陈述实施日、揭露日与基准日所形成的相应区间内是否存在,决定了受损投资者能否获赔,因此它的范围大小实际上就是受损投资者赔偿范围的大小。

在分析受损投资者赔偿范围狭小的问题时,笔者得出其系《证券虚假陈述若干规定》对受损投资者的赔偿范围规定过于片面所致。这是由于,在进行投资者损失认定时,首先就是对投资者是否在赔偿范围内展开判断,而展开判断的标准就是规范性文件是否对其进行了明确规定。存在明确规定,则归为受损投资者,有权主张赔偿,若不存在明确规定,则自然归为在证券市场上自担风险的投资者,盈亏自负。鉴于交易因果关系的范围决定了受损投资者的赔偿范围,且交易因果关系作为投资者损失认定的起点,完善《证券虚假陈述若干规定》中对交易因果关系的规定大有必要,不仅要对实施日后买进且于揭露日后卖出或持有的投资者类型进行规定,也要对前文所述A、B、C

---

① 参见陈洁:《证券虚假陈述侵权损害赔偿中因果关系的认定机制》,载《中国社会科学院大学学报》2023年第10期。

三种情形进行明文规定，将这些投资者以法律的形式承认为受损投资者，覆盖进赔偿范围。

综上，笔者认为，A、B、C 三种情形都可能与虚假陈述产生交易因果关系，从而使投资者受有损失，但是《证券虚假陈述若干规定》却将符合这些情形的投资者排除在赔偿范围之外，实属遗憾。因此，完善《证券虚假陈述若干规定》中对交易因果关系的规定非常有必要，明确允许在这些情形下遭受损失的个别性投资者进入受损投资者的赔偿范围，使他们也获得同样的法律保护。①

2. 建立投资者保护基金专项赔偿机制

如何扩大受损投资者的赔偿范围，实际上就是如何对那些不在赔偿范围内但确因虚假陈述而受有损失的投资者进行赔偿。针对目前受损投资者的赔偿范围过于狭小的问题，除了在立法上对交易因果关系的规定进行完善外，建立投资者保护基金专项赔偿制度也不容忽视。

成立于 2005 年 8 月的中国证券投资者保护基金有限责任公司（下称投保基金公司），是以防范化解金融风险和保护投资者合法权益为两大核心任务的由中国证监会管理的国有独资企业。近年来，投保基金公司围绕投资者保护陆续开展了客户交易结算资金监控、证券公司风险监测、投资者保护状况评价、投资者调查、中国证监会热线运维、多元化解证券期货投资者赔偿纠纷等工作。2015 年，根据中国证监会、财政部公布的《行政和解金管理暂行办法》（已失效），投保基金公司开始负责行政和解金管理工作。2016 年，投保基金公司被最高人民法院、中国证监会确定为首批八家试点调解组织，开始探索证券期货纠纷多元化解工作。

投保基金公司作为专门从事证券市场投资者保护的组织，在投资者赔偿纠纷中已经具有丰富经验，针对证券虚假陈述案件中那些不在赔偿范围但确因虚假陈述而产生损失的受损投资者，在目前并未有法律依据明确对其进行保护的情况下，可以探索建立投资者保护基金专项赔偿机制，设置动态的赔付额度。② 与证券虚假陈述民事案件中投资者的举证责任一样，由投资者对其损失进行初步举证，在符合前文所述交易情形下，可由投保基金公司在投

① 参见陈洁：《虚假陈述民事赔偿制度的新发展理念及其规范实现》，载《法律适用》2022 年第 3 期。

② 参见李志强：《论证券虚假陈述保证保险》，载《江西财经大学学报》2022 年第 6 期。

资者保护基金中对其先行赔偿。这能够充分发挥投保基金公司在投资者保护方面的丰富经验,对不在损失赔偿范围内的投资者进行专项赔偿,在当下具有强烈的现实意义。

(二)采用移动加权平均法计算平均买入价

移动加权平均法是将投资者的每次买入成本都分摊进总买入成本里,投资者的每次买入都会使原来的平均买入价重新计算,得到与目前持股数量相对应的平均买入价。因此,相比先进先出法会使平均买入价更接近揭露日附近股价而无法反映投资者整体交易的情形,移动加权平均法则能更为全面真实地反映投资者从实施日到揭露日整个交易周期里的真实买入成本。但现行法律对此并未规定,故笔者认为,一方面可以直接在《证券虚假陈述若干规定》中作出明确规定;另一方面,也可以在刚上线不久的人民法院案例库中尽快入库指导性案例,统一裁判规则。

1. 在《证券虚假陈述若干规定》中明确规定采用移动加权平均法

《证券虚假陈述若干规定》虽提及了平均买入价,但没有详细说明其具体如何计算,以致在这方面形成了法律"真空"。在实务中,法官倾向采取先进先出法的原因在于其简便性,不论投资者是否存在多次买卖的情况,都可以一种大而化之的方式计算出平均买入价。以先进先出法计算平均买入价确实方便快捷,但是这种方便快捷却是以投资者持股数较小为前提的,因为如果投资者持股数较小,即使平均买入价的计算确实存在一些问题,也只是微小瑕疵。比如先进先出法计算出平均买入价为1元,移动加权平均法计算结果为1.1元,倘若投资者只有1000股,则在不考虑证券市场风险的情况下,投资者获赔金额相差100元;然而若投资者的持股数量有1万股甚至10万股,这1毛钱的差价引起的总价的变化就越来越可观地影响投资者对赔偿金额的获得感,这使得先进先出法和移动加权平均法计算结果的差异会越来越大。

笔者认为,选用不同的计算方法来计算平均买入价,其最后可能会导致显著的结果差异,在目前移动加权平均法已得到学界众多研究人士的认可与推荐的情况下,在《证券虚假陈述若干规定》中明确以移动加权平均法来计算投资者的平均买入价,不仅可以有力回应立法不足的难题和顺应民事责任精细化的发展趋势，[①]也能在案件审理中减少争议，提高效率，这在投资者动辄成百上千的证券虚假陈述案件中具有格外重要的意义。

2. 在人民法院案例库中尽快入库指导性案例

司法实践中存在平均买入价计算方法不尽相同的现象，其根本原因是法官在自由裁量时未形成普遍的审判共识。因此，为减少审判争议，非常有必要推出一批具有指导性意义的案例来进行审判推广。我国于2024年2月下旬正式上线了人民法院案例库，其收录的是经最高人民法院审核认为对类案具有参考示范价值的权威案例，包括指导性案例和参考案例。最高人民法院要求，法官在审理案件时必须检索查阅案例库，参考入库同类案例后再作出裁判。这对于促进统一裁判规则和尺度，避免"同案不同判"，保障法律正确、统一适用无疑具有重要意义。

笔者以"证券虚假陈述"为关键词在人民法院案例库中进行检索，发现目前已有5篇参考案例上线，分别对应证券虚假陈述案件审理中的某一项难点，其中有1则案例涉及了平均买入价计算方法的确定。[②] 在该案例中，针对采取何种方法计算平均买入价的问题，投资者主张以实际成本法来计算，而被告则主张采用"先进先出法+普通加权平均法"。法官认为，投资者所主张方法可能导致畸高或畸低的平均买入价，即平均买入价可能远高于相应期间证券的最高价或低于相应期间证券的最低价，对于投资者或上市公司而言均有失公平合理；而被告的主张在投资者在相应期间多次买卖证券的情形下，将导致平均买入价仅由接近揭露日的证券买入价格所决定，并不符合立法本意。特别是在相应期间内股价出现大幅下降的情况下，此种计算方法往往导致投资者的投资差额损失很小，无法获得有效救济。最后采用了移动加权平均法，认为其更加合理，并且能够较为客观、公允地反映投资者持股成本，避免畸高畸低的计算结果，易于为市场各方接受。

笔者认为，该篇参考案例的上线，无疑会对法官采取移动加权平均法计算平均买入价产生影响，但由于目前尚无指导性案例上线，就其取得的审判

① 参见汤欣、李卓卓：《新修虚假陈述民事赔偿司法解释评析》，载《法律适用》2022年第3期。

② 参见人民法院案例库，https://rmfyalk.court.gov.cn/dist/view/list.html?key=qw&keyName=%25E5%2585%25A8%25E6%2596%2587&value=%25E8%25AF%2581%25E5%2588%25B8%25E8%2599%259A%25E5%2581%2587%25E9%2599%2588%25E8%25BF%25B0&isAdvSearch=0&searchType=1&lib=cpwsAl_qb，2024年5月19日访问。

推广效应来说可能会大打折扣。因此,在人民法院案例库中早日入库指导性案例,对实践中形成以移动加权平均法计算平均买入价的共识大有裨益。

(三)明确证券市场风险评估与剔除规则

证券市场风险评估与剔除作为投资者损失认定环节最充满技术色彩的部分,原被告双方在证据环节皆极力就证券市场风险是否存在与占比大小进行举证,《证券虚假陈述若干规定》并未对如何进行证券市场风险的评估与剔除作出规定,以致实践中出现了多种不同的风险评估与剔除规则。因此笔者主张,可以将样本案例中原被告认可度高的证券市场相关参考指数如综合指数、板块指数和个股表现作为选取标准在《证券虚假陈述若干规定》中进行明文规定,统一风险评估与剔除规则。此外,法官在面对原被告双方均不认可对方所聘请第三方专业测算机构出具的关于风险占比的证据情形时,可在众多的第三方机构中选择具有官方背景的中证资本市场法律服务中心进行证券市场风险评估与剔除。

1. 在《证券虚假陈述若干规定》中明确证券市场风险参考指数的选取

在所选案例中,采用证券市场指数来评估证券市场风险是一种普遍接受的方法,直至有更精确的替代方法出现之前,这仍然是最合适的选择。目前,法官在选取参考指数时受到了来自各方的争议。究其原因,不过是原被告双方在选取参考指数时存有给自身带来更大利益、做到最小赔偿的利己心理,这当然无可厚非。不管选取何种指数作为参考,都与个股的表现紧密相关。法官单独选择其中任何一个指数作为评估证券市场风险的依据都有可能会导致结果失真,难以实现法律效果与社会效果的统一。可以看出,不同证券虚假陈述案件中存在的风险评估与剔除规则可谓是天差地别,影响投资者损失的证券市场风险也不可同日而语,因为风险无处不在,如影随形。因此有必要深入讨论证券市场风险有无共性,假使有共性,则可以抽离出一个比较直观的数学公式或者业界公认的确定标准,投资者损失就先有一个最起码的评价标准;假使没有共性,则需要思考如何拟制出一个普遍认同的参考标准,并使其尽量合理合法化。

以综合指数、板块指数和个股表现作为证券市场风险的评估依据是原被告双方普遍接受程度较高的做法。综合指数,变动幅度与证券市场上绝大多数个股的涨跌幅相一致,具有全局性,当市场出现全面性动荡时个股亦会受到影响,此时可据此判断是否存在市场风险,若综合指数与个股表现同跌,则可能存在市场风险,反之则无。板块指数则是个股主营业务的整体行业表现,一般而言,板块指数与个股表现均呈现出同涨同跌,较之综合指数,其关联度更强,若板块指数与个股表现同向下跌,则存在市场风险的可能性更大。将综合指数、板块指数和个股表现一同进行考量,法官形成的证券市场风险评估与剔除的具体判断可信度更高,面对的案件争议也最小。

笔者认为,《证券虚假陈述若干规定》并未明确将法官酌定证券市场风险比例排除在外,即使事实上已受到了诸多争议,但作为证券市场风险评估与剔除的一条解决路径,以综合指数、板块指数和个股表现作为确定证券市场风险占比的参考指数在《证券虚假陈述若干规定》中进行明确规定,可以为法官在进行证券市场风险评估与剔除时究竟选取何种参考指数提供标准并有法可依,有助于增强司法审判权威和减少争议,有利于减少案件诉累。

2. 由中证资本市场法律服务中心进行证券市场风险评估与剔除

对法官而言,作为非金融专业人士,在处理证券市场风险评估与剔除这类专业领域的问题时往往缺乏足够的理论基础和实践经验。原被告提供的测算证券市场风险的专家数据统计报告等相关证据,由于法律缺乏明确规定,其可信度与个人主观判断相差无几,原被告专家据此得出完全相反的结论是正常情况而非特例。①

面对原被告双方均不认可对方所聘请第三方专业测算机构出具的相关证券市场风险评估与剔除证据时,法官走自行酌定的老路不仅暴露出自身专业性和准确性的缺乏,而且还可能引发上市公司或投资者对风险认定的质疑,进一步加剧双方矛盾,增加司法工作难度。毕竟法官直接酌定的方法在司法技术化、数据化、智能化的今天往往会被原被告双方视为过于主观,②过于简化众多重要的损失认定的影响因素,存在较大的主观性和随意性。出现在样本案例中的第三方机构,主要有中证资本市场法律服务中心、上海交通大学中国金融研究院、上海高金金融研究院等,这些第三方机构在进行证券市场风险评估与剔除时的资质、所采取的模拟模型和计算方法等不甚相同,出具的相关测算报告亦是令人眼花缭乱、晦涩难懂。在原被告均不认可对方出具的第三方证据时,法官就有必要寻求第三方金融专家的帮助以核定投资

---

① 参见耿利航、朱翔宇:《证券虚假陈述民事责任纠纷中的价格影响》,载《法学论坛》2023 年第 6 期。

② 参见陈广辉:《证券虚假陈述侵权损失核定的路径选择》,载《政法论坛》2023 年第 6 期。

者损失，实现法律逻辑与金融逻辑的双重自洽。①于 2020 年 5 月正式揭牌成立的中证资本市场法律服务中心是中国证监会批准设立的中国唯一跨区域、跨市场的全国性证券期货纠纷专业调解组织，较之于市场上的其他第三方机构，其最大的特点并非精算技术的先进，而是其浓厚的官方监管背景。很多时候，案件审理到最后的核损环节，双方当事人对赔偿金额均已形成大致的预期，但出于对对方专家证人本能的怀疑，往往会不予采信，这就使得法官寻求第三方机构进行核损成为必要。

笔者认为，在公众越来越倾向于精算的今天，在引入第三方专业测算机构参与证券市场风险评估与剔除，而第三方专业测算机构良莠不齐且各自为战时，由具有官方背景的中证资本市场法律服务中心进行相关风险核算，有利于统一专家证人在进行证券市场风险评估与剔除时的计算规则，减少目前原被告专家证人各自为战的局面，使法官脱离复杂的数学模型计算，提升审判效率；而据此所作的判决结果更能得到原被告双方的认可，更能使整个审理过程更加科学、专业，有助于促进司法裁判的公平、公正和透明，确保损失核定的合理、客观和公正性。

五、结语

信心比黄金更珍贵。证券市场系我国资本市场体系不可分离的重要部分，其合法合规发展有助于资本市场的繁荣稳定，但层出不穷、屡禁不止的证券虚假陈述行为却时不时扰乱着证券市场的平稳运行，严重打击着投资者的信心。我们只有准确认定证券虚假陈述民事案件中的受损投资者，精确进行投资者损失数额计算，才能有利于对以证券虚假陈述行为为主要表现的证券市场违法乱象实施有力打击，惩戒相关违法上市公司，促进证券市场的健康发展。

① 参见肖凯、张文婷、阮申正：《构建多因子量化计算模型精准认定证券虚假陈述投资者损失——许某某等诉普天公司案评析》，载《证券法苑》2021 年第 2 期。

兰大法律评论(2025 年卷第一辑)
第 339 ~357 页

作为自由权的生育权及其法哲学基础

马　驰　贾燕妮*

目　　次

摘　要　生殖辅助技术的进步致使生育领域的法律纠纷和伦理争议日益增加,解决这些生育实践上的疑难势必需要从法哲学的视角对生育权的道德基础进行分析。生育权在结构上属于霍菲尔德的自由权,其功能在于排除他人对主体生育选择的干涉。生育权的法哲学基础是道德平等和自我决定。儿童利益不会阻碍生育权的证成,主

* 马驰,男,汉族,天津商业大学法学院教授;贾燕妮,女,汉族,天津商业大学法学院法学理论专业硕士研究生,邮箱:jiayanni0322@163.com。

体的生育决策对未来儿童造成的影响不属于伤害,主体的不生育决策即使构成对儿童的伤害,也仅仅涉及生育权界限的问题,不构成对生育权的否定。在婚内夫妻间生育意愿发生冲突的情况下,由于生育权所具有的自由权属性且婚姻不包含有必须生育的内在承诺,即使积极生育愿望方的生育愿望落空,其生育自由依然存在。

关键词 生育权;道德平等;自我决定;儿童利益;婚姻

一、导言

从古至今,生育问题一直是人类文明的重要议题。对个体而言,生育是个人生活的核心事项,我们因父母的生育活动而诞生于人世,又终将面临影响自己一生的生育抉择。对整个人类而言,生育是人类得以世代延续的前提,是文明发展的基石。在生殖辅助技术面世之前,人们的生育活动只有自然生育这一种形式,即一男一女通过性行为使女方受孕,并由女方承担妊娠直至分娩。千百年来人们早已习惯于通过自然生育的方式来繁衍后代,因此在自然生殖领域中并没有产生过多的伦理疑难。但是生殖辅助技术的诞生改变了这一状况,新技术的应用使得生育领域的伦理疑难层出不穷。比如单身主体是否可以通过生殖辅助技术生育?代孕是否可以市场化?对胎儿的基因编辑是否是合伦理的?对上述问题的回答都无法脱离对生育权的探讨。生育权作为人类生育伦理领域的核心权利,是一切生育伦理难题展开讨论的前提。

学界目前对生育权的研究大致可分为两类。一类是对生育权属性的研究。其中争议的焦点在于生育权是人格权还是身份权抑或具有人权属性。部分学者主张生育权属于身份权,生育权的享有应以婚姻关系的存续为前提。[①] 但目前多数学者主张生育权具有人格权属性,强调生育权是维持独立人格的基本权益。[②] 亦有学者主张生育权兼具公法上的人权属性和私法上的

① 参见姜玉梅:《生育权辨析》,载《西南民族学院学报(哲学社会科学版)》2002年S4期;阳平、杜强:《生育权之概念分析》,载《法律适用》2003年第10期。

② 参见谭桂珍:《论"生育权"及其救济》,载《湘潭大学社会科学学报》2003年第2期;李棠洁:《生育权的证成及其规范构造》,载《广州医科大学学报》2022年第4期。

人格权属性。① 围绕生育权展开的另一类研究是讨论生育权能否成为应用某种新型生殖辅助技术的支持性理由。例如，生育权能否证成代孕、单身主体生育、基因编辑的合法性。在此类研究中，有学者主张上述生殖辅助技术的应用是行使生育权的正当体现，②亦有学者主张生育权无法证成应用上述生殖辅助技术的合法性。③ 可以看到，目前学界对生育权的研究处于起步阶段，呈现出碎片化、分散性的特点，尚未形成针对生育权的系统性共识。并且目前对生育权的讨论主要采用教义学的方法，即意图通过解释法条来推导出生育权的存在，缺乏从法哲学视角对生育权的道德基础展开证立。

有关生育伦理的争论久久不能平息，归根到底是学界尚未对生育伦理领域的核心权利——生育权的全貌予以澄清。虽然 1968 年联合国国际人权会议通过的《德黑兰宣言》已经提出“父母享有自由决定子女人数及其出生时距之基本人权”，并且在司法领域中有关生育权的衍生性权利已被广泛应用，例如“生育选择权”“优生优育选择权”“生育知情权”等权利已多次出现在司法裁判之中，但是我国《民法典》尚未将生育权明文纳入第 110 条自然人权利条款之中。上述种种皆表明，虽然对于生育自由的重要性已经形成共识，但我国针对主体对生育事项的自由支配是否足以构成一项权利尚未达成一致意见，因此才会发生国内法错位于国际法、立法滞后于司法、理论分离于实践的现象。

本文的目的就是明确生育自由作为一项道德权利的正当性基础，即从法哲学一般化的视角对生育权作出前提性证成。这在社会层面有助于厘清当前的生育伦理争议，在具体法律实践层面有利于回应生殖辅助技术的适用疑难。基于此，本文的行文安排如下。首先，借用霍菲尔德权利理论来分析生育权的权利结构，明确本文讨论的生育权的消极属性，并回答生育权的主体问题。其次，从正面给出支持生育权的道德基础，即道德平等理念和自我决定。最后，考察儿童利益是否会阻碍生育权的证成，并考察婚内生育意愿的

---

① 参见刘欢：《生育权的教义学构造》，载《中国政法大学学报》2023 年第 3 期。

② 参见曹新明：《现代生殖技术的民法学思考》，载《法商研究》2003 年第 4 期；王贵松：《中国代孕规制的模式选择》，载《法制与社会发展》2009 年第 4 期；何悦、俞风雷：《我国代孕生殖立法研究——以英国代孕生殖立法为视角》，载《法学杂志》2017 年第 5 期；于晶：《单身女性生育权问题探讨》，载《中国政法大学学报》2021 年第 1 期。

③ 参见汤擎：《单身女性生育权与代际平等——评〈吉林省人口与计划生育条例〉第 30 条第 2 款的非合理性》，载《法学》2002 年第 12 期。

冲突是否构成对生育权的否定。也就是从反面证成生育权,针对生育权的反对性理由均无法成功。

二、生育权的意义

概念的模糊往往造成讨论的障碍,围绕生育权展开学术研究势必要先明确在法哲学语境下生育权的意义(meaning)。这里有两个较为明显的问题。第一,当我们谈生育权时,它究竟是一种什么样的权利?或者说,它大致包含了哪些内容。第二,享有生育权的主体是谁?接下来,本文将通过这两个问题的回答,初步划定讨论范围。

生育权是什么样的权利?这在霍菲尔德的权利理论中可找到线索。霍菲尔德根据权利的逻辑结构不同,将法律地位分为八类。① 其中自由权(privilege)②与义务(duty)是两类具有相反关系的法律地位,这意味着当 A 在 x 事务上享有一项自由权,则 A 在 x 事务上不具有任何义务。自由权与无主张权(no - claim)是两类具有相关关系的法律地位,意味着当 A 在 x 事务上享有一项自由权,则任何其他人在 x 事务上不能向 A 提出主张。也就是说,A 可以选择做 x 也可以选择不做 x,其他人不得以权利或义务的话语来干涉 A 关于 x 的自由行动。

---

① 参见[美]霍菲尔德:《基本法律概念》,张书友编译,中国法制出版社 2009 年版。

② 霍菲尔德本人在 *Some Fundamental Legal Conceptions As Applied in Judicial Reasoning* 一文中区分了 privilege 和 liberty/freedom 的含义。他认为,前者强调在特定法律关系中的自由,而后者主要强调在“心灵、肉体、财产”上的自由,并且后者具有更强的政治宣言的色彩。因此在霍菲尔德本人的研究中,为了彰显一种价值无涉和重视逻辑结构的研究立场,他选取了 privilege 而非 liberty 来展开讨论。但在后世对霍菲尔德权利理论的研究中,已有学者不再仅仅使用 privilege 来表示与 no - claim 相关的那种法律地位,转而使用 liberty 或 liberty rights 来指代这一法律地位。例如,在朱振教授主编的《权利理论》一书中,有多篇文章用 liberty 和 privilege 共同指代与 no - claim 相关的那种法律地位。也就是说,如今 privilege 和 liberty 的区分可能已经没有那么明显了。尽管本文是在道德权利的角度来谈论与身体支配相关的生育权,但出于对原文的尊重,本文使用 privilege 来表示生育权的权利属性。此外,关于 privilege 的翻译问题,张书友先生在《基本法律概念》一书中将霍菲尔德所称的 privilege 翻译为“特权”,但与 no - claim 相关的法律地位到底应该是“特权”还是“自由权”目前尚存争议,比如丹麦学者阿尔夫·罗斯就主张此地位应指“自由”而非“特权”(参见[丹]阿尔夫·罗斯:《指令与规范》,雷磊译,中国法制出版社 2013 年版,第 160 页)。本文所谓的生育权是指一种主体享有的、从事生育活动且不被他人要求从事相反行为的“资格”,不是一种“免除”义务的状态。因此,本文用自由权而非特权来展开论述。

本文在霍氏自由权的意义上理解生育权,这意味着,生育权在逻辑上无法与生育义务相容,主体享有关于生育活动的自由权天然排斥满足他人生育主张的义务。当某人主张其享有生育自由,其不仅仅是在表达其具有生与不生的自由,更是在拒绝任何人对其生育行为提出某种主张——必须生育或不得生育。

因此本文讨论的生育权可以概括为两方面的内容。一是某人享有生育权就意味着其在生育活动中不具有任何义务,其可以生育也可以不生育。二是其享有的生育权可以排除其他人对其提出的生育主张。

或许有人会问,生育权的内容中是否包含要求政府提供生育保障的权利?在本文看来,虽然生育自由的实现,尤其是积极生育愿望的实现必然要求政府负担一定程度的生育保障义务,但作为自由权的生育权仍然有别于要求政府提供生育保障的权利。从理论上来说,完整的生育权或许具有两方面的内容。作为消极权,它是一种反对强制干涉生育决策的权利,即生育自由;作为积极权,它是一种在生育活动中得到政府协助的权利,即生育保障主张权。①虽然后者在功能上"处于一种派生的、附属的地位"②,但两者在逻辑结构上并不存在包含与被包含的关系。本文的讨论对象是作为消极权利的生育权,即作为自由权的生育权,广义生育权中有关生育保障主张权的内容不在本文的讨论范围之内。

按照上述理解,生育权的核心在于权利人可以自主选择是否生育,并排除他人对生育事项的干涉。需要强调的是,生育权的"排除干涉"的功能是在初始意义(prima facie)上展开的,即公民如果享有生育自由,无论处于何种境遇(年龄、社会经济状况、婚姻状况),都不能被政府要求必须生育或不得生育。因此,采取避免生育的措施(避免性行为、避孕等)就不得被干涉,而结束生育的措施(如堕胎)也至少因此获得部分的支持。此外,生育权的内容在原则上也应当包括"如何生育"的自由。例如,选择称心的生育对象或配偶完成生育、使用生殖辅助技术生育。"如何生育"是由"是否生育"这个生育权的

① See Elizabeth Brake & Joseph Millum, *Parenthood and Procreation*, The Stanford Encyclopedia of Philosophy Archive (Mar. 31, 2022), https://plato.stanford.edu/archives/spr2022/entries/parenthood.

② 余军:《生育自由的保障与规制——美国与德国宪法对中国的启示》,载《武汉大学学报(哲学社会科学版)》2016年第5期。

核心问题衍生出来的子问题,因为"如何生育"的问题最终可以转化为"在该情景下是否生育"的问题。在现代生育科技的加持之下,这项自由会转变为使用代孕、冻卵,甚至基因编辑来完成生育活动的选择仍不受他人的干涉。接下来需要回答的一个问题是,谁享有生育权?

对此问题人们的第一直觉是,生育权是男女均平等享有的个体性权利。然而有学者主张在未婚阶段生育权是男女独立享有的,当进入婚姻关系后,两个独立的生育权会转化为一个生育权由夫妻共同享有。主要理由是婚姻内的生育行为需要夫妻双方配合才可实现,且缔结婚姻的意思表示必然包含有实现生育利益的内容。① 本文认为,生育权是主体基于独立人格而享有的权利,其个体性不因婚姻关系的加入而发生改变。因此,生育权是男女平等享有的个体性权利,而非以夫妻共同共有的形式存在。本文的第五部分会详细论证缔结婚姻的意思表示并不包含生育的内在承诺。当然,如果将生育权视为个体性权利,会发生夫妻间生育意愿不一致的情况,此处产生的权利冲突是否构成对婚内生育自由的否定也是本文第五部分要回答的问题。

三、基于道德平等的生育自由

在17世纪以前,人们普遍认为人与人之间并不存在道德上的平等关系。有的人生来就在人格上从属于他人,就像奴隶制中奴隶从属于奴隶主那样。直到在启蒙运动中,霍布斯首先提出了自然状态中的人们拥有平等的自然权利,因为在自然状态中即使是能力最弱的人也能够杀死最强的人。② 道德平等的观念自此广泛进入哲学讨论的视野。

道德平等就是说,没有人生来就应该屈从于他人的意志,没有人生来就应该成为别人的所有物,没有人仅仅是他人的资源,如同奴隶是奴隶主的资源。因此,作为道德上平等的主体,谁也没有资格干涉他人对自我生活的塑造,尤其在生活的核心领域。生命的意义和人的尊严就在于个体具备自由地计划自己的生活并以此行动的能力,对平等道德主体的尊重就是不干涉别人

---

① 参见潘皞宇:《以生育权冲突理论为基础探寻夫妻间生育权的共有属性——兼评"婚姻法解释(三)"第九条》,载《法学评论》2012年第1期。

② 参见[英]霍布斯:《利维坦》,黎思复、黎廷弼译,商务印书馆1985年版,第92-97页。

塑造自己生活的过程。

自由主义者认为,自我决定在形式上体现为个体对自己的物质存在享有法定权利;在实质意义上,自我决定即在生活的核心领域就我们最重要的目标而言,我们都应当按照自己的善观念自由地行动。[①] 可以看到,道德平等理念对主体的行为要求与自由主义的自我决定论高度一致,前者要求平等主体不应干涉他人塑造自我生活,后者要求个体在自我生活的核心领域按照自己的善观念进行自由决定。这种一体两面式的行为要求并非巧合,而是因为道德平等是自由主义理论的重要立场,尊重他人的自我决定是实现道德平等的必要途径。如果奴隶制是否定道德平等的标志性模式,那么肯定道德平等的最好方式似乎就是赋予每个人像奴隶主拥有奴隶般的、对于自己的法定权利,防止一个人对另一个人实行奴役的最好方式就是将自我决定的权利赋予每个人。[②]

作为道德上相互平等的主体,每个人都应该尊重他人的生育自决,理由在于个体关于是否生育、如何生育的安排无疑属于自我决定的核心领域。那么为什么个体的生育选择属于自我决定的核心领域呢?理由有二。

第一,生育行为是人类作为自然生物的一种生理行为,如同人类对食物的需求、对安全的渴望一样,起源于人类的自然本性。妄图干预个体生育安排的行为都是对人类自然本性的扭曲和压制,都是对人类基本需求的否认。“生理活动的自由通常不需要通过它的好处来证立,毋宁是,对这些活动的限制和干涉的主张需要提供更多的理由和论证。”[③]因此,作为人类自然本性的衍生活动,生育当然地属于自我决定的核心领域。就像个体不需要他人来干涉其应当如何安排吃饭、睡觉等生理活动一样,个体也应当按照自己的善观念自由地安排自己的生育活动。

第二,生育行为会产生重大的负担性后果,即不可转移的父母义务。在罗马时期的亲子关系中,家长对子女的人身和财产享有绝对的权利而鲜有义务。但在近代以来,随着子女法律地位的提高,亲权的支配属性逐渐淡化、义务属性逐渐增强,最终表现为亲权的不可抛弃和不可滥用。由生育行为产生的父母义务作为永久性的后果将伴随生育主体的终身,父母义务的存在将对

---

① 参见[加]威尔·金里卡:《当代政治哲学》,刘莘译,上海译文出版社2015年版,第159页。
② 参见[加]威尔·金里卡:《当代政治哲学》,刘莘译,上海译文出版社2015年版,第163页。
③ 马驰:《人类基因编辑的权利基础》,载《华东政法大学学报》2019年第5期。

个体的私人生活产生重大影响,因此是否要开启这种永久性义务应当由生育主体按照自己的善观念自由地决定。

至此可以得出,道德平等要求主体不得干涉他人对自己生活的塑造,而自我决定从主体自决的角度出发满足了道德平等的要求。生育活动因其具有的生理性和负担性当然属于自我决定的核心领域。在道德平等和自我决定的双重面向下,生育权的自由权属性得以证成。

有学者主张,通过自由主义路径证成的生育自由因缺乏对共同善的考虑,极易演变为生育场域的个人自由无限制扩展。自由主义的权利将个体预设为原子式的自我,该理念中的个体脱离社会而独立存在,权利成为一种个体无视社会共同利益并通过对抗即可获得可欲利益的理由。① 简言之,自由主义的权利观是自私的权利观,拥有权利的人会无视共同善的要求,并且以权利为理由实施利于自身而贻害他人的行为。以自由主义畸形自我观证成生育自由的路径是失败的,因为该理论中的生育自由无法满足共同善的要求或促进共同善。

针对这类质疑,本文将作出以下两点澄清。首先,生育自由并没有忽视"善"的要求,因为生育自由的道德基础是平等理念,而善的实现离不开平等。即便是社群主义者也承认,只有在平等条件下才会再现美德共同体。② 麦金太尔的早期著作均传达出对平等状态的期盼,在他看来,一个美德共同体必然是共同体成员间真正平等的共同体。③ 拥有生育自由的主体并不是脱离社会而独立存在,因为拥有生育自由的前提便是承认社会成员间的平等地位。以平等理念为道德依据的生育自由拥有实现善的最坚实的基础,因此,生育自由天然具有在平等状态下实现善且促进善的内在承诺。④

其次,从词源学上自由主义的名称似乎的确暗示了"自由"一词在该理论

---

① 参见吴梓源:《代孕禁止的法理基础与制度构建》,载《东北师大学报(哲学社会科学版)》2023年第1期。

② 参见何霜梅:《关于平等的五个追问——社群主义的社会平等思想及其当代价值研究》,中国社会科学出版社2018年版,第143-148页。

③ 参见[美]阿拉斯戴尔·麦金太尔:《追寻美德:道德理论研究》,宋继杰译,译林出版社2011年版。

④ 当然,在个体与社群之关系问题上,自由主义和社群主义有着截然不同的观点。本文无意于对两种理论作高下之判,此处只需说明两者皆将"平等"视作可欲的状态,并且以平等作为各自理论的基本出发点,即可阐明生育自由的规范基础并非自私的权利观。

中的重要性,但这并不意味着由自由主义理论证成的生育权会造成个人自由无限扩展,最终发展为损人利己的结果。该学者的批评对于古典自由主义而言或许是中肯的,然而“二战”后产生的新自由主义[①]在很大程度上已经抛弃了那种自私的权利观念,转而将在群体中公平地分配利益作为自身理论目标。例如,罗尔斯构建正义原则的前提便是每个人都是自由且道德平等的人。[②] 在新自由主义所主张的诸多自由实践中,个人自由的前提是他人应享有同等的自由,其中生育自由也不例外。新自由主义的立场根植在道德平等和自由这两种价值的土壤之中,其捍卫的不是“自私的自由”而是“平等的自由”。正如德沃金所言,自由主义者对平等理想的承诺比对自由理想的任何承诺更加深入。[③]因此,由自由主义路径证成的生育自由,绝非个人自由无限扩张和对他人权利漠视的结果。反而正是因为看到了每个人对生育活动的自由安排都应当受到平等的关怀和尊重,而反对将任何人的意志凌驾于他人之上,拒绝将任何人的价值降格为工具的价值,最终将自由决定是否生育、何时生育的权利平等地赋予每一个个体。

四、生育自由与孩子的(未)出生

上文已说明生育自由在逻辑结构上具有霍氏自由权的属性,并且分析了道德平等和自我决定是生育自由作为霍氏自由权的规范基础。然而,仅正面提出生育自由的支持性理由是不够的,对于本文的论证而言,还需要考察那些针对生育自由的反对性理由是否真的会阻碍生育自由的证成。

确定自由行为的合法性无疑要参考密尔在《论自由》中提出的伤害原则。“人类之所以有理有权可以个别地或者集体地对其中任何分子的行动进行干涉,唯一的目的只能是自我防卫。”[④]在密尔看来,人的行为可以分为涉他行为和非涉他行为,当涉他行为“有害地影响到他人的利益的时候,社会对它就有

---

① 自由主义可分为古典自由主义、新自由主义、新古典自由主义。古典自由主义和新自由主义的区分并不是本文的重点,因此为表述方便,本文所称“自由主义”均指“新自由主义”。

② 参见[美]约翰·罗尔斯:《正义论》,何怀宏、何包钢、廖申白译,中国社会科学出版社 2009 年版。

③ See Ronald Dworkin, *A Matter of Principle*, Harvard University Press, 1985, p. 205 – 213.

④ [英]约翰·密尔:《论自由》,许宝骙译,商务印书馆 1959 年版,第 10 页。

了裁判权”,因此涉他行为的自由限度应当是该行为不会恶化他人处境。当一个人的行为并不影响自己以外的任何人的利益,“在一切这类情事上,每个人应当享有实行行动而承担其后果的法律上和社会上的完全自由”①。以吸烟行为举例,当某人在禁烟区吸烟时,其他人应当干涉劝阻他的吸烟行为。因为他的行为或是造成了公共安全隐患,或是有害于他人身体健康。但是当某人在非禁烟区吸烟时,谁也不能干涉他的行为,因为这是他的自由且该行为没有造成他人处境的恶化。

简言之,当行为直接产生的影响只作用于行动者本身而不涉及他人时,是否以及如何行动则完全属于自由的范畴。当行为直接有害于他人的利益,他的行为就被置于道德和法律之内而不再属于自由的范畴,社会就有理由采取措施对其加以干涉或禁止。

生育自由指向的行为无疑具有直接且特殊的涉他性,即生育行为的结果是产生一个新的道德主体——孩子。生育的特殊涉他性是否会导致无法证成生育自由或者生育自由被极大地限制呢?接下来,本文将考察儿童利益阻碍生育自由证成的两种情形,它们分别是主体选择生育时儿童利益对生育自由的否定,以及主体选择不生育时儿童利益对生育自由的否定。

(一)因生育自由而生育

生育活动的第一影响就是使得孩子降生在人世。但出生总是一件好事吗?孩子无法对自己的出生在事先表示同意,如果其出生后所处的社会境况是罗尔斯所说的“劣势地位”,那么父母行使生育权是否构成对孩子利益的伤害?范伯格认为,判断行为x是否构成对他人利益的伤害,就是将x发生前的利益状态与x发生后的利益状态进行比较,如果x使得他人利益处境与先前状态相比遭到恶化,x行为就是伤害行为。② 但是在生育活动中,父母防止孩子出生在劣势状态中的唯一选择是让孩子不出生,那么行使生育权是否会伤害孩子利益的问题就转化为以下两个问题:孩子在某些情况下如果从未出生是否会更好?让孩子出生在“不值得生活”的状态中是否构成伤害?对上述问题的回答要区分两种情况。

第一种情况是孩子出生于一般劣势地位中,其基本利益可以得到保障,

---

① [英]约翰·密尔:《论自由》,许宝骙译,商务印书馆1959年版,第90页。

② See Joel Feinberg, *Harm to Others*, Oxford University Press, 1984, p. 31.

但是孩子在社会或身体上具有某种不利条件，如出生于低收入家庭中（社会环境的不利）、出生时缺失手臂（自身条件的不利）等。在这种情况下，即使它可能是一种不利条件，也不属于范伯格所言的伤害，因为在这种情况下没有哪个理性的人会选择从未存在。

第二种情况是孩子出生于绝对劣势地位中，绝对劣势地位就是指孩子的基本利益严重受损，如出生时就具有严重的智力低下或者出生于极度的贫困中等等。基本利益受损就意味着孩子无法作为一个体面而有尊严的个体而存在，以至于其宁愿从未出生。但请注意，即使孩子出生在一个对他未来利益极其有害的状态下，这也不是一种严格的受害状态。受害是指被置于比原来更糟的状态中（恶化），但如果父母不行使生育权孩子根本不会存在，未出生的孩子处于一种“无利益”的状态。也就是说，出生于绝对劣势地位对孩子利益的影响不是对某种先前状况的恶化，而是出生的人进入一种不利的初始状态。① 进入到有害的初始状态不同于恶化先前状态，前者不能被视为伤害。因此，从未出生都不会使孩子利益变得更好，父母行使生育权不能被视为是对出生于劣势地位孩子的伤害。②

在实践中对行使生育权是否伤害孩子利益的讨论主要集中在代孕和生殖辅助技术的应用问题中。其中有学者主张，为保护孩子利益应当禁止单身主体应用代孕或生殖辅助技术实现生育权。③ 如果允许单身主体通过代孕或生殖辅助技术实现生育权，孩子出生后就面临着身处单亲家庭的困境。在双亲制家庭仍为主流的社会中，单亲家庭可能无法为孩子的身心健康发展提供适宜的环境。

我们当然可以使用上文的讨论来反驳这一观点，即出生在单亲家庭总比

---

① See Joel Feinberg, *Harm to Others*, Oxford University Press, 1984, p. 99.

② 此处利用伤害原则对生育权的检验可能会引发这样一种担忧：如果在任何情形下，父母行使生育权的行为都不会构成标准意义上的对儿童的伤害，那么这似乎暗示父母故意生育残疾儿童的行为在道德上不应受到谴责。笔者需要澄清的是，证明某种权利的存在并不意味着该权利在任何情形下都不应受限制，本文利用伤害原则对生育权的证立仅是一种初始意义上的证成（prime facie），而对于生育权在具体情形下的使用限度问题则需要考虑更多的伦理原则。因此，对生育权的初始证成并不会导致生育权成为一种“肆意妄为”的权利。对生育权限度的研究是必要且有意义的，不过这已超出了本文的讨论范围。

③ 参见曹玉娟、张文霞：《独身女性无伴侣生育的社会困境——辅助生殖技术应用与社会需求的契合问题探究》，载《科学与社会》2014 年第 3 期；邵六益：《没有家庭的生育？——单身女性生育权的法理反思》，载《探索与争鸣》2023 年第 9 期。

不出生要好,因此孩子利益没有受到伤害。但实际上出生在单亲家庭根本就不是一种“劣势地位”。美国社会学协会在 2014 年发表了一项综述研究,该研究梳理了过去 10 年内有关不同关系类型家庭中孩子成长福祉的社会科学文献。① 从学业表现、认知发展、社交发展、心理健康、早期性行为和药物滥用等指标对孩子福祉进行评估,数据显示在非传统关系类型的家庭中,如同性恋家庭、单亲家庭、同居家庭,孩子的各项评估结果与生活在传统家庭(已婚异性恋)中的孩子一样良好。该研究表明,家庭关系类型与孩子福祉之间并无必然联系,孩子在成长期间的幸福水平取决于父母的社会经济地位和家庭稳定程度。因此,通过代孕或生殖辅助技术手段出生的孩子即使生活在单亲家庭,其福祉也不会因非传统的家庭关系而受到损害。亲子关系不一定是“一男一女的关系”,家庭形式因离婚、综合家庭、单亲抚养、同性关系和未婚同居而多样化,来自这些方面的证据表明,基于非生物纽带的家庭安排对孩子来说可能是非常好的环境。②

除此之外,从反歧视的角度来说,如果区别对待出生在不同家庭关系类型的孩子,即认为出生在传统关系类型的家庭比出生在非传统家庭的孩子更加“幸运”,那么便是人为地制造了本不存在的差别,这种区别对待反而促成了对非传统关系类型的家庭孩子的歧视。因此,出生在单亲家庭在事实上不是劣势地位,从反歧视的角度也不应被视为出生于劣势地位,单身主体利用代孕或生殖辅助技术实现其生育权的行为并未伤害孩子利益,为保护单亲家庭孩子利益而限制生育权的主张并不成立。③

综上,从一般化的视角来看,不论在何种情况下父母行使生育权均不会构成对孩子利益的伤害。即使对于出生在绝对劣势地位的孩子而言,父母的生育行为也不是伤害行为,因为生育行为并没有造成先前状态的恶化。从具

---

① See Wendy D. Manning, Marshal Neal Fettro & Esther Lamidi, *Child Well – Being in Same – Sex Parent Families: Review of Research Prepared for American Sociological Association Amicus Brief*, 33 Population research and policy review 485 (2014).

② See Liezl Van Zyl, *Intentional Parenthood and the Nuclear Family*, 23 Journal of Medical Humanities 107(2002).

③ 此处对代孕和 ART 技术的讨论,仅仅是为了证明在上述场景中行使生育权的行为并不会对儿童利益造成损害。但请注意,这并不能说明此论证足以证明代孕和应用 ART 技术在道德上是正确的行为以及在法律上应当是被许可的行为。因为在考量具体的生殖技术的合法性问题时,不仅仅需要考虑权利的理由,还需要考虑众多权利之外的理由。

体的视角来看,实证研究已经表明非传统的家庭关系不会对孩子的成长造成障碍。因此,以保护孩子利益为由反对生育自由的主张无法成立,在孩子利益场域中生育权依然具有霍氏自由权的属性。

(二)因生育自由而未生育

生育自由包含了生育的自由,当然也包含了不生育的自由。如果一个原本有生育能力和生育计划的人,选择了不去生育,导致了一个原本应出生的孩子并未出生,这种生育自由可以得到证成吗?具体到与生育有关的实践中,这里的疑难主要表现在,一个已经怀孕的人,是否有权仅仅因为不想生育的意愿,就可以选择终止妊娠,从而阻却孩子的出生?

堕胎问题是一个复杂的理论和实践问题,这里当然无法充分展开。在本文的讨论框架内,重点需要明确两点:(1)胎儿算是人吗?(2)堕胎算是对胎儿的伤害吗?

按照极端保守论的看法,是否已经出生,完全不能被视为人与非人的界限。是否离开母体而独立存活,不会影响到胎儿作为人的资格,因此堕胎被视为对无辜者的杀害,当然是被禁止的。① 在这个意义上,妇女一旦怀孕,就必须将孩子生下来,她并不享有堕胎的权利。如果极端保守论是正确的,那么生育自由虽然不至于被完全否定,但必将受到极大的限制。很明显,即便人享有不去生育后代的自由,这种自由似乎也无法对抗某个无辜者的生命。在这个意义上讲,一旦将胎儿视为人,哪怕像温和保守派那样将这个界限推至妊娠的很晚阶段(例如怀孕后6个月),生育自由也会因为涉嫌故意杀人而不得不停下脚步。

不过,支持堕胎自由派或许未必就因此败下阵来。一类可能的论证是,无论胎儿算不算是人,堕胎行为本身都不能被认为是对胎儿的"伤害"。例如,可以认为胎儿原本就缺乏理性、感觉和自我意识,它其实和一些低等动物的状态差不多,因此结束妊娠就算不上对胎儿的伤害,哪怕胎儿的确具备成长为正常人的潜质。② 来自汤普森的著名论证提到,哪怕终止妊娠对胎儿不利,怀孕妇女也没有义务来防止这件事的发生。③她设想了一个绝妙的例子来

① 参见邱仁宗:《生命伦理学》,中国人民大学出版社2020年版,第55页。

② 参见[美]彼得·辛格:《实践伦理学》,刘莘译,东方出版社2005年版,第149页。

③ See Judith Jarvis Thomson, *A Defense of Abortion*, in Nigel Warburton eds., Ethics: Contemporary Readings, Routledge Press, 2004.

证明这一点:如果某个著名小提琴家得了绝症,拯救小提琴家生命的唯一方式是某个人与之连接 9 个月并不间断地向小提琴家输送此人的血液,那么,此人是否有义务因此在 9 个月时间内被迫固定在一套与小提琴家相连的医疗设备而不得抽身离去? 答案自然是否定的。汤普森据此认为,胎儿即便有权利生存下来,也不能认为其母亲一定有帮助胎儿生存的义务。汤普森并没有提到母亲的生育自由,但在本文的框架内不难发现,按照汤普森的看法,如果胎儿和母亲之间的关系并没有传统认识的那么密切(特别是在强奸这类被迫怀孕的例子中),那么母亲在作出生育决策时,就可以无视胎儿继续生存的利益,而能够支持这种生育决策正当性的,恰恰就是本文所说的生育自由。

综上,生育行为具有特殊的涉他性,它关系到另一个道德主体的出生。享有生育自由,并不必然导致对该道德主体造成不可接受的伤害。或者哪怕造成伤害(例如按照反对堕胎的极端保守派的观点),它也仅仅涉及生育自由的界限问题,而不是其有无的问题。生育自由不会因为这种特殊的涉他性就无法获得证立。

五、生育自由与生育愿望间的冲突

除了产生新的道德主体之外,生育行为的另一个特殊之处在于,除非在未来可以采取极为特殊的现代生殖辅助技术,否则由于生育必然需要两个人的生殖细胞,那么只有在两人达成合意的情况下,才可能完成生育活动。[①] 如果此种合意总是可以达成,那么无论生育双方具有何种社会关系,均可以实现其生育自由。但若不一致,便会出现生育愿望的冲突问题。在法律实践中,该问题主要表现为婚内生育意愿冲突。婚内生育意愿的冲突是否构成对生育自由的否定? 如何从生育自由的角度理解和化解这种冲突? 婚姻制度据此与生育自由间存在何种关系? 这将是本节需要回答的问题。

本文已经将生育权界定为个体权利,而非配偶双方的集体权利。因此从原则上来说,鉴于生育自由具有自由权的属性,消极生育愿望方不想生育的

① 甚至只要不是"无性繁殖"(克隆)技术,哪怕如代孕等非传统受孕方式,依然至少要以生殖细胞的两个提供者间的合意为前提,无论这两个提供者是否存在婚姻关系。

意志必然要得到包括积极生育愿望方在内的所有人的尊重，积极生育愿望方想要生育的意志必然要得到包括消极生育愿望方在内的所有人的尊重。如前所述，这里的尊重只意味着他人无权利要求生育自由权的享有者从事相反的活动，而非积极配合以促成其目标的实现。消极生育愿望方选择了不生育，他人无权要求其生育。积极生育愿望方选择生育，他人无权要求其不生育。但两者愿望的实现方式存在明显差异，对于积极生育愿望方来说，其积极愿望不能仅凭他人的“无权要求”而实现，至少得有人愿意与其共同生育，才可能生下小孩。如果没有人愿意与积极愿望方共同完成生育（单身人士），或者与其存在特殊关系的另一方（如婚姻中的配偶）持消极生育意愿，则积极生育愿望方的生育愿望在事实层面一定会落空，哪怕此时其生育自由并未受到侵害。这就好比说，我虽然享有打扑克的自由，但我打扑克的自由仅仅在于，当我与他人打扑克时，另外的人无权要求我们不打扑克，却不包含我可以要求他人和我一起打扑克；由于我无法一个人（有意义地）打扑克，我打扑克的愿望会因为无人陪我打扑克而落空，而此时我打扑克的自由却没有被侵犯。由此可见，配偶之间如果发生生育愿望的冲突，依循生育自由的要求，将一定导致消极生育愿望方的愿望获得了实现，而积极生育愿望方的生育愿望必将落空，即便此时双方的生育自由均获得了尊重。

或许有人指出，如果生育双方不存在婚姻关系，我的上述论证或许是成立的，但我忽视如下事实：婚姻关系是生育现象发生最为常见的社会条件。积极的生育愿望可以被视为婚姻内必然的期待利益，愿望落空便会导致其利益受损。那么问题的关键就在于，婚姻是否具有生育的内在承诺，以至于以消极愿望行使生育自由构成了对婚姻内在承诺的违反？

新自然法学派的代表人物菲尼斯主张婚姻具有两个方面的基本善，夫妻之间的深刻情感和对生育的开放。“婚姻是一种独特的人类基本善，因为它使婚姻的双方，即妻子和丈夫，能够作为个体和夫妻而繁荣。这既是人类最深远的结合形式，也是通过最彻底、最具创造性的使他人繁荣的方式，即使这个人作为胚胎、孩子和最终的成人而存在，使其能够完全以自己的责任参与人类的繁荣。”①帕特里克认为“婚姻是一种社群，在这种社群中性关系本质

① John Finnis, *Marriage: a Basic and Exigent Good*, 91 The Monist 388(2008).

上是为了配偶之间的交流以及生育这两方面的利益"①。他们坚信生育既是婚姻的天然目的,也是婚姻概念的必然构成要素,这种婚姻和生育之间的必然联系通过婚内性行为的排他性得以证成。他们的论证过程可以通过以下演绎推理的方式展现出来。

前提一:已婚人士进行非婚姻性交是错误的。

前提二:性交是面向生育的。

结论:婚姻具有生育的内在承诺。

让我们逐步检验这一论证过程。前提一中的"非婚姻性交"是指已婚夫或妻与婚外第三人发生性关系,这种不贞行为违背了对于婚姻最本质的承诺。进入婚姻意味着两个相互独立的个体缔结了亲密无间的伙伴关系,承诺与彼此最大程度地分享一切感悟和体验,独占性的身体结合无疑是婚姻忠诚的一个重要方面。菲尼斯借用可普遍化原则完成了这一论证。如果允许人们在婚姻前和婚姻期间对性行为作出无例外的保留,即性并不在忠诚承诺的范围之内,那么不论是已婚者还是未婚者都不能期待参与到真正的婚姻中,以性独占为要素的个体联合方式就此消失。因此,婚姻作为一种值得期待的生活方式,其存在的前提是在道德上将性独占的承诺保留下来。前提一的正确性已经得到证明,如果前提二也同样正确,那么似乎婚姻在概念上的确以生育为目的。

在早期人类社群的观念中,性和生育有着毋庸置疑的联系。虽然无法解释为什么某些性交可以导致女性怀孕某些性交却不能,但可以肯定的是,性交是怀孕的唯一途径。因此,早期人类宗教中有大量生殖崇拜的内容,以此祈求族群拥有尽可能多的后代。然而随着现代科学的发展,人类已经能够解释性交和生育之间的偶然联系,并且通过技术的手段来控制这种偶然联系。避孕技术的发明是人类历史上第一次人为干预性交和生育。避孕套、避孕药物等一系列手段可以切断两者之间的关联,也就是说,性交可以是生育的也可以是非生育的。至此之后,生育女神的神秘面纱被揭开一角,生育也不再是某种无法捉摸而只能遵从的神旨。生殖辅助技术的出现让人类彻底掌握了生育的密钥,性交不再是生育的唯一途径,生育既可通过性交实现也可以通过非性交的方式实现。性交和生育之间既不充分也不必要的关联变成了

① Patrick Lee, *Marriage, Procreation, and Same - Sex Unions*, 91 The Monist 422(2008).

完全可掌控的生物规律。因此如果再次审视前提二，性交是面向生育的吗？回答当然是否定的。

前提二的支持者不仅对性交和生育之间的关系有着错误认识，还犯了一个自然主义的谬误——从实然中推导出应然。休谟指出，不能仅从以“是”表达的一组前提中正确地推断出任何“应该”的判断。除去人为干预的因素，“性交是生育的必要不充分条件”这一实然命题无法推导出“性交应该面向生育”这一应然命题，除非在其中掺杂其他的价值判断。自然主义的婚姻观就在“是与应该”的推导过程中加入了禁欲主义的价值观念。禁欲主义在夫妻生活方面表现为反对以享乐为目的的性行为，性的目的只能是生育，“在正统的基督教的教义中……不仅只有婚姻内的性关系才是合法的，而且即使在夫妻之间，任何不以怀孕生育为目的的性关系都是有罪的”①。新自然法学派的支持者认为只有“向生育开放的性交”才是有价值的，②“在非面向生育的性交中，身体作为性的工具……性行为只是为了外在目标存在的工具”③。罗素尖锐地指出，禁欲主义认为性行为中有一些本质上不纯洁的东西，这一观念本身就必须被视为是完全迷信的。20 世纪以来，新型性观念已经从禁欲主义的思想禁锢中解脱出来，性不再仅仅是面向生育的，单纯以享乐为目的的性行为也不再是有罪的。性活动为个体带来的身体上的愉悦和精神上的交流被视为是美好且重要的人生体验，禁欲主义将性交的目的错误地限制在生育活动上，这种观点在当今反对性压抑的社会中已很难得到支持。

因此，不论是性交和生育之关系在事实上的变化还是禁欲主义的价值判断都无法为前提二提供正确的支持，前提二的错误已经表明“婚姻具有生育的内在承诺”这一命题是失败的逻辑结论。但除了新自然法学派的证成路径，大量史料说明古代的婚姻完全以生育为目的，“昏礼者，将合二姓之好，上以事宗庙，而下以继后世者也”④。不论是一夫多妻的婚姻结构还是以无后作为解除婚姻的法定理由，都说明了“家庭是人口生育的小作坊，婚姻则是人口生育的加工手段，生育是婚姻和家庭的主要目的”⑤。然而，不论是婚姻结构

---

① ［英］伯特兰·罗素：《论婚姻与道德》，汪文娟译，上海人民出版社 2021 年版，第 30 页。

② John Finnis, *Marriage: a Basic and Exigent Good*, 91 The Monist 388(2008).

③ Patrick Lee, *Marriage, Procreation, and Same - Sex Unions*, 91 The Monist 422(2008).

④ 《礼记·昏义》。

⑤ 高留志：《“婚姻和生育的分离”与我国结婚制度的改革》，载《河北法学》2006 年第 9 期。

还是对生育的制度要求,都表明古代的婚姻和现代所言的婚姻是不一样的。在当代的婚姻观念中,婚姻的第一要素是伴侣之间存在深刻的情感依恋,其次才会讨论生育是否是其必要内容。而古代的婚姻则完全以生育为第一要素,以维系宗法制度或遵守宗教教义为根本目的,伴侣之间的情感关系对于婚姻的成立毫无意义可言。因此,即使不对两种差异巨大的婚姻制度作出区别,也至少可以说婚姻和生育在近代以来呈现出分离的样态,现代婚姻不再以生育为必然目的。否则无法解释在现代的道德观念下为何允许存在老年婚姻和无法生育之人的婚姻。

自然主义的婚姻观念中以性为媒介将生育和婚姻进行捆绑的论证经不起推敲,因此现代婚姻并不具有生育的内在承诺。通过行使生育权表达消极的生育意愿没有违反婚姻的目的,积极的生育愿望也无法被视为婚姻内必然的期待利益。进入婚姻并不意味着同意生育,婚内生育意愿的冲突并不构成对生育自由的否定。因此,配偶一方行使生育权以表达自己的消极生育意愿属于生育自由的保护范畴,婚姻制度无法迫使消极意愿生育方放弃该意愿,哪怕这种消极意愿导致了另一方生育意愿的落空。

六、结论

本文是对一般意义上的生育权及其规范基础的初步探讨。生育权是个人享有且不得为他人要求生育或不生育的自由权,或者说是既无必须生育的义务,也无不得生育的义务的状态;但享有生育权者无权要求他人配合自己完成生育或不生育,这便是生育自由的基本含义。生育自由的规范性基础在于道德平等,生育是人生的重大选择,人们有权按照自己意愿选择生育或不生育,况且生育还是人基本的生理现象,只有当限制这种生理现象,而不是主张容忍这种生理现象时,才需要提供更多的理由。与其他活动相比,生育的特殊性有二,一是生育的结果是新的道德主体的出生或不出生,二是生育活动在事实维度上有赖于配偶间的合意。就前一个问题而言,依据伤害原则,生育自由纵然会受到限制(比如按照对堕胎持传统看法的人士),也不会被取消;就第二个问题而言,婚姻不包含有必须生育的承诺,这将导致在配偶双方出现生育愿望冲突的情况下,积极生育愿望方的生育愿望落空,哪怕其生育自由未被侵害。最后,应当强调的是,本文是一般意义上生育自由或生育权研究,生育自由在初始意义上的确立,不代表着它不受任何限制。特别是,在代孕技术、人类基因编辑技术等新技术所产生的新的生育实践中,生育自由很有可能被限制甚至被推翻,而如何处理生育自由的边界,将是另一个值得研究的问题。

编后记

2024—2025年于《兰大法律评论》而言，是极具重要意义的时间节点。在历经一段时间的沉淀和调整后，《兰大法律评论》于2024年10月8日重新组建编辑部并正式改版，以全新的姿态和面貌回归学术领域。直至年底，编辑部累计收到海内外各位法学专家、学者、学子的文章数百篇。值此新年伊始之际，作为改版后的开篇之作，本辑经过严格的三审三校，最终选录文章20篇，其中既涵盖对历史之考察，也包含对当下热点之回应。

敦煌法学的开拓是近几年来兰州大学法学院学术研究和发展的亮点之一。兰州大学法学院教授李功国，在河西走廊的烈烈黄沙中潜心发掘，秉持严谨的治学态度，历经数年时间成功开创了敦煌法学这一新兴法学学科，为中华优秀传统法律文化注入了新的生机与活力。令人深感遗憾的是，85岁高龄的功国教授于2024年12月2日与世长辞，未能亲眼见证《兰大法律评论》中敦煌法学主题文章的发表。为传承其学术遗志，我们诚邀教授的家人对其在学术论坛上的主题发言以及部分遗作手稿进行了精心整理，最终以特稿《敦煌法学：一处圣洁的精神文化高原》的形式呈现，以期为敦煌法学后续的研究和发展丰富根脉和血肉，一并寄托我们对功国教授的怀念与哀思。

敦煌法学与敦煌学紧密相连，敦煌学近年来的蓬勃发展，正是我国坚定文化自信的重要体现，彰显中华优秀传统文化在新时代的独特魅力与深远价值。兰州大学敦煌研究所郑炳林教授的《敦煌与丝绸之路上的契约精神——在“敦煌法学学术研讨会”上的发言》一文,以“契约”为切口,将古代敦煌文献与现代法律精神紧密融合,深入剖析了敦煌地区在丝绸之路贸易往来中孕育的契约文化及其当代启示,为敦煌法学研究提供了独特的思路与丰富的素材。对于如何将这些优秀传统法律文化进行有效转化,实现“古为今用”这一问题,中国法学会法治研究所副研究员朱乾乾在《习近平法治思想指导下中华优秀传统法律文化创造性转化、创新性发展研究》一文中给出了独到见解,文章基于习近平法治思想,系统阐述了中华优秀传统法律文化在当代法治建设中的价值定位与转化路径,尤其强调要深入挖掘敦煌法学、简牍法学等特色法治文化资源,为优秀传统法律文化的传承与创新提供了理论支撑。以上三篇文章共同构成本辑特稿专题“敦煌法学与中国法文化”。

如何对大数据时代的个人信息进行有效规制与保护,是各界高度关注的议题。匿名化处理作为连接个人信息保护与利用的关键纽带,具有不可替代的重要性,然而其存在的再识别风险也对个人信息权益保障发出了严峻挑战。深圳大学法学院副教授肖又贤及学生孙锦围绕这一话题,在《个人信息匿名化处理再识别风险规制研究》一文中,从审查标准、评估制度等多个维度,深入探讨了如何实现我国个人信息匿名化处理再识别风险与规范之间的有效平衡。山西大学法学院赵龙老师及学生张温文则将研究视角聚焦于消费者群体,在《算法社会消费者信息权的体系化配置》一文中,以消费者信息权的具体权利类型为抓手,紧密结合实践中存在的切实痛点,针对性地提出了关于消费者信息权保障的路径优化与体系构建方案。以上两篇文章共同构成本辑专栏“前沿探索:人工智能与数字法学”,期望借助系列探讨,进一步激发学界和实务界对人工智能与数字法学的深度思考。

2024 年 7 月,历经大幅度修订的新《公司法》正式实施,在民商法领域引发广泛关注与热烈研讨。鉴于此,我们特别策划了“新《公司法》解释与续造”专栏,甄选收录共 4 篇文章。在《公司人格否认规则在夫妻公司场合的适用析解》一文中,中央财经大学副教授周游及学生陈逸飞,从判断标准、举证责任等方面探讨了对具有“类一人公司属性”的夫妻公司“有限适用”公司人格否认一般条款的路径,旨在实现股东有限责任与债权人利益的衡平保护。《论授权资本制下非货币出资的新股发行——以〈公司法〉第 152 条第 1 款但书为中心》一文中,天津师范大学法学院教授郝磊及学生侯越对授权资本制下非货币出资股份发行决策权的规范模式展开深度研究,明确应回归公司自治范畴,由公司章程或股东会决定授权范围,从而合理平衡公司、股东利益与融资便利。湖北省鄂州市中级人民法院四级法官助理田俊业的《股东失权规则的具体适用研究——以新修订的〈公司法〉第 51、52 条为中心》一文则聚焦于股东失权这一新制度,对失权与除名规则的融合与统一作出了尝试,并进一步从解释论视角出发,完善股东失权在适用原则、条件以及程序等细节方面尚存的规则空白。澳门大学法学院硕士研究生梁珅睿在《新〈公司法〉下股东知情权行使规则的审视与反思》一文中,创新性地将股东知情权客体依据敏感程度划分为三个层面,分别设计不同的查阅规定,强调要在规则构建中注重实现股东与公司利益的平衡。

习近平总书记指出:"我们绝不能以牺牲生态环境为代价换取经济的一时发展。"长期以来,生态问题始终是我国高度重视的重大社会议题,"绿水青山就是金山银山"的科学理念已经深入人心。为回应环境法治热点问题,本辑特设"热点聚焦:生态环境法思考"专栏,共选取 4 篇文章,分别从不同角度切入对生态环境法治建设的思考与探索。外交学院国际法系副教授季华在《〈巴黎协定〉下自愿碳减排市场的国际法律机制及我国的应对》一文中,基于国际气候条约下自愿碳市场的地位演变,明确《巴黎协定》碳市场法律机制并不具备统一全球碳市场的功能,立足我国国情,为我国自愿减排市场的稳健发展提出了建议。澳门大学法学院院长唐晓晴教授及博士研究生勾健颖在《澳门自然保护地的法律体系建设》中,从立法架构、制度设计、实施保障等多个维度,对澳门自然保护地的法律体系建设作出展望。在《环境法规制转基因植物应用的理由阐释及法典化路径》一文中,中南财经政法大学法学院博士研究生李文贺从事理和法理两个层面论证,"转基因植物"的应用规范应由环境法规制、纳入环境法体系,过程应当遵循"适度化"理念,分阶段、步骤进行。

另有 8 篇文章分属行政法、刑法和民法等学科,共同组成"学科各论"专栏。武汉大学法学院教授陈海嵩及学生卢柯杉在《行政公益诉讼举证责任分配规则的构建》一文中,通过对举证责任分配内容、原则及逻辑的分析论证,明确行政公益诉讼的举证责任规则应坚持正置而非倒置。西北师范大学法学院教授罗杰在《教育法典编纂背景下的终身教育立法推进理路研究》中,主张将终身教育立法融入教育法典的编纂设计，以构建“全民学习型社会”为立法宗旨，以“以人为本”“以德树人”为立法理念，强化全社会对终身学习价值的广泛认同，激励各类教育形态跨界融合。在《侮辱诽谤型网络暴力犯罪追诉模式的反思与完善》一文中，西南政法大学教授闫召华及学生郭傲寒对传统追诉模式进行突破，构建分层追诉机制，完善民刑衔接机制，实现对网络暴力的有机治理。苏州大学国家监察研究院教授李晓明以及北京大成（苏州）律师事务所律师李晓晟在《内幕交易罪中“内幕信息”的认定》中，结合刑法理论及案例探讨对内幕交易罪认定过程中的法律溯及力和行政认定的定罪作用等问题进行了深入分析。在《诠释学循环视域下刑事非指导性案例的运用逻辑与场景》一文中，广州市白云区人民法院法官林嘉丽以及广州市荔湾区人民法院法官余友斌在诠释学循环视角下构建了三阶层裁判方法，重新审视并明确刑事非指导性案例“指导性”价值内核在于以类案族群为基础的类案规则所呈现的普遍意义。《“重庆火锅”地理标志法律保护的实践问题与完善路径》一文中，西南大学法学院副教授范卫国及学生周佳怡，充分借鉴既有餐饮行业地理标志保护经验，提出对重庆火锅地理标志法律保护的完善建议，以期推动重庆火锅行业的规范化、品牌化和国际化发展。南华大学经济管理与法学学院副教授欧阳爱辉及学生张凡在《证券虚假陈述民事案件中的投资者损失认定》一文中，借助对大量样本案例的分析，识别出当前在投资者损失认定环节所存在的一系列问题及背后成因，并从扩大受损投资者的赔偿范围、采用移动加权平均法计算平均买入价、明确证券市场风险评估与剔除规则三方面提出对证券虚假陈述民事案件中投资者损失认定的完善构想。在《作为自由权的生育权及其法哲学基础》中，天津商业大学法学院教授马驰及学生贾燕妮从法哲学角度出发，明确生育权是个人享有且不得为他人要求生育或不生育的自由权，并就胎儿个体意愿、配偶间合意冲突等问题进行探讨。

在定稿过程中，我们始终秉承“英雄不问出处”的录用理念，将文章质量作为唯一的衡量标准，经过编辑部长时间的审慎审阅、深入评议与艰难权衡，上述 20 篇文章才得以集结成辑，其中既涵盖对法学深度理论的不懈探索，也不乏直面司法实务问题的犀利剖析。与此同时，尚存许多优秀的文章因专栏设计、版面限制等因素未能被 2025 年第 1 辑的《兰大法律评论》收录，为此我们正在紧锣密鼓地筹备下一辑。

岁序更替,华章日新。值此蛇年新春,《兰大法律评论》向各位法学专家学者、莘莘学子致以最诚挚的祝福。感谢大家的倾心支持,让本刊在改版后得以绽放光彩。新的一年,愿各位学者在学术道路上如蛇般灵动敏锐,收获累累硕果;愿法治之光如春日暖阳,照亮每一寸土地。

是为编后一记。

《兰大法律评论》编辑部

2025 年春节